Marcel Simon

Wissenschaftliche Untersuchungen zum Neuen Testament

Begründet von Joachim Jeremias und Otto Michel
Herausgegeben von
Martin Hengel, Otfried Hofius, Otto Michel

23

Marcel Simon

Le Christianisme antique et son contexte religieux
Scripta Varia

Volume I

J. C. B. Mohr (Paul Siebeck) Tübingen 1981

CIP-Kurztitelaufnahme der Deutschen Bibliothek

Simon, Marcel:
Le christianisme antique et son contexte religieux: scripta varia / Marcel Simon. –
Tübingen: Mohr
    (Wissenschaftliche Untersuchungen zum Neuen Testament; 23)
    ISBN 3-16-143802-7
    ISSN 0512-1604

NE: GT

Vol. 1 (1981).

© Marcel Simon / J. C. B. Mohr (Paul Siebeck) 1981
Printed in Germany. Satz und Druck: Gulde-Druck GmbH, Tübingen. Einband: Hein-
rich Koch, Großbuchbinderei, Tübingen.

Aux Universités de Lancaster, Liège,
St. Andrews et Uppsala,
en témoignage de gratitude.

Avant-Propos

Les études groupées dans le présent ouvrage s'échelonnent sur près d'un demi-siècle: la première remonte à 1933, les plus récentes sont de 1979. J'ai exclu de ce recueil d'une part une série de dix mémoires déjà republiés en un volume sous le titre *Recherches d'Histoire Judéo-Chrétienne,* Mouton et Co. (*Etudes Juives,* VI), Paris–La Haye, 1962; d'autre part tous ceux de mes articles qui relèvent de la pure vulgarisation ou qui se rapportent à d'autres secteurs de la recherche que l'histoire religieuse ou à d'autres périodes que l'antiquité; enfin les notices nécrologiques et tous les comptes rendus, y compris ceux qui sont réunis dans le *Bulletin d'Histoire Ancienne de Christianisme* que j'ai donné à la *Revue Historique* à six reprises (1948, 1952, 1956, 1961, 1968, 1975) et qui groupe au total 277 titres.

J'avais songé un moment à diviser ici la matière par thèmes. En définitive, et en plein accord avec l'éditeur, il m'est apparu que l'ordre chronologique était encore le plus satisfaisant. Il existe en effet, d'une étude à l'autre, même lorsqu'elles traitent des questions à première vue assez différentes, des liens étroits et parfois des recoupements qui rendaient difficile et un peu artificiel tout essai de classification systématique. Seul l'ordre chronologique permettrait en outre au lecteur curieux de déceler, peut-être, un cheminement scientifique et une évolution des points de vue.

Le recueil s'ouvre sur plusieurs articles relatifs à l'archéologie chrétienne. Ils correspondent à une période très précise, la première, de ma carrière scientifique: celle des deux années que j'ai passées à l'Ecole Française de Rome (1932–1934) et des années immédiatement consécutives. Un seul constitue un compte rendu de fouille. Je n'ai pratiqué que cette unique fois l'archéologie de terrain. C'est essentiellement dans les musées romains que je me suis intéressé à la sculpture paléo-chrétienne. Si je suis revenu par la suite, à plusieurs reprises, à des problèmes archéologiques, c'est en historien du christianisme et des religions plutôt qu'en archéologue au sens précis et technique du terme. Je me suis efforcé par exemple de montrer comment les traditions d'atelier profanes avaient influencé la première sculpture chrétienne en l'amenant à privilégier les thèmes pastoraux et marins qui, directement empruntés au répertoire païen, n'exigeaient qu'un faible effort d'adaptation pour se christianiser, avec l'aide des paraboles évangéliques, dans la figure du Bon Pasteur, dans les scènes de pêche ou dans le cycle de Jonas. J'ai étudié d'autre part, sur l'exemple de Bellérophon, l'intégration pure et simple d'une figure mythologique païenne, symboliquement interprétée, dans un contexte iconographique chrétien. Surtout, je me suis intéressé aux fresques de la catacombe de la Via Latina à Rome, mise au jour en 1956. J'avais montré, dans un ouvrage intitulé *Hercule et le Christianisme,* Paris, 1955, publié quelques mois à peine avant la découverte de la catacombe, comment Hercule était devenu, dans certains milieux du paganisme finissant, un véritable rival du Christ, capable comme lui de sauver ses fidèles de la mort. La catacombe en question, lieu de sépulture, selon toute vraisemblance, d'une famille religieusement divisée, chrétienne en majorité, mais dont un rameau était resté païen, comporte, au milieu d'une décoration empruntée à l'Ancien et au Nouveau Testament, mais dans une chambre funéraire distincte, des scènes tirées du mythe d'Hercule. Celle où le héros ramène Alceste des Enfers est particulièrement significative. Elle offre l'exact pendant de la résurrection de Lazare, figurée deux fois dans la partie chrétienne de la catacombe. Il m'a paru que ce curieux voisinage de thèmes chrétiens et de motifs héracléens apportait une confirmation éclatante aux vues que j'avais exposées dans mon livre.

On ne saurait parler à ce propos de syncrétisme: il n'y a pas, dans notre catacombe, amalgame, mais simple juxtaposition, et elle s'explique sans doute par la soliditié des liens familiaux bien plutôt que par une tentative pour combler le fossé entre deux religions. Du moins cet ensemble jette-t-il une lumière fort intéressante sur la mentalité de certains fidèles qui, loin de partager sans réserve l'hostilité de l'Eglise vis-à-vis du culte rival, consentaient à côtoyer paisiblement les païens dans la mort comme ils l'avaient fait de leur vivant. Peut-être aussi sommes nous quand même sur la voie d'une christianisation du héros, analogue à celle que j'ai cru constater dans le cas de Bellérophon. Cette christianisation, le moyen âge la réalisera en transposant sur le fils d'Alcmène l'exégèse typologique communément appliquée à l'Ancien Testament. De rival du Christ, Hercule devient alors, en parallèle avec telle figure biblique, Samson en particulier, son précurseur, et cela d'autant plus naturellement qu'on lui confère volontiers, avec l'aide de l'evhémérisme, une réalité historique.

C'est cependant aux textes, plus constamment qu'aux monuments figurés, que s'est appliqué mon effort de recherche. Les maîtres dont j'ai suivi l'enseignement et, sans doute, subi l'influence étaient exégètes et historiens: Charles Guignebert et Maurice Goguel à Pàris (1927–1931), Hans Lietzmann à Berlin (1934–1936). J'ai pu, de surcroît, bénéficier à Rome (1932–1934) de la sûre érudition et des conseils éclairés de Franz Cumont. C'est lui qui me suggéra d'étudier la formule *Tharsei, oudeis athanatos,* attestée dans l'épigraphie funéraire païenne, juive et chrétienne. Il me fournit ainsi la matière de mon premier article de caractère non-archéologique. Je m'engageais du même coup sur ce qui allait devenir mon principal axe de recherche: l'étude des contacts entre les trois religions majeures du monde antique finissant.

En fait, ma voie était alors déjà tracée, sous l'impulsion de mes maîtres parisiens. Guignebert enseignait à la Sorbonne l'histoire du christianisme. Son domaine de prédilection était le christianisme antique, en particulier la période des origines et l'exégèse néotestamentaire. Il travaillait, l'esprit détaché de tout lien confessionnel, et se réclamait de ce qu'il appelait lui-même la critique indépendante. Il pensait n'obéir à aucun *a priori*. Sa position était celle d'un rationalisme inspiré d l'*Aufklärung* et de ce laïcisme qui comptait au tournant du siècle de nombreux adeptes dans l'école historique française comme parmi les pères spirituels de la Troisième République. Il professait envers les textes du christianisme primitif une méfiance critique qui n'en laissait pas subsister grand'chose, comme on le voit dans son *Jésus,* Paris, 1933, lorsqu'il s'agissait de reconstituer la réalité des faits. Du moins maintenait-il avec fermeté, face à l'école dite mythologique, représentée alors, en France, surtout par P. L. Couchoud, l'existence du Christ comme figure de l'histoire. Il tendait cependant à en minimiser le rôle, dans la genèse du christianisme, au bénéfice de Saint Paul et s'apparentait à cet égard de très près aux positions de la *religionsgeschichtliche Schule.*

Goguel, à l'Ecole pratique des Hautes Etudes et à la Faculté libre de Théologie Protestante, ne dépassait guère, dans son enseignement et ses publications, les limites de la période apostolique. Sa grande trilogie, *Jésus et les Origines du Christianisme,* Paris, 1932–1948, descend, il est vrai, jusqu'à Justin Martyr, mais le IIème siècle y apparaît plutôt comme un appendice que comme une partie intégrante du développement. Goguel en effet était essentiellement l'homme du Nouveau Testament, dont il avait une connaisance admirable, et s'y cantonnait de façon presque exclusive. Il représentait dans ce domaine la critique libérale. En théologie aussi il se réclamait du libéralisme, alors majoritaire dans l'intelligentsia protestante.

Guignebert et Goguel, unis par de très cordiales relations, se rencontraient sur nombre de points fort importants. Ils croyaient, en particulier, à la possibilité et la nécessité d'aborder les textes d'un oeil totalement objectif, de les traiter comme des documents d'histoire, au même titre que les écrits païens, sans leur surimposer aucune idéologie personnelle: »Nous ne pouvons ni l'un ni l'autre«, écrivait Goguel à propos du *Jésus* de Guignebert, »concevoir l'étude des origines chrétiennes autrement que comme historique«. Mais ils divergeaient sur la confiance à faire aux textes. Au scepticisme de Guignebert s'opposait l'optimisme de Goguel, convaincu de trouver dans les Evangiles tous les éléments d'une vie de Jésus, scientifiquement conçue, et qu'il écrivit effectivement lui-même dans le premier tome de sa trilogie.

Surtout, la conception d'ensemble qu'ils avaient de leur champ d'étude différait fondamentalement. Guignebert, venu à l'histoire du christianisme à partir de l'histoire générale, était sans cesse préoccupé de replacer le fait chrétien dans son contexte et de l'éclairer par lui. Goguel, de formation essentiellement théologique et biblique, n'avait que peu de goût pour l'histoire profane et pour le comparatisme pratiqué par son collègue. Il étudiait et expliquait le christianisme naissant sans recourir beaucoup à des influences possibles venues du dehors. Se demandant »s'il y a eu pénétration dans le christianisme d'éléments religieux hellénistiques ou seulement emprunt à l'hellénisme de certains moyens d'expression«, il opte délibérément pour la seconde hypothèse et reproche précisément à Guignebert de »retourner le rapport réel des faits quand il présente le paulinisme non comme une expression hellénique du christianisme, mais comme une adaptation chrétienne de l'esprit des mystères hellénistiques«.

De fait, la position de Guignebert appelle les même objections que l'école comparatiste en général. Celles-ci atteignent également, et de façon plus directe encore, le troisième grand représentant, à l'époque, dans l'Enseignement Supérieur français, de l'histoire des origines chrétiennes, Alfred Loisy. Je ne l'ai pas connu personnellement, parce que, au temps de mes études parisiennes, il était en congé de longue durée et suppléé, dans sa chaire du Collège de France, par son futur successeur, Jean Baruzi, spécialiste d'histoire de la mystique. Les vues comparatistes de Loisy s'expriment en particulier dans un ouvrage devenu classique, *Les mystères païens et le Mystère chrétien,* Paris. 1913. Ses positions scientifiques s'infléchirent par la suite dans un sens de plus en plus radical. Tout en continuant à répudier catégoriquement les »mythologues«, Loisy en vint à faire de moins en moins de crédit aux textes néotestamentaires. Ses derniers livres, caractérisés par une inspiration hypercritique fort aventureuse et une dissection arbitraire même des écrits canoniques les plus dignes de confiance, n'ont rien fait pour consolider sa réputation de savant.

Il reste que Goguel, en refusant, d'être, si peu que ce soit, historien des religions en même temps qu'historien des origines chrétiennes, s'est privé de certains éléments d'explication. Je m'en suis convaincu non seulement en écoutant Goguel lui-même et Guignebert, mais aussi, au cours des années suivantes, au contact de Cumont et de Lietzmann. Cumont s'est toujours abstenu d'aborder de front les problèmes de l'histoire chrétienne. Les contacts entre mystères païens et christianisme, et les influences possibles, dans un sens ou dans l'autre, ne sont dans ses livres que suggérés; mais il y a là comme une invitation à la comparaison. Quant à Lietzmann, sa remarquable connaissance de la culture classique et du monde gréco-romain lui interdisait, sans qu'il partageât les vues excessives et sans nuances de la *religionsgeschichtliche Schule,* d'enfermer le christianisme en vase clos.

Né en terrain juif, le christianisme a grandi, dès ses premiers pas, en milieu hellénistique. C'est donc d'un double faisceau d'influences qu'il faut tenir compte lorsqu'on entreprend d'en expliquer la genèse et le développement. Il y a lieu toutefois de faire ici une distinction. L'Eglise chrétienne est issue du judaïsme par filiation directe: elle n'est, au début, qu'une secte juive de plus. Du côté gréco-romain au contraire il ne peut s'agir que d'influences latérales. L'erreur de certains comparatistes a été de ne pas distinguer assez nettement ces deux processus, voire d'intervertir l'ordre des facteurs: en insistant sur le rôle, jugé déterminant, de Paul, fils de la Diaspora hellénistique, on tendait à poser l'hellénisme au départ et l'on pouvait parler ensuite d'une judaïsation, chronologiquement secondaire, du christianisme naissant. D'une façon générale, la marque initiale et à certains égards persistante du judaïsme, enregistrée en passant, était assez souvent oubliée et l'on présentait le christianisme sinon exactement comme une religion syncrétiste, selon la formule de H. Gunkel, du moins, considéré dans ses éléments essentiels, comme un produit de l'hellénisme.

On a trop souvent perdu de vue, en proposant ce schéma, qu'entre le judéo-christianisme des premiers disciples et le »paulinisme« s'insérait, en chronologie, l'ample courant de la pensée judéo-hellénistique. En opposant, de façon peu nuancée, judaïsme et hellénisme, on tendait à oublier que déjà le premier avait subi l'influence du second. Les deux mondes de pensée étaient entrés en contact, s'étaient tantôt heurtés, tantôt au contraire mêlés et amalgamés, sans que pour autant le judaïsme en tant que religion ait perdu de sa spécificité et se soit laissé absorber dans un syncrétisme diluant, même lorsqu'il acceptait que son Dieu fut identifié au chef du panthéon païen. Philon d'Alexandrie n'est que le représentant le plus distingué d'une tradition qui nait avec les premiers contacts, hors de Palestine, entre Juifs et Grecs. Ce processus a été fort bien mis en lumière par M. Hengel dans *Judentum und Hellenismus*[2], Tübingen, 1973 et dans *Juden, Griechen und Barbaren,* Stuttgart, 1976.

L'important précédent que représente le judaïsme hellénisé est de nature à éclairer ce qui se passe dans le christianisme naissant avec Paul et l'auteur du Quatrième Evangile. Le recours, assez commun dans l'école comparatiste, à une influence directe des mystères païens sur la pensée de Paul soulève bien des difficultés. On ne saurait, certes, rejeter catégoriquement tout apport de la mystique orientale. La question se pose en particulier à propos de la mystique christocentrique et de la théologie sacramentaire de l'apôtre des Gentils: aucune forme de judaïsme ne semble offrir ici de point de comparaison qui puisse être tenu pour un précédent. Il y a lieu de se demander du moins si, ces points précis mis à part, l'influence de la pensée et de la religiosité hellénistiques n'a pas atteint le christianisme naissant surtout par le truchement et à travers le filtre du judaïsme hellénisé.

Nous sommes devenus conscients, au cours des décennies récentes, que les chercheurs de la génération précédente avaient parfois indûment approfondi le fossé qui, à leurs yeux, séparait Paul et du courant majeur de la pensée juive de l'époque et, en même temps, du message de Jésus. Des ouvrages comme le *Paul and rabbinic Judaism,* London, 1948, de W. D. Davies, le *Paulus,*

Tübingen, 1959, de H. J. Schoeps, le *Paulus und Jesus* München, 1968, de J.
Blank, ont contribué à rétablir les choses dans une perspective plus exacte. Les
deux premiers ont montré ce qu'il y avait dans la pensée de l'Apôtre d'authen-
tiquement juif et même rabbinique; le troisième a mis en lumière la continuité
qui, malgré des différences immédiatement perceptibles à la simple lecture des
Evangiles et des Epîtres, reliait la prédication du disciple à la personne et à
l'enseignement du maître.

Cependant, la découverte, à partir de 1947, des manuscrits de la Mer Morte
venait renouveler fondamentalement notre connaissance du judaïsme vers le
début de l'ère chrétienne. Elle apportait du même coup un élément d'explication sinon exclusif, du moins essentiel, à l'histoire du christianisme naissant.
Elle mettait en pleine lumière dans le judaïsme des aspects jusqu'alors
simplement entrevus à travers les notices de Philon, Josèphe et Pline; elle
faisait vivre sous nos yeux la communauté essénienne et révélait entre les
moines de Qumran et les premiers chrétiens des analogies difficilement expli-
cables par le seul hasard.Enfin elle montrait comment un rigorisme inflexible
dans l'observance de la Loi pouvait se combiner avec une mentalité très
accueillante à des influences intellectuelles étrangères, hellénistiques ou ira-
niennes. Un pont était ainsi jeté entre les milieux très ouverts de la Diaspora et
le judaïsme palestinien, souvent considéré comme plus replié sur lui-même et
moins accueillant aux sollicitations de l'extérieur. Il ne saurait être question –
et personne n'y songe plus sérieusement aujourd'hui – de voir dans l'essénisme
un christianisme préfabriqué: les ressemblances évidentes et souvent fondamentales n'excluent pas des divergences irréductibles. Du moins les textes de
Qumran, largement imprégnés d'éléments du dehors et intégrés au patrimoine
juif, dispensent-ils sur bien des points de recourir à l'hypothèse d'une influence
directe de milieux ou de concepts païens sur le christianisme naissant. Ils
ajoutent un maillon, fort important, à la chaîne qui relie ce dernier à son
contexte païen et juif.

Deux nouvelles directions de recherche sont venues, à peu près dans le
même temps, celui ou fléchissait l'emprise de l'école comparatiste et où les
documents de Qumran renouvelaient fondamentalement les perspectives, enri-
chir notre connaissance et du judaïsme des premiers siècles de notre ère, et de
ses relations avec le christianisme, rendant ainsi plus sensible l'extrême complexité de ce champ d'investigation.

On a vu d'une part l'intérêt de certains chercheurs se porter sur le rameau
spécifiquement judéo-chrétien de l'Eglise naissante. Les ouvrages fondamentaux sont ici ceux de H. J. Schoeps, *Theologie und Geschichte des Judenchristentums,* Tübingen, 1949 et J. Daniélou, *Théologie du Judéo-Christianisme,*
Paris 1958. L'un et l'autre, mais dans des directions très différentes, essaient de
rajeunir la définition communément reçue du judéo-christianisme comme une
branche du christianisme antique, recrutée pour l'essentiel en Israël, mais

missionnaire à l'occasion, attachée à l'observance juive totale. Schoeps réduit le judéo-christianisme au seul mouvement ébionite tel qu'il s'exprime en particulier dans les écrits pseudo-clémentins, et que ses singularités doctrinales et rituelles interdisent, à mon sens, de considérer comme l'unique judéo-christianisme, héritier direct supposé du groupe apostolique, voire comme la forme la plus commune du mouvement.

A l'inverse de cette définition trop étroite, Daniélou en propose une autre, qu'on est en droit de juger trop large. Il explique le judéo-christianisme par des catégories de pensée spécifiquement juives, de type apocalyptique, qui caractériseraient tous les rameaux de l'Eglise naissante, ce qui amène l'auteur à parler d'une période judéo-chrétienne, allant des origines jusque vers le milieu du IIème siècle. Sans nier que cette conception originale représente à certains égards un apport positif, on ne saurait l'adopter sans de sérieuses réserves. Elle a en particulier le tort de perdre de vue ce qui reste le critère le plus naturel pour définir le judéo-christianisme: l'observance. Le principal mérite de Daniélou est d'avoir attiré l'attention sur un rameau déterminé de l'Eglise ancienne, celui qui, en Orient, se caractérise effectivement sinon par un attachement au rite synagogal, du moins par une mentalité très peu touchée par l'hellénisme, et restée fondamentalement sémitique. L'extrême complexité du christianisme antique, comme d'ailleurs du judaïsme, et de leurs relations réciproques, apparaît ainsi avec une clarté croissante.

D'autre part, certains chercheurs se sont penchés sur les relations du judaïsme et du christianisme une fois consommé le divorce entre les deux religions. Ils l'ont fait parfois sous le pression des évènements contemporains, à savoir la résurgence, principalement dans l'Allemagne nazie, d'un brutal antisémitisme. Cette motivation apparaît de façon très claire dans le sous-titre de l'ouvrage de J. Parkes, *The Conflict of the Church and the Synagogue. A Study in the Origins of Antisemitism,* London, 1934. De mon côté, ce sont au moins pour une part les circonstances du moment qui m'ont amené à étudier, dans mon *Verus Israel,* Paris, 1948, 2ème éd., augmentée, Paris, 1964, les relations judéo-chrétiennes à un moment précis de leur developpement, entre la fin d'une Jérusalem juive et le triomphe définitif de la foi chrétienne dans l'Empire romain.

Ces relations sont alors caractérisées d'un côté par une rivalité active des deux cultes, qui poursuivent parallèlement leur propagande missionnaire auprès des païens, de l'autre par des faits de contamination judéo-chrétienne, aboutissant soit à la formation de groupes syncrétistes, soit à des tendances judaïsantes au sein de l'Eglise. Il faut renoncer à l'image d'un judaïsme entièrement replié sur lui-même et indifférent au monde extérieur dès le lendemain des crises palestiniennes de 70 et 135. Le repli ne s'est opéré que de façon très progressive et la cause essentielle en est précisément la concurrence chrétienne. Celle-ci, avec des atouts inconnus du culte rival, a peu à peu neutralisé ceux dont le judaïsme disposait au départ et mis en lumière les handicaps, du point de vue de la mission, d'une religion restée essentiellement celle du peuple d'Israël et gênée de surcroît, pour se faire accepter des Gentils, par les exigences de son rigide légalisme.

Dans l'histoire de la séparation entre les deux cultes, on attribue communément, et à juste titre, un rôle décisif à l'intervention de Paul. C'en a été le facteur essentiel. Mais la rupture ne s'est pas faite d'un seul coup. Inégalement rapide selon les milieux, elle a été préparée par divers facteurs dans l'histoire de l'Eglise naissante. Deux faits me paraissent à cet égard particulièrement significatifs et n'ont pas toujours été perçus dans leur importance exacte: la prédication d'Etienne et la promulgation du Décret Apostolique.

J'ai été amené à plusieurs reprises à m'intéresser à Etienne. J'ai élargi l'article repris dans ce recueil en un petit livre, issu d'une série de conférences faites dans une Université américaine et intitulé St. *Stephen and the Hellenists in the primitive Church,* London, 1958.

Au coeur du message d'Etienne il y a une hostilité irréductible envers le Temple et son culte. Peut-être traduit-elle le souvenir de l'époque nomadique, dont l'idéal s'exprime dans la réponse de Nathan au projet davidique de construction d'un sanctuaire stable (II Samuel, 7). Mais elle exprime sans doute aussi, voire surtout, la réaction de certains milieux de la Diaspora et même de groupes dissidents palestiniens, partisans d'une culte spiritualisé, dégagé des holocaustes sacrificiels, et qui ne soit pas lié à un lieu déterminé.

Un tel message n'a en lui-même qu'un intérêt épisodique: quelques années plus tard, avec la destruction du sanctuaire, il devenait sans objet. L'importance réelle de l'intervention d'Etienne réside dans le fait que pour la première fois une fraction de la chrétienté naissante, le groupe des Hellénistes, rompt non pas avec le judaïsme en soi, mais du moins, très brutalement, avec le judaïsme officiel, celui de Jérusalem. Etienne apparaît dans le christianisme naissant comme un isolé plutôt que comme un précurseur. Car ni Paul, ni personne après lui, dans ce qui sera la chrétienté orthodoxe, n'a contesté la légitimité, dans le passé juif, du sanctuaire unique, qu'Etienne condamne dans son principe même comme une demeure d'idolâtrie. Mais par ailleurs, et c'est là, en définitive, l'intérêt essentiel de l'épisode, la dispersion des Hellénistes après le martyre de leur maître marque le début d'un mission chrétienne hors de Palestine. A cet égard seulement Etienne, ou plutôt le groupe de ses fidèles, peut être tenu pour un précurseur de Paul.

Tout différent est l'intérêt du Décret Apostolique. D'aucuns en ont contesté l'authenticité. D'autres ont voulu en limiter la portée en le disant destiné aux seules Eglises d'Antioche, de Syrie et de Cilicie mentionnées dans la suscription et où étaient nés les troubles qui le provoquèrent. De telles positions ne me paraissent pas tenables. Le Décret, encore appliqué aux siècles suivants dans de nombreuses régions, même d'Occident, est un document à destination vraiment oecuménique et d'importance à mes yeux capitale. Sur sa signification strictement rituelle aucun doute n'est possible: nous sommes dans la droite ligne de la mentalité rabbinique. Il semble bien que les interdits du Décret procèdent des commandements dits noachiques que la Synagogue imposait à ceux que nous appelons volontiers les demi-prosélytes. Ils s'en distinguent cependant fondamentalement. Aux demi-prosélytes, on procurait simplement, sans les intégrer á la communauté sainte, le moyen de faire leur salut tout en restant sur le seuil. L'observance du Décret Apostolique confère au contraire la qualité de fidèle de plein droit. Elle crée les conditions d'un communion parfaite entre convertis juifs et païens.

Les Actes nous présentent Paul participant à la rédaction du Décret. La chose est tout à fait invraisemblable. Car imposer même un minimum d'observance rituelle aux fidèles païens allait à l'encontre de l'Evangile paulinien de totale liberté en regard de la Loi. Et d'ailleurs les développements de la Ière aux Corinthiens sur les problèmes sexuels et sur les idolothytes traduisent une polémique à peine voilée contre le Décret, où Paul a vu sans doute une concession inadmissible aux conceptions juives. En fait, à nos yeux, le Décret, tout en s'inspirant de normes rabbiniques, consacre l'autonomie chrétienne par rapport à la religion mère. Le minimum de prescriptions rituelles qu'il codifie représente aussi un maximum que nul, même Juif de naissance, n'est tenu de dépasser et qui scelle l'unité de l'Eglise en même temps qu'il assure son indépendance.

Celle-ci s'est donc opérée sur une base différente de celle que preconisait Paul. C'est à une sorte de judéo-christianisme mitigé que se rallie, un peu partout, l'Eglise naissante. Elle n'est pas, dans son ensemble, paulinienne. Paul, très souvent, va à contre-courant. Et le Décret fournit du même coup la pierre de touche qui permet de délimiter le judéo-christianisme *stricto sensu*: sont judéo-chrétiens, dans l'acception commune et étroite du terme, ceux des fidèles qui vont, en matière d'observance rituelle, au-delà de ce qu'exige le Décret.

Dûment séparé du judaïsme, réduit assez vite, pour son recrutement, au seul apport du paganisme, l'Eglise se prétend, certes, le véritable Israël, héritier légitime des promesses. Mais cet Israël nouveau n'a plus en commun avec l'Israël de chair, dont il est un rejeton, que ce nom qu'il accapare. Il est en fait la Gentililé rachetée, ou en voie de l'être, *Ecclesia ex Gentibus,* sur qui a été transféré l'héritage.

Une telle position fut naturellement contestée avec énergie par les Juifs. Elle suscita du côté païen de sévères polémiques. Car tout en revendiquant pour eux le patrimoine biblique, les chrétiens prenaient position vis-à-vis du patrimoine culturel gréco-romain. Tantôt ils le répudient catégoriquement, comme tout entier entaché d'idolâtrie; tantôt au contraire ils le revendiquent pour eux seuls, dans ses éléments les meilleurs, tels que les philosophes les avaient élaborés. Vue d'ensemble, l'évolution des rapports entre christianisme antique et pensée païenne est loin de se présenter comme un processus rectiligne et uniforme. L'attitude des chrétiens est, selon les milieux et les tempéraments personnels, plus ou moins hostile ou plus ou moins accueillante envers la civillisation dans laquelle ils vivent.

Strictement opposés aux païens par le détail de leurs croyances, ils s'en rapprochent par des aspirations fondamentales étroitement apparentées. Les affrontements dissimulent souvent de frappantes affinités. Certains penseurs chrétiens vont jusqu'à risquer une réhabilitation de la mythologie par le biais de l'evhémérisme: vos dieux, certes, ne sont que des hommes; mais ce sont des hommes vertueux et bienfaisants; leur divinisation est un hommage blâmable dans sa forme, mais mérité. Le moyen âge et la Renaissance iront plus loin dans cette voie en découvrant dans la mythologie des prémonitions et une véritable *Praeparatio Evangelica*.

A l'époque qui nous intéresse, on n'en est pas encore là. Religion et civilisation classiques sont liées. Ensemble elles affrontent le choc chrétien. Les historiens se sont mainte fois demandé où résidait, dans l'ensemble complexe des forces païennes, le noyau principal de la résistance au christianisme. Certains ont pensé aux cultes orientaux, en particulier aux cultes à mystères, élément sans doute le plus vivant de la vieille religion, et qui par surcroît offraient avec le culte rival des affinités morphologiques réelles, bien que souvent grossies par la recherche moderne. Il est bon de ne pas faire la part trop belle à ces chapelles initiatiques, ne groupant par nature qu'un nombre restreint de fidèles. L'affirmation souvent répétée et prise pour argent comptant d'Ernest Renan, selon laquelle en cas de défaillance du christianisme le monde antique se serait rallié à Mithra ne résiste pas à l'analyse. A aucun moment Mithra, divinité de petits conventicules, gêne de surcroît par ses origines persanes, ne s'est haussé au rang de dieu suprême. Aucun empereur n'a fait de lui, dans la lutte livrée au christianisme, le commandant en chef. En fait, le paganisme affronte le combat, malgré les vaines tentatives de quelques princes, en ordre dispersé. Nous en mesurons aujourd'hui toutes les fatales faiblesses. En jaugeant les caractères intrinsèques des trois cultes en présence nous découvrons, sans faire intervenir aucun critère théologique et sans quitter le terrain de la stricte histoire, pourquoi le christianisme ne pouvait pas ne pas l'emporter dans une lutte dont l'enjeu était la conquête spirituelle du monde antique.

Il me reste à exprimer ma très vive gratitude à tous ceux qui ont aidé à la parution de ce volume, et out d'abord à mon collègue et ami le Professeur Martin Hengel, de la Faculté de Théologie Protestante de Tübingen. L'idée du présent recueil vient de lui. Il m'en a très vivement suggéré la réalisation, dans une collection scientifique dont il assure la direction. La maison d'édition J. C. B. Mohr (Paul Siebeck) de Tübingen a sans hésiter répondu à son appel. Ces volumes qu'elle offre au public savant présentent toutes les qualités d'impeccable perfection technique qui font la réputation de cette illustre firme. Je dois une reconnaissance particulière à Monsieur Georg Siebeck, avec qui j'ai négocié les conditions de cette publication et en qui j'ai trouvé un interlocuteur aussi courtois que compréhensif. Monsieur Rudolf Pflug a assuré, avec soin et efficacité, la mise au point technique des volumes. Enfin je ne saurais oublier ici Monsieur François Blanchetière, Maître-Assistant à l'Université des Sciences Humaines de Strasbourg, et Madame Blanchetière, qui ont accepté et mené à bien la tâche ingrate, mais combien utile, d'établissement des Index.

M. S.

Table des matières

Volume I

Volume II

L'Apôtre Paul dans le symbolisme funéraire chrétien

Sur un fragment de sarcophage avec barque et scène de pêche

Le fragment de sarcophage que j'étudie fait partie de la petite collection chrétienne du Musée du Capitole, dont il constitue l'une des pièces les plus curieuses. Découvert par Marucchi en 1897, parmi les ruines de la basilique de Saint Valentin sur la voie Flaminienne, il a été publié par lui la même année dans le *Nuovo Bullettino d'Archeologia Cristiana*[1]. Il présente une scène complète et indépendante qui offre à elle seule un sens satisfaisant. A droite, assis sur un rocher, un pêcheur tient dans sa main un poisson qu'il vient de tirer de l'eau; devant lui se trouve une barque qui porte deux personnages : l'un, à l'avant, manœuvre la voile, l'autre le seconde de la main droite et de la gauche tient le gouvernail; le nom de « Paulus », inscrit à côté de lui, nous aide à reconnaître l'Apôtre des Gentils, dont il a le type traditionnel, barbu et chauve. Sur le flanc de la barque est gravé le nom de « Thecla ». L'œuvre paraît être du IVe siècle. Voici, dans ses grandes lignes, l'interprétation que Marucchi en propose. La scène est, pour lui, directement inspirée des *Actes* apocryphes de Paul et de Thecla. Le défunt, ou la défunte, après avoir reçu le baptême — symbolisé par la scène de pêche — a suivi fidèlement pendant le cours de sa vie mortelle — figuré par la barque

---

[1] *Nuovo Bullettino d'archeologia cristiana*, 1897, p. 103-111. Le fragment se trouve dans la première salle chrétienne et porte le numéro 21. Il est reproduit dans Wilpert, table 10, n° 5. Voir aussi Dölger, IXΘYC, t. IV, pl. 285. L'interprétation de Marucchi est reprise par Stuart Jones dans son catalogue du Musée du Capitole.

— les enseignements de l'apôtre; comme Thecla qu'il prend pour modèle, il doit, avec un tel guide, parvenir au port de l'éternité bienheureuse — ou du moins il le souhaite, car ce symbolisme, inspiré de la liturgie, a la valeur d'une prière.

Plusieurs points me semblent insuffisamment expliqués ou mal

FRAGMENT DE SARCOPHAGE (Rome, Musée du Capitole).

interprétés : l'apport précis des *Actes* apocryphes, la figuration de Paul comme pilote, la signification exacte de la barque et sa relation avec la scène de pêche, le sens funéraire de l'ensemble.

C'est un fait bien connu que saint Paul n'occupe pas, dans l'art chrétien primitif, la place que semblait devoir lui conférer son rôle capital dans la diffusion du christianisme[1]. Sans doute, l'élévation de sa doctrine et la rude dialectique de ses épîtres le préparaient mal à être un saint populaire. Si, par ailleurs, une documentation assez abondante et relativement sûre, fournie à la fois par ses écrits et par les *Actes des Apôtres*, faisait de lui une figure trop précise pour donner prise au pittoresque de la légende, on peut toutefois s'étonner

[1] Sur la place de saint Paul dans l'art chrétien primitif, cf., outre les articles Pierre et Paul des *Dictionnaires* de Martigny et de Kraus : Künstle, *Ikonographie der Heiligen*, Freiburg, 1926, t. II, p. 487-489, et plus spécialement Ficker, *Die Darstellung der Apostel in der Altchristlichen Kunst*, Leipzig, 1887, *passim*.

que cette véritable épopée paulinienne qu'est la deuxième partie du
livre des *Actes* n'ait que fort peu inspiré l'art chrétien. De toute l'histoire si mouvementée de Paul, les premiers artistes chrétiens n'ont
retenu que quelques scènes : sa lapidation, son arrestation, sa délivrance de la prison, sa mort[1]. Encore sont-elles tirées, pour la plupart, non pas des *Actes* canoniques, mais d'écrits apocryphes.

Cette pauvreté met encore mieux en relief la prédilection très nette
des premiers chrétiens pour saint Pierre, le prince des Apôtres. En
toute occasion Paul lui cède le pas; et si la tradition nous a malgré tout conservé ses traits, nous le devons, pour une large part, à la
réconciliation opérée par l'Église naissante entre les deux rivaux dont
elle a fait des compagnons d'apostolat et de martyre. La gloire de
Paul n'y a point gagné : désormais inséparable de Pierre, il lui fait
pendant, mais les parts entre eux ne sont pas égales, et de ce dyptique
Paul n'occupe que la moindre face.

Il n'en est que plus remarquable de le trouver sur notre fragment
non seulement isolé, mais encore investi, semble-t-il, d'une fonction
généralement et à bon droit réservée à Pierre, pêcheur de Tibériade.
L'art chrétien a, en effet, puisé dans la littérature évangélique ces
scènes de barque et de pêche, d'un si riche symbolisme, qu'il affectionne et dont nous avons ici un exemple. Mais, dans l'art comme au
bord du lac de Galilée, c'est Pierre qui en est le héros, sinon exclusif, du moins favori. Appliqué à Paul qui n'a jamais pêché que des
hommes et qui, sur la barque de l'Église, n'est qu'un « brillant second », le symbolisme perd une partie de sa valeur. Paul s'y trouve
cependant quelquefois associé à la faveur du lien d'apostolat qui
l'unit à Pierre : sur une lampe d'ivoire du Musée du Vatican, il dirige avec lui la nef chrétienne[2]. Ici il le supplante et reste seul.
L'exemple est, jusqu'à présent, unique.

---

[1] La mort de Paul est représentée sur le fameux sarcophage de Junius
Bassus. Elle figure également sur les sarcophages nos 106-162-164 du Musée chrétien du Latran.

[2] Garrucci, *Storia dell'Arte Cristiana*, t. VI, pl. 469.

Cette singularité s'explique évidemment, dans une certaine mesure, par l'influence des *Actes de Paul et de Thecla*[1]. Le nom inscrit sur la barque est sans doute, comme le suggère Marucchi, celui de la défunte. Il témoigne, en tout cas, de la popularité du pieux roman aux premiers siècles de l'ère chrétienne. De cette fortune vraiment exceptionnelle dont l'écrit apocryphe jouissait, en Occident comme en Orient, chez les hérétiques comme chez les orthodoxes, la liturgie nous fournit un curieux témoignage. Elle accorde en effet à Thecla une place d'honneur. Dans l'*Ordo Commendationis Animae*, la sainte figure immédiatement après les saints Pierre et Paul; la première des prières pseudo-cypriennes la nomme également tout à côté des deux apôtres et avant eux; dans la seconde, l'autorité de l'apocryphe l'emporte même sur celle de l'écrit canonique : en face des personnages de l'Ancien Testament, Thecla représente seule la Nouvelle Alliance[2].

L'art chrétien s'est montré pour elle moins généreux. Totalement absente des peintures catacombales romaines, et même de tout l'art occidental, la scène du martyre de Thecla n'apparaît qu'en Orient où est née son histoire. Des rares exemples que nous en ayons, le plus connu est une fresque funéraire de l'oasis d'El-Bagaouat, où le nom de Thecla est inscrit en caractères grecs près d'une figure de martyre debout sur un brasier : traduction évidente du texte pseudo-cyprien d'origine orientale lui aussi : « Assiste-nous, Seigneur, comme tu as assisté Thecla sur le bûcher[3]. » Sur un bibelot également égyptien, conservé au Kaiser Friedrich Museum de Berlin[4], le martyre de The-

---

[1] Sur Thecla et sur les *Acta Pauli et Theclae*, cf. l'article de Salomon Reinach dans *Cultes, mythes et religions*, Paris, 1912, t. IV, p. 229-251. Voir également Smith, *Dictionary of Christian Biography*, t. IV, Londres, 1887, art. Thecla. Édition française des *Acta* avec texte grec en regard : L. Vouaux, *Les actes de Paul et ses Lettres apocryphes*, Paris, 1913.

[2] Texte latin de ces prières dans Harnack, *Drei wenig beachtete cyprianische Stücke und die Acta Pauli*, 1894.

[3] D'après Leclercq, *Manuel d'archéologie chrétienne*, Paris, 1907, t. I, p. 114.

[4] C. Schmidt, *Acta Pauli*, Leipzig, 1905; Zusätze, p. xix.

cla est représenté de façon différente : une femme entre deux lions y fait pendant à un homme également entouré de lions ; bien qu'anonymes les deux personnages sont faciles à reconnaître : l'homme est Daniel et la femme Thecla, et l'auteur semble s'être inspiré cette fois de la seconde prière pseudo-cyprienne qui nomme « Daniel dans la fosse » et « Thecla dans l'amphithéâtre » : c'est le second des supplices enduré par la sainte.

Il n'est pas utile, pour expliquer ces deux représentations de Thecla comme personnage isolé, de faire intervenir le texte apocryphe lui-même. Son influence semble, en effet, s'être exercée non pas directement, mais à travers la liturgie. Remarquons, en effet, que les prières signalées plus haut, tout en citant les deux personnages du roman côte à côte, ont cependant dissocié le groupement Paul-Thecla, pour rétablir le groupement traditionnel Pierre-Paul : « Sicut liberasti Petrum et Paulum de carceribus, et sicut beatissimam Theclam de tribus atrocissimis tormentis liberasti [1]... », telles sont les paroles de l'*Ordo commendationis*. Dans la seconde prière pseudo-cyprienne, Pierre ayant disparu, Paul disparaît aussi, bien que Thecla reste. C'est ainsi que l'art a procédé lui aussi.

Les épisodes de caractère non plus liturgique, mais simplement historique, et qui, supposant un emprunt direct au récit, en réunissent les deux personnages, sont tout aussi rares. Sur un sarcophage de Marseille, saint Paul, une corde passée autour du cou, est traîné par un personnage sans doute juif, en présence d'une femme en qui l'on a cru reconnaître Thecla : c'est peut-être la scène de l'arrestation que les *Acta* placent à Iconium [2]. Plus intéressant est l'épisode deux fois représenté de Thecla recevant l'enseignement de Paul. Il figure sur un ivoire du British Museum [3] : Paul est assis en plein air, un rouleau dans la main, et Thecla l'écoute du haut d'une tour. Rap-

---

[1] Daniel, *Codex Liturgicus*, t. I, p. 334.
[2] Garrucci, *Storia...*, pl. 352, 1.
[3] *Id.*, pl. 446, 11.

proché d'un relief d'Etschmiadzin[1], qui représente le même sujet et sur lequel les personnages sont désignés par leur nom, la scène peut être identifiée avec certitude. Elle procède évidemment du texte ; toutefois le second de ces monuments ne tient pas compte du portrait que les *Acta* donnent de Paul, puisqu'il ajoute à sa barbe une opulente chevelure.

En face de ces rares productions l'originalité de notre fragment apparaît clairement. Il doit aux *Acta* sa signification générale, indiquée par le nom des deux personnages : le défunt a, comme Thecla, pris saint Paul pour guide et patron. Il leur doit aussi, peut-être, la précision du type physique de Paul. C'est, en effet, dans les *Acta* que se trouve le portrait le plus détaillé et peut-être le plus exact du « laid petit Juif[2] ». Mais il n'est pas sûr que l'influence de ce portrait se soit exercée sur notre fragment autrement qu'à travers une tradition iconographique déjà ancienne — qui d'ailleurs semble tirer elle-même son origine du texte, au moins pour une part — : car, si le type physique de Paul apparaît ici particulièrement net, il n'est pas cependant essentiellement différent de celui que la peinture et la sculpture chrétienne prêtent à l'apôtre dès le IIIe et même dès le IIe siècle[3].

A ces apports du texte, Marruchi en joint un troisième : le récit du baptême que Thecla, au moment d'affronter le supplice, s'administre elle-même en se jetant dans une piscine[4] autorise selon lui une interprétation baptismale, non seulement de la scène de pêche, mais de

---

[1] Strzygowski, *Das Etschmiadzin-Evangeliar*, dans *Byzantinische Denkmäler*, t. I, Wien, 1891.

[2] *Acta*, III. Sur l'exactitude du portrait de Paul, cf. Schmidt, *op. cit.*; Zusätze, p. 17, et Reinach, *op. cit.*, p. 243.

[3] Voir, en particulier, les médaillons du cimetière de Callixte, publiés par De Rossi dans le *Bullettino d'archeologia cristiana*, 1864 (reproduits par Martigny, *Dictionnaire des Antiquités chrétiennes*, 2e éd., 1877, p. 648), et qui ne sont certainement pas postérieurs à la première moitié du IIIe siècle.

[4] *Acta*, XXXIV.

la barque elle-même. Nous verrons plus loin les réserves qu'appelle, à mon sens, cette opinion.

Voici maintenant ce dont le texte ne rend pas compte. Si les deux personnages du roman sont nommés sur notre fragment, un seul y est représenté, celui-là précisément qui dans le roman joue le moindre rôle[1]. Chose plus importante, rien dans le texte apocryphe ne préparait Paul à son rôle de pilote, car à aucun moment il n'y est question d'un voyage sur mer. Si les *Acta* suffisent, à la rigueur, à expliquer Paul, ils ne sauraient par contre expliquer Paul sur une barque. Dans ces conditions, si les réserves que j'ai précédemment formulées sont fondées, si, de plus, comme il est vraisemblable, le nom de Thecla est celui de la défunte, et comme par ailleurs, à l'inverse de ce qui se passe dans le roman, c'est Paul qui est ici le personnage central, l'influence des *Acta* pourrait bien se réduire à une simple réminiscence du titre et à un vague souvenir du contenu : Thecla disciple de Paul a, grâce à lui, obtenu le salut, et la défunte veut l'imiter. Pour expliquer le reste, c'est-à-dire l'essentiel, il faut chercher ailleurs.

*   *

Si l'on se refuse à admettre une transposition, sans raisons profondes et par simple analogie, du personnage de Paul dans les attributs de Pierre, on peut être tenté de demander à deux textes du Nouveau Testament un principe d'explication.

Le premier, c'est le récit de la pêche miraculeuse tel qu'il figure en Luc, V, 1 à 11. Jésus, s'étant assis dans la barque de Pierre pour prêcher à la foule, ordonne ensuite au futur apôtre de gagner le large et de jeter ses filets. L'expérience de toute une nuit de travail infructueux a découragé Pierre. Il obéit cependant et prend une quantité

---

[1] A supposer même que le deuxième personnage de la barque représente Thecla, ce qui est peu probable, il ne saurait du moins y être question d'un véritable portrait, comme pour Paul, mais d'une figuration d'autant plus conventionnelle que le personnage est masculin.

de poisson telle que le filet se rompt. On appelle à l'aide d'autres pêcheurs qui se trouvent à proximité dans une seconde barque et l'on
remplit les deux barques au point qu'elles enfoncent. Pierre, pris de
frayeur « à cause de la pêche qu'ils avaient faite », se jette aux pieds
de Jésus et confesse son indignité. Jésus le rassure et lui dit : « Désormais tu seras pêcheur d'hommes. »

Le sens de ce curieux épisode, véritable parabole en action, est
transparent[1]. Totalement absent de Marc et de Matthieu, il a été vraisemblablement inséré ici dans la trame du récit évangélique et
greffé sur une donnée commune aux trois synoptiques, savoir la vocation des premiers apôtres[2], à une époque où dans l'église naissante
hellénistes et judaïsants étaient aux prises. La nuit de vain travail,
dont Pierre sort découragé, c'est la peu fructueuse prédication en
terre juive. La pêche au large, εἰς τὸ βάθος, qu'il n'entreprend que
sur l'ordre formel de son maître, et comme à contre-cœur, c'est la
mission auprès des Gentils[3]. Le filet rompu à la suite d'une pêche
trop abondante, c'est l'unité de l'Église menacée par l'accession des
païens et la controverse du légalisme. Cette barque anonyme qui sup-
plée aux défaillances de Pierre et l'aide à mener la tâche à bien, c'est
l'Église des Gentils, celle de Paul. La scène, il est vrai, s'achève sur
une note consolante et pour l'Église et pour son chef reconnu,
puisque, en définitive, la pêche est faite et bien faite et que Pierre, revenu de ses défaillances, est installé dans ses fonctions d'apôtre κατ'
ἐξοχήν. C'est la preuve, sans doute, que le passage est composite. Il
n'en reste pas moins que peu de textes offrent aux partisans du « paulinisme » de Luc un meilleur argument.

Rapproché de notre fragment, ce texte aurait l'avantage de fournir une explication parfaitement claire et cohérente à la fois de la

---

[1] L'épisode des deux barques est analysé dans Eisler, *Orpheus the Fisher*, Londres, 1921. Voir aussi les différents commentaires des Évangiles,
par exemple H. Holtzmann, *Handkommentar zum Neuen Testamente, die
Synoptiker*, 2e éd., Tubingen, 1901.

[2] Marc, I, 16-20; Matthieu, IV, 18-22.

[3] Sur les hésitations de Pierre, cf. *Actes des Apôtres*, X, 1; XI, 18.

barque et de la scène de pêche. Le défunt, « pisciculus » de la gentilité, pêché par la parole apostolique, régénéré par le baptême et arraché ainsi aux flots du siècle, est recueilli comme Thecla sur la
barque paulinienne. Tout serait pour le mieux si le fragment était
plus ancien. Malheureusement, cette explication, si séduisante
soit-elle, est incompatible avec la date du sarcophage. Qu'il soit immédiatement antérieur ou postérieur au triomphe de l'Église, nous
sommes trop loin des vieilles polémiques pour avoir quelque espoir
de retrouver, gravée sur la pierre, la survivance d'un état de choses
depuis longtemps disparu, et dont l'Église a pris soin d'éliminer jusqu'au souvenir, en unissant dans un même culte l'apôtre des Circon-
cis et celui des Gentils. C'en est fait très tôt de la vieille opposition :
déjà, dans la version johannique de la pêche miraculeuse, que l'auteur place après la résurrection et met en rapport non plus avec la
vocation des apôtres, mais avec l'investiture donnée à Pierre comme
chef de la chrétienté, il ne reste pour mener la pêche à bien qu'une
seule barque, celle de Pierre et de ses compagnons, celle de l'église
une et apostolique. Elle suffit à la tâche : « Et, quoiqu'il y eût tant
de poisson, le filet ne se rompit point[1]. »

Une seule chance subsiste en faveur de notre texte : c'est que le
sarcophage ait été exécuté, non pas au sein de la Grande Église,
mais dans une de ces sectes, gnostiques ou marcionites attardés, résolument antijuives, et qui, en quête d'ascendants spirituels, se sont
toutes plus ou moins réclamées de Paul. Rappelons-nous par exemple
que, seul de toute la littérature évangélique, le récit de Luc a trouvé
grâce aux yeux de Marcion. Rappelons-nous aussi que l'orthodoxie
des *Acta Pauli et Theclae*, dans la mesure où ce roman exprime une
doctrine, a été parfois contestée par les Pères de l'Église, et reste à
l'heure actuelle matière à controverse. Les hérétiques de tout bord
en ont en tout cas fait le plus large usage contre les textes canoniques. Saint Augustin cite à ce propos les encratites; vers la même

---

[1] Jean, XXI, 2-13.

époque l'évêque Philastre de Brescia signale les « manichéens, gnostiques, nicolaïtes, valentiniens et d'autres en très grand nombre[1] ».
Par là s'explique sans doute l'antipathie croissante des catholiques
pour notre apocryphe et sa condamnation définitive par l'Église au
siècle suivant.

Le caractère exceptionnel de notre fragment et l'absence de tout
élément de comparaison ne permettent pas de résoudre la question.
Elle méritait du moins d'être posée.

Avec le second texte que j'annonçais, nous sommes en terrain plus
solide. C'est, au chapitre XXVII des *Actes des Apôtres*, l'épisode célèbre de la tempête sur mer. Appelé à comparaître à Rome devant
l'empereur, saint Paul s'est embarqué, sous escorte, dans un port de
Lycie. Malgré la saison déjà avancée, et en dépit des conseils de
l'apôtre, le bateau continue sa route après une escale dans l'île de
Crète. Bientôt éclate une tempête telle qu'au bout de quelques jours
tout espoir de salut est perdu. Paul intervient alors sur la foi d'une
vision et rend confiance à l'équipage. « Je vous exhorte, dit-il, à
prendre courage, car aucun de vous ne perdra la vie ; le vaisseau seul
sera perdu. Cette nuit même, un ange du Dieu auquel j'appartiens et
que je sers m'est apparu et m'a dit : Paul, ne crains point. Il faut
que tu comparaisses devant César, et voici que Dieu t'a confié tous
ceux qui naviguent avec toi. Courage donc, mes amis. Car j'ai confiance en Dieu qu'il en sera comme il m'a été dit. » Peu après, en
effet, la tempête s'apaise et le bateau s'échoue, sans qu'il y ait eu
perte d'homme, sur l'île de Malte.

Ce texte jette sur notre fragment une pleine lumière. Il ne me paraît y avoir aucun doute sur la réalité d'une influence : le parallélisme est trop net entre le pilote du fragment qui, manœuvrant à lui
seul et du même coup le gouvernail et une partie de la voilure, assume toute la direction du navire et l'apôtre des *Actes* qui, seul, en
face des éléments déchaînés, parmi le découragement général, puise

---

[1] Vouaux, *op. cit.*, Introd., p. 50. Sur l'inspiration doctrinale des *Acta*
et les controverses qu'elle a suscitées, *Ibid.*, Introd., *passim*.

dans sa foi l'énergie d'un chef; la suite du récit nous le montre obligeant équipage et passagers à prendre un peu de nourriture et dirigeant la manœuvre à la place du capitaine défaillant. Il n'y a guère de difficulté que sur la signification exacte que le texte a, dans l'esprit du sculpteur, imprimée au fragment.

Nous pouvons écarter tout de suite l'hypothèse d'une scène à caractère purement historique et narratif : la destination funéraire du fragment, sans même parler de la mention de Thecla, la rend, pour l'époque, tout à fait invraisemblable. Elle pourrait, à la rigueur, se défendre si la scène s'insérait dans un ensemble destiné à relater les principaux épisodes de la vie de l'apôtre. Mais, ainsi isolée, occupant le centre du sarcophage, ou au moins toute une moitié, la scène répond nécessairement à d'autres préoccupations.

Écartons aussi, pour les raisons déjà formulées plus haut à propos du premier texte, et sous les mêmes réserves, une interprétation ecclésiologique. Le navire que Paul sauve du naufrage et que figure notre fragment n'est pas la barque de l'Église. Malgré certaines analogies avec quelques épisodes évangéliques — celui de la tempête apaisée et celui de Jésus marchant sur les flots — communément interprétés comme des allégories de l'Église chrétienne voguant sous la conduite du Christ, il n'est pas vraisemblable que le rédacteur lui-même ait voulu, en soulignant l'analogie entre Paul et son maître, conférer au premier des droits à la direction de l'Église. Par ailleurs, la présence du nom de Thecla à côté de celui de Paul sur le fragment est destinée à établir entre l'apôtre et la défunte un lien personnel : simple initiative de salut individuel.

Sur ce point, Marucchi n'hésite pas : la traversée que Paul protège, c'est « la vie mortelle de la défunte, qui fut guidée, comme Thecla, par les enseignements apostoliques et qui suivit l'apôtre comme le disciple suit son maître ». La chose n'est pas en soi impossible. Elle se heurte cependant à une assez grave invraisemblance. Que pouvait bien représenter pour une humble fidèle du IVe siècle, trois cents ans après la mort de l'apôtre et isolée de la théologie officielle, la difficile doctrine de saint Paul? Peut-on vraiment prêter à cette obscure Thecla qui reposait dans notre sarcophage une curiosité et une pénétration d'esprit suffisantes pour choisir, en connaissance de cause, Paul comme son guide? Ou bien nous l'admettrons et nous prêterons au personnage des qualités exceptionnelles de culture théologique, ou bien nous admettrons, toujours en supposant qu'il s'agit de la vie d'ici-bas, que le choix de Paul comme patron a été entraîné automatiquement par le nom de la défunte, en souvenir de sa sainte homonyme; mais, dans ce cas, il n'est plus question d'un enseignement. Invérifiable dans le premier cas, l'hypothèse de Marucchi est, dans le second, fausse, au moins par l'expression qu'il en donne. Elle méconnaît, en outre, dans un cas comme dans l'autre, les habitudes de l'époque et la mentalité des premières générations chrétiennes : une simple allusion, rétrospective et désintéressée, à la vie écoulée — bien qu'il s'en trouve quelques exemples — s'accorde mal avec la préoccupation partout présente dans l'art chrétien de la mort et de la vie future. C'est dans le sens d'une représentation strictement funéraire, et à la lumière des usages liturgiques de l'Église, que les recherches doivent s'orienter.

Une étude plus précise du récit des *Actes* nous mettra sur la voie. Je relève tout d'abord dans le texte grec deux mots qui tiennent dans le vocabulaire religieux du christianisme primitif une place de premier plan, parce qu'ils expriment deux notions essentielles de l'idéologie chrétienne. Ils résument ici l'enseignement que saint Paul tire de sa vision : « J'ai confiance, πιστεύω; quant à vous, prenez courage, εὐθυμεῖτε. » Le premier de ces termes est trop connu pour qu'il soit utile d'insister : il exprime la foi chrétienne dans ce qu'elle a de plus profondément senti et vécu, indépendamment de tout credo, élan de confiance en la miséricorde divine. Appliquée aux choses de l'au-delà, à la promesse du salut éternel par une résurrection glorieuse, c'est l'espérance chrétienne, qui est comme le motif fondamental de tout l'art chrétien.

L'histoire du second mot, pour être moins connue, n'en est pas moins intéressante et suggestive : ce courage qu'il exprime c'est la transposition, dans l'ordre de la volonté agissante, de l'espérance chrétienne, c'est l'attitude pratique qui en découle. Présent tout au long de la vie mortelle, il culmine dans l'épreuve finale de la mort qu'il permet d'endurer avec sérénité. Cette idée se trouve exprimée avec une parfaite netteté dans un sermon de saint Jean Chrysostome : Ἐπεὶ οὖν εὐθυμίας ἐσμὲν πεπληρώμενοι, διὰ τοῦτο ψάλλομεν ἐπὶ τοῖς νεκροῖς ψαλμοὺς θαρρεῖν ὑπὲρ τῆς τελευτῆς παρακελευομένους (Orat. de Sanctis Berenice et Prosdoce, Migne, *Patrologie*, t. L, 2, col. 634). Nous ne sommes malheureusement pas renseignés sur les psaumes dont il s'agit dans ce texte et qui sont, pour les morts, une invitation au courage. Nous en possédons par contre, à de multiples exemplaires, dans le formulaire des tombes chrétiennes, une transposition épigraphique. Il me paraît, en effet, très vraisemblable que les formules funéraires, telles que εὐψύχει, θάρσει, εὐθύμει, μὴ λυποῦ, toutes équivalentes entre elles, d'un usage extrêmement fréquent parmi les chrétiens, et souvent accompagnées d'une palme, d'une colombe ou d'un ancre qui en précisent le sens, apportent comme un écho de cette liturgie[1]. Comme elles figurent également sur des tombes païennes, c'est, sans doute, par emprunt direct et parce qu'elles se prêtaient à merveille à l'expression d'une idée chrétienne qu'elles ont été adoptées. Mais, si les fidèles n'ont eu pour cela qu'à jeter les yeux autour d'eux, il est très probable que l'Église, afin d'accroître l'autorité de ces formules, voire même de les réhabiliter et d'en légitimer l'emploi, est remontée jusqu'aux sources proprement chrétiennes pour en chercher des équivalents. Notre texte des *Actes* en fournit un. J'en trouve un autre dans la parole par laquelle le Christ annonce ou sanctionne parfois ses miracles, précisément lorsqu'ils sont motivés par la foi-confiance du patient. C'est ainsi par

---

[1] On en trouvera une liste dans Grossi-Gondi, *Trattato di Epigraphia Cristiana*, Rome, 1920, p. 229. Le même auteur a étudié en détail l'une de ces formules (εὐψύχει) dans un article de *Roma e l'Oriente*, t. IV, p. 41.

exemple qu'il répond à la femme souffrante d'un flux de sang :
« Θάρσει, θύγατερ, ἡ πίστις σου σέσωκέν σε » (Matth., IX, 22). J'en trouve
un encore dans l'épisode déjà signalé de Jésus marchant sur les
flots. Aux disciples groupés dans la barque et qu'effraient la nuit, le
vent et cette silhouette de fantôme sur le lac, il dit : « Θαρσεῖτε, ἐγώ
εἰμι · μὴ φοβεῖσθε » (Marc., VI, 50; Matth., XIV, 27).

Ce dernier exemple me paraît particulièrement intéressant. Dans
la version matthéenne, en effet, il est mis en rapport avec l'épisode
de Pierre marchant sur les eaux à la rencontre de son Maître[1]. La
foi qui pousse Pierre à ce geste n'est cependant pas assez forte : pris
de peur devant la violence du vent, il commence à enfoncer et
s'écrie : « Seigneur, sauve-moi. » Jésus lui tend la main, et lui ayant
fait reproche de sa défaillance, monte avec lui dans la barque; après
quoi il apaise le vent. Le décor, la situation générale et la nature du
prodige ne sont pas sans analogie avec ce qu'exprime le récit des
Actes; et le Θαρσεῖτε de Jésus est l'équivalent exact du εὐθυμεῖτε de Paul.

Ces analogies semblent avoir déjà frappé les premiers chrétiens.
Nous voyons, en effet, les deux épisodes rapprochés et cités côte à
côte dans la liturgie. Ils apparaissent non point dans l'*Ordo commendationis,* déjà fixé antérieurement et une fois pour toutes, mais
dans l'office propre de la fête des deux saints, tel qu'il figure dans
les plus anciens sacramentaires romains. Voici, en effet, ce qu'on lit
dans le sacramentaire gélasien et, à la suite, dans le grégorien :
« Domine cujus dextera beatum Petrum ambulantem in fluctibus ne
mergeretur erexit, et coapostolum ejus Paulum tertio naufragantem
de profundo pelagi liberavit, exaudi nos propitius et concede ut amborum meritis aeternitatis gloriam consequamur » (Sacramentaire
gélasien, éd. Wilson, Oxford, 1894, p. 186. Sacramentaire grégorien, éd. Lietzmann, Leipzig, 1921, p. 81).

Aucun exemple n'illustre mieux la force et la constance des préoc-

---

[1] Matthieu, XIV, 27-33.

cupations relatives à la vie future dans l'esprit des chrétiens des premiers siècles, et plus spécialement le lien étroit établi par l'Église
entre l'inspiration liturgique des principales fêtes et les prières mor-
tuaires. Ficker le souligne très justement : « On célèbre en Pierre
et Paul les glorieux modèles des chrétiens. Ils ont éprouvé pour leur
compte la miséricorde divine, et les salutaires bienfaits dont ils ont
été l'objet de la part de Dieu sont pour les mourants le gage de la
résurrection victorieuse » (Ficker, *Darstellung der Apostel...*, p. 12).

Nous saisissons du même coup la signification exacte de notre
fragment : illustrant une épreuve que Paul a subie et dont le secours divin l'a fait sortir vainqueur, il en fait une allégorie, très
heureusement adaptée, de l'épreuve finale endurée par le défunt, assimile ce dernier à l'apôtre et appelle sur lui, à ce titre, la miséricorde divine. Il n'existe pas à ma connaissance de scène équivalente
illustrant l'épreuve de Pierre. Si des bijoux chrétiens le représentent
parfois secouru sur les flots, leur destination exclut une signification
funéraire du thème. Le seul exemple où une telle idée pourrait trans-
paraître est une fresque controversée de la crypte de Lucine, sur laquelle un personnage debout sur la rive ou sur l'eau — toute la
question est là, et le mauvais état de conservation de la fresque ne
permet pas d'en décider avec certitude — tend la main à un autre
personnage enfoncé dans l'eau jusqu'à mi-corps. La tendance la plus
générale à l'heure actuelle est d'y voir, après De Rossi et avec
Mgr Wilpert, le baptême du Christ. Mais rien de décisif n'a été dit
contre l'interprétation qui en fait une figuration de Pierre sur les
flots. Martigny l'a soutenue et Garrucci a mis la scène en rapport
avec l'idée de l'âme soustraite « aux flots de la tribulation [1] ». Nous
sommes alors dans la même ligne que notre fragment. Quoi qu'il en
soit de Pierre, sur Paul le doute n'est pas possible. Même s'il est

---

[1] Martigny, *Dictionnaire*, p. 648, reproduit une pierre gravée représentant cette scène et sur laquelle Jésus et Pierre sont nommés. Au sujet
de la fresque de Lucine, cf. De Rossi, *Roma Sotterranea*, t. I, pl. XIV.
Voir aussi Garrucci, *Storia...*, t. I, p. 203.

antérieur à la lettre du texte liturgique gélasien, notre fragment, manifestement inspiré des *Actes*, en exprime exactement l'esprit.

Dès lors, si nous voulons rechercher des analogies, ce n'est pas aux autres images chrétiennes de navires qu'il nous faudra songer. Elles se classent, en effet, généralement sous deux types. Les unes représentent l'Église : la présence du Christ ou de Pierre, souvent accompagnés d'autres apôtres, l'attitude presque hiératique des personnages, permettent en général de les identifier facilement; l'exemple le plus net en est une barque du Musée de Latran dont Jésus est le pilote, tandis que trois des évangélistes (une mutilation a fait disparaître Matthieu), désignés par leurs noms, manient les rames[1]. Les autres, d'usage et de sens plus exclusivement funéraires, restent dans l'art chrétien ce qu'en avait fait déjà le paganisme, le symbole de la vie humaine. La barque, dans ce cas, ne présente qu'un seul personnage, le défunt, ou même en est plus souvent totalement dépourvue; souvent, comme sur un autre fragment du Latran[2], elle s'accompagne d'un phare, autre motif fréquent dans l'art païen. Mais, là où le païen matérialiste ne pouvait que s'écrier : « Inveni portum, spes et fortuna valete », le fidèle trouve le salut : un emblème spécifiquement chrétien, ancre ou colombe, vient parfois préciser le sens nouveau du symbole[3].

Aucune de ces deux étiquettes ne convient à notre fragment. Car, si nous lui avons refusé toute signification ecclésiologique, nous pouvons au même titre rejeter maintenant en connaissance de cause cette application rétrospective à la vie d'ici-bas que propose Marucchi. Elle est condamnée par l'influence du texte liturgique qui fait du fragment, bien plus qu'une simple allégorie, une prière. Les véritables analogies et les meilleurs parallèles, c'est dans les motifs bi-

[1] De Rossi, *Bullettino di archeologia cristiana*, 1871, p. 124, pl. VII.
[2] Musée chrétien, Loggia des inscriptions, XV, 63.
[3] La question du symbolisme de la barque est bien résumée dans Kraus, *Real-Encyklopädie der Christlichen Alterthümer*, Freiburg, 1886, art. Schiff.

bliques étudiés par Le Blant que nous les trouverons[1]. Paul sur son
navire c'est, selon le schéma habituel, mais avec un temps de retard, dû à la constitution relativement tardive, à côté de la Bible
juive, du canon néo-testamentaire, Daniel dans la fosse, Suzanne
parmi les vieillards, Jonas dans le ventre du monstre : image des
souffrances de la mort et des dangers de l'enfer, objet de la miséricorde divine que le défunt à son tour implore humblement.

Mais, en même temps qu'il en est l'objet, saint Paul est aussi l'instrument de cette miséricorde. A la prière du défunt ou de l'Église
qui le cite en exemple doit s'ajouter une prière d'intercession mise
dans sa bouche. On sollicite son aide, en vertu de ce mandat divin
qu'il a reçu : « Voici que Dieu t'a confié tous ceux qui naviguent
avec toi. » Il semble qu'on en retrouve le souvenir dans l'*Ordo Commendationis* qui, à la suite des invocations bibliques, ajoute cette
prière en faveur du mourant : « Suscipiat eum Beatus Petrus Apostolus cui a Deo claves regni coelestis traditae sunt; adjuvet eum
Sanctus Paulus Apostolus, qui dignus fuit esse vas electionis[2]. » En
même temps qu'il précise de façon intéressante entre les deux
apôtres un partage d'attributions qui établit entre eux une hiérarchie, ce texte met en pleine lumière l'élément original et nouveau
que comporte notre fragment en regard des exemples de Le Blant.
Tandis que les personnages bibliques n'étaient que des précurseurs,
Paul devient un guide[3] : soumis comme lui aux dangers de la traversée, le défunt s'est embarqué avec lui, sous sa protection, pour le
grand voyage et doit, grâce à lui, parvenir au port. Nous rejoignons
ainsi un autre type de motif funéraire, que notre fragment combine

---

[1] Le Blant, *Revue archéologique*, 1879, et *Études sur les sarcophages
chrétiens antiques de la ville d'Arles*, 1878, Introd.

[2] Daniel, *op. cit.*, I, p. 334.

[3] Dans certaines prières d'origine orientale les personnages bibliques
eux-mêmes sont invoqués comme des intercesseurs. C'est toutefois l'exception. Cf. à ce sujet K. Michel, *Gebet und Bild in den ersten christlichen
Jahrhunderten*, Naumburg, 1902, p. 20.

et confond avec le précédent, en un raccourci saisissant : celui où l'âme du défunt, au moment d'affronter l'épreuve du jugement ou de franchir le seuil du paradis, s'entoure de saints protecteurs. L'art chrétien confie, avec une particulière prédilection, ce rôle aux saints Pierre et Paul[1]. Et, si Paul ici en est seul chargé, l'idée n'en apparaît pas pour cela moins nette.

Enfin notre fragment n'est pas sans rapport avec un troisième genre de représentations funéraires, païen cette fois-ci : la barque image du voyage vers l'au-delà[2]. Il me semble, en effet, évident que l'idée d'une traversée, bien loin d'être absente de notre fragment, s'applique non point à la vie mortelle et déjà achevée d'ici-bas, mais au voyage vers l'éternité, dont la mort corporelle constitue non pas le terme, non pas même le point de départ, mais bien plutôt l'étape décisive. Sans doute, les chrétiens n'ont jamais cru à la réalité d'un voyage véritable au delà de la tombe. Ils en parlent du moins abondamment par allégorie. Kaufmann a mis très justement les choses au point en opposant le symbolisme chrétien de la barque à la fois à la notion égyptienne, que l'on retrouve dans les sectes mystiques et les groupements spiritualistes du paganisme, d'un voyage aux îles des Bienheureux[3] et à la conception pessimiste et matérialiste du paganisme épicurien pour qui le voyage commence et finit ici-bas. « La terminologie chrétienne ne s'arrête pas devant le tombeau[4]. »

---

[1] Pierre et Paul figurent comme saints protecteurs — pour s'en tenir à la sculpture et aux seuls monuments romains — sur les nᵒˢ 144-148-163 du Musée chrétien du Latran.

[2] Cf. Musée Chiaramonti, travée VI, nᵒ 25; Latran, Musée profane, salle XIII, n' 735. Plusieurs exemples très intéressants de ce même type ont été publiés par Visconti, dans le *Bullettino della commissione archeologica municipale*, 1873, p. 255, pl. III et IV.

[3] Sur le voyage vers l'au-delà, cf. Cumont, *After life in Roman Paganism*, 1922, p. 155 et suiv. On trouve parfois sur les inscriptions funéraires le souhait « εὔπλοι », destiné à assurer au mort une heureuse traversée.

[4] Kaufmann, *Die sepulcralen Jenseitsdenkmäler der Antike und des Urchristentums*, Mayence, 1900, p. 180.

A défaut d'une véritable pérégrination, la pensée chrétienne conçoit fort bien, entre la mort corporelle et l'éternelle béatitude, de réelles et dures épreuves : la raison essentielle de la liturgie funéraire est précisément de les conjurer[1]. De cette idée, l'image d'une traversée, avec tout ce qu'à l'époque elle comportait de périls, reste le symbole le plus adéquat. Et c'est là un nouvel enrichissement par rapport aux thèmes inspirés de la *Commendatio*. A l'image allégorique des souffrances de la mort que suggèrent les exemples bibliques de Daniel ou de Suzanne s'ajoute ici la figuration directe de la mort elle-même conçue comme un voyage. De même que le Tartare de la mythologie païenne figure aujourd'hui encore dans la liturgie des morts (ne absorbeat eas Tartarus), de même peut-on, sans manquer à la prudence ni à la vraisemblance, voir sur notre fragment dans saint Paul, vénéré par les premières générations chrétiennes essentiellement comme le docteur par excellence de la résurrection, une réplique chrétienne, bienveillante et protectrice, de l'antique Psychopompe.

C'en est assez, je crois, pour condamner définitivement l'interprétation de Marucchi. Il semble bien, à vrai dire, avoir entrevu la possibilité d'une interprétation rigoureusement funéraire. Elle lui est suggérée par le nom de Thecla et par la place que celle-ci tient dans la liturgie des morts. Il parle, en effet, des « ennemis » dont la défunte demande à être délivrée comme l'a été la sainte. Mais outre qu'il ne précise pas sa pensée, il est trop uniquement préoccupé des *Acta*. Négligeant complètement tous les textes liturgiques qui n'en reflétaient pas l'influence, il a méconnu du même coup, au profit de Thecla, l'importance de Paul. Mais, alors même qu'il exagérait, ne serait-ce qu'en la rendant exclusive, l'influence du récit apocryphe, il n'en a pas tiré tout ce qu'il peut fournir, dans l'hypothèse d'un apport direct du texte, pour l'explication du fragment. L'on peut ici le battre

---

[1] Sur le caractère d'exorcisme des prières funéraires, cf. Michel, *op. cit.*, p. 8 et suiv.

avec ses propres armes. Nous voyons en effet dans les *Acta* une jeune fille défunte apparaître en songe à sa mère et la supplier d'adopter à sa place comme sa fille Thecla l'orpheline, « afin, dit-elle, qu'elle prie pour moi et qu'ainsi j'obtienne accès dans le séjour des justes ». La mère se rend à sa requête et dit à Thecla : « Prie pour mon enfant afin qu'elle ait la vie pour l'éternité », ce que Thecla fait aussitôt (*Acta*, XXVIII, XXIX, éd. Vouaux, p. 203).

Il semble bien qu'en tout état de cause on puisse étendre à Thecla cette dualité de fonction que je signalais pour Paul. Et c'est le moment d'apporter ici quelques précisions sur ce que représente son nom sur le fragment. Je suis tout disposé à y voir avec Marucchi le nom même de la défunte. C'est, en effet, un procédé courant chez les premiers chrétiens que d'insérer parmi des scènes funéraires ou autres le nom du personnage à qui elles sont dédiées ou offertes. J'en signalerai seulement deux exemples, relatifs précisément à des scènes de barque : une barque d'ivoire du Musée du Vatican, sur laquelle plusieurs matelots s'occupent à manœuvrer la voile ou le gouvernail et à jeter le filet, offre cette inscription : EYCEBI ZHCAIC[1]. Sur une autre à laquelle j'ai déjà fait allusion, parce que Pierre et Paul y sont représentés, nous lisons : « Eutropi vivas[2]. » De même la mention de Thecla défunte équivaut très probablement sur notre fragment à un souhait de vie éternelle. Mais il y a plus. On voit parfois sur des figurations bibliques à caractère funéraire le nom du personnage central remplacé par celui du défunt. Notre fragment traduit sans doute une préoccupation analogue, mais il n'y a pas eu ici besoin d'une substitution, et la communauté du nom rend plus sensible et

[1] Smith, *Dictionary of Christian Antiquities*, Londres, 1875, art. Lamps.

[2] Garrucci, *Storia…*, t. VI, pl. 469. On peut rapprocher de ces exemples un motif analogue païen où le nom de Felix Itala inscrit sur la barque s'applique à la défunte ; d'après Bormann, *Bericht des Vereins Carnuntum*, 1908-1911, p. 330, cité par Cumont, *op. cit.*, p. 155, n. 21.

plus complète l'identification voulue de la défunte à sa sainte patronne. C'est pour la première une raison essentielle de solliciter la protection de Paul et un gage que cette protection sera efficace.

Il n'est donc nullement surprenant que le nom de Thecla, commun aux deux personnages, s'applique à la barque qui les symbolise l'un et l'autre : dirigée par Paul, elle représente l'âme qu'il mène au ciel; mais elle est en même temps le véhicule du salut et, en lui donnant le nom de sa patronne, la défunte souligne le rôle qu'elle prête à cette dernière à côté de Paul. Marucchi a ingénieusement rapproché notre fragment d'une fresque antique conservée au Musée du Vatican et qui représente le chargement d'un navire : le patron et le pilote y sont désignés par leur nom et près de la poupe est inscrit celui d'Isis Geminiana, déesse protectrice des traversées. Thecla, de même, représente ici la « tutela navis ». Elle est à ce titre auxiliaire de salut en même temps qu'exemple : auxiliaire plus modeste toutefois que Paul, qui reste, sur le fragment comme dans la liturgie, le protagoniste. « Comme tu as sauvé Paul du naufrage, comme tu as, par son entremise, sauvé Thecla, de même sauve-moi des dangers de la traversée; qu'il m'assiste et qu'elle prie pour moi... », telle est à peu près la prière qui pourrait s'inscrire sur le fragment comme la traduction et le commentaire de ce symbolisme si complexe et si riche.

. .

Une fois cette démonstration admise, il ne reste plus qu'à expliquer de façon cohérente la scène de pêche associée à notre barque[1]. Car, si les scènes de pêche au filet complètent parfois de façon très

---

[1] Toute la question du poisson et de la pêche dans la symbolique chrétienne a été renouvelée et mise au point, sinon épuisée, par l'ouvrage de Dölger, IXΘYC, I-IV, 1910-1928, qui dispense presque de recourir aux ouvrages antérieurs. Voir aussi R. Eisler, *op. cit.*, et *Orphisch-Dionysische Mysterien-Gedanken in der christlichen Antike*, Leipzig, 1925.

naturelle, par une simple transposition du récit évangélique, le symbolisme de la barque appliqué à l'Église et sont alors la plus claire image de l'apostolat chrétien ; si, d'autre part, le pêcheur à la ligne isolé tirant de l'eau un seul poisson, et qui figure déjà dans les catacombes[1], est communément reçu comme symbole du baptême, il est bien évident, par contre, que dans cette curieuse juxtaposition, à ma connaissance unique dans l'art chrétien, et étant donné le sens funéraire que nous avons reconnu au motif de la barque, il s'agit d'autre chose. Marucchi n'a voulu y voir qu'un symbole baptismal et il ne faut point s'en étonner. Son interprétation de l'ensemble l'y amenait naturellement et y gagne d'ailleurs, il faut le reconnaître, un certain air de cohérence : le baptême préludant comme un viatique au voyage de la vie, voilà qui se tient. Mais c'est compromettre le résultat à peine acquis que de se risquer à étendre cette interprétation baptismale à la barque elle-même, sous prétexte que « toutes les scènes maritimes peuvent être généralement considérées comme des allusions au baptême ». Très discutable en soi, cette théorie est à rejeter ici catégoriquement. Même s'il ne s'agit que de la vie terrestre, l'idée centrale reste celle d'un voyage, et vouloir à tout prix lui superposer une idée doctrinale et sacramentaire aussi précise c'est tomber dans l'incohérence. A plus forte raison n'y a-t-il plus, dans mon hypothèse, place pour une image du baptême.

Une simple remarque tout d'abord. Nous sommes en présence d'une scène légèrement différente de celles où l'on reconnaît en général une allégorie du baptême. Alors que les peintures catacombales et les sculptures de sarcophages fixent en général le moment où le poisson, encore dans l'eau, s'accroche à l'hameçon, sur notre fragment l'opération est déjà terminée, et le poisson se trouve dans la main du pêcheur. Peut-être ne faut-il pas attacher à ce détail trop d'importance. Il en acquiert cependant une certaine si on le rap-

---

[1] Wilpert, *Le pitture delle Catacombe romane*, Rome, 1903, t. I, pl. VII, 1, et XXVII, 2 et 3.

proche du texte de Tertullien que Marucchi invoque à l'appui de sa thèse : « Nos pisciculi secundum ἰχθύν nostrum Jesum Christum in aqua nascimur. » Continuons, en effet, la citation et nous la verrons se retourner contre lui. Car Tertullien ajoute : « Nec aliter quam in aqua permanendo salvi sumus. Itaque illa monstrosissima (une certaine Quintilla qui avait nié la nécessité du baptême) optime norat pisciculos necare de aqua auferens » (Tertullien, *De Baptismo*, 1). Sans doute ne faut-il pas en matière de symbolisme être trop exigeant pour la logique. Convenons cependant qu'il est difficile de dissocier au point où le fait notre fragment le poisson, image du chrétien, et l'eau salutaire, sans rendre inintelligible la signification baptismale du symbole, à supposer qu'il en ait une. Si au contraire il est en relation avec l'idée de la mort, ce détail ne fait qu'en souligner le sens.

La signification funéraire des scènes de pêche dans l'art chrétien primitif a été soutenue par Schultze dans un essai resté célèbre[1]. Ses conclusions ont été généralement repoussées comme trop rigides, et faute d'argument décisif. En fait, son erreur a consisté surtout à vouloir imposer une solution unique là où la réalité nuancée du symbole laisse place, selon les temps et les lieux, et aussi selon la nature et la destination des monuments envisagés, à plusieurs interprétations différentes. Il a, pour des raisons de logique abstraite, généralisé arbitrairement. Sous cette réserve, et moyennant quelques précisions, sa théorie rend compte de bien des éléments encore inexpliqués. Elle me paraît s'appliquer exactement au pêcheur de notre sarcophage.

Il existe déjà dans le paganisme un symbolisme funéraire de la pêche et du poisson. Je n'en veux pour preuve que deux exemples. Dom Leclercq a ingénieusement rapproché du type chrétien du pêcheur une stèle tombale, à peu près certainement païenne, car elle ne

[1] Schultze, *Archäologische Studien über altchristliche Monumente*, Vienne, 1880.

porte pas le moindre indice de christianisme, sur laquelle figure comme motif unique un pêcheur à la ligne assis sur un rocher et tirant un poisson de l'eau[1]. A moins d'y voir un simple rappel de la profession du défunt ou de son occupation favorite, il faut reconnaître à la figuration une valeur symbolique. Cette seconde hypothèse est la bonne; il suffit pour s'en persuader de comparer la stèle à un curieux sarcophage publié par Visconti et daté par lui du début du IIIe siècle[2]. Dans un décor de monuments — magasins, temple d'Isis, phare — figurant sans doute le port d'Alexandrie, sont représentées trois barques conduites par de petits génies. Dans la première et dans la troisième figurent l'Amour et Psyché : on sait la fortune de ce thème comme symbole de l'immortalité[3]. La première image de Psyché offre une expression douloureuse; la seconde sonne joyeusement de la trompe en entrant dans le port où se trouve amarrée une quatrième barque, sur laquelle est assis un génie qui jette l'hameçon et tire à lui un gros poisson. On voit l'intérêt de ce sarcophage rapproché de notre fragment dont il réunit les deux éléments, barque et pêcheur. Le sens en est clair : il figure ce voyage vers l'au-delà dont je parlais plus haut; le changement de physionomie de Psyché traduit la joie de l'immortalité succédant aux affres de la mort. Quant au poisson pêché, c'est à n'en pas douter le symbole de l'âme arrachée aux flots amers de la vie mortelle. Comme le fait remarquer Dom Leclercq[4], ce monument traduit clairement un symbole chrétien par avance et que le christianisme conserve.

C'est, en effet, la signification mortuaire qui domine assez généralement sur les sarcophages chrétiens. Toutefois, le christianisme a

---

[1] Leclercq, *op. cit.*, t. I, p. 140. Cf. Garrucci, *Storia...*, t. V, pl. 393, 4.

[2] Visconti, *loc. cit.*, pl. IV.

[3] Voir à ce sujet Leclercq, *op. cit.*, I, p. 145. Voir aussi Collignon, *Essais sur les monuments grecs et romains relatifs au mythe de Psyché*, Paris, 1877.

[4] Dans Cabrol, *Dictionnaire d'archéologie chrétienne et de liturgie*, Paris, 1902, art. Ame, où ce sarcophage est reproduit et commenté.

apporté ici un élément nouveau : en mettant l'idée de la mort en rapport étroit avec celle de la résurrection il a enrichi le symbole. Sur
ce point les témoignages archéologiques et littéraires abondent. Il me
suffira d'en citer quelques-uns.

L'exemple le plus net qu'offre la sculpture est fourni par un sarcophage du Latran sur lequel une scène de pêche fait pendant à
l'histoire de Jonas et la complète[1]. Le lien qui unit les deux motifs
est clairement indiqué par l'exécution même du bas-relief et l'agencement de ses différentes parties : sur la gauche, Jonas est jeté du
bateau ; le centre est occupé par le monstre, deux fois représenté ; la
première image, tournée vers la gauche, engloutit le prophète, la
seconde le rejette vers la droite ; il tombe tout près du rivage au milieu de poissons qu'un homme, debout sur la rive, s'occupe à pêcher,
et le mouvement est tel que Jonas lui-même semble devoir s'accro-
cher à l'hameçon ; enfin, au-dessus de cette scène de pêche, Jonas est
figuré se reposant sous la treille : image de la félicité éternelle qui
suit la mort et où l'on accède par la résurrection. L'adjonction
comme motif secondaire de la figure de Lazare sortant du tombeau
et de celle de Noé sortant de l'arche est un indice de plus. S'encadrant
dans un tel ensemble, la scène de pêche symbolise sans aucun doute
« l'âme sauvée de la mort et admise à la vie éternelle[2]. »

La concordance est parfaite, une fois de plus, entre l'art funéraire
et la liturgie. On a justement signalé comme l'une des sources du
type chrétien du pêcheur, à côté des récits de la pêche évangélique,
l'épisode du statère tiré de la bouche du poisson et dont Jésus se sert
pour acquitter l'impôt. Il est, en effet, cité par les *Constitutions apos-*

---

[1] Musée chrétien, no 119, décrit et commenté par Ficker, *Die altchristlichen Bildwerke im christlichen Museum des Laterans*, Leipzig, 1890,
p. 60. Parmi les autres monuments à scène de pêche, on peut signaler le
sarcophage de la Gayolle, dans Le Blant, *Les sarcophages chrétiens de la
Gaule*, Paris, 1886, no 215, p. 157 et pl. LIX, 1.

[2] Von Sybel, *Christliche Antike,* Marburg, 1909, t. II, p. 6. Cf. Kraus,
op. cit., art. Fisch, p. 528.

toliques dans un texte à allure liturgique, en rapport précisément avec l'idée de la résurrection, dont il constitue, avec plusieurs autres miracles du Christ, le gage le plus certain : « ὁ ἐκ πέντε ἄρτων καὶ δύο ἰχθύων πεντακισχιλίους χορέσας καὶ περισσεύσας δώδεκα κοφίνους, καὶ ἐξ ὕδατος οἶνον μεταποιήσας καὶ ἐκ στόματος ἰχθύος στατῆρα δι᾿ ἐμοῦ Πέτρου τοῖς ἀπαιτοῦσι κῆνσον ἀποστείλας, οὗτος καὶ τοὺς νεκροὺς ἀνεγερεῖ[1] » (*Const. apost.*, V, 7, 28).

En fait, l'eau dans laquelle est pêché le poisson chrétien désigne le plus souvent les flots amers du péché. C'est le πέλαγος κακίας (Clément d'Alexandrie, *Paedag.*, III, 12, 101), le « abyssus hujus mortalitatis » (Saint Augustin, *Civit. Dei*, XVIII, 23) : soit qu'il faille entendre la vie d'ici-bas et le train du siècle, et dans ce cas c'est une victoire que d'en être arraché par la mort, soit qu'il s'agisse du royaume de la mort et de la puissance de l'enfer, et alors c'est la résurrection qui en délivre. Les deux notions se touchent et ne sont pas toujours très nettement distinguées par les auteurs chrétiens qui en parlent. Peu importe, d'ailleurs, car l'image de la pêche les traduit l'une et l'autre. Tantôt on met l'accent sur le fait que le poisson meurt : « ἀγκιστρεύει γάρ σε Ἰησοῦς, οὐχ ἵνα θανατώσῃ, ἀλλ᾿ ἵνα θανατώσας ζωοποιήσῃ » (Cyrille de Jérusalem, *Procatech.*, V); tantôt on souligne le fait qu'il s'est élevé hors des flots jusqu'à la surface libre : « surgere » et « resurgere » sont termes voisins comme le prouve ce texte curieux d'Origène appliqué au Christ et aux chrétiens : « Nisi enim habuisset pinnas non resurrexisset de coeno incredulitatis » (*In Leviticum Homilia*, VII, 7). Et saint Augustin réunit les deux notions lorsqu'il appelle le Christ mort et ressuscité : « Piscis levatus de profundo » (*Confessions*, XIII, 23, 34).

On aperçoit ainsi le rapport qui unit la scène de pêche, image de la mort et de la résurrection, et sa figuration comme symbole baptismal. Le baptême, mort au péché et naissance à la vie de la grâce,

---

[1] *Didascalia et Constitutiones Apostolorum*, éd. Funk, Berlin, 1906. Sur l'influence de ce texte, cf. Schultze, *op. cit.*, p. 49-50.

est conçu dans la doctrine chrétienne comme une préfiguration de la mort corporelle et de la résurrection glorieuse. Mais l'on voit du même coup que ces deux notions, voisines dans leur contenu, divergent jusqu'à s'opposer quand il s'agit de les représenter symboliquement. Car, en toute rigueur, c'est par immersion dans l'eau salutaire que l'on renaît dans le baptême, tandis que naître à la vie éternelle c'est sortir des flots mauvais. C'en est assez, je pense, après tout ce qui a été dit, pour prouver que la destination première et naturelle des scènes de pêche, au moins sur les sarcophages, c'est d'exprimer un symbolisme rigoureusement funéraire et eschatologique[1].

.

. .

Ainsi interprétée, la scène de pêche complète très naturellement notre fragment et s'y rattache de façon fort cohérente. Elle en enrichit du même coup le symbolisme : image de la mort corporelle, elle prélude au voyage; symbole de cette résurrection annoncée par Paul, elle en exprime, au seuil de l'épreuve, la promesse glorieuse. Aussi satisfaisante en logique — j'espère l'avoir prouvé — l'interprétation que je propose de l'ensemble, sans rien enlever à l'originalité du fragment, a l'avantage, me semble-t-il, d'en faire mieux comprendre, à la lumière des textes, de la liturgie et des habitudes de l'époque, la genèse et la signification.

---

[1] La question du poisson, symbole de la mort et de la résurrection, est traitée en détail par Dölger, *op. cit.*, t. II, p. 25 et suiv., qui a réuni les principaux textes qui s'y rapportent.

Fouilles dans la Basilique de Henchir-El-Ateuch
(Algérie)

Les fouilles dont le présent article expose les résultats ont eu lieu pendant le mois de juin 1933, aux frais du Gouvernement général de l'Algérie. Elles avaient pour objet de dégager les vestiges d'une basilique chrétienne au lieu dit Henchir-el-Ateuch. L'ensemble de ruines ainsi dénommé se trouve à une cinquantaine de kilomètres au sud-est de Sétif, près de la rive orientale du Chott-el-Beida, sur le territoire de la commune mixte des Eulmas. Aucune fouille n'y avait été entreprise jusqu'à présent, mais St. Gsell, après plusieurs autres, l'avait soumis à une rapide exploration dont il a consigné les résultats précis dans ses *Recherches archéologiques* et plus particulièrement, en ce qui concerne l'église, dans ses *Monuments antiques de l'Algérie*[1]. C'est pour répondre à un vœu exprimé par lui, dès 1893, que M. Leschi, directeur des Antiquités de l'Algérie, décida de faire fouiller cet édifice. Il voulut bien m'en confier le soin[2].

[1] Gsell, *Recherches archéologiques en Algérie*, Paris, 1893, p. 201-206. — *Monuments antiques de l'Algérie*, t. II, Paris, 1901, p. 170-172. — *Atlas archéologique de l'Algérie*, Paris, 1911, feuille 27, nº 1. Voir aussi Féraud, *Recueil de Constantine*, 1864, p. 292; Poulle, *ibid.*, 1875, p. 419.

[2] Que M. Leschi trouve ici l'expression de ma reconnaissance pour la tâche qu'il m'a confiée et pour ses utiles conseils. Je remercie également M. Massiéra, principal du collège de Sétif, dont la science archéologique me fut précieuse, et à qui je dois d'intéressantes photographies, ainsi que M. l'administrateur de la commune mixte qui voulut bien faciliter l'organisation matérielle de mon travail.

*
* *

La région, réputée malsaine à la fin du siècle dernier — mon expérience propre et les témoignages concordants que j'ai pu recueillir m'ont, au contraire, convaincu de la salubrité de son climat —
s'est ouverte depuis peu à la colonisation. Elle est assez pauvre en
eau, toute verdure en est absente et il n'y pousse pas un arbre, mais
la culture des céréales y donne de bons résultats. Elle peut être appelée à devenir un district agricole assez riche ; elle l'a été, incontestablement, dans l'antiquité. Les ruines d'Henchir el-Ateuch, en effet, assez nombreuses encore malgré les pillages des indigènes en
quête de bonne pierre, mais peu apparentes en général et surtout fort
espacées, semblent avoir toutes appartenu à des établissements agricoles. J'ai trouvé, à proximité immédiate de la basilique, les fragments d'un mortier et la partie mobile (*catillus*) en forme de couronne, de deux petits moulins à blé du type habituel. D'autre part,
les pressoirs à huile ont laissé aux environs de très nombreux vestiges sous la forme de larges dalles plates creusées d'une rigole. On
y cultivait donc, en plus des céréales, l'olivier. A ce surcroît de richesse correspondaient certainement une densité de population et un
degré de colonisation beaucoup plus élevés qu'à l'heure actuelle. Là
où s'égrènent aujourd'hui, alternant avec quelques misérables mech-
tas indigènes, une douzaine de fermes, l'observation du terrain révèle un pullulement de hameaux et d'établissements isolés et les
feuilles de l'*Atlas archéologique* montrent qu'il en va de même dans
un très large rayon à l'entour.

Il est malheureusement impossible de déterminer la proportion
exacte de l'élément indigène et de l'élément romain dans le peuple-
ment de la région. Le premier, sans doute, est toujours resté prédo-
minant (aujourd'hui encore la population se compose surtout de ber-
bères Chaouias, restés à peu près purs de tout mélange arabe). Les
inscriptions offrent très souvent des noms numides, et la langue en

est généralement assez incorrecte. Toutefois les épitaphes trouvées dans les limites mêmes de Henchir-el-Ateuch — je n'en ai pas découvert d'inédites — sembleraient attester la présence d'un petit noyau au.moins d'habitants romains ou très romanisés[1]. Mais ce sont là des indices bien vagues. Du moins sommes-nous renseignés de façon plus précise pour la partie septentrionale de notre région. Là s'étendait le territoire de l'importante tribu des Suburbures (*gens Suburburum, respublica gentis Suburburum*). Plusieurs inscriptions du second et du troisième siècle, trouvées en des lieux différents et assez éloignés les uns des autres, ont permis d'en circonscrire le terrain de parcours avec une suffisante précision[2]. Il s'étendait vers le nord jusqu'aux montagnes voisines de Djémila, limité en gros par une ligne dont Djémila à l'ouest et Milev à l'est marquent les points extrêmes. Vers le sud il s'arrêtait sur les rives du Chott-el-Beida, comme l'atteste l'inscription suivante, déjà publiée, mais qu'il m'a paru intéressant de reproduire ici, avec une ou deux corrections sans grande importance d'ailleurs.

EX AVCTORITATE
IMP. CAESARIS DI
VI NERVAE F. NERV*ae*
TRAIANI OPTIMI
AVG. GERM. DAC.
PARTHICI FINES
ADSIGNATI GEN*ti*
*s*VBVRBVRVM PE*r t.*
*s*ABINIVM BARBA*rvm*
LEG. AVG. PRO PR.

J'ai retrouvé la borne dans un champ, un peu au nord du chott. Elle sert actuellement à délimiter une propriété. Son emplacement a dû rester sensiblement le même depuis l'origine. Un exemplaire identique a été trouvé à une dizaine de kilomètres à l'est du chott.

---

[1] Les principales inscriptions de Henchir-el-Ateuch figurent au t. VIII du *Corpus* sous les n°s 4628-4630.

[2] Voir, à ce propos, Cagnat, *Sabinius, non Licius Barbarus*, dans *Mélanges Boissier*, Paris, 1903, p. 99-102.

On admettra volontiers que les limites assignées à la tribu sous Trajan n'ont pas dû se modifier beaucoup au cours des siècles suivants,
et que les Suburbures sont toujours restés les voisins immédiats de
l'antique Henchir-el-Ateuch.

Administrativement notre agglomération se rattachait à la province de Numidie; la frontière passait d'ailleurs à très courte distance, immédiatement à l'ouest du chott. Aucun municipe n'a été
identifié avec certitude dans la zône qui nous intéresse directement.
Les villes les plus proches, Zarai et Diana, sont toutes deux éloignées
d'une vingtaine de kilomètres, l'une au sud-ouest, station frontière
de Mauritanie, l'autre au sud-est, important municipe de Numidie.
Vers le nord il faut aller chercher encore plus loin, jusqu'à Sitifi et
Cuicul (Djémila), des villes de quelque importance. Nous sommes
bien dans un canton essentiellement rural.

Le réseau routier assez dense qui le desservait joignait entre eux
les quatre centres que je viens de citer. En effet, quatre voies principales (je ne parle pas de la grande route transversale de Sitifi à Cirta
qui passait plus au nord) traversaient la région. Deux d'entre elles
figurent sur l'Itinéraire d'Antonin; les deux autres nous sont connues par des bornes milliaires .

La première de ces routes reliait directement Lambèse à Sétif par
Diana et passait vraisemblablement au nord et très près du Chott-el-
Beida, très près aussi par conséquent de notre localité qu'elle traver-
sait peut-être. La seconde doublait la précédente, avec un tracé plus
long et plus oriental, de Lambèse à Sétif, laissant Diana assez loin
sur sa gauche. Elle se confondait avec la première, en direction de
Sétif, à partir d'une station appelée Gemellas et située probablement
à quelques kilomètres de la pointe nord-ouest du chott. La troisième,
partant de Diana droit vers l'ouest, s'infléchissait ensuite vers le

---

¹ Sur le réseau routier de la région, cf. Gsell, *Recherches,* p. 175, 199,
209-210, 219; Gsell et Graillot, *Ruines romaines au nord des monts de
Batna,* extrait des *Mélanges de l'École française de Rome,* 1895, p. 67-68.

nord, longeait le chott au sud sur toute sa longueur pour se raccorder enfin à angle droit, vers l'ouest, à la route directe de Zarai à Sétif, qui elle-même se confondait, pour les derniers milles de son parcours, à partir d'un point très voisin de Gemellas, avec le tronçon
commun de nos routes n° 1 et 2. C'est encore en partie le trajet de
la route actuelle de Batna à Sétif. Enfin, la quatrième, également attestée par des milliaires, du moins pour la première partie de son
parcours, partait de Cuicul en direction du sud. Peut-être se raccor-
dait-elle ensuite, pour gagner Lambèse, à la route n° 2. Mais l'on
peut supposer aussi avec Gsell[1] qu'après l'avoir croisée elle continuait
droit au sud, assurant ainsi une communication directe entre Cuicul
et Diana. Dans ce dernier cas, très vraisemblable, elle devait desser-
vir l'actuel Henchir-el-Ateuch et rejoindre tout près de là, sinon même
dans cette localité, notre route n° 1.

Ces détails de topographie permettent de préciser quelque peu la
physionomie antique de notre site. Il ne saurait être question d'une
ville : l'aspect et la répartition des ruines s'y opposent. Mais l'on peut
du moins parler de bourgade agricole. C'est même, semble-t-il, l'étiquette qui convient le mieux. Situé presque certainement sur une
grand'route et peut-être à un carrefour, Henchir-el-Ateuch fait figure
de petit chef-lieu rural. C'était peut-être un marché. C'est, en tous
cas, la localité la plus considérable de la région dont nous avons es-
quissé plus haut le réseau routier. A une exception près toutefois.
Sur la rive sud et à proximité immédiate du Chott-el-Beida se
trouvent en effet, au lieu dit Kherbet-bou-Hadef, distant de notre
champ de fouilles de sept ou huit kilomètres, les ruines d'une agglomération au moins aussi importante que Henchir-el-Ateuch[2]. Elles
s'étendent sur un kilomètre carré environ et comprennent, en plus

---

[1] *Atlas archéologique*, feuille 16, texte p. 32. Voir aussi feuille 16,
n° 233.

[2] *Atlas*, feuille 26, n° 64. Cf. *Recherches*, p. 179-187; *Monuments antiques*, t. II, p. 183-185.

de vestiges assez nombreux de bâtiments agricoles, une grande chapelle et deux églises chrétiennes incomplètement fouillées. L'une
d'elles recouvre, fait assez rare en Afrique du Nord, une catacombe à
loculi dont l'exploration, encore imparfaite, a mis au jour de nombreux squelettes et quelques menus objets. Notre route n° 3 passait
par cette localité, qui mériterait, je crois, de plus amples investiga-
tions. Mais, cette bordure méridionale mise à part — resserrée entre
le chott et les premières pentes des montagnes, elle ne se raccorde
d'ailleurs qu'indirectement à notre district — à ne considérer que la
région à l'est et au nord-est du chott, dans les limites tracées par les
routes n° 1, 2 et 4, Henchir-el-Ateuch apparaît comme la seule agglomération qui ait eu dans l'antiquité quelque importance.

Ces considérations auraient dû, semble-t-il, permettre d'en retrouver le nom antique. En fait, plusieurs identifications ont été proposées; aucune ne peut être retenue comme certaine, faute de documents épigraphiques.

L'on a pensé d'abord à Nova Sparsa[1]. Cette localité est signalée
par l'itinéraire d'Antonin comme une station sur la route orientale
de Lambèse à Sétif, c'est-à-dire notre route n° 2. Nous savons par
ailleurs qu'elle était, à la fin du ve siècle (en 484), le siège d'un évê-
ché catholique. Mais si le tracé de la route en question est bien tel
que je l'ai indiqué — et les recherches de plusieurs archéologues, de
Gsell en particulier, autorisent à le croire à peu près exact — cette
identification reste inacceptable, puisque Henchir-el-Ateuch se trouve
presque certainement sur la route occidentale de Lambèse à Sétif.
Dans ces conditions Nova Sparsa doit être cherchée à une bonne
vingtaine de kilomètres plus à l'est : Gsell a proposé[2], non sans réserves, mais avec quelque vraisemblance, de reconnaître cette ville
dans les ruines, très étendues d'ailleurs et qui comprennent en par-

---

[1] C'est sous ce nom, accompagné d'ailleurs d'un point d'interrogation,
que le *Corpus* groupe les inscriptions de Henchir-el-Ateuch.
[2] *Ruines romaines au nord des monts de Batna*, p. 81.

ticulier trois édifices chrétiens, de la Mechta-bou-Termatène (*Atlas archéologique*, feuille 17, nº 387).

Nova Sparsa étant hors de cause, on a proposé Nova Petra, située par le même itinéraire d'Antonin sur la route occidentale de Lambèse à Sétif par Diana (notre nº 1)[1]. L'hypothèse apparaît dès l'abord plus satisfaisante. Malheureusement la distance de XIIII milles indiquée par l'*Itinéraire* entre cette station et Diana est sensiblement inférieure à celle qui sépare Henchir-el-Ateuch de l'actuelle Zana. Force nous est donc soit de chercher Nova Petra plus à l'est, soit d'admettre que le chiffre est faux. Si nous faisons confiance au document, nous placerons Nova Petra, comme plusieurs l'ont fait, à quelques kilomètres de notre site, au lieu dit Henchir-ben-Khelifi (ou Henchir Encedda, *Atlas archéologique*, feuille 27, nº 3). Mais Gsell a signalé la grave difficulté à laquelle se heurte cette identification : la présence d'un évêque, donatiste cette fois, est attestée pour Nova Petra en 411. Or les ruines de l'endroit sont insignifiantes, et il n'est pas facile d'admettre, malgré la multiplicité des sièges épiscopaux dans l'Afrique ancienne, que ce hameau en ait jamais été un. La vraisemblance, incontestablement, Gsell le soulignait, est pour Henchir-el-Ateuch. Mais, pour changer cette présomption en certitude et corriger à l'avantage de notre localité les chiffres de l'*Itinéraire*, un document nouveau reste à trouver sur le terrain même.

A défaut de précisions topographiques — les inscriptions de Henchir-el-Ateuch, je l'ai dit, sont des épitaphes sans grand intérêt — on pouvait espérer quelque lumière des fouilles effectuées dans la basilique elle-même. Nova Petra en effet — et rien ne fait croire qu'il

---

[1] Je n'ai pas cru devoir retenir l'essai tenté par Kubitschek (*Eine römische Strassenkarte*, dans *Jahreshefte des Oesterreichischen archäologischen Instituts*, 1902, p. 47 et suiv.) de ramener à une seule nos routes nᵒˢ 1 et 2, et, par voie de conséquence, à une même localité Nova Petra et Nova Sparsa. Sa critique de l'itinéraire d'Antonin comme document me paraît fondée, mais n'autorise pas sur ce point précis une rectification que rien ne corrobore.

s'agisse d'une autre ville du même nom — a tenu une place assez
importante dans l'histoire religieuse de l'Afrique chrétienne. C'est là
que fut mis à mort et enseveli, vers le milieu du ivᵉ siècle, le martyr donatiste Marculus, dont la passion est relatée dans la *Patrologie*[1]. L'endroit devint par la suite pour la secte un centre de pèleri-
nage vénéré, et l'évêque schismatique de Nova Petra pouvait, en 411,
se glorifier d'avoir sous sa garde les reliques du saint. Dans ces conditions, il suffisait de trouver en bonne place dans la basilique un
tombeau et un nom pour identifier le lieu en toute certitude. On voit
l'intérêt qu'il y avait, ne fût-ce que pour ce motif très particulier, à
dégager l'édifice. Le résultat, malheureusement, on le verra plus loin,
ne répond pas à cette attente : l'interprétation de certains indices,
que j'analyserai en leur place, m'inclinerait plutôt à résoudre par la
négative la question du lieu, mais la fouille ne m'a apporté sur ce
point aucun élément décisif. Du moins s'est-elle révélée, dans d'autres
domaines, intéressante et fructueuse.

*
* *

Quelques lignes de murs au ras du sol et un certain nombre de
pierres dressées de champ signalaient seules, avant les fouilles, la
présence de la basilique. Une observation attentive arrivait cependant à en déceler les lignes générales, et Gsell avait pu ainsi en dresser un plan d'ensemble qui s'est révélé exact à l'épreuve des fouilles.
Je le reproduis ici avec quelques corrections ; les travaux de dégage-
ment m'ont permis d'y apporter certains compléments assez intéressants. Bien que l'état de conservation en soit assez médiocre, l'édifice
ainsi remis au jour apparaît comme un bon exemple du type classique de la basilique africaine[2] (fig. 1 et 2).

[1] Migne, *Patrologie latine*, VIII, p. 762-764.
[2] Pour tout ce qui concerne l'architecture de la basilique, je renvoie
une fois pour toutes aux *Monuments antiques de l'Algérie*, t. II, et en particulier à la substantielle partie générale traitant des monuments du culte
chrétien.

Disposée presque exactement est-ouest, le chœur tourné au levant
(cette orientation, on le sait, est à peu près constante en Afrique du
Nord), la basilique se présente sous la forme d'un rectangle parfait,
dont la longueur est exactement double de la largeur (28^{m}40 sur
14^{m}20) et sur le petit côté duquel fait saillie à l'est une abside en arc
de cercle, ce qui porte à trente-deux mètres la plus grande longueur
de l'édifice. La majorité des églises africaines ont des dimensions de

Fig. 1. — Basilique de Henchir-el-Ateuch. Vue d'ensemble.

cet ordre, il s'agit donc d'un édifice moyen. Les murs, conservés sur
un mètre de hauteur environ, ont une épaisseur de 0^{m}50 à peu près,
soit une coudée, selon le système de mesures en usage dans l'Afrique
ancienne. Ils sont bâtis en petits matériaux noyés dans un mortier
assez résistant : procédé de construction plus rapide et moins coûteux
que le grand appareil, et d'emploi à peu près constant dans les monuments chrétiens de l'Afrique. La continuité de ce blocage est rom-
pue, comme d'habitude, par des chaînes en pierre de taille de hauteur inégale, disposées de loin en loin à des intervalles d'ailleurs va-

riables — entre 1ᵐ40 et 1ᵐ60 — sans que l'on puisse établir avec cer-
titude sur quel principe repose cette variation. Elles devaient cependant, autant qu'on en peut juger dans l'état actuel de l'édifice, correspondre en gros aux colonnes qui séparaient la nef centrale des bas côtés, une chaîne intercalaire étant en outre disposée à hauteur du milieu de l'intervalle entre deux colonnes successives. Elles servaient, évidemment, à renforcer la construction et devaient, en particulier, supporter la charpente du toit. Mais elles ne s'élèvent pas aujourd'hui à plus d'un mètre ou 1ᵐ50 au-dessus du mur.

La basilique est précédée sur toute sa largeur d'un vestibule profond de 2ᵐ80. C'est là encore une disposition assez fréquente en Afrique du Nord où l'atrium, par contre, est à peu près complètement inconnu. Limité en avant par un mur continu, le vestibule n'a ici d'ouverture que sur les côtés[1]. Deux

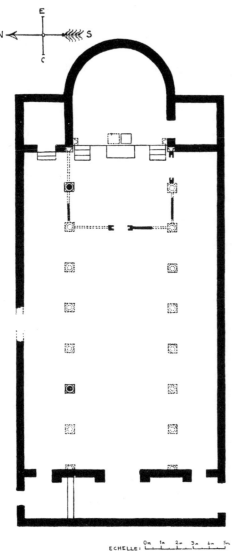

ECHELLE: Oᵐ 1ᵐ 2ᵐ 3ᵐ 4ᵐ 5ᵐ

FIG. 2. — PLAN DE LA BASILIQUE.

portes latérales y donnent accès, celle de droite sensiblement plus

---

[1] Disposition identique dans la grande basilique de Morsott, *Monuments*, II, p. 232; ce n'est pas, nous le verrons, la seule analogie entre les deux édifices.

large que l'autre. Dom Leclercq a proposé, à ce sujet, une hypothèse
intéressante qui, si elle ne peut être acceptée sans réserve, mérite du
moins d'être signalée. « Il est possible, écrit-il [1], qu'une pensée belli-
queuse ait inspiré cette disposition, dont il se trouve quelques
exemples en Afrique. Le vestibule ainsi fermé présentait une première ligne de défense qui pouvait suffire, devant des assaillants peu
nombreux ou peu résolus, à protéger la basilique. » L'explication est
ingénieuse et s'accorderait assez bien avec l'histoire mouvementée de
l'Afrique pendant les premiers siècles de l'ère chrétienne. Il est regrettable qu'aucun texte ne vienne l'étayer. On pourrait penser aussi
à une mesure de protection contre les vents, qui soufflent souvent
avec force sur ces plateaux où rien ne les arrête, mais ce n'est ici encore qu'une suggestion. Le vestibule était vraisemblablement cou-
vert d'un toit incliné vers le devant : j'y ai trouvé, ainsi du reste que
dans le corps même de la basilique, des débris de bois calciné qui ont
dû appartenir à la charpente [2].

Trois portes donnaient accès du vestibule dans l'église. L'une, large
de 2^m50 environ, s'ouvrait sur la nef centrale, chacune des deux
autres sur un bas côté. Sur les montants de la première se voit encore nettement le système de fermeture, conforme au type habituel :
la porte, appuyée contre une feuillure, était maintenue en arrière
par une barre horizontale. L'une des extrémités de cette barre était
engagée dans un trou carré, de 0^m08 de côté, creusé dans le mon-

---

[1] *Dictionnaire d'archéologie chrétienne et de liturgie*, Paris, 1902, art.
Afrique, colonne 672.

[2] Il n'est pas absolument impossible, bien que les dimensions de l'église
ne semblent pas l'exiger, qu'une troisième porte ait fait communiquer directement les nefs avec l'extérieur. J'ai constaté, en effet, dans le mur la-
téral nord, à peu près au milieu de sa longueur, une interruption d'environ deux mètres, sans aucune trace de blocage. Bien que les bords en
soient très francs, l'absence de seuil et de montants peut faire croire à
une brèche consécutive à la ruine de l'église. La présence de portes dans
les grands côtés est caractéristique de l'architecture religieuse de la Syrie ; il est d'autant plus regrettable que la question ne puisse être ici tran-
chée avec certitude.

tant; sur l'autre montant un trou de dimensions analogues se continue vers le haut par une entaille en quart de cercle, de profondeur décroissante, qui permettait de dégager en la soulevant l'extrémité correspondante de la barre et de libérer ainsi la porte. On remarque encore dans le seuil un trou pour les gonds[1]. J'ai retrouvé, gisant à quelques mètres de là, dans l'intérieur de la basilique, un linteau présentant une excavation identique, mais qui devait, à en juger d'après ses dimensions, appartenir à l'une des petites portes. Il est orné sur sa partie antérieure verticale de stries grossièrement tracées et peu profondes, qui dessinent des figures géométriques.

L'intérieur de l'église était divisé en trois nefs, celle du milieu large de 6m90, les collatéraux de 2m80, soit sensiblement moins de la moitié de la nef centrale : le rapport de ces deux dimensions est signalé par Gsell[2] comme tout à fait exceptionnel : il atteint rarement celui du simple au double. Je n'ai trouvé dans les nefs de l'église aucune trace de pavement ou de dallage. Le sol semble avoir été constitué simplement de terre battue (le même fait a pu être constaté pour plusieurs autres édifices chrétiens d'Afrique[3]), à l'exception toutefois de l'abside qui présente encore, sur toute sa surface, une couche de bé-

Un aménagement postérieur a ramené à 1m50, par la construction d'un pan de mur, la largeur de la porte centrale. Mais les montants et les pilastres prouvent assez que cette disposition n'est pas primitive. Je suis moins affirmatif sur une particularité du vestibule, barré sur toute sa largeur, dans le prolongement de la colonnade gauche, par un mur en belle pierre de taille, haut aujourd'hui de 0m40 seulement, et qui a pour effet d'isoler une sorte de petite chambre ouverte à la fois sur le dehors et sur le bas côté gauche. Si cette disposition est primitive on peut penser à une entrée particulière pour le clergé depuis ses appartements, ce qui expliquerait du même coup la différence de largeur entre cette porte latérale gauche et celle de droite ouverte aux fidèles. Mais je n'ai pas eu loisir de pousser la fouille vers le dehors, et il semble par ailleurs évident que les ruines ont à un moment quelconque servi d'habitation aux indigènes.

[2] *Monuments antiques*, II, p. 125.

[3] Cf. par exemple Gagé, *Église et reliquaire d'Afrique*, dans *Mélanges de l'École de Rome*, 1927, p. 106; Gsell, *Mélanges De Rossi*, p. 350.

ton épaisse d'environ 0^m01. Par un heureux hasard l'intérieur de l'abside était entièrement libre de tous décombres, si bien que les quelques centimètres de terre légère qui recouvraient seuls cette partie surélevée de l'édifice ont suffi à en préserver le revêtement; il se trouve, de ce fait, assez bien conservé. Dans les nefs, au contraire, enterrées à un mètre environ et encombrées d'un lourd amoncellement de blocs de pierre, une pellicule aussi mince, à supposer qu'elle existât, aurait très mal résisté au tassement. En fait, rien ne m'en a signalé la présence.

Une double rangée de colonnes séparait les trois nefs. Aucune n'est restée debout. Des tronçons signalés par Gsell à la surface du sol deux seulement se trouvaient encore sur place. La fouille a permis de dégager de nombreux autres fragments appartenant à six ou sept colonnes différentes et en plus trois colonnes intactes. Le chiffre total de sept colonnes par rangée, adopté par Gsell pour son plan de la basilique, a de très grandes chances d'être exact : il répond assez bien aux proportions de l'ensemble et semble, en particulier, requis par la disposition, déjà signalée, des chaînes dans les murs latéraux. Dans ces conditions l'intervalle entre les colonnes, mesuré de centre à centre, était d'un peu moins de trois mètres. L'absence totale de bases interdit une plus rigoureuse précision. Les colonnes devaient, en effet, reposer directement sur une simple dalle carrée et deux seulement de ces dalles se trouvaient encore en place sur le sol de l'église. Toutes les colonnes sont d'un même type, légèrement renflées au milieu, sans cannelures et de forme assez trapue. Elles paraissent cependant avoir appartenu primitivement — le fait n'est point rare — à des édifices différents. Elles offrent, en effet, des dimensions variables : de 2^m40 à 2^m60 en longueur et de 0^m40 à 0^m45 de diamètre à la base, avec 0^m02 ou 0^m03 de moins pour le diamètre au sommet. Des chapiteaux d'épaisseurs différentes rétablissaient pour l'ensemble de la colonnade une hauteur uniforme. Ils sont tous du même type, celui qu'on trouve le plus souvent dans les édifices chrétiens des confins de la Numidie : forme dérivée et simplifiée de l'ordre dorique romain, présentant une série de bandes étagées sous un épais tailloir carré. Toutefois la largeur de ces bandes et leur forme même varient beaucoup d'un chapiteau à l'autre, si bien qu'il ne s'en trouve pas deux qui soient rigoureusement identiques.

Aux deux extrémités des colonnades se trouvaient quatre demi-colonnes, appliquées d'une part contre le mur d'entrée, d'autre part contre les murs latéraux de l'abside, et destinées à supporter la retombée des arcades extrêmes. Des fragments importants étaient encore visibles sur le sol au moment où Gsell explora les ruines. Je n'en ai, pour ma part, retrouvé qu'un seul à l'air libre, mais la fouille a permis d'en dégager deux autres, ainsi que deux chapiteaux. Comme ils sont d'un type différent de celui des autres colonnes et présentent quelque intérêt artistique, j'en donnerai la description plus loin, lorsque je parlerai de la décoration de l'église. Je signale simplement ici qu'ils font corps l'un et l'autre avec un bloc de pierre taillée qui se trouvait encastré dans le mur, le chapiteau seul faisant saillie. Un troisième chapiteau de demi-colonne avait été trouvé par Gsell, qui en a donné un dessin[1]; il est aujourd'hui perdu. Comme tous les trois ont été trouvés à proximité immédiate de l'abside, on peut admettre que l'un d'entre eux, sans doute le dernier nommé, qui gisait en dehors de l'édifice, était disposé perpendiculairement aux précédents et couronnait l'une des deux demi-colonnes supplémentaires qui flanquaient vraisemblablement l'ouverture de l'abside : on connaît plusieurs exemples d'une pareille disposition.

Les entre-colonnements étaient couverts non pas d'un entablement rectiligne, mais d'arcades, comme l'attestent plusieurs voussoirs trouvés dans les décombres. Il ne reste naturellement rien de la partie supérieure de l'église. Certains indices permettent du moins de s'en faire une idée assez précise et sûre. L'édifice n'était certainement pas

---

[1] *Recherches*, p. 204, fig. 45.

voûté : outre que ce mode de construction est à peu près inconnu des chrétiens d'Afrique, il est exclu dans le cas présent par la faible épaisseur des murs et l'absence de toute espèce de contrefort. La nef centrale était à peu près certainement coiffée d'une toiture en dos d'âne, tandis qu'un toit à pente simple recouvrait les nefs latérales plus basses. Comme je le disais plus haut, j'ai trouvé quelques morceaux de bois carbonisé, restes de la charpente. J'ai trouvé aussi, en très grande abondance, et principalement le long des murs, des tuiles de la toiture, le plus souvent en morceaux, quelques-unes cependant intactes. Elles sont, en général, de forme rectangulaire ($0^m50 \times 0^m35$ environ); quelques-unes cependant sont demi-cylindriques et devaient recouvrir les arêtes de la toiture.

La nef centrale était éclairée par des fenêtres percées dans la partie supérieure du mur. Il est très probable que les nefs latérales, elles aussi, recevaient la lumière de la même façon. J'ai, en effet, trouvé, tant à proximité de la ligne de séparation des nefs qu'immédiatement au pied des murs latéraux, d'innombrables fragments d'un minerai translucide, se présentant sous forme de lamelles épaisses de quelques millimètres, comme le mica, et de couleur jaunâtre. Le doute ne me paraît guère possible sur ces plaques : elles tenaient lieu de vitraux [1].

⁎
⁎ ⁎

L'abside, de même largeur à l'entrée que la nef centrale, mais surélevée de 1^m20 environ [2], est profonde en son milieu de sept mètres. Le mur qui la borde est d'abord rectiligne sur les deux côtés, et prolonge exactement la ligne des colonnes; il s'infléchit en-

---

[1] On sait que ce procédé est courant dans les premières basiliques chrétiennes, et que l'agate par exemple a fréquemment servi à cet usage. Dans le cas présent on songerait plutôt à une variété d'onyx.

[2] C'est la disposition habituelle des basiliques africaines; elle est signalée par saint Augustin, *De Civitate Dei*, XXII, 8, 22; cf. *Lettres*, 23, 3; 29, 8; 126, 1.

suite en arc de cercle, de telle sorte que l'espace ainsi circonscrit a la
forme non pas d'un véritable hémicycle, mais d'un rectangle se prolongeant en arrière par un espace arrondi : cette disposition en aug-
mente naturellement la surface de façon assez sensible, en même
temps qu'elle accroît la solidité de cette partie de l'édifice, le mur rectiligne s'opposant bien à la poussée des arcades de la nef. Le mur de
l'abside est d'ailleurs, sur toute sa longueur, légèrement plus épais
que celui du « quadratum populi », et construit en matériaux moins
menus. Des chaînes en belle pierre de taille, mieux conservées que
celles des autres murs, le renforcent à intervalles réguliers. Leur destination précise reste, ici encore, assez problématique, puisque rien
ne subsiste de ce qui s'élevait au-dessus. Je serais cependant assez
tenté de croire qu'elles supportaient ces colonnes courtes dont parle
S. Gsell dans sa description de notre basilique, et dont je n'ai pour
ma part retrouvé aucune trace, le tout étant couronné par une large
corniche courbe, en saillie vers l'extérieur, dont d'importants fragments gisent encore derrière l'abside[1]. Peut-être des baies s'ou-
vraient-elles entre les colonnes pour éclairer l'abside, mais rien ne
permet de l'affirmer. De même, il n'est pas possible de déterminer
avec certitude le mode de couverture de l'abside. C'était vraisemblablement, comme dans la plupart des cas en Algérie, une voûte en cul-
de-four, constituée par une croûte compacte de blocage.

Le mur rectiligne, encore intact, qui limite l'abside au-dessus de
la nef, est constitué de cinq larges dalles de pierre mises bout à bout
et dressées de champ; au-dessus s'étendait une corniche, aujourd'hui
disparue, mais dont la place est encore très nettement marquée et
dont j'ai retrouvé devant l'abside un important fragment. Aux deux
extrémités, deux escaliers fort bien conservés, larges d'environ un

---

[1] On se fera je crois une idée assez exacte de l'abside vue du dehors
d'après celle de l'église syrienne de Saint-Syméon (reproduite par Diehl,
Manuel d'art byzantin, 2ᵉ éd., Paris, 1925, p. 45), où toutefois une première rangée de colonnes correspond aux chaînages de notre édifice.

mètre, donnent accès dans l'abside[1]. Ils ne présentent à l'heure actuelle que trois marches chacun, mais leur profil est tel que je serais tenté d'admettre qu'ils comportaient à l'origine deux autres marches intercalées, faites de blocs moins larges et moins hauts posés sur les deux marches actuellement les plus basses.

Immédiatement au pied de l'abside s'étendait, sur toute la largeur de la nef centrale et sur une profondeur de 4^{m}90, ce que l'on est convenu d'appeler le chœur, bien que le terme ne se soit appliqué à cette partie de la basilique chrétienne qu'à une époque sensiblement postérieure. Les limites en sont encore très visibles, grâce à d'importants fragments de la clôture restés debout aussi bien sur le devant que sur les côtés. Cette clôture est constituée, comme d'habitude, de dalles de pierre, hautes primitivement d'environ un mètre, dressées de champ. Leur épaisseur varie d'ailleurs, selon les fragments, de 0^{m}10 à 0^{m}15 : il y a donc ici encore un assemblage disparate d'éléments divers. Un seul de ces fragments présente, sur sa face intérieure, une décoration d'ailleurs rudimentaire, consistant en un simple quadrillage de stries peu profondes. Les dalles s'emboîtaient dans de petits piliers. Deux d'entre eux encadrent encore la porte principale s'ouvrant sur le chœur au milieu de la nef centrale. J'en ai trouvé un autre, actuellement isolé de la clôture, et qui devait la limiter vers l'abside : il a la forme d'un cube allongé, haut de 0^{m}42, large et épais de 0^{m}28, et creusé sur toute la longueur de l'une de ses faces d'une rainure dans laquelle s'encastrait une dalle; il est surmonté, selon le type habituel, d'un amortissement, qui présente assez souvent la forme d'une pomme de pin, mais qui, dans le cas présent, affecte celle d'un vase aux flancs arrondis. Un objet de forme et de dimensions identiques, trouvé parmi les décombres, semble avoir appartenu également à la décoration d'un de ces piliers. Les deux co-

---

[1] Dispositif identique, par exemple, dans les grandes basiliques de Tébessa, Timgad, Bénian, Morsott, Tigzirt. On trouve parfois un escalier unique occupant toute la largeur du chœur.

Lampe d'argile trouvée dans la basilique.

Fragments de plâtre ornemental.

lonnes les plus proches de l'abside offraient de chaque côté aux dalles de la clôture, qui s'y raccordait, des points d'appui supplémentaires[1]. Une seconde ouverture, moins large que la première, donnait accès de la nef latérale droite dans le chœur, immédiatement au pied de l'escalier : on voit encore l'un des montants et la pierre du seuil.

L'emplacement de l'autel ne saurait, faute d'indices suffisants, être déterminé avec certitude. Je serais cependant assez tenté de le chercher, plutôt que dans le chœur, dans l'abside (on sait que les deux dispositions se rencontrent dans les basiliques africaines). Sur le devant du presbyterium en effet, immédiatement en arrière de la corniche, se trouve encastrée dans le béton une dalle de pierre rectangulaire ($0^m90 \times 0^m60$); elle n'occupe pas exactement le milieu de la largeur de l'abside, mais une autre dalle de dimensions identiques semble lui avoir été primitivement juxtaposée. Il est très possible, sinon absolument certain, qu'elles aient constitué le soubassement de l'autel. Je n'ai d'ailleurs rien trouvé dessous. Par contre, dans l'épaisseur du mur sous-jacent, engagé sous la dalle médiane qui reposait de champ sur son couvercle, et faisant une légère saillie en avant du mur, se trouvait un sarcophage : simple auge quadrangulaire du type le plus grossier, dépourvu de tout ornement, s'élargissant vers l'une de ses extrémités selon la forme du corps, avec un évidement arrondi pour la tête; rigoureusement anonyme aussi, sans la moindre inscription, il renfermait deux squelettes en assez mauvais état, comme aussi la couche de plâtre qui les recouvrait primitivement. Les deux corps ont dû s'y trouver dès l'origine réunis, du moins si j'en juge par la disposition du sarcophage : il aurait fallu pour y introduire après coup un second corps démolir une bonne partie du mur dans lequel il est encastré; je ne serais pas éloigné de

---

[1] Peut-être aussi des piliers identiques à celui que j'ai retrouvé s'appuyaient-ils contre les colonnes, selon un dispositif analogue à celui que donne Gsell, *Recherches*, p. 174 et 215.

croire que sa mise en place est contemporaine de la construction de l'église.

Dans ces conditions, quels peuvent être les occupants du tombeau? Un second sarcophage identique, enterré dans le bas côté droit devant le mur qui le limite vers l'abside, et ne renfermant qu'un seul squelette, est sans doute celui d'un simple fidèle, peut-être d'un prêtre. Au contraire, la situation centrale du premier, dans le sanctuaire, au pied même de l'autel, fait penser à des martyrs illustres, ou du moins à des saints locaux. Un détail de construction assez curieux se présente à l'appui de cette hypothèse : devant le sarcophage et sur toute sa longueur est ménagé un espace dallé, large de 0^m80 environ, plus profond d'environ 0^m35 que le niveau du chœur et dont le bord est constitué de petites dalles plates posées de champ. Ce renfoncement, évidemment destiné à rendre le tombeau visible et accessible, laisse supposer qu'il était l'objet d'un culte : il constitue une sorte de petite confession[1]. On songe alors au saint patron de Nova Petra. Mais la grossièreté du sarcophage et son inflexible anonymat ne conviennent guère à la sépulture d'un martyr de la foi. Par ailleurs, rien dans la décoration de l'église, nous le verrons, n'indique qu'elle soit donatiste. D'autre part, la présence dans le tombeau de deux corps suppose, semble-t-il, un double martyre. Or, l'histoire religieuse, d'ailleurs assez mal connue, de la région ne signale rien de semblable. Force nous est donc de nous résigner à l'ignorance : avec le nom de ceux qui reposaient dans l'église c'est le nom de la bourgade qui du même coup reste dans l'ombre.

*
* *

Deux salles carrées, bien conservées, disposées de part et d'autre de l'abside, exactement dans le prolongement des bas côtés, complétaient l'édifice. Leurs dimensions sont identiques ($2^m80 \times 2^m80$),

---

[1] Une disposition identique, répondant à la même fin, existe encore à Rome dans l'église de Sainte-Sabine, devant l'autel.

mais elles ne présentent pas le même agencement par rapport à l'ensemble : celle de gauche (en regardant l'abside) se trouve à un niveau à peine supérieur à celui du bas côté correspondant, sur lequel elle s'ouvre par une porte précédée de deux marches basses ; par contre, elle ne présente aucune ouverture sur l'abside. Celle de droite, au contraire, est séparée du bas côté voisin par un mur continu, mais communique de plain-pied avec le presbyterium ; cette seconde sacristie, puisque c'est de cela qu'il s'agit, comportait un dallage dont il subsiste des plaques assez importantes ; j'y ai trouvé, en outre, d'innombrables fragments de verre d'une extrême finesse, d'une belle couleur bleue, trop morcelés malheureusement pour permettre le moindre essai de reconstitution. Mais leur aspect général et la forme des plus grands d'entre eux indiquent clairement qu'il s'agit de débris de vases liturgiques[1]. Ils aident du même coup à reconnaître, dans cette sacristie de droite, le diaconicon. On peut identifier, avec une égale certitude dans la salle de gauche, à laquelle le nom de sacristie ne s'applique qu'imparfaitement, la prothesis. Si les exemples d'une pareille disposition ne manquent point parmi les églises de l'Afrique, il n'en est pas, à ma connaissance, qui la présente avec plus de netteté[2]. C'est un point qui ne manque pas d'intérêt ; il vaut qu'on s'y arrête un instant.

La disposition dont nous avons ici un exemple, extrêmement rare dans les premières églises de Rome et de l'Europe occidentale, répond au contraire à un usage à peu près constant de la chrétienté d'Orient et plus spécialement de Syrie[3]. Cet usage est clairement co-

---

[1] Des débris du même genre, provenant de vases liturgiques, ont été découverts dans la basilique de Morsott : cf. *Recueil de la Société archéologique de Constantine*, 1899, p. 396.

[2] Les nos 22 (Bénian), 60 (Kherbet Guidra) et 123 (Sidi Embarek) des *Monuments antiques*, t. II, n'ont de même qu'une de leurs sacristies ouvertes sur le presbyterium ; dans les deux dernières, ainsi que dans les nos 79 (Matifou) et 146 (Tigzirt) le niveau des deux salles est différent.

[3] Peut-être cette disposition, attestée pour le ive siècle, est-elle antérieure à Constantin, voire même préchrétienne. Voir à ce sujet Schultze,

difié dans un passage des *Constitutions apostoliques*, dont l'origine orientale est hors de doute. Voici ce texte : Πρῶτον μὲν ὁ οἶκος ἔστω ἐπιμήκης, κατὰ ἀνατολὰς τετραμμένος, ἐξ ἑκατέρων τῶν μερῶν ἔχων τὰ παστοφόρια πρὸς ἀνατολήν, ὅστις ἔοικεν νηΐ (*Const. apost.*, II, 57, 3, édition Funk, p. 159). Un édifice allongé, en forme de navire, tourné vers l'Orient[1], et, de part et d'autre, en direction du levant, deux salles (les chrétiens de langue latine les appelleront des « secretaria »), ce sont bien les traits essentiels de notre église, qui, nous le verrons, n'est guère postérieure que d'un demi-siècle, d'un siècle au maximum, à la date généralement admise pour la rédaction de ce document.

Mais les affinités orientales ne se réduisent pas à cela seulement. A ce parallélisme dans la disposition générale s'ajoute une rigoureuse identité dans le rapport des deux salles avec l'ensemble, et par le fait même dans leur destination : l'abside des églises syriennes étant très souvent surélevée, invariablement l'une des « pastophoria » l'est de même et communique avec elle ; l'autre, au contraire, s'ouvre de plain-pied sur la nef[2]

Pour le diaconicon, aucune difficulté. C'est là que le clergé s'habille ; c'est là que les diacres préparent les vêtements et les vases liturgiques qui y sont conservés ainsi que les livres saints. Il est donc naturel qu'en règle générale il s'ouvre directement sur le presbyterion. On comprend également qu'une communication quelconque avec le « quadratum populi » ne soit pas requise, bien au contraire[3]. En effet, le respect dû à ce lieu, qui participe en quelque mesure au caractère sacré du sanctuaire, interdit au commun des fidèles d'y entrer librement ; les clercs d'ordre inférieur eux-mêmes, nous dit-on,

Archäologie der altchristlichen Kunst, München, 1895, p. 57, qui donne comme parallèle un monument public antique découvert à Gradina, en Bosnie, et présentant une abside flanquée de deux salles carrées.

[1] A Rome, au contraire, c'est la façade qui au début regarde l'Orient.
[2] Cf. Butler, *Early christian churches in Syria*, Princeton, 1929.
[3] Schultze, *op. cit.*, p. 57.

n'y pénètrent que lorsqu'ils y sont expressément appelés. Il peut
éventuellement servir de parloir à l'évêque. Enfin, on y conserve parfois la réserve eucharistique[1]. C'est bien, proprement, le « secreta-
rium ». Dom Leclercq[2], à qui j'emprunte ces détails, signale, en outre,
comme un usage à peu près général, sinon absolument rigoureux en
Orient, que le diaconicon se trouve au sud du sanctuaire : sur ce point
encore nous sommes dans la norme.

La question de la prothesis est plus complexe, plus intéressante
aussi. Si le diaconicon, en effet — la chose, sinon le terme, existe en
Occident — se trouve généralement, dans les premières églises occi-
dentales, vers l'entrée de l'édifice[3], on y peut reconnaître cependant
quelques exemples d'une disposition analogue à celle que nous étu-
dions, et c'est normal puisque, dans un cas comme dans l'autre, la
destination du lieu reste la même. La prothesis, au contraire, est à
l'origine et restera toujours, sous sa forme propre, inconnue de l'Occident qui ne possède pas, notons-le, de mot pour la désigner en particulier. Mis à part quelques centres directement influencés par
l'Orient — Parenzo en fournit encore l'exemple le plus net — alors
même qu'apparaissent à côté du sanctuaire deux salles symétriques,
on y chercherait en vain autre chose que deux sacristies de destination identique et pour ainsi dire interchangeables[4]. Aussi bien la
prothesis répond-elle à des pratiques cultuelles et à des formes liturgiques strictement orientales. C'est elle qui fait l'originalité des édifices qui la comportent.

Sa fonction est double. Elle reçoit les offrandes eucharistiques apportées par les fidèles; c'est là que se déroule le premier acte de la li-

---

[1] Cf. *Constitutions apostoliques*, VIII, 13, 16.

[2] Art. *Diaconicum*, dans *Dict. d'arch. chrétienne*, t. IV, col. 733-734.

[3] Duchesne, *Origines du culte chrétien*, 3ᵉ éd., Paris, 1903, p. 162.
Cette disposition subsiste dans plusieurs vieilles églises de Rome.

[4] Il est curieux de voir Paulin de Nole (*Ép.* 32, 16), dans sa basilique
où s'était conservée cette disposition, rappeler à ses fidèles la destination
particulière de chaque salle par des vers inscrits sur leur porte.

turgie. Le clergé, en effet, y procède à la préparation du sacrifice et
à la première oblation [1], jusqu'au moment de la grande entrée, la
« processio oblationis », où il se rend solennellement à l'autel. Si le
rite de l'offrande par le peuple se retrouve en Occident et est même
donné par Mgr Duchesne comme romain d'origine [2], celui de la
grande procession, au contraire, est absolument étranger au rituel
romain. Par contre, en Orient, il figure déjà dans la vieille liturgie
dite de saint Jacques. Il est à l'origine de la prothesis, ou en explique du moins la disposition particulière, sans communication directe avec le sanctuaire : car la procession doit se dérouler nécessairement à travers le « quadratum populi » [3]. Le premier exemple sûre-
ment daté d'une telle disposition est dans l'église syrienne de Ba-
biska, de 401 [4]. Notre basilique ne doit pas être, nous le verrons, de
beaucoup postérieure.

Dans le très riche article qu'il a écrit sur l'Afrique pour le *Dictionnaire d'archéologie chrétienne*, Dom Leclercq a fait à la basilique
de Henchir-el-Ateuch l'honneur de la prendre comme exemple ty-
pique d'une église africaine [5]. Certes, je n'y contredirai pas, et je rends
hommage à la sûreté de ce choix qui tient de la divination : car l'article est d'un temps où n'apparaissaient encore de l'édifice que les

---

[1] Butler, *op. cit.*, p. 175; Holtzinger, *Die altchristliche Architektur*,
Stuttgart, 1889, p. 92.

[2] *Op. cit.*, p. 204. Je ne vois pas pourquoi l'auteur le déclare « incompatible avec celui de la « processio oblationis », commun à l'usage gallican
et à l'usage oriental », alors que les deux rites — le second du moins en
ébauche — sont attestés simultanément par les *Constitutions apostoliques*,
VIII, 12, 3 (éd. Funk, p. 494). On pourrait se demander au contraire dans
quelle mesure le rite de la « processio » n'est pas né de celui de l'offrande
(pour lui survivre ensuite) du fait que ce dernier exigeait en Orient un
local distinct du sanctuaire.

[3] Ce point est bien mis en lumière par Beyer, *Der syrische Kirchenbau*,
Berlin, 1925, p. 34. Voir aussi Holtzinger, *op. cit.*, et *Die altchristliche
und byzantinische Baukunst*, Leipzig, 1909, p. 117.

[4] Beyer, *loc. cit.*

[5] *Dict. d'arch. chrét.*, art. *Afrique*, col. 629 et fig. 114.

lignes générales. Plusieurs détails importants ont de ce fait échappé à l'auteur, en particulier l'agencement des sacristies et le problème liturgique et historique qui s'y rattache. Son choix, après les fouilles plus encore qu'avant, reste excellent. Mais on peut croire qu'il rectifierait à l'heure actuelle les conclusions de son étude : elles sont manifestement inexactes. « Le plan de l'édifice, écrit-il en effet, est de nature à éclairer l'étude des cérémonies liturgiques et à montrer que sur ce point aussi, pour l'architecture et la disposition intérieure de l'église, il n'y a pas de différence essentielle entre Rome et l'Afrique. » Sans doute, si l'on se borne à constater, avec passablement d'imagination d'ailleurs, que de part et d'autre l'aménagement est à peu près le même, « avec autel au centre du chœur (?), ambon (?) et presbyterium ». Mais, outre qu'on pourrait en dire autant de pas mal de basiliques primitives, en quelque lieu qu'on aille les chercher, le vrai problème n'est pas là. A moins de nier, contre toute évidence, qu'il existe un rapport quelconque entre l'architecture religieuse et la liturgie, force est de reconnaître qu'il y a dans la disposition que j'ai décrite, et qu'on retrouve en Algérie à de nombreux exemplaires, une particularité intéressante, propre à jeter quelque lumière sur les origines liturgiques, si mal connues encore, de l'église africaine[1]. Malgré l'apport incontestable de Rome, facilité par la communauté de langue, c'est de l'Orient que sont venues les premières influences. Nous les avons clairement décelées dans l'architecture de notre basilique; elles nous apparaîtront avec plus de netteté encore, s'il est possible, dans certains aspects de sa décoration.

*
* *

Le caractère le plus net de la décoration de l'église, du moins de la décoration sur pierre, c'est sa pauvreté : peu de choses, et d'un

---

[1] Voir sur ce point : K. Liesenberg, *Der Einfluss der Liturgie auf die frühchristliche Basilika*, Neustadt, 1928, en particulier p. 169-181, où l'auteur souligne la physionomie originale de l'Afrique comme province li-

art très médiocre. Le rapide inventaire qui va suivre le démontrera clairement.

J'ai parlé déjà des colonnes et de leurs chapiteaux, et j'en ai souligné, en même temps que la fruste simplicité, le caractère disparate. Il paraît évident que des éléments très nombreux ont été empruntés pour la construction de l'église à des édifices plus anciens, selon un procédé d'ailleurs courant à l'époque[1]. Tel semble avoir été le cas, en particulier, d'un grand nombre de beaux blocs de pierre de taille épars dans les ruines, et qui contrastent avec le mode de construction assez rudimentaire de la partie inférieure des murs.

Les chapiteaux des colonnes engagées se distinguent par un style un peu plus riche et une plus grande variété. Un seul appartient comme ceux des autres colonnes à l'ordre dorique romain, avec bandes étagées. Un autre, conservé seulement par un dessin de Gsell, appartient à un type assez voisin, mais témoigne d'une certaine recherche décorative : des sortes de rinceaux se dessinent en relief sur le tailloir, et la plus large des bandes qui le supportent s'enroule en torsade. Le troisième représente, selon un type assez fréquent en Numidie, une lointaine dérivation de l'ordre composite : les volutes ne sont plus figurées que par des traits en creux sur le large tailloir ; quant aux feuilles, très schématisées et simplifiées, elles ne présentent point de découpures et se recourbent vers le bas en forme de croc.

La corniche qui borde l'abside vers le chœur et celle qui en faisait le tour vers l'extérieur ne sont décorées l'une et l'autre que d'une série de moulures très simples. De même, la décoration des pilastres encore en place de part et d'autre de la porte latérale droite et des portes s'ouvrant sur la nef ne présente que peu d'intérêt : elle repro-

turgique et ses affinités avec l'Orient, et la compare à la province d'Aquilée, comme elle mitoyenne entre l'Orient et Rome.

[1] Sur cette pratique, voir par exemple saint Augustin (*Sermons*, 356, 10) cité par Gsell, *Édifices chrétiens de Thélepte et d'Ammaedara* (publié par la *Revue tunisienne*), Tunis, 1933, p. 10.

duit des figures géométriques d'un type très courant et banal, rec-
tangles, losanges, chevrons en stries assez grossières, fort détériorées
du reste par un long séjour à l'air libre.

. Des quelques voussoirs épars dans les ruines, un seul présente une
ornementation. Il porte sur sa face inférieure une rosace à six
branches entourée d'un cercle (diamètre 0^m21); sur l'un des côtés,
celui qui était tourné vers la nef centrale, est figuré le monogramme
du Christ, inscrit dans un cercle (diamètre 0^m19), lui-même entouré
d'une étoile grecque (côté des carrés 0^m20), figure qu'on rencontre en
abondance dans les églises de Numidie. Cette modeste pierre offre un
certain intérêt, car elle fournit un indice chronologique propre à ren-
seigner sur la date approximative de la construction. Le chrisme qui
y figure appartient, en effet, par sa forme, au type le plus simple, le
plus ancien aussi. Il apparaît en Afrique dès le troisième, voire même
le second tiers du IVe siècle, et persiste d'ailleurs assez longtemps par
la suite à côté de formes plus compliquées[1]. Il nous donne, dans le
cas présent, un *terminus a quo;* si les détails de l'architecture et de
la décoration indiquent une époque relativement basse et excluent,
semble-t-il, le IVe siècle, sinon très avancé, il ne faudrait pas cependant descendre sensiblement plus bas que la première moitié
du Ve.

C'est la même époque que suggère, par le détail de sa facture et
certains indices plus précis, une lampe d'argile trouvée dans l'église.
Elle était brisée, mais de patients efforts ont permis de la reconstituer, à quelques morceaux près. C'est une grande lampe à trois becs.
Ses dimensions et l'endroit où elle a été trouvée — dans le chœur —
font penser à la lampe du sanctuaire. Par la forme ronde du réci-
pient, courte et arrondie des becs, elle appartient au second des
types que l'on est convenu de distinguer dans l'histoire de la lampe

---

[1] Sur les diverses formes du chrisme et leur valeur comme indice chronologique, cf. Gsell, *Monuments*, t. II, p. 115, n. 1.

chrétienne[1]. La queue était ici remplacée par une partie verticale, aujourd'hui brisée, sorte de disque réflecteur, selon l'expression du P. Delattre[2]. Elle consistait à peu près certainement en un monogramme triomphal entouré d'une couronne : on reconnaît très bien dans la partie conservée le jambage vertical du P (qui pouvait être aussi une croix monogrammatique) et un morceau de la couronne dans lequel il s'inscrivait. La disposition et le motif sont assez fréquents sur les lampes chrétiennes, en terre cuite comme en bronze, de Rome et d'Afrique.

Sur le disque central, concave et percé de deux trous[3] pour l'introduction de l'huile et l'aération, figure un personnage qui ne peut guère être que le Christ. Le type en est assez curieux : imberbe, selon la tradition primitive de l'iconographie chrétienne, la tête couverte d'une abondante chevelure qui retombe sur les épaules, il est vêtu d'une longue tunique aux plis bien dessinés, dont les contours très fortement marqués dessinent autour du personnage une sorte de cadre rigide et accentuent ainsi ce que la silhouette a de hiératique et de figé. Les pieds, indiqués avec un schématisme assez maladroit, se distinguent mal du vêtement. Le bras gauche pend le long du corps ; le bras droit s'en détache de façon peu naturelle, la main tenant une croix monogrammatique presque aussi grande que le personnage ; la

---

[1] Cf. Toutain, art. *Lucerna*, dans Daremberg-Saglio, *Dictionnaire des Antiquités*, t. III, Paris, 1904, p. 1320-1339.

[2] Cette disposition particulièrement fragile fait que les lampes qui la comportent se retrouvent le plus souvent brisées. Voir toutefois celle qu'a publiée G. Stuhlfauth, *Bemerkungen von einer christlich-archäologischen Studienreise nach Malta und Nord Afrika*, dans *Mittheilungen des deutschen archäologischen Instituts*, 1898, p. 275, pl. IX. Cf. Delattre, *Musée Lavigerie de Saint-Louis de Carthage*, Paris, 1899, p. 32-48, et pl. VIII-X. Lampe en bronze avec dispositif identique et monogramme dans Leclercq, *Manuel d'archéologie chrétienne*, t. II, Paris, 1907, p. 565.

[3] Les lampes les plus anciennes n'en présentent qu'un seul. Pour les détails techniques, cf. F. de Cardaillac, *Histoire de la lampe antique en Afrique*, dans *Bulletin de géographie et d'archéologie d'Oran*, 1890, p. 241-324.

boucle du P est, comme il arrive souvent, tournée vers la gauche; la croix est ornée de petits cercles qui doivent sans doute figurer des gemmes; un A s'inscrit au-dessus du bras droit de la croix; sans doute y avait-il de l'autre côté un Ω.

Sur le pourtour du disque se déroule une scène de chasse, dont les figures se répètent en deux groupes identiques sur les deux moitiés du cercle, séparés par des arbres aux larges branches touffues. De part et d'autre un homme à cheval et un grand chien lévrier poursuivent un fauve, panthère ou lionne. Malgré le défaut de proportions entre le minuscule cavalier et les animaux, dont le dessin ne manque ni d'élégance ni de mouvement, l'ensemble est assez harmonieux. Par ailleurs, à confronter notre lampe avec les types les plus usuels en Afrique, on est amené, en dépit des imperfections signalées, à lui assigner un rang très honorable. La facture s'en révèle par comparaison fort satisfaisante; il apparaît, en particulier, que l'auteur n'a pas craint l'effort. Rarement, en effet, l'on rencontre sur une même lampe, à cette époque, un si grand nombre de figures différentes. Le centre n'est, en général, occupé que par une seule figure, personnage ou croix, animal ou objet symboliques[1]; quant au pourtour il n'offre le plus souvent que des motifs géométriques et « ne présente qu'exceptionnellement une décoration humaine, animale et végétale[2] ». Or, ici, les trois éléments se trouvent réunis et groupés en un simple mais réel essai de composition continue.

Nous sommes donc en présence d'un exemplaire intéressant, dont les caractères et la technique encore bonne excluent une époque très avancée. Il semble difficile de descendre plus bas que les premières an-

---

[1] Christ vainqueur tenant la croix : Delattre, *Lampes chrétiennes de Carthage*, dans *Revue de l'art chrétien*, Paris, 1892, n° 681; cf. aussi, pour l'allure générale, les n°s 682-685, tous d'ailleurs d'une exécution plus grossière que l'exemplaire qui nous occupe.

[2] Leclercq, *Manuel*, t. II, p. 520. On trouve parfois une alternance de motifs géométriques et de figures d'animaux. Il va de soi que notre scène de chasse n'a qu'une valeur décorative et nullement symbolique.

nées du ve siècle; difficile aussi de remonter sensiblement plus haut, car c'est précisément à ce moment que commence à apparaître dans l'art chrétien de l'Afrique la croix monogrammatique à P grec et que s'ajoutent au monogramme simple ou à la croix l'A et l'Ω[1].

Une fois exclue pour notre lampe la fabrication locale — ce qui, me semble-t-il, va de soi — il est difficile d'en préciser la provenance, car elle ne porte aucune marque d'origine. Sans doute est-elle venue de l'un des grands centres de la Numidie, peut-être même de Carthage. En tous cas, elle ne renseigne naturellement que de façon indirecte sur la date de l'église. Mais, si la fabrication de l'une et la construction de l'autre peuvent ne pas être absolument contemporaines, on peut cependant légitimement admettre, sur la foi des divers indices analysés plus haut, que l'écart entre les deux ne doit pas être très grand. Nous ne nous tromperons guère, je suppose, et nous aurons satisfait à la prudence en même temps qu'à la vraisemblance, en plaçant la construction de l'église, sans risquer d'autres précisions, entre 380 environ et 450.

. .

La décoration de la basilique, ou du moins ce que j'en ai retrouvé, se complétait par une série de pierres, taillées en forme de trapèze et décorées de motifs en relief plat. J'en ai trouvé six en tout, près du mur d'entrée de l'église. Cinq d'entre elles, si j'en juge par leurs dimensions respectives, — car le poids des blocs de pierre et l'insuffisance de mes moyens matériels m'ont empêché d'en opérer le regroupement — s'ajustaient ensemble et décoraient un dessus de porte, soit la porte latérale droite, soit l'une des portes d'entrée dans les nefs. Elles devaient former ainsi une sorte de fronton triangulaire. Sauf celle qui occupait le milieu, la plus grande, elles se cor-

---

[1] Gsell, *Monuments*, t. II, p. 115, n. 1. Le plus ancien exemple daté, dans l'architecture, de croix monogrammatique avec P grec est de 425. L'A et l'Ω apparaissent à côté du chrisme dès 384.

respondent deux à deux par la forme et les dimensions, et paraissent constituer un ensemble complet. Les deux blocs extrêmes sont décorés d'une simple rosace à quatre branches, figurant aussi sur deux des pilastres qui décorent les portes, et qui se retrouve identique sur la partie inférieure des trois autres blocs; ceux-ci comportent, en outre, au-dessus de la rosace, une décoration de rinceaux et de feuillage qui se raccorde de l'un à l'autre; les feuilles ont la forme d'un cœur et rappellent celle du lierre. La sixième pierre, aujourd'hui isolée, semble avoir fait partie d'un ensemble analogue, décorant l'une des autres portes de l'église. Toutefois, bien qu'elle présente elle aussi une forme trapézoïdale, elle devait occuper une position horizontale et non pas verticale comme les précédentes : l'agencement des deux zônes de sa décoration, juxtaposées et non plus superposées, en fait foi. Les motifs cependant restent les mêmes : rosace et feuillage, auquel s'ajoute ici un animal difficile à définir, cornu comme une chèvre, mais pourvu d'une longue queue, et qui se dresse sur ses pattes de derrière comme pour brouter le feuillage. Le tout est d'une extrême simplicité de lignes et d'un art très fruste, et représente une forme très humble du relief plat.

On sait la fortune de ce procédé à l'époque chrétienne, dans tout le bassin de la Méditerranée[1]. L'Afrique, en particulier, en fournit de nombreux exemples. On considère généralement que ses origines doivent être cherchées en Orient. Peut-être ce genre de décoration n'est-il que la transposition sur la pierre d'un procédé de travail du bois. Les exemplaires que nous en fournit la basilique seraient de peu d'intérêt s'ils n'offraient d'assez curieuses analogies avec un autre élément de la décoration de cette église, dont la découverte constitue le résultat le plus remarquable de la fouille : je veux parler de fragments très nombreux d'un revêtement en plâtre.

---

[1] L'abondante littérature que comporte ce sujet est indiquée dans Leclercq, *Manuel d'archéologie chrétienne*, t. II, p. 635-636. Voir en particulier Gavault, *Études sur les ruines romaines de Tigzirt*, Paris, 1897, p. 30-37; Gsell, *Édifices chrétiens de Thélepte*, p. 16-18.

Je les ai trouvés en deux emplacements bien distincts : à proximité du mur d'entrée de la basilique d'une part, au pied de l'abside d'autre part. A cette répartition correspond, rigoureusement, un double type d'ornementation : les plâtres du premier groupe offrent tous une décoration géométrique, ceux du second groupe, sans exception, une décoration végétale. L'épaisseur moyenne de part et d'autre est la même (0^m03 environ), comme aussi la qualité du plâtre, assez ferme pour qu'un long séjour dans la terre ne l'ait pas sensiblement déformé. Quelques fragments, en particulier, sont en excellent état; le plus important mesure 0^m30 environ sur 0^m15. Les fragments du premier groupe n'offrent tous qu'un même motif indéfiniment répété, une sorte de grosse tête de clou demi-sphérique (diamètre 0^m04 environ, hauteur 0^m02), entouré d'un carré tracé en creux. L'effet décoratif est obtenu par simple juxtaposition du motif : le fragment dont j'ai indiqué plus haut les dimensions le présente huit fois sur deux rangées. Dans le second groupe règne une plus grande variété : grappes de raisin délicatement travaillées, feuilles de vigne ciselées, rinceaux, feuilles de lierre aussi, stylisées jusqu'à paraître des figures géométriques, en forme de cœur : ces deux derniers motifs s'apparentent directement à ceux que j'ai signalés plus haut dans la décoration sur pierre.

Sur la façon dont ces plâtres étaient disposés dans l'église l'on est naturellement réduit aux hypothèses. Pour ceux du chœur je ne vois guère que deux emplacements possibles : ou bien sur le mur devant l'abside, entre les deux escaliers; ou bien, comme une bordure continue encadrant l'entrée de l'abside, tout autour de l'arc triomphal; dans ce cas une baguette moulurée (longueur 0^m20), de profil triangulaire, également en plâtre, trouvée à proximité, limitait peut-être la décoration vers le bas. Sur les fragments de la nef le doute est plus grand encore. Ils étaient à peu près certainement appliqués sur le mur d'entrée, et assez vraisemblablement sur ses deux faces, car j'en ai trouvé aussi dans le vestibule. Mais quel aspect offrait cette décoration, simple frise étroite ou large revêtement? Je ne saurais le préciser. De même, je ne saurais dire en toute certitude si elle était appliquée directement sur la pierre ou si elle reposait sur un premier revêtement de brique.

L'intérêt de cette décoration tient tout d'abord à son caractère ex-ceptionnel. L'on n'en connaissait jusqu'à présent de cette époque en Algérie, à ma connaissance du moins, qu'un seul exemple : celui des basiliques de Morsott, fouillées en 1899. L'une et l'autre présen-taient, dans l'abside seulement, une décoration en plâtre avec alter-nance de motifs géométriques et d'ornements végétaux, parmi les-quels je note en particulier des feuilles de lierre.

Mais, à défaut d'éléments de comparaison rigoureusement contem-porains, les siècles suivants en fournissent en abondance : on sait la place que tient la décoration en plâtre dans l'art musulman. Le rap-prochement s'impose si bien qu'au moment des fouilles de Morsott ceux qui les dirigeaient se sont crus d'abord en présence « d'un édi-fice arabe des premiers siècles de la domination musulmane[1] ». Une fois revenus de leur erreur, ils ont conclu à une stricte dépendance de l'art musulman par rapport à l'art de la Rome chrétienne : con-clusion hasardeuse, sous cette forme du moins, et qui demande à être nuancée et rectifiée. Bien plutôt que d'une filiation directe on peut parler d'une commune origine, et cette origine c'est en Orient qu'il faut la chercher.

Orientale, en effet, la disposition de nos plâtres sur une paroi ver-ticale, alors que l'époque hellénistique les a connus, mais sur les pla-fonds seulement[2]. Orientaux aussi leurs motifs. Sur les motifs végé-taux il est à peine besoin d'insister : leur origine syrienne est bien connue, en particulier pour la vigne, dont on sait la fortune dans les provinces orientales ou orientalisées de l'art chrétien primitif, et qu'on retrouve d'ailleurs en Afrique même, sur la pierre, à de mul-

---

[1] *Recueil de Constantine*, 1899, p. 399-400. Cf. Gsell, *Monuments*, t. II, p. 233.

[2] Strzygowski, *Das orientalische Italien*, dans *Monatshefte für Kunst-wissenschaft*, 1908, I, p. 16.

tiples exemplaires[1]. Quant au si curieux motif des têtes de clou, il évoque irrésistiblement la décoration d'une porte : une porte que nous dirions arabe, si deux siècles au moins ne nous séparaient encore de l'Islam, et qui, en l'occurence, est simplement orientale. A l'appui de cette impression j'invoquerai deux exemples précis. L'un est emprunté à la décoration murale, en plâtre précisément, des monuments de Samarra (viiie-ixe siècle); dans le fond d'une niche à prière est simulée, entre deux colonnettes, une porte décorée de bandes en saillie uniformément ornées de gros cabochons très analogues aux nôtres, et qui, sans aucun doute, doivent indiquer des clous[2]. Le second exemple, bien qu'il s'agisse de pierre, est plus suggestif encore, parce que sensiblement contemporain de notre édifice : c'est le mausolée africain de Blad Guitoun, publié par M. Gsell comme le tombeau d'un prince maure, vraisemblablement du ve siècle[3]. L'une des fausses portes de ce monument est décorée dans sa moitié supérieure d'un motif unique, cercle inscrit dans un carré, ressemblant fort à celui qui nous occupe, et disposé en rangées parallèles dont l'ensemble évoque ici encore une décoration de gros clous. Toute la décoration du monument est en relief plat, et n'est pas sans analogie par certains de ses motifs avec notre basilique.

Si maintenant on confronte les deux éléments de la décoration de l'église, on est d'abord frappé de leur contraste : à la fruste et pauvre décoration de la pierre s'oppose la technique délicate et la valeur artistique incontestable de cette sculpture sur plâtre : car c'est bien d'une sculpture, semble-t-il, qu'il s'agit. Il y a tout lieu de

---

[1] Cf. par exemple les sarcophages de Ravenne. Exemple de décoration africaine dans Gsell, *Édifices chrétiens de Thélepte*, p. 18. La décoration du grand arc d'entrée de l'église de Cividale est d'autant plus intéressante pour nous qu'elle est en stuc, et que la disposition des plâtres qui nous occupent était peut-être identique dans l'église; cf. Strzygowski, *op. cit.*

[2] E. Herzfeld, *Der Wandschmuck der Bauten von Samarra und seine Ornamentik*, Berlin, 1923, pl. LXII. Cf. pl. LIX, 156.

[3] *Comptes-rendus de l'Académie des inscriptions*, 1898, p. 481-499. Cf. Gsell, *Monuments*, t. II, p. 412-417.

croire, en effet, que les ornements ont été non pas moulés, mais travaillés à la pointe[1], selon les procédés du décor par défoncement; les figures géométriques elles-mêmes ne sont pas toutes rigoureusement égales et un examen attentif révèle, au milieu de la partie saillante, la trace laissée par la pointe du compas qui a dessiné les cercles. Mais ce contraste se résout en définitive en une parenté. J'ai signalé déjà le parallélisme de certains motifs, rinceaux et feuilles de lierre, traités de façon identique de part et d'autre. En fait, l'un et l'autre procédé traduisent, dans le cas présent, la même impuissance à véritablement travailler la pierre. Mais, tandis que le sculpteur se contente d'un côté des pauvretés du relief plat, il retrouve par ailleurs dans le plâtre plus malléable un succédané commode, où trouvent encore à s'exercer son talent et son goût de la virtuosité[2]. La présence de ces plâtres dans cette humble église ne doit donc pas surprendre outre mesure; elle atteste, au contraire, dans sa décoration une certaine unité. Et, si la technique du bois, telle qu'on la retrouve par la suite dans l'art populaire des Kabyles[3], est très vraisemblablement à l'origine de la décoration en relief plat, l'exemple des « têtes de clou », clairement imitées de la décoration d'une porte, autorise à penser qu'elle n'a pas été tout à fait étrangère, dans certains cas, au développement du plâtre ornemental.

.
. .

C'est donc en définitive vers l'Orient que nous ramène, une fois de plus, l'étude de notre basilique. Les particularités de son architec-

---

[1] Exemples de cette technique dans Migeon, *Manuel d'art musulman*, Paris, 1907, p. 75-79.

[2] Il va de soi que l'apparition du plâtre décoratif considérée dans son ensemble suppose d'autres raisons encore. Elle est en rapport plus spécialement, dans certains pays, avec la rareté de la pierre à bâtir et la construction d'édifices en brique. Mais tel n'est pas le cas pour notre basilique.

[3] Gsell, dans *Comptes-rendus de l'Académie des inscriptions*, 1898, p. 497.

ture nous ont donné un aperçu de la vie religieuse de l'Afrique chrétienne; les détails de sa décoration aident à préciser un point de
l'histoire artistique du monde méditerranéen. En des pages bien connues, Strzygowski[1] a montré dans la diffusion du plâtre ornemental en Occident au haut moyen âge l'une des formes les plus nettes
de l'influence orientale. Il a revendiqué du même coup pour cette
technique une très haute antiquité et prétendu en trouver l'origine,
non sans de sérieuses vraisemblances, en Mésopotamie[2]. Quoi qu'il
en soit de ce dernier point, sa démonstration s'impose. Elle a fort
bien marqué, en particulier, au nord vers « l'Italie orientale » de Cividale, au sud à travers les monuments syriens, coptes ou arabes de
l'Égypte[3], les étapes de cette expansion du décor oriental. L'intérêt
le plus clair, je crois, de notre trouvaille, si modeste soit-elle en regard de monuments illustres, c'est de marquer un nouveau jalon sur
cette route venue d'Orient et d'attester, par un exemple antérieur de
deux siècles au moins à l'apparition de l'Islam, l'antiquité d'une tradition technique et la continuité d'une forme d'art.

---

[1] *Op. cit.*, et aussi *Amida*, Heidelberg, 1910, p. 354-364.

[2] La présence d'une importante décoration en plâtre est signalée à
Doura par Cumont, *Fouilles de Doura Europos*, Paris, 1926, p. 217-240 et
planches, surtout pl. LXXXVI-LXXXVII.

[3] En particulier le monastère syrien de Deir-es-Surjani (ixᵉ siècle),
dont les revêtements de plâtre sont reproduits par exemple dans H. Glück,
Die christliche Kunst des Ostens, Berlin, 1923, pl. 60.

Θάρσει, οὐδεὶς ἀθάνατος

Étude de vocabulaire religieux

La formule que je me propose d'étudier figure, à de très nombreux exemplaires, sur les épitaphes des premiers siècles de l'ère chrétienne. Païens, juifs et chrétiens l'ont également employée ; on la retrouve, avec des variantes que nous examinerons plus loin, mais toujours en grec, dans tout l'Empire romain[1]. Elle termine parfois une épitaphe latine ; je ne lui connais pas d'équivalent exact dans cette langue ; tout au plus peut-on en rapprocher le vers suivant :

Vivite felices animae, mors omnibus instat[2].

Malgré une analogie certaine dans la forme il s'écarte de la formule initiale et dans son sens, et dans sa destination. Ni θάρσει en effet, ni εὐψύχει n'expriment un souhait de bonheur ; et si par ailleurs le « *vivite felices* », placé dans la bouche du mort, donne aux survivants une leçon d'épicurisme, θάρσει au contraire s'adresse de façon exclusive au défunt. Il se distingue ainsi de telle autre acclamation, *vale* ou χαῖρε, que

---

1) Avec θάρσει c'est εὐψύχει que l'on rencontre le plus souvent. C. I. G., 4463, 4467, 6364, 6404, 6438, 6447, 6488, 6501. — I. G., XIV, 420, 910, 1353, 1531, 1536, 1614 *a*, 1743, 1997, 2530. — C. I. L., V, 7380 ; III, 4327. — Waddington, *Inscriptions de Grèce et d'Asie Mineure*, III, 1829, 1852, 1897, 2032, 2049, 2050, 2193, 2459. — Muller-Bees, *Inschriften der Jüdischen Katakombe zu Monteverde*, Leipzig, 1919, 49, 124, 125, 179. — Grossi-Gondi, *Trattato di Epigrafia cristiana*, Rome, 1920, p. 220, etc. On trouve parfois θάρσει, εὐψύχει, εὐθύμει, εὐφρόνει, et plus rarement οὐδεὶς ἀθάνατος isolés.

2) Buecheler, *Carmina latina epigraphica*, Leipzig, 1895, 802. Cf. *ibid.*, 803.

mort et passant se renvoient volontiers en un bref et courtois dialogue :

Χαίρετε παροδεῖται. — Χαῖρε καὶ σύ[1].

Notre formule se présente à première vue comme l'expression populaire d'un matérialisme désabusé, comme une affirmation du néant final — *hoc est sic est, aliud fieri non licet*, dira en termes voisins une autre sentence[2] — et l'on attendrait volontiers, pour la ponctuer, ce laconique ταῦτα que les sceptiques de tout bord se plaisaient à faire inscrire sur leurs tombes. Ainsi l'ont entendue la plupart de ceux qui l'ont rencontrée sur leur route. C. Pascal par exemple y voit un équivalent de θανάτῳ πάντες ὀφειλόμεθα[3], Rohde la rapproche de la formule bien connue : *non fui, fui, non sum, non curo*, et s'étonne en conséquence de la trouver sur des tombes chrétiennes[4]. Ainsi l'ont entendue parfois les anciens eux-mêmes, tel ce mort résigné, qui la prend à son compte en la modifiant un peu : εὐψυχῶ Νικομήδης ὅστις οὐκ ἤμην καὶ ἐγενόμην, οὐκ εἰμὶ καὶ οὐ λυποῦμαι[5]. Mais cet exemple et quelques autres mis à part, et à y regarder de plus près, le sens n'est pas si clair. Il est curieux tout d'abord de retrouver la formule, non seulement dans des épitaphes d'inspiration nettement spiritualiste[6], mais chez ceux-là même, juifs de la Diaspora et surtout chrétiens, qui prêchaient sans équivoque possible

---

1) Loch. *Festschrift für L. Friedländer*, Leipzig, 1895, p. 278 sq. L'auteur s'étonne que pareille acclamation soit adressée au mort. Sur ces dialogues cf. Kaufmann, *Handbuch der altchristlichen Epigraphik*, Fribourg, 1917 p. 133.

2) C. I. L., XI, 2547.

3) C. Pascal, *Le credenze d'oltretomba nelle opere letterarie dell'antichità classica*, I, Catane, 1912, p. 576.

4) E. Rohde, *Psychè*, II, 3ᵉ éd. Leipzig, 1903, p. 395, n. 1. Sur cette formule, cf. Cumont, in *Musée Belge*, XXXII, 1928, I, p. 73-88.

5) Kaibel, *Epigrammata Graeca*, Berlin, 1878, 595. — Sur l'emploi du mot εὐψυχῶ dans la langue courante des papyrus et des inscriptions, cf. Moulton et Milligan, *The Vocabulary of the greek Testament*, Part. III, Londres, 1919, p. 268.

6) P. ex. Kaibel, *op. cit.*, 654, grande épitaphe métrique, où l'on lit ces vers :

Ἐνθάδε νῦν κατὰ γῆς σῶμ' ἀνέπαυσε πόνων,
τὴν συνετὸν ψυχὴν μακάρων εἰς ἀέρα δοῦσα
πρόσθεν μέν θνητή, νῦν δὲ θεῶν μέτοχος

et qui s'achève ainsi : Ἀγέντι, εὐψύχι· κάμὲ μένει τὸ θανεῖν.

l'immortalité de l'âme et la résurrection des corps. Sans doute faut-il toujours compter, surtout dans ce domaine de la pensée populaire, avec des survivances irraisonnées ou des inadvertances : c'en est une déjà de consoler un mort rentré dans le néant, ou de lui prêter la parole ! En fait il ne manque pas d'exemples, à travers l'épigraphie chrétienne, de contradictions flagrantes avec la doctrine officielle de l'Église : elles s'expliquent sans peine par la force de l'habitude, l'influence du milieu païen, les défaillances d'une foi encore superficielle[1]. Aussi bien, encore que notre formule soit chez les premiers chrétiens d'un emploi trop fréquent pour être assimilée sans plus à ces cas d'exception, la difficulté principale est ailleurs : elle tient à la formule même, au sens précis du mot θάρσει et de ses équivalents.

On ne saurait en effet l'interpréter comme une simple consolation ; ce n'est ni une invitation à l'insouciance, ni un appel à la résignation. Il y a dans ces dispositions heureuses de l'âme ou du cœur qu'expriment εὐψυχεῖν et εὐθυμεῖν quelque chose de très nettement positif. C'est bien plutôt de courage qu'il s'agit, non point celui du condamné qui marche au supplice, mais celui du soldat sûr de la victoire. Courage et confiance, voilà ce que commande encore, impérieusement, notre θάρσει : il sonne comme un « sursum corda ». On trouverait sans peine, dans la littérature grecque, des exemples illustrant cette interprétation. Je n'en retiens que deux. Décrivant, dans son *Hipparque* (8, 21), le combat de cavalerie, Xénophon caractérise en deux mots la façon dont il doit être mené : εὐψύχως καὶ προθύμως. Et Démosthène, affirmant, devant la menace macédonienne et les intrigues de ses adversaires, son inébranlable optimisme s'écrie : θαρσέω καὶ πιστεύω (19, 3). Mieux encore que tous les exemples profanes, voici quelques textes chrétiens. Εὐψυχῶ ne figure, à ma connaissance,

---

1) On retrouve p. ex. sur certaines tombes chrétiennes le D. M. païen ; le tombeau est parfois qualifié de *domus aeterna*, etc. Sur ces survivances, cf. Cumont, *After life in Roman Paganism*, 1922, p. 197 sq. et Kirsch, *Die Akklamationen und Gebete der altchristlichen Grabschriften*, Cologne, 1897.

qu'une seule fois dans le Nouveau Testament, et dans un contexte qui ne nous apporterait pas grand'chose (*Phil.* 2, 19). L'emploi de εὐθυμεῖν et de θαρσεῖν par contre est très suggestif. — En route pour l'Italie, le vaisseau sur lequel s'est embarqué saint Paul est pris dans une tempête ; l'apôtre, qui se sait dans la main de Dieu, et qu'une vision a fortifié dans sa foi, rassure ses compagnons. Personne, dit-il, ne périra ; et il termine par cet appel : « Courage donc (διὸ εὐθυμεῖτε) ! Car j'ai confiance en Dieu (πιστεύω) qu'il en sera comme il m'a été dit (Actes, 27, 25). » Un exégète a fort ingénieusement rapproché de ce texte le passage fameux de Plutarque où César, en route pour l'Orient, et assailli lui aussi par une tempête, commande au pilote terrifié : θαρρῶν ἴθι πρὸς τὸν κλύδονα· Καίσαρα φέρεις καὶ τὴν Καίσαρος τύχην[1] : orgueil intrépide du chef prédestiné, foi sereine de l'apôtre ne trouvent pour s'exprimer devant un danger identique que ce même cri, « courage, confiance ». De même, dans l'épisode évangélique de Jésus marchant sur les flots, aux disciples groupés dans la barque et qu'effraient la nuit, le vent, cette silhouette de fantôme sur le lac, le Maître dit : « *Rassurez-vous* (θαρσεῖτε) *c'est moi, ne craignez point* » (Marc, 6, 50 ; Matth. 14, 27). C'est avec le même mot encore que le Christ parfois annonce ou sanctionne ses miracles. Il dit au paralytique : « *Confiance* (θάρσει) *mon enfant, tes péchés te sont remis* » (Matth. 9, 2), et à l'hémorroïsse : « *Confiance* (id.) *ma fille, ta foi t'a sauvée* » (Matth. 9, 22). C'est en ces termes enfin que le Christ johannique, au moment de se séparer à jamais de ses apôtres, clôt son ultime entretien : « *Vous aurez des tribulations dans le monde ; mais ayez confiance, j'ai vaincu le monde*, ἀλλὰ θαρσεῖτε, ἐγὼ νενίκηκα τὸν κόσμον » (Jean, 16, 33)[2].

---

1) *Vie de César*, 38, cité par Zahn, *Kommentar zum Neuen Testament, Apostelgeschichte*, II, Leipzig, 1921, p. 834.

2) Θάρσει figure également en Marc, 10, 49 (guérison de l'aveugle Bartimée), non point dans le récit même du miracle, mais dans une sorte de préambule qui le met dans la bouche des disciples et non, comme dans les exemples précédents, dans celle du Christ ; il est absent du passage correspondant de Matthieu. Voir aussi *Actes*, 23, 11.

L'idée commune à tous ces exemples, c'est celle d'une épreuve, réelle, pénible, terrible peut-être, mais passagère et déjà virtuellement surmontée : l'usage du parfait grec est de ce point de vue significatif : « *J'ai vaincu le monde, ta foi t'a sauvée.* » La confiance motivée qui s'exprime ainsi, c'est la foi dans ce qu'elle a de plus senti, de plus spontané, démarche du cœur plus que de l'esprit, foi en la promesse, en la puissance salutaire du Christ. C'est, car à ce point les deux vertus se rejoignent, l'espérance chrétienne. Présente tout au long de la vie mortelle, elle culmine au seuil de la mort, qui est l'épreuve suprême. C'est d'elle que parle l'apôtre lorsqu'il dit : « *Si nous n'avons d'espérance en Jésus-Christ que pour cette vie, nous sommes les plus malheureux de tous les hommes* » (I Cor. 15, 19) ; et encore : « *Nous ne voulons pas, frères, que vous soyez dans l'ignorance touchant ceux qui dorment, afin que vous ne vous attristiez pas comme font les autres hommes qui n'ont point d'espérance* (I Thess. 4, 13), ἵνα μὴ λυπῆσθε : μὴ λυποῦ τέκνον, dira de même un chrétien à son enfant mort, οὐδεὶς ἀθάνατος, *ne t'afflige pas, personne n'est immortel*[1]. »

Ainsi éclairée par ces divers exemples, notre formule frappe par une sorte de discordance, de contradiction interne : joyeux élan de confiante assurance d'une part, constatation résignée du sort commun de l'autre, c'est comme si deux pièces avaient été assemblées qui se joignent mal. Sans doute, s'il n'est pas très vraisemblable, il n'est du moins pas absolument impossible que εὐψύχει et même θάρσει, par une évolution analogue à celle de tel autre terme (*vale*, χαῖρε), se soient dépouillés de leur signification précise et de leur nuance impérative pour n'être plus en définitive qu'une formule affaiblie d'adieu. Il est possible aussi que l'usage populaire, assimilant tout bonnement θάρσει, par approximation, à un mot de sens moins rigoureusement défini, les ait considérés comme interchangeables, alors que le second était susceptible de plusieurs interprétations très différentes : tel ce μὴ λυποῦ

1) C. I. G., 9549.

qui, dans sa forme négative, s'il peut parfois — le texte paulinien en fournit la preuve — traduire une nuance de pensée
assez voisine de celle qu'exprime θάρσει, peut s'entendre aussi,
et mieux encore peut-être, comme un appel à la résignation.
Pareille explication vaut pour les cas où le contexte indique de
façon péremptoire qu'il s'agit d'une profession de foi matérialiste : ils sont à la vérité assez rares[1]. On peut admettre
aussi que le groupement n'est pas primitif, que la formule,
par exemple, représentait d'abord, avec un autre verbe,
également positif et impératif dans sa forme mais de sens
différent, un appel épicurien aux survivants, dans le genre
du « *vivite felices* » que nous citions tout à l'heure. Elle aurait
été ensuite transposée, par substitution de verbe, et presque
par inadvertance, dans son usage actuel : il ne manque pas
d'exemples du même ordre dans l'épigraphie funéraire. On
peut supposer enfin que dans ce groupement, primitif ou non,
οὐδείς ἀθάνατος n'a pas la signification qu'on serait tenté
d'abord de lui attribuer. Quoi qu'il en soit, et sans nous prononcer pour l'instant, constatons seulement que la difficulté
existe. Elle n'a pas échappé à ceux-là même qui ont employé
la formule : déjà frappés, semble-t-il, par ce qu'elle avait de
choquant et presque d'hybride, tout au moins en apparence,
ils ont essayé parfois d'éluder la difficulté par une interprétation ingénieuse, un commentaire explicatif ou une rectification. C'est le moment de jeter un coup d'œil sur les variantes
de la formule.

La plus fréquente et la plus simple est cel'e qui consiste à
restreindre la portée de l'affirmation à la seule vie d'ici-bas.
Les chrétiens l'ont fait fréquemment ; on la trouve aussi sur

---

1) C'est le cas p. ex. de la formule que nous citions plus haut (p. 189, n. 5),
οὺ εὐψυχῶ doit s'entendre sans doute : je me tiens en bonne humeur. Peut-être
faut-il voir dans une variante comme celle-ci : εὐψύχει Ἀταλάντη, ὅσα γεννᾶται
τελευτᾷ, I. G., XIV, 1832, en réaction contre le sens habituel de οὐδεὶς ἀθάνατος,
une affirmation énergique du néant final.

les épitaphes païennes. Des deux exemples que voici l'un est chrétien, l'autre païen :

Μὴ λυπῆς, οὐδεὶς ἀθάνατος ἐν τῷ βίῳ τούτῳ.

Μὴ λυπῆς, οὐδεὶς ἀθάνατος ἐν τῷ κόσμῳ[1].

On trouve de même parfois ὑπὲρ γῆς. Dans d'autres cas, l'affirmation sur le caractère inéluctable de la mort est complétée ou remplacée par celle de l'immortalité de Dieu ou des dieux :

Θάρσει Λεοντι, οἱ θεοὶ ἀθάνατοι.

Οὐδὶς ἀθάνατος, εἰ μὴ μόνον ἷς θεός αὐτὸς
ὁ πάντων γενετής κὲ πᾶσι τὰ πάντα μερίζων[2].

Dans les deux exemples, implicitement dans l'un, explicitement dans l'autre, l'immortalité divine est donnée comme le gage de celle de l'âme, de même que pour le chrétien la résurrection du Christ garantit celle des fidèles. La même idée apparaît, sous une forme un peu différente, dans l'exemple suivant, une inscription juive de Trachonite :

Θάρσει, οὐδεὶς ἀθάνατος. ἐτελεώσας τὸν βίον σοῦ κάλως καὶ
εὐσχημόνως εὐχαριστοῦ αἰὲν τῷ παντοκράτορι θεῷ τῷ βοηθήσαντι
[ἡμῖν[3].

Mais comme une formule négative, même nuancée, expliquée et neutralisée, reste malgré tout suspecte à la foi intrépide des fidèles, on ne se contente pas toujours de simples additions. On la corrige volontiers, et même parfois on la renverse, de façon presque brutale ; ainsi dans cet exemple si curieux, et du reste unique, inscrit dans une catacombe romaine :

Εὐψύχι, Μουσενα Ἰρήνη, ἡ σὴ ψυχὴ ἀθάνατος παρὰ Χρηστῷ[4]

---

1) Sayer, *Revue des Études grecques*, VII, 1894, p. 296. — Le Blant, *Revue Archéologique*, XXVIII, 1874, p. 250. Cf. Lefèbvre, *Inscriptions chrétiennes du Musée du Caire*, 1905, p. xxx-xxxi.
2) *Zeitschrift des Palästina Vereins*, IX, p. 322. — Ramsay, *Studies in the history and art of the eastern provinces of the Empire*, Aberdeen, 1906, p. 129.
3) Waddington, *op. cit.*, 2459.
4) Grossi-Gondi, in *Roma e l'Oriente*, IV, p. 41.

En face de la formule habituelle il sonne comme une protestation et un défi. La modification lui confère du même coup
une cohérence logique que nous avons vainement cherchée
jusqu'à présent : entre les deux termes peut s'intercaler, cette
fois du moins, en toute rigueur, un « parce que ». Mais c'est
au prix, il est vrai, d'une nouvelle difficulté. Car s'il y a quelque
consolation, pour un défunt vulgaire, à savoir que personne
n'est immortel, Musèna Irènè au contraire, étant παρὰ Χϱηστῷ,
n'a nul besoin, semble-t-il, qu'on l'en informe et qu'on l'en-
courage. Il faut donc supposer, ou bien que l'acclamation,
s'adressant à elle au seuil de la tombe, alors qu'elle n'est en
quelque sorte pas encore morte absolument, doit s'entendre au
futur — ton âme restera immortelle — ou bien plutôt qu'elle
ne s'adresse qu'au corps déposé dans la tombe : gardant les
traits de la morte, il retient aussi, bien mieux que l'âme
invisible, immatérielle et désincarnée, quelque chose de sa
personnalité ; on peut donc l'appeler par son nom. Confiné
pour l'instant dans le tombeau, il n'est pas cependant mort à
jamais : il sera un jour réuni à l'âme. Et comme inconsciem-
ment on lui prête (de même d'ailleurs que dans tous les
exemples d'acclamation au mort) un reste de vie et de conscience, qu'il reste tout au moins sensible à sa misère présente,
il est bon de lui rappeler que celle-ci n'est pas définitive : « *Aie
confiance, ton âme, immortelle, est déjà près du Christ, et toi tu
ressusciteras un jour* », tel est le sens de cette intéressante
formule qui unit, en un curieux amalgame, à de très vieilles
notions sur la survie dans la tombe et le dédoublement de la
personnalité après la mort, la précision d'un dogme chrétien[1].

 Nous saisissons mieux maintenant, à la lumière de ces
divers exemples, en quel sens on peut entendre dans la plupart des cas même le οὐδεὶς ἀθάνατος habituel. Et nous ne

---

1) On peut rapprocher de cette acclamation la curieuse épitaphe suivante
qui suppose un dédoublement analogue de la personnalité après la mort :
*Attice, dormi in pace, de tua incolumitate securus, et pro nostris peccatis pete
sollicitus* dans Diehl, *Lateinische altchristliche Inschriften*, Bonn, 1908, n. 278. Cf.
supra, p. 189, n. 6, où l'on s'adresse au mort dans la tombe, bien que son âme
soit déjà θεῶν μέτοχος.

serons pas surpris, s'il ne s'agit que de la vie d'ici-bas et de la
mort corporelle, de le trouver inscrit sur un sarcophage à
côté de l'image des Dioscures[1]. Bien loin d'impliquer une
inconséquence et une contradiction, ce rapprochement souligne, de façon plus discrète qu'un développement de la
formule, ce qu'elle a de relatif : l'image des dieux sauveurs,
gage de leur aide bienveillante, en même temps qu'elle limite
la portée du οὐδεὶς ἀθάνατος, donne à θάρσει toute sa valeur.
De même, si l'affirmation de la mort s'accompagne parfois
de la mention d'Hercule, qui l'a subie lui aussi :

Εὐψύχει Μίδων, οὐδεὶς ἀθάνατος· καὶ ὁ Ἡρακλῆς ἀπέθανε[2]

ce n'est point nécessairement le fait d'un impie qui blasphème,
en prétendant ramener le héros à la loi commune de l'anéantissement final. On doit bien plutôt considérer — le vers de
l'Iliade qui est à l'origine de cette sentence y invite[3] — que
l'exemple d'Hercule fournit au contraire une raison d'espérer :
son apothéose étant hors de doute, on souligne que la mort
corporelle en a été le prélude inéluctable. A plus forte raison,
pour ceux qui ne sont pas au même titre que lui favoris des
dieux, l'immortalité est-elle à ce prix.

Aussi bien, et c'est là en définitive le sens de cet οὐδεὶς
ἀθάνατος de ton si pessimiste, la mort corporelle est-elle en soi,
même pour qui croit à l'au-delà, un fait pénible et inquiétant.
Elle constitue, sinon un état définitif, du moins un passage,
et, essentiellement, une épreuve. Même dans une perspective
spiritualiste il est légitime de la redouter, puisqu'elle s'ouvre
sur une éternité mystérieuse qui peut être, selon les mérites
de l'individu, bienheureuse ou terrible. Si le vrai chrétien
doit se réjouir de quitter ce monde, il n'en tremble pas moins,

---

1) Sur un sarcophage de Tortone. Cf. Conze, *Archäologische Zeitung*, 1877,
p. 77. C. I. L., V, 7380.
2) I. G., XIV, 1806 ; C. I. G., 6438. Cf. Kaufmann, *Die Jenseitshoffnungen der
Griechen und Römer nach den Sepulcralinschriften*, Fribourg, 1897, p. 61, et *Die
Sepulcralen Jenseitsdenkmäler der Antike und des Urchristentums*, Mayence, 1900,
p. 17 ; l'auteur fait remarquer que cette affirmation n'exclut pas l'espoir de jouir,
comme le héros, du repos élyséen.
3) Iliade, XVIII, 117-118.

dans son humilité, sinon devant la mort, du moins devant le
jugement qui la suivra. A plus forte raison le fidèle dont la
conviction est plus tiède, le païen qui n'a point d'aussi fortes
assurances peuvent-ils, au seuil de la tombe, se retourner
avec mélancolie vers cette vie qu'ils quittent. Aux uns et
aux autres il est légitime de rappeler que c'est le sort commun,
mais aussi que tout n'est pas fini : derrière οὐδεὶς ἀθάνατος
qui ne constitue pas, mais amorce seulement l'explication
de θάρσει il faut sous-entendre un « mais ». Il arrive parfois
dans l'épigraphie funéraire que, par une transposition inattendue, une sentence se trouve détournée de sa signification
première et, de matérialiste qu'elle était d'abord, en vienne à
servir des espérances de survie[1]. Il ne s'agit point, ici, d'un
de ces renversements : quelle qu'ait été la formule à l'origine,
elle n'est susceptible, dans son état actuel, dans la plupart
des cas, que de cette seule interprétation. Bien loin d'en forcer
le sens, les variantes que nous avons étudiées doivent prévenir
les erreurs ; elles sont dans la ligne clairement indiquée par le
mot θάρσει, dont il nous reste à rechercher l'origine et retracer
l'histoire.

Revenons un instant aux épisodes néotestamentaires que
nous citions plus haut. Il est intéressant de remarquer qu'à
l'exception du passage de Jean, impropre à la figuration,
ils ont tous été adoptés par l'art chrétien primitif. L'épisode
de Jésus marchant sur les flots et l'épisode connexe de Pierre
allant à sa rencontre sont représentés dans la sculpture[2] ; j'ai
essayé moi-même naguère de prouver qu'il fallait reconnaître
l'épisode du naufrage des Actes sur un fragment conservé au

---

1) Cf. Cumont, *Musée Belge, loc. cit.* et Carcopino, *Revue Archéologique*, XV,
1922, p. 223 sq. Il s'agit ici de la formule οὐκ ἤμην, ἐγενόμην, οὐκ εἰμί, οὐ μέλει μοι,
employée par des disciples d'Hermès Trismégiste, et où « n'être plus » doit s'entendre au sens de « n'être plus de ce monde ».
2) Stuhlfauth, *Die apokryphen Petrusgeschichten in der altchristlichen Kunst*,
Berlin, 1925, p. 9 sq. Cf. Wilpert, *Die Papstgräber und die Cäciliengruft in der
Katakombe des hlg. Kallistus*, Fribourg, 1909, p. 85 sq., pl. VIII, I.

musée du Capitole[1]. Peut-être même, mais ceci est beaucoup
plus problématique — le mauvais état de conservation des
fresques et le caractère assez vague de la figuration ne permettent pas d'en décider avec assurance — l'un et l'autre de
ces thèmes se retrouvent-ils parmi les peintures des catacombes[2]. A défaut de certitude, et étant donné la date relativement tardive des sarcophages en question, qui ne sont pas
antérieurs sans doute au IVe siècle, nous n'insisterons pas pour
le moment sur ce point. Beaucoup plus intéressants pour
nous sont les deux miracles évangéliques de l'hémorroïsse et
du paralytique. L'un et l'autre en effet appartiennent au
répertoire de l'art catacombal. Mieux encore : de tous les
thèmes iconographiques empruntés au Nouveau Testament
ce sont les plus anciens. La guérison du paralytique figure,
avec la résurrection de Lazare, dans la Cappella Greca de la
catacombe de Sainte Priscille, communément datée du milieu
du IIe siècle ; à côté d'une série d'épisodes de l'Ancien Testament ce sont les deux seules figurations évangéliques. Quant à
l'histoire de l'hémorroïsse, on la trouve représentée, à une
date très voisine, dans la catacombe de Prétextat[3].

Nous savons depuis Le Blant que l'art chrétien primitif
doit être interprété, à la lumière d'une liturgie funéraire,
d'origine juive, comme une véritable prière en images[4].
Les épisodes qu'il met en scène sont conçus comme des

---

1) *Mélanges d'archéologie et d'histoire* publiés par l'École française de Rome,
XLV, 1933.

2) Schultze, *Die Katakomben*, Leipzig, 1882, p. 318, interprète comme une
représentation du naufrage des *Actes* une fresque de la chapelle des sacrements
dans la catacombe de Saint-Callixte ; cette opinion est combattue par Wilpert,
Die Malereien der Katakomben Roms, Fribourg, 1903, p. 419 (pl. XXXIX, 2)
qui y voit un symbole de l'Église. Plusieurs auteurs ont reconnu dans une fresque
de la crypte de Lucine une figuration de l'épisode de Pierre marchant sur les
flots ; cf. p. ex. Martigny, *Dictionnaire des Antiquités chrétiennes*, Paris, 1877,
p. 648 ; Garrucci, *Storia dell'arte cristiana*, I, Prato, 1881, p. 203. On y voit plus
généralement, à l'heure actuelle, le baptême du Christ ; cf. Wilpert, *ibid.*, p. 257
et pl. XXIX, 1. L'épisode du lac et le miracle du paralytique sont représentés
côte à côte dans la chapelle chrétienne de Doura.

3) Wilpert, *ibid.*, p. 42 sq., 218 sq. et pl. XX et XXVII. Cf. Wulff, *Altchristliche
Kunst*, Berlin, 1914, p. 70 sq.

4) Le Blant, *Revue Archéologique*, 1879, et *Étude sur les sarcophages chrétiens
de la ville d'Arles*, 1878, introd.

figures de salut : cette miséricorde libératrice que le Seigneur a témoignée à Jonas, à Daniel ou à Lazare, la communauté primitive la sollicite pour ses morts : on supplie Dieu de les délivrer comme il a délivré les saints personnages. Les textes qui illustrent cet usage sont en général assez tardifs ; on a pu cependant, poussant l'enquête commencée par Le Blant, remonter jusqu'à des documents liturgiques plus anciens, qui procèdent directement de ceux qui ont inspiré l'art funéraire[1]. Du reste la pratique de ces prières est attestée tout au début de l'ère chrétienne chez les juifs alexandrins, auxquels les chrétiens les ont empruntées, se contentant d'ajouter peu à peu aux types bibliques consacrés, qui l'emportent encore assez longtemps, des figures évangéliques.

Que Lazare ouvre la série chrétienne, c'est fort naturel : dans une perspective funéraire la résurrection est le miracle type. On saisit moins bien pourquoi l'hémorroïsse et le paralytique ont été choisis de si bonne heure, de préférence à d'autres figures. Du moins, doit-on être frappé du fait que dans le récit des deux miracles qui les guérissent, et de ces deux-là seulement, figure le mot θάρσει. L'on serait même tenté, à première vue, de voir dans cette circonstance la raison du choix : rencontrant dans le texte sacré un mot familier, souvent inscrit sur leurs tombes, bien que païen d'origine, comme l'expression adéquate d'un sentiment chrétien, les fidèles auraient tout naturellement retenu, pour un art de destination également funéraire, les épisodes qu'il illustrait. Mais cette hypothèse commode ne résiste pas à l'examen.

L'on constate en effet, non sans surprise, en comparant entre eux les trois Évangiles synoptiques, que le mot θάρσει ne figure aux épisodes en question que dans la version matthéenne. Il est omis par Marc et par Luc, qui écrivent simplement : « *Tes péchés te sont pardonnés* » et « *ta foi t'a sauvée*[2]. »

---

1) En particulier K. Michel, *Gebet und Bild in frühchristlicher Zeit*, Leipzig, 1902 ; le paralytique et l'hémorroïsse sont mentionnés dans la seconde oraison pseudo-cyprienne, Michel, p. 6.
2) Marc, 2, 5 ; 5, 34 ; Luc, 5, 20 ; 8, 48.

La priorité de Marc, source commune en l'occurrence de
Matthieu et de Luc, étant hors de doute, le mot apparaît
donc chez Matthieu comme une addition d'autant plus
curieuse et plus significative que l'auteur, selon son habitude,
abrège et condense la narration un peu diffuse de Marc :
l'épisode du paralytique en effet, qui chez ce dernier occupe
dix versets, n'en compte que sept chez Matthieu ; pour l'épisode de l'hémorroïsse la compression est plus énergique encore :
il est réduit de dix versets à trois seulement. Il est trop clair,
dans ces conditions, que cette adjonction n'est point fortuite.
Si ce petit mot a été, selon l'expression allemande, « hinein-
gelesen » dans le plus « ecclésiastique » des Evangiles, en
même temps que le plus populaire, soit par l'auteur lui-même,
soit par une plume ultérieure, en tout cas à une date très
ancienne, c'est qu'il possédait déjà dans l'usage chrétien une
valeur très précise ; si on l'a inséré dans ces deux épisodes,
c'est sans doute que dans la pratique le rapprochement était
fait déjà. Je considère donc comme très vraisemblable que ce
θάρσει, que l'Église a non point emprunté au Christ, mais bien
qu'elle lui a prêté, nous apporte à travers le texte évangélique
l'écho d'une liturgie.

De même en effet qu'il répond, dans la bouche du Christ,
à la muette prière du malade, de même a-t-il pu répondre,
dans le rituel funéraire, en une sorte de dialogue, à la prière
d'intercession liturgique. « *Comme tu as délivré le paralytique*,
prient les fidèles au nom du défunt, *ainsi délivre-moi.* —
Courage, répond l'Église au nom du Christ, *ta foi t'a sauvé.* »
Le texte suivant de saint Jean Chrysostome vient confirmer
cette façon de voir. Faisant allusion à la liturgie des funérailles
il déclare : Ἐπεὶ οὖν εὐθυμίας ἐσμὲν πεπληρώμενοι, διὰ τοῦτο
ψάλλομεν ἐπὶ τοῖς νεκροῖς ψαλμοὺς θαρρεῖν ὑπὲρ τῆς τελευτῆς
παρακελευομένους. (*Orat. de Sanctis Bernice et Prosdoce*, Migne,
P. G., L, 2, 634.) Sans doute, le document est relativement tardif. Mais rien n'est plus tenace que les formes liturgiques, et tout invite à croire qu'il s'agit là d'un usage fort
ancien. Même si dans ce texte le θαρρεῖν ne fait plus qu'expri-

mer l'esprit de cette liturgie qui est un appel au courage (ce qui du reste, bien que nous ne sachions pas de quels psaumes il s'agit, n'est point sûr), est-il téméraire de penser qu'il figurait à l'origine dans sa lettre même ? L'ensemble des indices que nous avons analysés, la présence du mot dans les épisodes évangéliques en même temps que sur les tombes, l'utilisation de ces épisodes dans l'iconographie, créent une présomption qui n'est pas éloignée peut-être d'une certitude.

Dans ces conditions, et comme θάρσει ne fait que transposer en langage chrétien une acclamation païenne, souvent isolée et peut-être primitivement indépendante de οὐδεὶς ἀθάνατος, il est très vraisemblable qu'il avait déjà dans le paganisme une valeur et un emploi analogues. Nous savons que la cérémonie des funérailles comportait à Rome un adieu au mort. Mais y a-t-il plus, dans ce « vale » ou ce « have, pia anima » qu'une simple formule, et peut-on y déceler une signification religieuse précise ? Plutôt que vers le paganisme officiel, peu soucieux de l'au-delà, c'est vers les religions de salut qu'il faut diriger les recherches. Un passage de Firmicus Maternus nous apportera, je crois, la réponse. Développant le thème, cher aux apologistes, de l'imitation diabolique des rites chrétiens par les cultes à mystères, l'auteur décrit une cérémonie d'initiation. Les fidèles, réunis dans l'ombre autour d'une civière sur laquelle est déposée une statue du dieu, pleurent sur sa mort ; au milieu de ces lamentations, tout à coup la lumière se fait, et un prêtre, après avoir fait une onction sur la bouche de tous ceux qui pleuraient, leur dit à voix basse et lente *(lento murmure susurrat)* :

> Θαρρεῖτε μύσται τοῦ Θεοῦ σεσωσμένου
> ἔσται γὰρ ἡμῖν ἐκ πόνων σωτηρία.
> (*De errore profanarum religionum*, 22.)

Que ce soient là, en toute précision, les termes exacts du rituel, le fait qu'ils se trouvent cités en grec l'atteste suffisamment. Ils nous font toucher du doigt ce qui est l'essence même des cultes à mystère, la double relation entre le sort du dieu

et celui des fidèles d'une part, entre les rites d'initiation et la
vie future d'autre part : c'est parce que le dieu est sauvé, et
qu'il s'identifie à ce dieu, que le fidèle aura lui aussi la vie
éternelle. Est-il besoin d'indiquer que nous sommes là dans
une perspective déjà chrétienne ? On peut du moins signaler
en passant les analogies qui unissent, jusque dans la lettre,
le θαρρεῖτε, ἔσται ἡμῖν ἐκ πόνων σωτηρία de notre texte et le
θάρσει, ἡ πίστις σου σέσωκέν σε de l'Évangile. Or l'initiation
étant à la fois, dans sa forme, une image de la mort, et dans sa
réalité profonde un remède d'immortalité, il est normal que
ce θάρσει qui en est comme le sceau soit redit au fidèle au
moment où il affronte l'au-delà. De la liturgie d'initiation à la
liturgie funéraire le passage est tout naturel. Il est attesté
par les épitaphes païennes, dont le θάρσει, qu'il soit seul ou
s'accompagne d'une sentence, est comme un rappel de cette
liturgie. Et, comme en tout état de cause le texte recueilli
par Firmicus Maternus remonte sans doute à un passé déjà
lointain (il doit être aussi vieux, sinon que les mystères
eux-mêmes, du moins que les plus anciennes de nos épitaphes), peut-être les hymnes chrétiens dont parle Chrysostome en apportent-ils eux aussi un lointain écho.

Le contexte ne permet malheureusement pas de préciser
avec une entière certitude de quels mystères il s'agit. On a
pensé parfois aux mystères d'Attis. Mais comme le fait
remarquer M. Loisy « ce que l'auteur dit dans notre contexte
sur les membres de pierre qu'on remet en place ne convient
guère au deuil d'Attis et ferait plutôt penser à Osiris[1] » :
présomption d'autant plus vraisemblable que le pin, emblême
d'Attis, invoqué à l'appui de la thèse ici combattue, est
explicitement désigné comme jouant un rôle dans le rituel
isiaque[2]. Elle se trouve confirmée, si l'on admet que les
épitaphes apportent un souvenir de cette liturgie, par le fait
qu'on les rencontre avec une particulière fréquence en

1) Loisy, *Les Mystères païens et le mystère chrétien*, 2ᵉ éd. Paris, 1930, p. 102.
2) Firmicus Maternus, *De errore...*, 27, 1. Cf. Cumont, *Les Religions orientales dans le paganisme romain*, 4ᵉ éd. Paris, 1930, p. 244.

Égypte, et très souvent en rapport avec des figurations
relatives au culte d'Osiris. Lafaye signalait déjà la prédilection manifestée à cette formule par les païens d'Alexandrie[1].
Sur ce point les témoignages archéologiques abondent. C'est
ainsi par exemple que dans une tombe gréco-égyptienne
du IIe siècle après Jésus-Christ figure à côté des images d'Osiris
et d'Isis l'inscription Πτολεμαῖε, ἐνθάδε εὐψύχι, ce qu'il faut
entendre sans doute avec cette nuance : « bien que tu sois
dans la tombe, courage » ; quant aux figures des divinités,
leur rôle est le même que celui des Dioscures sur le sarcophage
que nous signalions tout à l'heure[2]. Il apparaît plus nettement
encore dans une autre tombe de la même époque, où Isis est
représentée étendant son bras protecteur sur un mort momifié
auprès duquel sont inscrits ces mots : Σατόρνια εὐψύχι[3].
Dans d'autres tombeaux également égyptiens on a retrouvé
la formule complète εὐψύχι, οὐδεὶς ἀθάνατος sur des tablettes
accrochées au cou du mort, et au revers desquelles figurait
le dieu psychopompe Anubis[4]. Plus intéressantes encore peut-
être que ces figurations sont les variantes suivantes de la
formule, les plus riches sans doute de signification religieuse :

Εὐψύχει μετὰ τοῦ Ὀσίριδος

Εὐψύχει καὶ δοίη σοι ὁ Ὄσιρις τὸ ψυχρὸν ὕδωρ[5].

Μετὰ τοῦ Ὀσίριδος, c'est-à-dire, auprès d'Osiris, au moment
de comparaître devant lui, mais aussi sans doute, puisque
l'initiation mystique, assimilant le fidèle au dieu, lui assure le
même destin glorieux, en communion avec lui : nous ne sommes
pas très éloignés du παρὰ Χρηστῷ de la formule chrétienne.
De même le *refrigerium* que les chrétiens demandent au
Christ pour leurs défunts procède en droite ligne du ψυχρὸν

---

1) Lafaye, *Histoire du culte des divinités d'Alexandrie*, Paris, 1884, p. 95.
2) *Bulletin de la société archéologique d'Alexandrie*, nouv. série, IV, 15, 1914,
p. 53.
3) *Ibid.*, III, 5, 1912, p. 223.
4) Le Blant, *Revue Archéologique*, 1874, p. 251.
5) I. G., XIV, 1488, 1705, 1782, 2098. Cf. Rohde, *op. cit.*, p. 391, n. 1 et Die-
terich, *Nekyia*, Leipzig, 1893, p. 95 sq. Peut-être a-t-on joué sur les mots ψυχρόν
et εὐψυχεῖν.

ὕδωρ osirien, lui-même dérivé, semble-t-il, d'une très vieille prière égyptienne[1].

Si l'on considère, sur la foi des exemples cités tout au long de cette étude, que θάρσει et εὐψύχει sont équivalents et pratiquement interchangeables, que d'autre part aucune autre divinité qu'Osiris n'est jamais nommée dans notre formule, on admettra comme extrêmement vraisemblable que le texte d'initiation cité par Firmicus Maternus se rapporte en effet au culte d'Osiris : c'est donc bien en Égypte qu'il faut chercher l'origine de la formule.

Aussi bien aucune religion n'a-t-elle, autant que la religion égyptienne, avant même que les mystères d'Osiris se soient nettement constitués comme tels, le souci de l'au-delà et de la vie future. On sait à quel point le christianisme en est dans ce domaine tributaire[2]. Nous n'avons pas à en refaire ici la démonstration ; notre étude ne fait qu'illustrer sur un point particulier cette dépendance. Mais nous saisissons mieux, une fois ce point établi, ce que signifie le ἐκ πόνων σωτηρία de Firmicus Maternus, qui rapproché de notre formule initiale l'éclaire du même coup d'un jour nouveau. Ces peines d'où naît le salut sont celles de la mort, plus précisément celles qui suivent la mort. La mort en effet, selon les conceptions égyptiennes, est le point de départ d'un long et périlleux voyage, qui achemine l'âme, à travers des dangers et des embûches sans nombre, jusqu'à l'épreuve suprême du jugement. Ce voyage est conçu parfois comme une traversée : εὐπλοῖ lit-on parfois sur les inscriptions[3]. Plus souvent c'est un voyage à

---

1) Cf. Maspéro, *Études égyptiennes*, I, Paris, 1881, p. 189 : « *donnez-moi de l'eau courante à boire* » demande une morte. L'inspiration du « *Chant du harpiste* », publié et commenté par Maspéro, psalmodié en Égypte le jour des funéraillese t ou s'associent curieusement une apparence de pessimisme désabusé et la certitude d'une survie, l'attachement à la vie présente et la foi en l'immortalité, est assez voisine de celle de notre formule. Ainsi p. 171 : « Rappelle-toi ce jour où l'on te conduira au pays qui mêle les hommes. On ne peut pas en revenir. » Et p. 165 : « L'anéantissement du tombeau, pourquoi ? — C'est être fait à l'image de celui qui est l'Éternité. Telle est la destruction dont on parle : c'est s'unir aux maîtres de l'Éternité. » La parenté est signalée par Cumont, *Religions orient.*, p. 248.

2) Sur cette question, cf. Cumont, *ibid.*, p. 248.

3) Cabrol, *Dictionnaire d'archéologie chrétienne*, I. Paris 1902, col. 1480.

travers les ténèbres du monde souterrain : ainsi doit-on entendre le καὶ κατὰ γαῖαν θάρσει de certaines épitaphes[1]. Que ces représentations soient familières au christianisme, la liturgie des morts l'atteste aujourd'hui encore : l'Égypte les a transmises à l'Église par l'intermédiaire de la synagogue[2]. Si l'on s'en tient aux documents du christianisme primitif, on peut citer à ce propos le passage suivant de Justin Martyr : « *Quand il* (le Christ) *demande que son âme soit sauvée de l'épée, de la gueule du lion, de la patte du chien* (Ps. 21, 20-22), *c'est une prière pour que pers 'ne ne s'empare de son âme; pour que, quand nous en arriverons à l'issue de la vie, nous demandions les mêmes ʳʰoses à Dieu, qui a le pouvoir de repousser tout impudent ⸱⸱⸱ ʋaⱽs ange et de l'empêcher de prendre notre âme* ». (*Dialo ⱽ ⱽ avec Tryphon*, CV, 3.) Que l'on songe seulement au Livre des Morts, aux descriptions égyptiennes des monstres de ₁ au-delà, et l'on pourra constater que d'une religion à l'autre rien d'essentiel ne s'est sur ce point modifié. Et voici un autre texte encore, qui nous fera toucher du doigt cette continuité. Il s'agit d'un écrit assez tardif, en langue copte, sur la mort de la Vierge. Le Christ annonce à sa mère que le moment est venu pour elle de quitter la terre ; Marie alors s'émeut à la pensée des dangers qui l'attendent sur la route : « *Les puissances des ténèbres, le ver qui ne meurt pas, le dragon de l'abîme, les accusateurs d'Amenti, la rivière de feu sur laquelle s'opère le partage des justes et des méchants...* » Et le Christ lui répond : « *Aie confiance, ô Marie ma mère, tous ces maux je les ferai fuir loin de toi, car ils n'ont sur toi aucune prise*[3]. » On ne saurait, je crois, souhaiter pour notre formule commentaire plus précis et pour notre explication

1) On peut en rapprocher la formule χαίροιτε καὶ εἰν Ἀΐδαο δομοίοισιν, εἰν Ἀιδός περ ἐὼν χαῖρε, de certaines épitaphes grecques, Loch, *op. cit.* Cf. aussi le Psaume 23, 4, qui faisait partie dans l'ancienne Église de la liturgie des morts : « *Même quand je marche dans une vallée d'ombre mortelle je ne crains aucun mal car Tu es avec moi* » ; S. Jean Chrysostome, *in epist. ad Hebr. cap. II, homil. IV*, Migne, PG, 63, 43.
2) Cf. Sal. Reinach, *Revue des études juives*, 1900, p. 173 sq. et *Cultes, Mythes et Religions*, I, Paris, 1904, p. 325.
3) *Coptic apocryphal Gospels*, in *Texts and Studies* publiés par J. Armitage Robinson, Cambridge, 1896, p. 58-59.

témoignage plus probant. Supprimons en effet la mention de la Vierge et du Christ, et le passage s'insère tout naturellement dans un rituel égyptien. Je considère comme certain, d'autre part, que le « confiance » que nous retrouvons ici (be of good cheer, dit la traduction anglaise), correspond exactement, dans le texte copte, au θάρσει des inscriptions et de l'Évangile.

En même temps donc qu'il confirme l'origine de notre formule, ce texte en souligne le sens précis et cohérent. Si la Vierge même peut s'effrayer du terrible passage, combien plus justifiée est l'angoisse du simple fidèle ! Pour Marie, en définitive, il n'y a point eu d'épreuve. Mais Osiris et Hercule l'ont affrontée, et vaincue. Au fidèle chrétien comme à l'initié païen on ne peut que rappeler, sur le seuil de la tombe, que c'est le sort commun ; mais, rappelant du même coup, ou suggérant simplement, que l'éternité bienheureuse est à ce prix, on l'exhorte au courage nécessaire et à la confiance légitime : entre l'acclamation liturgique et le commentaire de la sagesse populaire il n'y a point de discordance.

Notes sur le Sarcophage de S. Maria Antica

Le sarcophage dit de S. Maria Antica compte parmi les exemplaires les plus intéressants qui nous soient parvenus de la sculpture chrétienne primitive. Découvert en 1901 sur le Forum romain, dans la basilique qui lui a donné son nom et où il se trouve encore aujourd'hui, il a été publié la même année par Marucchi dans les *Notizie delle Scavi* et, avec plus de détail, dans le *Nuovo Bullettino d'Archeologia cristiana*[1]. Marucchi l'attribuait, sans aucune raison valable, à la première moitié du ive siècle. Ce que nous savons aujourd'hui des origines et de l'évolution de la sculpture chrétienne permet d'affirmer sans hésitation, sur la foi de ses caractères iconographiques et de son style, qu'il est antérieur au triomphe de l'Église. Il appartient incontestablement au iiie siècle. Encore s'agit-il de le situer avec quelque précision dans les limites de cette période.

Certains auteurs ont prétendu lui assigner une date fort reculée, très voisine du début du siècle, voire même y reconnaître une des premières productions de l'art chrétien. Von Sybel[2] par exemple le place en tête de série, immédiatement après le sarcophage de la Via Salaria[3], que l'on est unanime, tout en discutant de sa date

---

[1] *Nuovo Bullettino*, 1901, p. 206. Cf. Wilpert, *I sarcofagi cristiani antichi*, 1re partie, Rome, 1929, pl. I, 2, et III, 1.

[2] Von Sybel, *Christliche Antike*, II, Marburg, 1909, p. 165 et suiv.

[3] Wilpert, *op. cit.*, pl. I, 1. Cf. *Bullettino d'archeologia cristiana*, 1882, p. 105.

précise, à considérer comme le premier exemplaire connu de sculpture funéraire chrétienne, mis à part peut-être, celui de La Gayolle[1], qui serait soit rigoureusement contemporain, soit même légèrement antérieur. Comparé à ces deux sarcophages, celui de S. Maria s'en rapproche, en effet, par la qualité du style et de la technique comme par le choix, le groupement et la valeur symbolique des figures qui le décorent. Comme, par ailleurs, il contraste, de ce double point de vue, avec tout le reste de la production chrétienne, il est légitime, comme l'a fait Dütschke dans ses *Ravennatische Studien*[2], de considérer ces trois sarcophages, auxquels s'ajoute encore le sarcophage d'enfant de Ravenne[3], comme constituant un groupe cohérent et nettement délimité, une famille, caractéristique de la première période de la sculpture chrétienne.

Mais, dans l'intérieur même de cette famille le sarcophage de S. Maria Antica occupe une place à part. Sans doute on y retrouve en bon rang les figures classiques du premier art chrétien : le bon pasteur et l'orante encadrent, sur le devant, la figure centrale du lecteur assis, tenant dans ses mains le rouleau. Mais, à côté de ces figures, qu'on pourrait appeler paléo-chrétiennes et que notre sarcophage possède en commun avec les trois autres, apparaissent, aux extrémités de la composition, des types nouveaux, qui attestent un degré plus avancé de l'évolution artistique, à savoir : un épisode biblique, celui de Jonas vomi par le monstre, à l'extrémité gauche ; une scène de baptême, qui, figurant sans doute celui du Christ, porte un caractère à la fois narratif et doctrinal ; enfin, un groupe insolite et, sous cette forme du moins, unique dans l'art chrétien, la scène de pêche qui occupe l'extrémité droite du sarcophage. Alors que le type religieusement neutre du lecteur, commun à l'art païen

[1] Wilpert, pl. I, 3. Cf. Le Blant, *Les sarcophages chrétiens de la Gaule*, Paris, 1886, p. 157.

[2] Dütschke, *Ravennatische Studien*, Leipzig, 1909, p. 143 et suiv.

[3] Wilpert, pl. II, 2.

et à l'art chrétien, n'est dans ce dernier qu'une figure d'emprunt, que le pasteur et l'orante ne sont chrétiens en quelque sorte que par convention et destination et qu'il est facile de retrouver les prototypes païens dont ils sont dérivés au prix de quelques modifications, Jonas, d'une part, le Baptiste, de l'autre, sont des figures spécifiquement chrétiennes ; leur apparition, sur le sarcophage de S. Maria Antica, à côté des personnages précédents, imprime à cette œuvre sa caractéristique essentielle : c'est une œuvre de transition. Avec elle, nous passons de l'art paléo ou préchrétien à l'art chrétien proprement dit. On pourrait, à la rigueur, discuter le caractère chrétien des sarcophages de La Gayolle, de la Via Salaria et surtout de Ravenne ; pour celui de S. Maria, aucun doute n'est possible.

Ces considérations invitent à laisser entre les trois sarcophages précédents et ce dernier un certain écart ; d'autant que, du point de vue du style, et par rapport aux deux plus anciens tout au moins, il témoigne d'une décadence relative. L'art en reste fort convenable encore, surtout si on le compare à l'ensemble de la production ultérieure, à quelques exceptions près. Mais il n'a plus déjà l'harmonie et la plénitude encore classique des formes que l'on admire sur les sarcophages de La Gayolle et de la Via Salaria[1]. Comme ces deux derniers, si même ils n'appartiennent pas, comme l'ont pensé la plupart des archéologues, à la fin du IIe siècle, ne sauraient, en tout état de cause, être postérieurs au premier quart du IIIe, date que l'on peut admettre aussi pour le sarcophage de Ravenne, on sera tenté de placer celui de S. Maria vers le milieu du siècle. Car si sa parenté avec les exemplaires précédents ne permet pas de l'éloi-

[1] Le sarcophage de Ravenne, au contraire, est d'une facture nettement inférieure. Si l'on s'en tenait aux seuls critères de style, on serait tenté de le placer après celui de S. Maria Antica. Mais on ne saurait concevoir l'évolution de l'art antique à son déclin comme une courbe uniformément descendante, et le sarcophage de Ravenne est trop mal dégagé des formes païennes pour qu'on puisse ainsi intervertir l'ordre de succession des deux exemplaires.

gner trop, les nouveautés introduites dans sa décoration interdisent
également de réduire l'écart à quelques années seulement. Une rapide étude de la scène de Jonas suggère les mêmes conclusions.

* * *

De toutes les figures de l'Ancien Testament, celle de Jonas est
dans l'art chrétien primitif la plus populaire ; c'est aussi dans la
sculpture, qui la reproduit à d'innombrables exemplaires, la première en date[1]. La raison de ce choix est assez claire. Alors que les
autres figures bibliques, Daniel, Isaac, les trois jeunes Hébreux,
images de salut, ne faisaient qu'illustrer la toute-puissance et la
miséricorde divines, il y avait, en outre, dans l'histoire de Jonas, une
limpide allégorie de la résurrection. Le Christ n'avait-il pas lui-
même, en toute précision, utilisé ce symbole[2]? Prototype du Maître
ressuscité, Jonas devenait ainsi, par un élargissement naturel,
l'image de la résurrection des fidèles. Il est absent, le fait vaut
d'être noté, de l'*Ordo Commendationis ;* mais nous le trouvons dans
l'une des prières pseudo-cypriennes, dont l'art chrétien primitif,
très vraisemblablement, nous apporte l'écho[3]. Il n'y occupe pas,
cependant, en regard des autres personnages de l'Ancienne Alliance,
une situation privilégiée. C'est donc à la parole évangélique qu'il
doit sa fortune dans l'art.

[1] Cf. O. Mitius, *Jonas auf den Denkmälern des christlichen Altertums*,
Leipzig, 1897.

[2] « Cette race méchante et adultère demande un signe, et il ne lui sera
pas donné d'autre signe que celui du prophète Jonas. De même que Jonas
fut trois jours et trois nuits dans le ventre du poisson, ainsi le Fils de
l'Homme sera dans le sein de la terre trois jours et trois nuits » (Matth., XII,
39-40).

[3] Cf. Le Blant, *Revue archéologique*, 1879, et *Étude sur les sarcophages
chrétiens de la ville d'Arles*, 1878, *introd.*, et surtout K. Michel, *Gebet und
Bild in frühchristlicher Zeit*, Leipzig, 1902. Jonas est également mentionné, comme type de la résurrection, dans les *Constitutions apostoliques*, V, 7, 12.

Non pas cependant à elle seule. Une fois donné le thème, il fallait lui trouver une expression satisfaisante, le mettre en forme. Or, les artistes chrétiens, on le sait, se sont montrés généralement peu capables de créer ou d'innover ; ils se sont contentés, chaque fois qu'ils le pouvaient, d'imiter et de transposer. Et voici la seconde raison du succès de Jonas : l'effort à fournir était ici particulièrement mince. Tous les éléments de la composition, une fois fixées les grandes lignes — et elles se dégageaient d'elles-mêmes du récit biblique — étaient donnés dans l'art profane de l'époque ; il suffisait de savoir les trouver, de rassembler ces membres épars, d'opérer un regroupement. Seul de tous les épisodes bibliques illustrés par l'art, celui de Jonas a pu s'épanouir en de vastes compositions, comparables au déroulement des récits mythologiques sur les sarcophages païens, jusqu'à devenir parfois, dans une intention sans doute délibérée de réplique, comme la figuration du mythe chrétien κατ' ἐξοχήν, parce que seul il pouvait se couler dans une forme toute voisine. On a souvent signalé la parenté formelle qui unit le personnage de Jonas couché sous la treille et celui de l'Endymion païen [1]. De même, sous chacun des éléments de la composition se retrouve un prototype à peine déformé. La démonstration nous entraînerait trop loin ; nous la réserverons pour une autre circonstance. Contentons-nous, pour l'instant, d'enregistrer le fait et tirons-en les enseignements qu'il comporte pour notre présente étude.

Plusieurs archéologues, constatant la faveur particulière témoignée par les artistes au type de Jonas, l'importance et l'ampleur des scènes qui illustrent son histoire et la variété de la figuration,

---

[1] Cf., à ce propos, et pour toute l'iconographie de Jonas, Cabrol-Leclercq, *Dictionn. d'archéologie chrétienne et de liturgie*, art. *Jonas*. Les planches relatives au mythe d'Endymion dans Robert, *Die antiken Sarkophag-Reliefs*, Berlin, 1897, t. III, pl. XII-XXV, texte p. 53-111, fournissent des points de comparaison nombreux et précis.

ont eu l'heureuse idée de l'utiliser pour la classification chronologique des œuvres sur lesquelles il figure, c'est-à-dire d'une large part de tous les sarcophages connus. Mgr Wilpert, en particulier, lui a consacré, de ce point de vue, dans son beau *Corpus* des sarcophages chrétiens, une importante étude[1]. Il a malheureusement cédé à un à priorisme qui a souvent faussé les perspectives. Posant en principe que les formes les plus développées du thème, celles qui représentent, en un cycle complet, Jonas jeté à la mer, englouti par le monstre, rejeté par le monstre et enfin se reposant sous la treille, sont les plus anciennes, il conçoit l'évolution ultérieure comme une simplification progressive par voie d'élimination ou de fusion des épisodes. Il est ainsi amené à placer en tête de série l'exemplaire le plus développé que nous ayons de ce thème, le sarcophage 119 du Latran[2], dit encore sarcophage de Jonas, où l'histoire se déroule sur toute la surface décorée ; il prétend même y reconnaître non seulement le prototype de toute la série Jonas, mais l'une des premières productions de la sculpture chrétienne en général, et l'attribue sans hésiter à la fin du IIe siècle. Personne, je suppose, n'a consenti sur ce point à suivre le savant archéologue. A ne considérer même que le seul cycle de Jonas, si ce que nous avons dit touchant ses origines est exact, s'il résulte bien d'une synthèse d'éléments divers, primitivement indépendants et empruntés à plusieurs types de sarcophages païens, on ne saurait placer cet exemplaire en tête de liste : on n'a pas pu atteindre d'un seul coup à une composition aussi complète, aussi équilibrée et, en un sens, aussi parfaite ; il a fallu sans doute pour y arriver bien des tâtonnements ;

---

[1] *Op. cit.*, t. II, Rome, 1932, texte p. 201 et suiv.

[2] Wilpert, pl. IX, 3. Cf. Ficker, *Die altchristlichen Bildwerke im christlichen Museum des Laterans*, Leipzig, 1890, p. 60. La même date a été proposée par Strzygowski, *Kleinasien*, Vienne, 1903, p. 197, et Wittig, *Die altchristlichen Skulpturen des Deutschen Campo Santo*, Rome, 1906, p. 11 et suiv.

bien plutôt qu'un début, c'est un point d'aboutissement qu'elle représente.

Non pas, toutefois, et c'est ici que la théorie de Mgr Wilpert peut, avec quelques retouches, trouver son application, le point d'aboutissement final : mieux vaudrait parler, peut-être, du sommet d'une courbe. Ceux, en effet, qui, à l'encontre de Mgr Wilpert, ont considéré que l'évolution se faisait du simple au complexe, par enrichissement, s'ils ont eu des choses une vue plus exacte, se sont heurtés cependant au même écueil[1] : leur théorie est, comme la précédente, trop absolue, parce que construite dans l'abstrait. Les uns comme les autres ont envisagé le thème de Jonas en lui-même, isolé en quelque sorte de son contexte. Or, s'il a pu parfois se développer de façon envahissante et exclusive sur toute la surface d'un sarcophage, ce n'est là que l'exception. Le plus souvent, il est juxtaposé à d'autres motifs, qui n'ont pas été sans influer sur son propre développement. L'on est condamné à errer fatalement si l'on néglige ce fait et si l'on ne tient pas compte d'un autre élément essentiel, qui est le type du sarcophage. Une même scène peut revêtir, pour de simples raisons d'agencement matériel, des formes extrêmement diverses, selon qu'elle est sculptée sur un sarcophage à strigilles, à frise ou à colonnes, ou sur tel autre type moins répandu. En particulier on ne saurait trop insister, à ce propos, sur l'importance qu'a eue, pour le développement du thème de Jonas, l'introduction au début du IVe siècle du type de sarcophages dit à frises, et avec lui du style qu'on peut appeler narratif, qui multiplie sur un même sarcophage les scènes évangéliques et bibliques. Jonas n'est plus, de ce fait, qu'un personnage entre beaucoup d'autres qui, par surcroît, ont sur lui l'avantage de la nouveauté. C'en est fait de son prestige ; on lui mesure l'espace, on lui retranche des scènes, on rétrécit

---

[1] Ainsi Mitius, premier exégète du thème, *op. cit.*, et après lui Stuhlfauth, *Die apokryphen Petrus Geschichten in der altchristlichen Kunst*, Berlin, 1925, p. 98.

et l'on schématise ; après une montée triomphale et un court apogée, c'est une rapide descente : on peut bien, dès lors, parler de simplification. Le principe formulé par Mgr Wilpert mérite donc d'être
retenu, mais avec cette réserve essentielle : il ne vaut que pour le
IVe siècle ; il ne saurait, par contre, rendre compte de l'évolution
du thème et avec lui de la sculpture chrétienne tout entière, avant
le triomphe.

L'on pourra donc dire, si l'on envisage cette première période de
la sculpture chrétienne et la façon dont elle a conçu le thème de
Jonas, que, d'une manière générale, les formes les plus simples, ou
mieux encore les moins organisées, sont les plus anciennes, et l'on
ajoutera : celles qui sont le moins dégagées des prototypes païens.
Ces principes étant posés, que nous révèle l'examen comparé des
deux sarcophages en question? Le sarcophage 119 du Latran, qui
offre la forme la plus développée du thème, la mieux équilibrée,
mais où apparaissent déjà, comme des éléments étrangers mal intégrés à la composition, des épisodes évangéliques du type sarcophage à frises, doit être placé fort avant dans la seconde moitié du
siècle, aux environs de 280, selon toute vraisemblance[1]. Quant au
sarcophage de S. Maria Antica, une comparaison avec les trois sarcophages signalés plus haut nous a montré déjà qu'il appartenait,
avec un temps de retard, à la même série : il s'intercale, par conséquent, entre ces premiers exemplaires et le sarcophage du Latran.
Le thème de Jonas y apparaît en voie de formation et d'organisa-

---

[1] A la même époque, voire au même atelier, appartient un sarcophage de la collection Ny Carlsberg à Copenhague, Wilpert, pl. LIX, 2,
qui s'apparente très étroitement au sarcophage du Latran, mais dont
toute la surface est consacrée au thème de Jonas, à l'exclusion de toute
autre scène biblique ou évangélique. Certains archéologues ont voulu
placer le sarcophage du Latran au IVe siècle, par ex. Mitius, *op. cit.*,
p. 45, et Stuhlfauth, *op. cit.*, p. 96 ; Becker, *Das Quellwunder des Moses
in der altchristlichen Kunst*, Strasbourg, 1909, p. 72. Je ne saurais, pour
ma part, lui trouver le moindre parallèle dans la production d'après le
triomphe.

tion : les divers éléments en sont imparfaitement coordonnés ; entre
le bateau où Jonas est en prières et la treille sous laquelle il se repose, le monstre n'est figuré qu'une seule fois ; ni la scène du lance-
ment à la mer, ni celle de l'engloutissement ne sont représentées.
D'autre part, la figuration reste tout imprégnée encore de souvenirs païens : au-dessus de Jonas couché, sur la treille qui l'abrite,
paissent les chèvres du berger Endymion, et, à l'extrémité gauche,
un Neptune à trident surveille la scène : mélange de pastorales et
de marines, c'est une formule chère à l'art profane du temps[1]. Près
de la moitié du sarcophage déjà est pour Jonas. La scène essaie de
s'étaler ; elle ne le fait pas encore librement ; mais l'avenir, on le
sent, et un avenir très proche, lui appartient. Si nous plaçons le
sarcophage, en définitive, vers le milieu du siècle, nous aurons
toutes les chances de ne pas nous tromper.

Une fois tirée au clair cette question de chronologie, il reste à
étudier les autres nouveautés du sarcophage et, au premier chef, la
scène de pêche, que complète celle du baptême, et qui l'éclaire.

*   *
*

Elle frappe, nous l'avons dit, par son caractère insolite. De fait,
je ne lui connais point, dans l'art chrétien primitif, de parallèle rigoureux. On trouve parfois dans des œuvres plus tardives, datant
au plus tôt du ive siècle, des figurations, assez rares, du reste, de la
pêche miraculeuse : elles sont généralement caractérisées par la présence d'une barque[2]. D'autre part, on rencontre bien plus fréquemment, et cette fois jusque dans le premier art chrétien, la figure du
pêcheur isolé : assis ou debout sur le rivage, il tire un poisson de
l'eau au moyen d'un hameçon. Son type physique, de même que

---

[1] C'est le type même des sujets de genre. Cf. Cagnat-Chapot, *Manuel
d'archéologie romaine*, Paris, 1916, I, p. 535 et suiv., 660 et suiv.

[2] Ainsi, par exemple, sur un sarcophage de Torres en Sardaigne, Garrucci, *Storia dell'arte cristiana*, t. V, pl. 395, 5.

son attitude, varie : il est tantôt imberbe, tantôt barbu, vêtu parfois d'une tunique, parfois d'un simple pagne, nu-tête ou coiffé d'un chapeau ; mais ces modifications de détail mises à part, la figure garde autant d'uniformité que celle du pasteur, à laquelle, d'ailleurs, elle fait souvent pendant. Le pêcheur figure à trois exemplaires dans les catacombes romaines[1] ; il apparaît également sur le sarcophage de La Gayolle et sur celui de Ravenne, ainsi que sur une dizaine d'autres, presque tous du IIIe siècle : c'est dire qu'il appartient à la première figuration chrétienne. Quant à son symbolisme, qui, sans doute, varie avec le contexte, il semble qu'il ne faille pas le serrer de trop près. La figure doit être interprétée à partir de celle du pasteur, dont elle constitue en quelque sorte une réplique, en vertu de la tendance déjà signalée de l'art du temps, païen comme chrétien, à mettre en parallèle des motifs pastoraux et des thèmes maritimes. Pasteur et pêcheur sont ainsi deux figures synonymes, représentant l'une et l'autre le Christ dans ses fonctions de salut : qu'il ramène sur ses épaules la brebis égarée ou qu'il pêche, selon l'image évangélique, le *pisciculus* dont parle Tertullien[2], le symbolisme reste sensiblement le même. Il est peut-être excessif de vouloir, comme on le fait parfois, préciser davantage et conférer à cette figure une signification baptismale[3]. Pareille interprétation peut même atteindre à l'invraisemblance : je veux parler

---

[1] Un exemple à Sainte-Domitille, deux à Saint-Callixte : Wilpert, *Le pitture delle catacombe romane*, Rome, 1903, I, pl. VII, 1, et XXVII, 2-3.

[2] « Nos pisciculi secundum ἰχθὺν nostrum Jesum Christum in aqua nascimur » (*De bapt.*, I). Sur l'équivalence pêcheur-pasteur, cf. la curieuse litanie conservée dans Clément d'Alexandrie, *Paed.*, III, 12, 115, où le Christ est appelé tour à tour ποιμήν et ἁλιεύς.

[3] Ainsi, par exemple, Wilpert, *op. cit.*, p. 129 et suiv., et Marucchi. D'autres archéologues y ont vu un symbolisme funéraire : Schultze, *Archäologische Studien über altchristliche Monumente*, Vienne, 1880. On a parfois prétendu trouver au pêcheur une signification symbolique jusque dans l'art païen : Eisler, *Orpheus the Fisher*, London, 1921, et *Orphisch-Dionysische Mysteriengedanken in der christlichen Antike*, Leipzig, 1925 ; cf. aussi Dölger, ΙΧΘΥC, 4 vol., 1910-1928.

des cas où le pêcheur est précisément rapproché de la figuration en bonne et due forme d'une scène de baptême. Il s'en trouve deux exemples sur les fresques catacombales : dans la catacombe de Saint-Callixte, le pêcheur est représenté une fois à côté d'une source jaillissante, une autre fois à côté du baptême du Christ. Le même groupement se retrouve parfois sur les sarcophages : ainsi sur celui de la Lungara[1], où le pêcheur, faisant pendant au pasteur, occupe l'extrémité du sarcophage (à strigilles), alors que sur le côté correspondant est figurée une scène de baptême. Il est difficile de supposer que l'artiste ait, par une sorte de pléonasme, d'une part, représenté le baptême en toute précision et clarté et, d'autre part, ajouté à cette première scène une seconde représentation, toute de symbolisme enveloppé, du même thème. Quant au rapprochement des deux motifs, il s'explique sans doute, pour une très large part, par des raisons purement formelles de composition : il crée un groupe cohérent, un tableau de vie maritime.

Ce même groupement se retrouve ici, mais avec la modification signalée : à la place du pêcheur traditionnel, deux pêcheurs ; à la place de l'hameçon, un filet ; au lieu de la pêche, le résultat de la pêche, le tri des poissons. Cette modification d'un type déjà fixé est-elle fortuite ou intentionnelle? Si. elle répond à une intention, quel en est le sens?

Deux explications ont été proposées. Marucchi, sans s'arrêter à la nouveauté de la figuration, y voit une allusion à la parole évangélique : « Vous serez pêcheurs d'hommes. » Elle figure donc la conversion du défunt, « pêché » par la prédication chrétienne ; cette conversion est ensuite scellée par le baptême, et ainsi s'explique la juxtaposition des deux scènes sur le sarcophage. Mais, puisque le groupement était déjà donné et fixé dans l'art chrétien — les fresques de Saint-Callixte sont vraisemblablement de la fin du

[1] Wilpert, *Sarc.*, pl. XIX et LXII, 1.

Sarcophage de S. Maria Antica

IIe siècle et certains détails de style invitent à placer dans la première moitié du IIIe le sarcophage de la Lungara — pourquoi, s'il s'agissait vraiment d'exprimer la conversion du défunt, le sculpteur a-t-il éprouvé le besoin de modifier le type traditionnel? Sans doute on peut toujours compter avec une fantaisie d'artiste. Mais, en l'occurrence, la figure du pêcheur isolé, tirant au bout de son hameçon un poisson unique, exprimait bien mieux que la scène complexe représentée ici le lien particulier et personnel qui, par la conversion, unit le fidèle défunt au Christ sauveur. Il y aurait donc là un malencontreux obscurcissement du symbole. Plutôt que de l'admettre, on doit supposer que si l'artiste a cru devoir s'écarter de la formule habituelle, c'est que l'idée qu'il s'agissait d'exprimer n'était plus tout à fait la même.

C'est peut-être que toute idée était absente, ont suggéré les partisans de la seconde interprétation : ainsi, par exemple, Morey[1] et von Sybel. Ce dernier, en particulier, justement convaincu que la modification correspond à quelque chose et reconnaissant, par ailleurs, dans la figure du pêcheur traditionnel un équivalent de celle du pasteur, refuse, par contre, à la scène de pêche figurée ici toute valeur symbolique : simple tableau de genre, dans la manière alexandrine, selon la tradition pittoresque chère aux artistes païens, et que les chrétiens, à l'occasion, ont recueillie[2].

Cette interprétation ne résiste guère à l'examen. Certes, il ne manque pas dans l'art chrétien de survivances païennes et de scènes de genre. Les meilleurs exemples qu'on en ait sont ces scènes pastorales qu'offrent en abondance, vers la fin du IIIe siècle, les sarcophages païens et chrétiens — ceux-ci indépendamment, le plus souvent, de la figure du bon pasteur, qui déjà rentre dans l'ombre — si peu différenciées souvent du point de vue religieux qu'il est parfois difficile de les attribuer avec certitude à l'Église ou aux Gen-

---

[1] *Supplem. papers of the American School in Rome*, 1905, p. 148 et suiv.
[2] *Op. cit.*, II, p. 95.

tils [1]. Mais le cas ici n'est pas du tout le même. Dans une composition où chaque figure revêt une signification, où s'ajoute au symbolisme diffus de l'orante, du pasteur, du lecteur, la précision des scènes de Jonas et du baptême, comment faire exception pour cette seule scène de pêche qui, elle aussi, représente une nouveauté? Alors que les figures se pressent, comme si l'artiste manquait de place pour tout dire, comment aurait-il pu se permettre, sur une large surface, de la pure fantaisie décorative? Qu'il se soit inspiré, pour créer ce groupe unique, de quelque chose qui, dans l'art païen, n'était qu'une scène de genre, c'est possible et assez vraisemblable. Mais s'il est allé chercher au dehors ce que la tradition artistique chrétienne lui offrait déjà sous une forme un peu différente, c'est sans doute que la modification était essentielle et qu'il importait de trouver une forme adéquate pour traduire une pensée précise. L'explication de von Sybel, encore qu'elle s'accorde mal avec les caractères de l'œuvre, serait à la rigueur admissible dans la perspective chronologique de l'auteur qui, nous l'avons vu, place le sarcophage presque en tête de toute la sculpture chrétienne ; elle est insoutenable si, comme nous le pensons, notre sarcophage clôt déjà une période de l'art chrétien et en amorce une autre. La présence de cette scène de pêche sur le sarcophage ne se comprend, en effet, que par rapport à une évolution proprement chrétienne, dont elle marque déjà la troisième étape.

Voici, en effet, comment les choses se présentent. Au stade primitif, représenté en l'occurrence par le sarcophage de La Gayolle et par plusieurs sarcophages à strigilles, le pêcheur est conçu comme une simple réplique et un équivalent du pasteur, avec lequel il est figuré en parallélisme. Tantôt les deux figures sont séparées et se font pendant aux deux bouts du sarcophage : c'est le schéma habi-

---

[1] Sur les pastorales dans la sculpture chrétienne, cf., en particulier, Grousset, *Étude sur l'histoire des sarcophages chrétiens*, Paris, 1885.

tuel des sarcophages à strigilles [1] ; c'est également la disposition
que présente le sarcophage de La Gayolle. Mais ici, pour mieux
marquer que ces deux motifs complémentaires doivent être interprétés en corrélation, l'auteur s'est servi, comme d'un trait d'union,
du troupeau de brebis : au lieu de le grouper tout entier aux pieds
du berger, il l'a réparti par moitié entre les deux figures. — Tantôt,
au contraire, et c'est une variante de ce premier type, représentée
par le sarcophage de Ravenne, pêcheur et pasteur sont rapprochés
et juxtaposés : le goût de la symétrie cède alors à celui de la cohérence, la dissociation fait place à une concentration. Mieux encore
que dans la formule précédente se reconnaît ici cette association
étroite de thèmes pastoraux et maritimes, dont j'ai signalé plus
haut la fréquence dans l'art païen de l'époque. Elle était, dans le cas
présent particulièrement difficile à réaliser : la forme quadrangulaire du sarcophage obligeait à raccorder à angle droit le pasteur,
figuré sur le devant, et le pêcheur, relégué sur le côté. Comment
l'auteur a-t-il résolu le problème ? Il a prolongé sur le devant le
ruisseau dans lequel le pêcheur jette l'hameçon et y a fait boire une
brebis. En outre, il a adjoint au pasteur traditionnel un second berger, qui, installé sur l'angle même, sert de pivot à l'ensemble : alors
que son corps fait face au pêcheur, il retourne délibérément la tête
vers l'autre pasteur.

Un second stade est marqué par l'apparition d'un nouveau groupement qui, pour de simples raisons de convenance formelle, parce
qu'ils sont baignés, si l'on peut dire, de la même atmosphère hu-
mide, rapproche autour de leur commun élément, l'eau, le motif
de la pêche et une scène de baptême. Le groupement primitif pas-
teur-pêcheur n'est pas, pour autant, nécessairement détruit. S'il
est absent des fresques de Saint-Callixte, il subsiste, par contre, sur
le sarcophage de la Lungara, qui réunit les deux combinaisons :

---

[1] Par exemple, Wilpert, pl. IV, 2 ; VII, 1-3 ; X, 4-5.

pasteur et pêcheur se correspondent sur le devant du sarcophage, aux deux extrémités ; mais en même temps chacun d'eux devient en quelque sorte le point d'appui d'un ensemble : le pasteur réunit près de lui toutes les brebis dont l'ample troupeau, étagé sur trois rangs, occupe tout le côté correspondant ; au pêcheur s'adjoint, également sur le côté, la scène de baptême. Opposition symétrique entre les groupes, cohérence et unité à l'intérieur de chacun d'eux, telle est la formule de ce type de composition, qui combine ainsi les deux variantes du précédent.

Au troisième stade, représenté par notre sarcophage, le pasteur subsiste en bonne place ; mais le parallélisme se dissout, du fait que le pêcheur est remplacé par une scène de pêche à deux personnages, du fait aussi que la scène de baptême, qui, sur le sarcophage de la Lungara, était encore reléguée sur le côté, vient ici s'intercaler entre les deux motifs et les dissocie. C'est la scène de pêche qui, du coup, se trouve rejetée à l'extrémité. Comme le sarcophage n'est pas rectangulaire, mais a la forme d'une cuve ovale, l'inconvénient de cette disposition n'est point très grave : pêche et baptême se raccordent de façon satisfaisante et offrent un groupement cohérent. Le sculpteur a néanmoins cru bon d'en souligner l'unité par un détail de la figuration : l'un des pêcheurs détourne la tête de son travail vers le Baptiste, comme pour affirmer que leurs deux figures sont complémentaires. Nous retrouvons ainsi, adapté à la même fin, le même geste que sur le sarcophage de Ravenne : si l'on considère tout ce que ces deux œuvres ont par ailleurs en commun, on pourra penser que la similitude de ce détail n'est pas purement fortuite, et l'on sera tenté de l'interpréter comme l'indice d'une filiation qui nous apparaîtra plus clairement encore par la suite. — Mais en même temps, par suite de la complexité croissante de la composition, et pour ainsi dire à la place du diptyque primitif pêcheur-pasteur, un nouveau parallélisme s'introduit, aux deux extrémités du sarcophage, entre cet ensemble pêche-baptême, d'une part, le groupe de scènes relatives à l'histoire de Jonas, d'autre part. Du même coup s'affirme avec une netteté accrue la tendance à l'unité de composition, puisque la vieille opposition entre éléments pastoraux et motifs maritimes laisse la place à un ensemble marin, où les thèmes pastoraux font désormais figure de survivances ou de hors-d'œuvre. Et non pas seulement les thèmes pastoraux, mais aussi, et à plus forte raison, les autres figures du répertoire primitif, orante et lecteur. Isolées au milieu du sarcophage, elles détonent dans un cadre qui, visiblement, n'est pas fait pour elles, pas plus qu'elles ne sont faites pour lui. Leur vraie place est sur les sarcophages à strigilles, dont la sèche sobriété s'accommode fort bien de ces formes isolées et dressées : de fait, elles constituent, dans cette classe, le fonds essentiel du répertoire iconographique. Dans la catégorie que représente notre sarcophage et qui, de la simple juxtaposition, s'achemine vers l'unité d'un ensemble composé, elles ne sont plus qu'un obstacle.

Ce n'est pas, notons-le, l'apparition de Jonas qui a suscité, à la place du pêcheur traditionnel, la scène de pêche ; les deux motifs se sont bien plutôt développés parallèlement, dans le sens d'une précision croissante. Car les éléments et le schéma de cette nouvelle composition étaient donnés déjà, le fait est important, dans le type de sarcophage représenté par celui de Ravenne, dont les côtés sont décorés respectivement d'un pêcheur à la ligne et d'un génie ramant dans une barque : reproduction pure et simple, du reste, d'une disposition qu'on retrouve sur des sarcophages païens[1]. Du point de vue formel, la filiation est ainsi parfaitement claire entre les deux sarcophages de Ravenne et de S. Maria Antica : la barque légèrement transformée devient le navire de Jonas, point d'appui

---

[1] Par exemple, sur un sarcophage, encore inédit, du Musée des Thermes (grand cloître), sur lequel est représenté, selon un type connu, le voyage de Psyché vers l'au-delà. Sur les côtés figurent, à peu près identiques et dans la même position, le pêcheur et le génie à barque du sarcophage de Ravenne.

de toute la figuration relative à ce personnage, tandis que le pêcheur donne naissance à la scène de pêche. Que par un nouveau
progrès le sens de la composition et de l'unité s'affirme plus vigoureusement encore, qu'on supprime tout ce qui ne représente plus
désormais qu'une survivance gênante à la fois pour l'unité formelle de la composition et pour sa signification profonde, pasteur,
orante, lecteur surtout, qu'on donne par le fait même aux deux
éléments stables que constituent le thème de Jonas et la scène de
pêche la place de s'épanouir, et nous arriverons ainsi — c'est le
quatrième et dernier stade de l'évolution de ce type de sarcophage
— à la grande composition du sarcophage 119 du Latran[1]. Ce dernier n'est rien de plus en effet, dans ses lignes essentielles, que le
libre développement des deux éléments précités, Jonas et pêche,
qui peuvent désormais s'étaler des extrémités vers le centre et se
rejoindre en une grande fresque marine, allégorie de la résurrection,
dont la figure deux fois répétée du monstre constitue le pivot et
l'armature. Mais nous sommes revenus du même coup, pour la
figuration de la scène de pêche, au type traditionnel du pêcheur à
la ligne, assisté cette fois-ci, puisque la place le permet, de plusieurs acolytes, mais identique à celui que nous avons rencontré
tout au début de l'art chrétien : tant sont tenaces les types consacrés. L'exception unique représentée par la scène de S. Maria Antica, qui vient rompre la continuité d'une tradition iconographique
solidement fixée, n'en apparaît que plus curieuse. C'en est assez, je
pense, pour faire rejeter l'hypothèse d'un remplissage décoratif.
Bien plutôt faut-il croire à un degré plus poussé de précision symbolique. Et voici peut-être la solution.

Au chapitre XIII de l'évangile selon saint Matthieu, tout entier

---

[1] Le pasteur subsiste ici, mais minuscule et dépouillé de ses attributs
habituels : ce n'est plus le Bon Pasteur, mais simplement, comme sur les
sarcophages à pastorales de cette fin de siècle, un berger.

occupé par des paraboles sur le Royaume, nous lisons ces lignes :
« Le Royaume des Cieux est encore semblable à un filet jeté dans la
mer et ramassant des poissons de toute espèce. Quand il est rempli,
les pêcheurs le tirent, et, après s'être assis sur le rivage, ils mettent
dans des vases ce qui est bon et ils jettent ce qui est mauvais. Il
en sera de même à la fin du monde : les anges viendront séparer les
méchants d'avec les bons et ils les jetteront dans la fournaise ardente, et il y aura des pleurs et des grincements de dents » (Matth.,
XIII, 47-50). Que ce texte soit à l'origine de notre figuration, le fait
me paraît presque certain. Le parallélisme est frappant : le filet,
qui est l'élément essentiel, la pluralité des pêcheurs, leur attitude,
tout cela se retrouve sur le marbre du sarcophage. Ce n'est plus,
comme à l'ordinaire, la personne du pêcheur qui importe, c'est l'action symbolique : la modification vient de là. Ne nous étonnons pas
qu'un texte aussi précis et aussi particulier ait été retenu par l'art
chrétien. Il n'aurait pas sans doute suffi à créer un type iconographique ; il a parfaitement suffi à le modifier. Deux raisons le signalaient au choix des artistes : le sens eschatologique de la parabole,
en parfait accord avec les préoccupations des premiers chrétiens,
telles qu'elles s'expriment dans l'art funéraire, et, d'autre part, en
ce qui concerne la forme, le caractère maritime, simple et concret,
de l'épisode. Comme tel il pouvait être coulé, sans le moindre
effort, dans un moule tout prêt, emprunté à l'art profane. Il n'en
fallait pas plus pour faire le succès de ces versets.

Il est intéressant à ce propos — et la comparaison fournit du
même coup une vérification — de rapprocher de notre sarcophage
une autre œuvre, de date légèrement postérieure sans doute, où se
trouve représenté un autre texte évangélique de caractère tout-à-
fait analogue. Il s'agit d'un couvercle de sarcophage (dit sarcophage Stroganoff)[1]. Au milieu est figuré le Christ ; de part et

[1] Wilpert, pl. LXXXIII, 1.

d'autre s'aligne un petit troupeau, brebis à droite, boucs à gauche. Le Christ n'est plus le doux berger d'autrefois. Aucun de ses anciens attributs ne lui est resté : il ne ramène plus sur ses épaules la brebis égarée ; il porte non plus la tunique pastorale, non pas même le pallium cher aux chrétiens, mais la toge : c'est un magistrat dans l'exercice de ses fonctions, l'inflexible justicier ; un faisceau de *volumina* est à ses pieds : le livre redoutable du jugement ; tandis que sa main droite accueille les brebis avec des caresses, la gauche, en un geste de malédiction, repousse les boucs qui reculent effrayés. On reconnaît sans peine la parabole fameuse[1] : eschatologique dans son sens, pastorale dans sa forme, c'est à ce double titre qu'elle a été retenue : le parallélisme avec notre scène de pêche est frappant. De même que pêcheur et pasteur — qui, au terme de l'évolution du type, aboutit de curieuse façon au Juge implacable — étaient, dans le premier art chrétien, des figures équivalentes, de même, sur ces deux sarcophages, scène pastorale et scène de pêche se retrouvent rigoureusement synonymes.

Si cette interprétation est la bonne, on comprend du même coup le lien exact et précis qui unit la scène de pêche et la scène baptismale : le baptême — et la vie chrétienne dont il est le prélude, symbolisée peut-être par le lecteur — est pour le défunt le gage qu'au jour du jugement il sera reconnu pour un bon poisson. Il n'est pas interdit de supposer que le mouvement de tête du pêcheur, en même temps qu'il souligne l'unité formelle des deux groupes, est aussi celui de l'ange justicier qui s'enquiert. L'on saisit en même

---

[1] « Lorsque le Fils de l'Homme viendra dans sa gloire, il s'assiéra sur le trône de sa gloire. Et toutes les nations étant rassemblées devant lui, il séparera les uns d'avec les autres, comme le pasteur sépare les brebis d'avec les boucs. Et il mettra les brebis à sa droite et les boucs à sa gauche. Et il dira aux uns : venez, les bénis de mon Père, prenez possession du royaume qui vous a été préparé ; s'adressant ensuite à ceux de gauche, il dira : retirez-vous de moi, maudits, allez au feu éternel » (Matth., xxv, 31-34).

temps le rapport profond entre la scène de pêche et l'épisode de
Jonas, image de la résurrection, et de l'immortalité bienheureuse
où les justes ont accès après le jugement. Enfin, on comprend
mieux également, dans cette perspective, la signification de ce décor d'arbres qui encadre la figuration et qui se retrouve, identique-
ment traité, sur les quatre sarcophages du groupe : il représente le
paradis des bienheureux. Le choix des lauriers n'est certes pas fortuit : « odoratum lauri nemus » ; ainsi déjà, dans une douce atmosphère virgilienne, sont figurés, sur de nombreux sarcophages païens
du IIe et du IIIe siècle, les Champs élyséens[1]. Nouvelle preuve de
'antiquité du sarcophage et de la série tout entière, dont se révèle,
sur ce point aussi, la réelle cohésion.

* *
*

Je définissais le sarcophage de S. Maria Antica, au début de cette
rapide étude, comme une œuvre de transition : c'est ce caractère
qu'il convient de souligner encore en terminant. Par les figures
traditionnelles qu'il conserve, il s'apparente directement aux créations initiales et à l'ample classe des sarcophages à strigilles, dont il
reproduit les principaux thèmes iconographiques et, dans sa partie centrale, le type de composition juxtaposée et symétrique.
Mais, par les modifications qu'il apporte à d'anciens thèmes, par les
nouveautés qu'il introduit aux extrémités, il amorce une série nouvelle : le centre de sa décoration, pourrait-on dire, appartient au
passé, les côtés représentent l'avenir. Du point de vue du sens, ils
inaugurent, après l'allégorie lâche des premières figurations, le
symbolisme biblique et, de façon plus précise, le cycle de la parabole, auquel succédera, à l'orée du IVe siècle, celui des miracles.
Pour ce qui est de la forme, ils représentent le premier essai d'une
composition plus serrée et continue qui, calquée sur les sarcophages

---

[1] Dütschke, *op. cit.*, p. 136.

mythologiques païens, culminera, de façon d'ailleurs éphémère, dans la production du IIIe siècle finissant. De cette production, le sarcophage de S. Maria Antica annonce à la fois les deux directions principales et parallèles : pasteur, troupeau, et aussi figure couchée de Jonas-Endymion, voilà les motifs essentiels des compositions pastorales ; thème de la pêche, épisodes de la légende biblique, ce sont les éléments fondamentaux des sarcophages marins du cycle de Jonas. Ainsi tous les aspects de la première sculpture chrétienne apparaissent comme en raccourci ou en germe sur cet exemplaire si curieusement composite. Pour qui tente de suivre et de retracer l'évolution de cet art d'avant le triomphe, il n'est pas de jalon plus important ni de plus suggestif point de repère.

Sur deux hérésies juives mentionnées par Justin Martyr

Au chapitre 80, 4, du *Dialogue avec Tryphon* de Justin Martyr, figure une liste de sept hérésies juives ainsi libellée : « Un bon juge ne reconnaîtra pas pour Juifs des Sadducéens, ou ces hérésies similaires des Génistes et des Méristes, des Galiléens, des Helleniens, des Pharisiens et des Baptistes ». C'est le premier en date de toute une série de textes du même type, conservés par Hégésippe, S. Ephrem, Epiphane, *les Constitutions Apostoliques* et enfin Isidore de Séville (1). Ces listes ne coïncident entre elles, et avec celle de Justin, que partiellement; elles se différencient à la fois par le nom de certaines hérésies, et par leur nombre : sept, six ou huit selon le cas.

Il est clair qu'aucune d'elles n'épuise la réalité complexe de l'hétérodoxie judaïque. Leurs divergences même l'attestent. Le chiffre sept, retenu par plusieurs des auteurs, et en particulier par Justin, suffirait à justifier les doutes, même si nous n'étions renseignés sur le fourmillement des sectes juives au début de l'ère chrétienne. On s'étonnera par ailleurs de voir figurer au rang de vulgaires hérétiques les Pharisiens, représentants autorisés de la stricte orthodoxie (2). En fait il semble bien que les auteurs chrétiens aient confondu sous une même appellation, à leurs yeux péjorative, deux choses assez différentes : des hérésies, au sens théologique qui nous est familier, et des αἱρέσεις au sens où l'entend encore Josèphe lorsqu'il applique le mot aux grandes tendances, Pharisiens, Sadducéens, Esséniens et Zélotes, qui se partagent de son temps le judaïsme *(Ant. jud.* XIII, 5, 9). Cette équivoque a amené Justin à une curieuse contradiction : il commence par refuser aux Pharisiens la qualité même de Juifs; puis mettant plus loin son interlocuteur en garde contre leur enseignement, il reconnaît en eux ce qu'ils sont en réalité : « Les didascales pharisiens... les chefs des synagogues » (137, 2) (3).

_____

(1) On trouvera les textes dans l'édition Archambault du dialogue (dont nous citons la traduction), Paris, 1909, t. II, p. 34 ss. Voir aussi Harnack, *Judentum und Judenchristentum in Justins Dialog mit Trypho* (T. U. 39, 1), Leipzig, 1913, p. 57 ss.

(2) Harnack, *loc cit.*, pense que les Pharisiens ont été introduits par un copiste désireux d'arriver à sept hérésies. Mais alors pourquoi figurent-ils sur toutes les autres listes?

(3) Il est curieux de noter qu'Hégésippe, à la différence de Justin, et d'Eusèbe même qui le cite (H. E. IV, 22, 7), parle non pas

Il y a donc lieu d'accueillir avec quelques réserves l'hypothèse de Bousset (4), qui suppose à l'origine de ces textes une liste du même type, établie par les Juifs. Il est douteux qu'un catalogue de ce genre, même rédigé en dehors de toute préoccupation d'orthodoxie — ce qui est en soi peu vraisemblable à l'époque — ait jamais réuni en paisible voisinage, sur un pied d'apparente égalité, les gens de la Loi et des sectaires authentiques et exécrés, tels que les Samaritains par exemple. On admettra plus volontiers que les listes chrétiennes ont puisé, de façon arbitraire et plus ou moins intelligente, à plusieurs sources juives, écrites ou simplement orales, et qui n'avaient pas toutes pour objet de dénoncer des hérésies. Cette hypothèse rendrait mieux compte des divergences qui séparent nos textes, et que Bousset n'a pas réussi à réduire entièrement.

⁂

De la liste de Justin, qui seule doit nous retenir, cinq termes sont les uns parfaitement clairs, les autres élucidés avec une suffisante vraisemblance. Les deux derniers par contre, Génistes et Méristes, ont longtemps résisté à tout essai d'explication. A l'exception d'Isidore de Séville, qui les doit sans doute à Justin, aucune des autres listes ne les reproduit.

Ils frappent dès l'abord par la similitude de leurs terminaisons: on les dirait calqués l'un sur l'autre. Comme le mot μεριστής est attesté une fois dans le Nouveau Testament, tandis que l'autre ne figure rigoureusement que dans ces deux listes, on est tenté d'admettre que le premier a servi de modèle pour la formation analogique du second.

Celui-ci est naturellement dérivé de γένος : il a, par opposition à l'adjectif γενικός, valeur exclusive de substantif: les Génistes sont donc les gens d'un γένος : « Genistae dicti, explique Isidore de Séville, eo quod de *genere* Abrahae esse se gloriantur » *(Etymol. lib.* VIII, 4); et parmi les commentateurs modernes, Graetz propose de reconnaître en eux « Judenchristen die nur nach der Abstammung (γένος) Juden waren » *(Geschichte der Juden,* IV, 90). Il n'y a rien là de vraiment satisfaisant: car se glorifier d'être fils d'Abraham n'a jamais suffi en Israël à différencier des sectaires; et d'autre part, le nom d'une secte — quand il n'est pas formé sur celui de son fondateur — exprime généralement ce qu'elle a d'essentiel et de plus original, et non pas une qualité secondaire et accidentelle. Il faut donc chercher ailleurs.

d'αἱρέσεις, mais de γνῶμαι διάφοροι. Il semble donc avoir senti l'équivoque.

(4) *Noch einmal « der vorchristliche Jesus »,* in **Theologische Rundschau,** XIV, 1911, p. 378 ss.

On sait que le mot γένος est d'usage courant dans les Septante pour rendre le mot hébreu מִין : ainsi en *Gen.* I, 11 (cf. 12, 21, 24, 25) לְמִינוֹ est traduit par κατὰ γένος. Mais le mot מִין a connu d'autre part, dans les écrits talmudiques, une rare fortune: il y désigne des hérétiques, gnostiques ou judéochrétiens, particulièrement dangereux et à ce titre particulièrement détestés des rabbins (5). Le même mot s'est ainsi trouvé désigner à la fois l'espèce — entendons avec les rabbins la mauvaise espèce — et aussi l'individu appartenant à cette espèce. On a souvent signalé l'analogie avec le mot גּוֹי qui, signifiant d'abord peuple au sens le plus général, réservé ensuite pour les peuples païens, désignait aussi les « Gentils » considérés individuellement. Dans un cas comme dans l'autre le sens individuel, d'abord limité, semble-t-il, au pluriel — *minim, goyim,* les gens d'un *min* ou d'un *goy* — a fini par prévaloir de façon exclusive même au singulier. Le grec, plus souple et plus riche de formes que l'hébreu, ne pouvait s'accommoder de cette ambiguïté. Il avait de quoi distinguer par deux formes différentes les deux idées: c'est à cette préoccupation que répond sans doute la création, à côté de γένος, du terme γενιστής.

Nous croyions cette explication nouvelle — et le présent travail était rédigé déjà — lorsque M. Cullmann l'a trouvée formulée dans E. Hennecke, *Neutestamentliche Apokryphen,* 2ᵉ éd., Tübingen, 1924, p. 24 *, note 5. Sans doute, reléguée ainsi au bas d'une page d'introduction, en deux lignes de notes, est-elle passée inaperçue de plus d'un lecteur: on nous pardonnera donc de la maintenir ici sous une forme plus développée. Elle n'a plus le mérite de l'inédit. Elle garde du moins, renforcé par cette rencontre, celui de la vraisemblance. Il n'est pas indifférent que deux chercheurs y soient arrivés par des voies entièrement distinctes: les Génistes de Justin sont donc, très probablement, les *Minim* du Talmud.

✳

Le mot μεριστής figure en Luc, XII, 14, où il est mis dans la bouche du Christ: τίς με κατέστησεν κριτὴν ἢ μεριστὴν ἐφ' ὑμᾶς. Le sens et la formation en sont également clairs: il a valeur de substantif et est dérivé, de façon très correcte, de μέρος et μερίζειν. Il désigne celui qui partage ou départage, c'est-à-dire en l'occurence l'arbitre. « Qui m'a établi juge ou arbitre entre vous? » Transposé comme nom de secte, quel peut en être le

(5) Cf. en particulier W. Bacher, *le mot minim dans le Talmud désigne-t-il quelquefois des chrétiens?* in *Revue des Etudes Juives,* 38, 1899, p. 38 ss.

sens? Plusieurs réponses ont été proposées. D'après Isidore de Séville, les sectaires en question sont dits Méristes « eo quod separant scripturas, non credentes omnibus prophetis... » (loc. cit.) : l'explication est ingénieuse ; elle ne s'impose pas. Il en va de même pour celle qu'apporte Bousset (6). Il y voit l'équivalent des Nasaréens d'Epiphane, qu'il rattache étymologiquement à נזר : Les Méristes seraient donc — le sens réfléchi s'étant substitué au sens actif — ceux qui se séparent. On a pensé, par une étymologie du même genre, aux Pharisiens (פרש). Mais cette explication se heurte au fait que les Pharisiens sont déjà cités sur la liste sous leur nom habituel : un des deux termes serait donc de trop. Peut-être est-ce à Justin lui-même qu'il convient de demander la vraie solution.

Le chapitre 128 du dialogue est consacré tout entier à une discussion sur le Christ préexistant, manifesté dans la Bible, et sur la doctrine du Logos. Justin y réfute d'abord ceux qui disent « qu'on ne peut ni couper ni séparer cette Puissance du Père, pas plus qu'on ne peut couper et séparer la lumière du soleil sur la terre du soleil qui est dans le ciel. De même le Père peut, lorsqu'il le veut, disent-ils, projeter sa Puissance et lorsqu'il le veut la ramener en lui-même. » Il s'agit là, soit de chrétiens à tendances antihypostatiques et monarchianistes, soit encore de Juifs du type philonien : l'image du soleil et de ses rayons est en effet explicitement appliquée par Philon au Logos (7). Puis, passant à la partie positive de sa démonstration, Justin résume la théorie orthodoxe : « Cette Puissance a été engendrée du Père par sa puissance et sa volonté, mais non point par amputation, comme si l'ousie du Père avait été divisée (ὡς ἀπομεριζομένης τῆς τοῦ πατρὸς οὐσίας) comme toutes les autres choses qui, lorsqu'elles sont partagées et coupées (μεριζόμενα καὶ τεμνόμενα) ne sont plus les mêmes qu'avant d'être coupées » (128, 4). Justin visiblement ne se contente pas ici de prévenir un contre-sens possible, ou une objection : il songe à d'autres adversaires qui, par rapport aux monarchianistes d'abord visés, se situent de l'autre côté de la *via media* orthodoxe : en insistant plus qu'il ne convient, sur la substantialité et l'autonomie de cet ἄλλος θεός, ils scindent l'essence divine et, considérée dans la personne du Père, la diminuent. Et voilà probablement les μερισταί de notre liste : l'emploi répété, et très caractéristique, de μερίζειν ne laisse guère de doute sur ce point. Il y a donc lieu de voir en eux des Juifs hellénisés, à tendances nettement gnostiques, engagés fort avant sur la voie du dualisme. On sait combien le monothéisme talmudique se préoccupe de cet « autre dieu », que les rabbins s'efforcent d'exorciser à

---

(6) *Op. cit.* p. 380, n° 1.
(7) *De somniis*, I, 13.

grand renfort de dialectique et de textes (8). On ne sera pas surpris, en conséquence, qu'une secte particulière ait pu être désignée du terme, sans doute péjoratif, de « morceleurs ».

⁂

On aimerait, si cette identification est fondée, préciser la différence entre Génistes et Méristes. La tâche n'est pas des plus aisées: car c'est précisément le fait de rompre l'unité divine qui constitue dans le Talmud le crime essentiel des *Minim*. Aussi bien ne faut-il pas prêter à Justin un souci trop poussé de la précision. Il est très possible que l'un des termes ait entraîné l'autre pour des raisons de simple parallélisme, et pour arriver au fatidique chiffre sept. Il ne semble pas cependant qu'ils se recouvrent exactement et fassent double emploi: on admettra plus volontiers que dans la grande famille des *Minim* ou Génistes les Méristes représentent une variété particulière, assez importante pour mériter une appellation distincte. En tout état de cause, la présence de ces deux termes dans la liste est significative. On peut en particulier inférer de l'usage fait par Justin du mot γενισταί que celui de *Minim* désignait à l'époque des gnostiques juifs et ne s'appliquait pas encore, du moins pas de façon exclusive, comme il le fera plus tard, à des chrétiens (9).

---

(8) On en trouvera de nombreux exemples, traduits et commentés, dans Travers Herford, *Christianity in Talmud and Midrash*, Londres, 1903, passim.

(9) Cf. sur ce point, en plus de Travers Herford, *op. cit.*, M. Friedländer, *der vorchristliche jüdische Gnostizismus*, Göttingen, 1898, et O. Cullmann, *le problème littéraire et historique du roman pseudo-clémentin*, Paris, 1930, p. 174.

Sur l'origine des sarcophages chrétiens du type Béthesda

Les sarcophages du type Béthesda constituent, parmi la sculpture chrétienne antique, un groupe restreint, mais d'une cohésion et d'une unité remarquables. Nous n'en connaissons à l'heure actuelle que deux exemplaires complets : l'un figure au musée du Latran, sous le n° 125 ; l'autre est depuis fort longtemps encastré dans la façade de la cathédrale de Tarragone[1]. Un troisième exemplaire, aujourd'hui disparu, existait encore à Arles du temps de Peiresc, qui en a laissé une description précise[2]. L'identité presque parfaite de ces trois sarcophages, le fait aussi que leurs caractères iconographiques très particuliers ne se retrouvent à peu près jamais sur d'autres types ont permis à Mgr Wilpert de restituer, dans des conditions de très grande vraisemblance, à l'aide de fragments conservés en divers lieux, plusieurs autres exemplaires de la série : quatre en Provence et dans la vallée du Rhône, un à Clermont-Ferrand, un au musée d'Alger[3] ; il a pu enfin, avec sa maîtrise coutumière, reconstituer presque entièrement un nouvel exemplaire romain, en regroupant une trentaine de fragments trouvés dans la catacombe de Prétextat[4]. Ce dernier sarcophage,

[1] Wilpert, *I sarcofagi cristiani antichi*, Rome, 1929-1932, II, pl. CCXXX, 3, 6.

[2] Le Blant, *Étude sur les sarcophages chrétiens antiques de la ville d'Arles*, Paris, 1878, p. 67.

[3] Wilpert, *op. cit.*, I, pl. CII, 1 ; II, pl. CCXIV, 6 ; CCXXX, 1-2, 4-5 ; texte, II, p. 295 et suiv. et fig. 184.

[4] *Ibid.*, II, pl. CCVII, 1 ; texte, II, p. 293-295.

identique aux précédents pour la moitié gauche, offre sur la moitié droite, au lieu des scènes habituelles, une longue inscription latine : indice, on peut le croire, d'une date plus tardive. Cette trouvaille porte à dix le nombre des représentants connus de la série : six pour la Gaule, deux pour Rome, un pour l'Espagne et un pour l'Afrique.

Le groupe ainsi inventorié et complété par Mgr Wilpert a été étudié par Mme Marion Lawrence, dans le cadre de la sculpture chrétienne de la seconde moitié du IVe siècle et plus spécialement du point de vue de la chronologie[1]. Le décor architectural de ses scènes permet de l'identifier comme un rameau de la famille des sarcophages à portes de ville (*city-gate sarcophagi*), caractéristiques de l'époque théodosienne. Comme eux il emprunte certains éléments de sa décoration à l'ample classe des sarcophages à colonnes, qui se développe depuis le milieu du siècle. Enfin, par la technique et le style, il s'apparente de façon très précise à un autre sous-groupe de la famille, celui dont la décoration figure le passage de la mer Rouge par les Hébreux (*Red Sea sarcophagi*). Il présente, par conséquent, un caractère composite et éclectique, qui constitue en l'occurrence un précieux élément de datation. L'archéologue américaine l'attribue à l'extrême fin du IVe siècle, voire au début du Ve : ses conclusions ont rencontré, semble-t-il, sur ce point, l'adhésion unanime des spécialistes. Si son étude, complétée par les recherches d'autres archéologues, en particulier de M. Gerke[2], a fait toute la lumière sur les caractères stylistiques du groupe et ses affinités, si elle a pu ainsi le situer à sa place exacte, les questions

---

[1] M. Lawrence, *City-gate sarcophagi*, in *Art Bulletin*, 1927, p. 23 et suiv., fig. 34-35 ; *Columnar sarcophagi in the Latin West*, *Ibid.*, 1932, p. 121 et suiv., fig. 21 et 24.

[2] F. Gerke, *Studien zur Sarkophagplastik der theodosianischen Renaissance*, in *Römische Quartalschrift*, 1934, p. 1-34. La date tardive du groupe est confirmée par le fait que sur le fragment de Die (Wilpert, pl. CCXXX, 2) le Christ est nimbé.

que posent l'iconographie et la composition, en revanche, n'ont été qu'effleurées. En affirmant, avec une certaine vraisemblance, mais sans en faire vraiment la preuve, l'origine orientale des scènes ici figurées, Mme Lawrence n'a fait qu'appliquer à un cas particulier, et sans y insister spécialement, la thèse qui anime son étude tout entière. Pratiquement, le problème reste intact. L'objet du présent travail est de le poser en termes précis et d'en proposer une solution.

* * *

Le sarcophage du Latran, qui est le représentant le plus connu, sinon le mieux conservé du groupe, présente la décoration suivante. A l'extrémité gauche, se détachant sur un fond architectural de porte de ville, le Christ, accompagné de deux spectateurs, guérit deux aveugles. Ces derniers sont figurés, comme le sont toujours dans la sculpture chrétienne les miraculés, en proportions réduites, à la taille d'un enfant. La scène suivante est d'interprétation douteuse : le Christ, assisté de deux apôtres, pose sa main droite sur la tête d'une femme agenouillée à ses pieds. La plupart des archéologues — en particulier Mme Lawrence — y ont reconnu la guérison de l'hémorroïsse ; Mgr Wilpert, au contraire, veut y voir l'épisode de la Cananéenne demandant à Jésus la guérison de sa fille possédée[1]. Nous verrons un peu plus tard ce qu'il convient d'en penser. Vient ensuite un nouveau groupe de trois personnages, ici encore le Christ et les deux apôtres ; aucun patient, cette fois, ne se présente sur leur route, et ils se dirigent d'un pas assuré vers la droite. L'arrière-plan de ces deux groupes est constitué de colonnes à large chapiteau, surmontées d'abord d'un entablement droit et d'un fronton triangulaire, puis, au-dessus du troisième groupe, d'une arcature. Au delà de la dernière colonne, la composition

[1] *Op. cit.*, II, texte, p. 296 et suiv. Cf. I, p. 159 et suiv.

change. La scène centrale, qui a donné son nom au groupe de sarcophages, la guérison du paralytique à la piscine de Béthesda, est
figurée sur double registre, en dimensions réduites. A l'étage inférieur, on voit le malade couché sur son lit, le visage tourné vers le
Christ du groupe précédent, qu'il convient de rattacher à cette
scène, malgré la colonne qui l'en sépare ; c'en est le complément
naturel : la tête du Christ s'incline vers le malade, son regard est
fixé sur lui et il lui adresse de la main un geste d'encouragement[1].
Trois autres personnages, malades ou porteurs, entourent la
couche. A l'étage supérieur, en présence des mêmes témoins, le
paralytique guéri s'en retourne chez lui, emportant son grabat ; le
Christ semble le lui poser sur le dos. A l'arrière-plan se détache une
colonnade surmontée d'une triple voûte. Nous revenons ensuite,
sur la moitié droite, à la composition sur registre unique. Malheureusement, des retouches maladroites ont ici défiguré l'aspect primitif et réuni en un seul épisode des personnages d'abord répartis
entre deux scènes. La disposition originale apparaît clairement sur
le sarcophage de Tarragone : on y voit le Christ, suivi d'un apôtre,
poursuivant sa marche vers la droite et levant la main et la tête
vers un personnage juché sur un arbre : on reconnaît sans peine
l'épisode de Zachée le publicain. Sur le sarcophage romain, les retouches que nous signalions à l'instant ont fait du Christ un disciple barbu, simple figurant, et de Zachée un spectateur, tous deux
rattachés à la scène finale de l'entrée à Jérusalem qui, sur les deux
sarcophages, termine la composition vers la droite. Jésus, monté sur
l'ânon, s'avance vers un groupe de personnages qui tiennent des
guirlandes et des palmes, tandis que des enfants étendent des manteaux sur le chemin. Une porte crénelée, identique à celle de l'extrémité gauche, sert de décor.

---

[1] La relation entre les deux groupes apparaît plus nettement encore
sur le sarcophage de Tarragone, où le malade lève la main vers le Christ
en un geste d'acclamation et d'espoir.

Nous nous trouvons donc en présence de cinq épisodes de la vie du Christ : guérison des deux aveugles, rencontre avec une femme qui serait, nous dit-on, soit l'hémorroïsse, soit la Cananéenne, guérison du paralytique, rencontre avec Zachée, entrée à Jérusalem. Le sarcophage de Tarragone présente la même séquence èt, à quelques détails près — nombre de personnages des divers groupes, architecture du fond — une réalisation identique. Il en allait de même pour le sarcophage décrit par Peiresc et aussi, sans doute, pour les autres exemplaires de la série : le sarcophage de Prétextat reproduit exactement la moitié gauche des précédents, jusqu'au paralytique exclu ; le fragment de Clermont présente dans l'ordre habituel, mais répartis cette fois entre les trois niches d'un sarcophage à colonnes, les aveugles, la femme, le paralytique sur deux registres, et dans la moitié gauche d'une quatrième niche détruite le premier personnage de la scène de Zachée[1] ; de l'exemplaire africain nous sont parvenues les deux extrémités, où figurent les aveugles, d'une part, l'entrée à Jérusalem, de l'autre ; sur le fragment de Die, le paralytique en double registre et l'épisode de Zachée sont juxtaposés. Il serait vain de continuer l'énumération : tout porte à croire que sur tous les exemplaires du groupe les mêmes scènes, et celles-là seulement, étaient représentées dans le même ordre de succession. Pour qui a quelque pratique des sarcophages à colonnes et des sarcophages dits à frises de la première moitié du siècle, où le nombre, le choix et le groupement des scènes varient d'un exemplaire à l'autre à tel point qu'il ne s'en trouve pas, en toute rigueur, deux absolument semblables, pareille constance a de quoi surprendre.

---

[1] Le décor de colonnes a fait ici disparaître le groupe intermédiaire du Christ et des disciples en marche vers la piscine. Je ne pense pas, comme le suggère Mme Lawrence (*Columnar sarcophagi*, p. 121), qu'il faille reconnaître ici le prototype de la série. Il me paraît plutôt avoir transposé dans le cadre des sarcophages à colonne une composition qui n'était pas d'abord faite pour lui.

Ce n'est point, du reste, la seule originalité du groupe. A l'exception de l'hémorroïsse — nommons-la ainsi jusqu'à plus ample informé — qui appartient au répertoire habituel des sarcophages à miracles, qu'ils soient à colonnes ou à frises, toutes les scènes ici figurées revêtent un caractère d'incontestable nouveauté, soit que les autres types de sarcophages les ignorent complètement, soit qu'elles s'y trouvent figurées sous une forme sensiblement différente. Un rapide examen suffira à nous en convaincre.

Les guérisons d'aveugles sont fréquentes dans la sculpture chrétienne : Mgr Wilpert en compte plus de soixante exemplaires[1]. Mais il ne s'agit, la plupart du temps, que d'un personnage unique. Il s'ensuit qu'on ne peut pas, en général, préciser à coup sûr laquelle des guérisons évangéliques l'artiste a voulu représenter. Il est, au contraire, facile d'identifier la scène à deux personnages. Matthieu, seul, parle d'une guérison double. Il le fait à deux reprises, en IX, 27-31, et en XX, 29-34 ; les deux épisodes se placent respectivement à Capharnaüm et à la sortie de Jéricho. De ces deux péricopes, qui apparaissent comme des doublets, c'est incontestablement la seconde qu'a retenue le sculpteur : le décor architectural de la scène l'indique clairement, et la présence de deux témoins, soigneusement distingués par leur costume, la *paenula*, des apôtres du groupe voisin, doit tout au moins suggérer la « grande foule » dont parle le texte sacré (XX, 29). Il y a donc là un souci de précision assez insolite. Alors que, dans la plupart des cas, le fait du miracle importe seul, comme un signe entre beaucoup d'autres de la puissance salutaire du Christ, l'accent est mis cette fois sur sa

---

[1] *Op. cit.*, II, texte, p. 295-296. En dehors du groupe Béthesda, la guérison de deux aveugles n'est figurée, à ma connaissance, que sur le sarcophage de Leyde (à colonnes), Wilpert, I, p. 160, fig. 93. Sur le sarcophage de Prétextat sont représentés trois aveugles : c'est vraisemblablement, comme le suggère Mgr Wilpert, le résultat d'une fusion entre deux épisodes évangéliques différents.

localisation : aux préoccupations habituelles de l'allégoriste s'ajoutent, dirait-on volontiers, celles de l'historien.

La même remarque vaut, avec plus de force encore, pour la scène du paralytique. Lui aussi compte parmi les thèmes les plus courants de l'art chrétien[1]. Les peintres des catacombes l'ont représenté, tout comme les sculpteurs ; il figure déjà sur les murs de la chapelle de Doura. Mais ici encore on ne saurait en général indiquer avec précision s'il s'agit du paralytique de Capharnaüm, dont parlent les synoptiques, ou de celui de Jérusalem, présenté par Jean. Les artistes ont le plus souvent représenté la scène de façon schématique, et en quelque sorte dans l'abstrait. Tantôt le personnage est figuré, assis sur son lit, au moment où le Christ lui enjoint de se lever : c'est le miracle en train de se faire ; tantôt, au contraire, il s'en va, portant son lit sur ses épaules : c'est le résultat du miracle[2]. Au contraire, sur tous les sarcophages du groupe, la scène est dédoublée, de façon que nous ayons sous les yeux les deux épisodes du drame, que nous voyions en quelque sorte la transformation s'opérer devant nous. Bien plus, pour qu'aucun doute ne soit possible sur l'identité du miraculé, la scène est nettement localisée : le long rectangle très étroit et orné de lignes ondulées, qui sépare comme une moulure les deux registres, représente la piscine de Béthesda. Sur le fragment du musée de Vienne, il s'élargit en une véritable nappe d'eau. Et sans doute les arcades qui dominent la scène doivent-elles figurer « les cinq galeries » dont parle le texte johannique (V, 2) : nous sommes bien à Jérusalem.

Restent les épisodes associés de Zachée et de l'entrée triomphale. Ici, la nouveauté est moins absolue. L'un et l'autre, presque toujours rapprochés, figurent une quarantaine de fois sur les sarco-

---

[1] Wilpert, II, p. 295 et suiv.

[2] Sur un ou deux exemplaires (Lawrence, *Columnar sarcophagi*, fig. 28), le paralytique, debout, tient son grabat dressé devant lui.

phages[1]. Les artistes, ayant peu à peu perdu de vue la signification précise et l'existence d'abord indépendante de l'histoire de
Zachée, en sont venus parfois à fondre les deux scènes en une seule
et à faire du chef des publicains un simple spectateur de l'entrée
triomphale ; au terme de l'évolution, sur les mosaïques et les mi-
niatures médiévales, il s'est mué en un juif anonyme, occupé à
cueillir des branches pour en joncher la route. Par contre, sur
quelques exemplaires, l'histoire de Zachée est représentée seule,
dans un ensemble où n'apparaît pas l'entrée triomphale. De même
parfois, sur quelques sarcophages seulement, Zachée est absent de
la scène de l'entrée : ainsi sur le sarcophage de Junius Bassus.
Mais, et c'est là le fait essentiel, aucun sarcophage étranger à notre
groupe ne donne de la scène triomphale une version aussi développée. Aucun n'essaie d'indiquer avec autant de précision la foule,
les guirlandes, les palmes, les manteaux, le décor aussi, les portes
de la ville sainte. Leurs auteurs, visiblement, se soucient assez peu
de l'épisode comme tel ; ils s'intéressent surtout à sa signification
symbolique. Cela est vrai surtout du sarcophage de Bassus, qui
donne de la scène une image particulièrement raccourcie et schématique, où tout l'intérêt se concentre sur la personne du Christ
qui va vaincre la mort[2]. Sur les sarcophages du groupe Béthesda,
au contraire, la préoccupation narrative s'exprime en toute clarté :
ce n'est plus d'un acte symbolique seulement qu'il s'agit, mais en
toute précision d'un triomphe réel, d'un épisode d'histoire. La
perspective s'est sensiblement modifiée.

On s'en rendra mieux compte encore, une fois soulignée l'originalité des scènes isolées, en comparant d'ensemble un sarcophage
du groupe et l'un quelconque des exemplaires du type à frise ou à
colonnes. Les sarcophages à frise sont caractérisés par la juxtapo-

---

[1] Wilpert, II, p. 310 et suiv.
[2] Gerke, *Der Sarkophag des Junius Bassus*, Berlin, 1936, p. 19-20,
et pl. 4.

sition de scènes indépendantes l'une de l'autre, se présentant généralement de front, en groupes symétriques, unis simplement par
un commun symbolisme. Sur les sarcophages à colonnes, l'isolement des scènes est encore accentué par le décor architectural, qui
dresse autour de chacune d'elles un cadre rigide. A ce type de composition statique, frontale et discontinue, notre groupe oppose la
nouveauté du mouvement. Les scènes ici s'enchaînent et se succèdent en un développement continu de la gauche vers la droite,
et le décor architectural, relégué désormais à l'arrière-plan, souligne cette continuité au lieu de l'interrompre[1]. Ce caractère apparente le groupe à d'autres créations de la fin du siècle, en particulier à ces sarcophages où se trouve figuré, en une scène unique occupant toute la surface décorée, le collège apostolique et, plus étroitement encore, aux figurations de la mer Rouge ; car, si les apôtres,
répartis symétriquement en deux groupes de six autour du Christ
céleste ou de la croix triomphale qui le représente, s'avancent vers
la figure centrale et frontale en une double procession convergente,
seuls les Hébreux de la mer Rouge et les personnages de la série
Béthesda se suivent en un déroulement unique, d'un bout à l'autre
de la surface décorée : disposition toute conventionnelle, d'une
part, et, de l'autre, désir évident de suggérer la réalité d'une progression concrète[2].

* * *

Ces remarques nous aideront à résoudre la question du choix

---

[1] Cf., sur ce point, les remarques de Gerke, *Studien zur Sarkophagplastik...*, p. 20 et suiv.

[2] Quelque chose d'une composition centralisée apparaît encore dans
le relief particulier donné à la scène du paralytique. Celle-ci n'est pas
cependant, notons-le, exactement centrale : le sarcophage du Latran,
comme celui de Tarragone, la décale légèrement vers la gauche. Le
centre rigoureux de la composition, si l'on veut lui en trouver un, c'est,
sur le sarcophage espagnol, une colonne.

des scènes. La constance avec laquelle elles sont représentées, toujours dans le même ordre, interdit de croire qu'il soit fortuit. Mme Lawrence, sans s'y arrêter, constate qu'il est « rather strange ». A quel principe répond-il donc?

Un coup d'œil jeté sur les textes évangéliques révèle dès l'abord que toutes les scènes représentées sur nos sarcophages — l'hémorroïsse mise à part, que nous réservons pour l'instant — sont présentées par les divers évangiles en connexion étroite avec l'entrée à Jérusalem. Chez Matthieu, la guérison des deux aveugles la précède immédiatement (XX, 29-XXI, 9). Il en va de même chez Luc de l'épisode de Zachée, particulier à cet évangile (XIX, 1-10), et qui n'y est séparé du récit de l'entrée que par une parabole et un discours de Jésus, l'un et l'autre impropres à la figuration. Quant au paralytique, son histoire n'est relatée que par Jean. Or, on sait que le quatrième évangile, tandis que les synoptiques ne connaissent qu'une seule venue de Jésus à Jérusalem, en raconte plusieurs : alors que l'entrée triomphale prélude à l'ultime séjour, la guérison du paralytique inaugure le second. Laissons aux exégètes le soin d'accorder entre elles ces versions, et contentons-nous de la remarque suivante : tout se passe comme si le sculpteur, combinant en une sorte de *Diatessaron* en images les divers récits évangéliques, et retenant par ailleurs le schéma synoptique du voyage unique, avait emprunté à Matthieu et à Luc l'épisode le plus voisin de l'entrée, à Jean le miracle jérusalémite le plus marquant.

Il y a donc, sous cette continuité formelle que nous analysions à l'instant, un essai de composition chronologiquement suivie. Ce mouvement, cette progression que l'artiste a voulu exprimer, et dont les étapes successives sont marquées par les différents miracles, traduit le voyage du Christ vers Jérusalem, tel que pouvait le reconstruire une harmonisation éclectique des évangiles.

Ou tel peut-être que permettaient de le retracer les souvenirs échelonnés sur la route. Plutôt qu'à travers la douteuse chronologie de textes accordés tant bien que mal, c'est dans une perspective topographique que s'éclairent le mieux le choix et le groupement des épisodes. Ils se succèdent sur le terrain mieux encore que dans la trame incertaine du récit évangélique. Ce voyage du Christ, le sculpteur l'a vu se dérouler non pas dans le temps, mais dans l'espace. Il commence aux portes dé Jéricho pour finir à celles de Jérusalem : le décor conventionnel des portes de ville s'adapte fort bien ici aux réalités concrètes qu'il s'agit de rendre. C'est entre ces deux termes, sur la route qui joint les deux cités, que la tradition locale, utilisant et complétant les données du texte sacré, a fixé le souvenir et l'emplacement exact des épisodes ici figurés. De cette tradition, nos sarcophages apportent le reflet fidèle.

Il n'est pour s'en convaincre que d'écouter le témoignage des pèlerins antiques : il fournit à la décoration de nos sarcophages le plus précis et le plus éloquent des commentaires ; il confirme du même coup l'origine palestinienne, indubitable, de ce type de composition.

La route de Jéricho à Jérusalem constitue, en effet, pour les premiers voyageurs chrétiens en Palestine un itinéraire presque obligé[1]. La plupart de ceux qui nous ont laissé une relation de leur voyage l'ont suivie, dans un sens ou dans l'autre. S. Jérôme, décrivant le chemin suivi par Paula, signale « *arborem sycomorum Zachaei*... et juxta viam *caecorum loca* » (lettre XXXV, *ad Eustochium*). Le pèlerin de Bordeaux, qui a vu, lui aussi, le sycomore, mentionne, en outre, devant Jérusalem, le palmier des rameaux. On comprend dès lors pourquoi, sur nos sarcophages, Zachée s'est vu transporté au delà de sa place normale, qui serait devant Jéricho : s'il s'associe à la scène de l'entrée, c'est pour des raisons purement formelles, parce que l'arbre sur lequel il s'est juché sert tout naturellement de décor à un épisode où la cueillette des branches joue un si grand

---

[1] Sur ce point, G. Dalman, *Les itinéraires de Jésus* (trad. française), Paris, 1930, p. 315-338.

rôle. Le sculpteur a rapproché en une sorte de raccourci, et confondu en un seul, deux arbres également illustres, auxquels s'attachait à l'époque la vénération populaire : « *arbor palmae*, de qua infantes ramos tulerunt et veniente Christo substraverunt... et *arbor sycomori*, in qua Zachaeus ascendit ut Christum videret » (*Itin. Burdig.*, éd. Geyer, Vienne, 1898, p. 23-24). Le second était encore debout au vIᵉ siècle, à l'époque d'Antonin de Plaisance : « contra Hierosolimam, non longe a civitate Hiericho... Qui arbor, inclausus infra oratorium, ipsius per tectum foris dimissa est, sicca quidem » (*Anton. Placent. Itin.*, éd. Geyer, p. 169). Aujourd'hui encore, tant sont tenaces les traditions de la piété populaire, un autre sycomore l'a remplacé sur cette même route[1].

La plupart des textes mentionnent aussi la piscine du paralytique : « *piscinae gemellares*, quinque porticos habentes, quae appellantur Betsaida. Ibi aegri multorum annorum sanabantur » (*Itin. Burdig.*, p. 21). Par la suite, une église y fut édifiée : « *piscina natatoria*, quae habet quinque porticus, ex quibus una habet basilicam sanctae Mariae, in qua multae fiunt virtutes » (*Anton. Plac. Itin.*, p. 177). On y voyait, au vIᵉ siècle, le grabat du paralytique : « ibi domnus Christus paralyticum curavit, cujus lectus adhuc ibi est » (Theodosius, *de Situ Terrae Sanctae*, éd. Geyer, p. 142). L'édifice se trouvait à l'époque chrétienne « interius civitate » (*Itin. Burdig.*, p. 21), c'est-à-dire à l'intérieur de l'enceinte d'Aelia, assez différente, dans son tracé, de celle qui l'avait précédée[2]. A l'époque de Jésus, au contraire, la piscine de Béthesda, comme tout le faubourg qui, sans doute, lui a donné son nom, se trouvait en dehors des murs, mais à proximité de la porte dite des Brebis, ἡ προβατική

---

[1] Dalman, *op. cit.*, p. 318.

[2] Sur la topographie de Jérusalem, le tracé de l'enceinte et la piscine de Béthesda, cf., outre Dalman, *op. cit.*, p. 402 et suiv., l'article *Jérusalem* du *Dictionnaire d'archéologie chrétienne*, VII², et, pour plus de détail, Vincent-Abel, *Jérusalem*, II, Paris, 1914 et suiv., en particulier p. 685-698.

(Jean, V, 2), qui partage cette appellation avec la piscine. Or, c'est précisément par cette porte des Brebis, située quelque part au nord du Temple, que Jésus, à en croire la plus ancienne tradition, aurait fait, arrivant par la route de Jéricho, son entrée triomphale dans la ville[1]. Il avait donc passé, nécessairement, près de la piscine et le miracle johannique de Béthesda ne pouvait se placer, dans la perspective d'un voyage unique, qu'immédiatement avant l'entrée. Il apparaît dès lors qu'en juxtaposant les deux épisodes, nos sarcophages ont transcrit avec un exemplaire souci d'exactitude les données de la tradition jérusalémite.

Peut-être nous sera-t-il possible maintenant d'identifier avec quelque vraisemblance la figure encore mystérieuse de la femme aux pieds de Jésus. La même silhouette, agenouillée, prosternée ou simplement inclinée devant le Christ, figure dans la sculpture à d'innombrables exemplaires, et, sans doute, n'est-il pas dans l'art chrétien de type plus difficile à identifier. Plusieurs personnages évangéliques, en effet, de l'hémorroïsse à la Cananéenne, de la femme adultère à la pécheresse repentie, pour ne citer que celles-là, se sont, dans des circonstances différentes, présentés devant Jésus dans la même attitude d'humble supplication ou de fervente action de grâces. Il est généralement très difficile, et parfois totalement impossible, de se prononcer pour l'une ou pour l'autre. Un détail de figuration ou, mieux encore, le contexte iconographique permettent seuls parfois des identifications certaines. De toutes les figures possibles, c'est l'hémorroïsse qui, le plus souvent, a bénéficié du doute. Mais on ne peut la reconnaître à coup sûr, Mgr Wil-

---

[1] Dalman, *op. cit.*, p. 337. Quand les textes désignent anachroniquement la porte dite de Benjamin comme celle de l'entrée, ce n'est là qu'une variante de la même tradition : cette porte, en effet, correspond dans la nouvelle enceinte à la porte des Brebis dans l'ancienne ; l'itinéraire supposé de Jésus passant par l'une passait aussi sur l'emplacement de l'autre, et la piscine se trouvait entre les deux. Plans : Dalman, p. 353, et *Dictionnaire d'arch. chrét.*, *loc. cit.*, col. 2304.

pert l'a fait remarquer très justement, que lorsqu'une femme, représentée généralement derrière Jésus — προσελθοῦσα ὄπισθεν (Matth., IX, 20) — touche effectivement, en le relevant, le bord de sa robe[1]. Or, ces cas sont extrêmement rares. Si sur notre sarcophage du Latran la main de la femme, sculptée en saillie sur la robe, peut paraître la toucher, sur celui de Tarragone, en revanche, il est tout à fait évident qu'elle ne la touche pas. Ce n'est pas, cependant, une raison suffisante pour reconnaître dans cette scène, comme le voudrait Mgr Wilpert, la Cananéenne. Outre qu'aucun détail n'y invite, on ne voit guère comment une scène, riche sans doute de signification théologique, puisqu'elle illustre la vocation des Gentils, mais iconographiquement peu caractéristique, et qui, par surcroît, se situe fort loin de la Ville sainte — εἰς τὰ μέρη Τύρου καὶ Σιδῶνος (Matth., XV, 21) — viendrait se glisser ici dans une perspective strictement historique et jérusalémite. Une figuration de l'hémorroïsse, par contre, malgré l'absence d'indices positifs, n'est pas tout à fait invraisemblable. Les évangiles situent l'épisode à Capharnaüm ; mais il a été, d'assez bonne heure, accaparé par Jérusalem. L'évangile apocryphe de Nicomède, dit aussi *Actes de Pilate*, rédigé vraisemblablement au IVe siècle, la fait témoigner pour Jésus devant le procurateur ; il lui donne un nom, Véronique, celle qui essuya la face du Christ pendant sa montée au calvaire, et paraît supposer que sa guérison eut lieu dans la ville même. Aussi la tradition postérieure n'a-t-elle pas hésité à en indiquer l'emplacement exact, précisément à proximité de la piscine de Béthesda[2]. Il est donc assez tentant de considérer que nos sarcophages, en rapprochant les deux épisodes, reflètent déjà cette tradition ;

[1] Wilpert, II, p. 300 et suiv. Dans le même sens, Stuhlfauth, *Zwei Streitfragen der altchristlichen Ikonographie*, in *Zeitschrift für Neutestamentliche Wissenschaft*, 1924, p. 54.

[2] Cf., en particulier, A. Stegensek, *Die Kirchenbauten Jerusalems im vierten Jahrhundert*, in *Oriens christianus*, N. S., I, 1911, p. 285.

mais comme elle n'est effectivement attestée, sous cette forme, qu'après les croisades, il n'est peut-être pas licite de retenir l'hypothèse. J'inclinerais plus volontiers vers une autre explication.

On reconnaît généralement dans la femme agenouillée qui figure souvent dans l'épisode de la résurrection de Lazare une des sœurs du miraculé, et, de façon plus probable, Marie : c'est là un de ces cas où le contexte permet une identification certaine. Or, les sculpteurs, en la représentant ainsi sur le lieu même du miracle et pendant qu'il s'opère, ont, selon un procédé courant, rapproché deux épisodes distincts : l'approche de Jésus étant signalée à Béthanie, Marthe va la première au-devant de lui sur la route (Jean, XI, 20) ; elle retourne ensuite chercher sa sœur, qui vient à son tour vers Jésus, et, l'ayant vu, se jette à ses pieds, ἔπεσεν αὐτοῦ πρὸς τοὺς πόδας (XI, 32) ; Jésus, qui n'a pas vu encore le tombeau de son ami, demande : « Où l'avez-vous déposé? » Il s'y rend alors et fait le miracle. La rencontre se place donc avant la résurrection, à une certaine distance du tombeau. Rien n'empêche, par conséquent, d'admettre qu'elle ait été parfois représentée indépendamment du miracle[1]. Appliquée aux sarcophages qui nous occupent, cette hypothèse rend compte, de façon très satisfaisante, de la scène en question : si c'est bien de Marie qu'il s'agit, l'épisode s'insère tout naturellement, à sa place exacte, sur l'itinéraire que suit le Christ : à proximité de Béthanie, sur la route de Jéricho à Jérusalem, entre les deux villes.

Veut-on des preuves, ou tout au moins des arguments? Demandons-les une fois de plus aux récits de pèlerins. Il s'agit cette fois de la *Peregrinatio S. Silviae* ou *Peregrinatio Aetheriae*, dont l'attribution à la fin du IVe siècle est des plus vraisemblables. Nous

---

[1] Cette interprétation a été proposée par Heisenberg, *Ikonographische Studien*, in *Abhandl. d. Bayer. Akad. d. Wissensch.*, 1921, p. 15, pour un certain nombre de scènes où l'on reconnaissait communément l'hémorroïsse.

y lisons ceci : « Euntibus autem de Jerusolima in Lazarium (le tombeau de Béthanie), forsitan ad quingentos passus de eodem loco ecclesia est in strata in eo loco, in quo occurrit Domino Maria soror Lazari » (éd. Geyer, p. 82). Déjà signalé par une église à l'époque même de la confection de nos sarcophages, faut-il s'étonner que l'épisode de la rencontre ait été jugé par leurs auteurs digne d'y figurer?

Il s'insère d'autant mieux dans une perspective dominée par l'idée de l'entrée à Jérusalem que la tradition chrétienne a, de très bonne heure, fixé en un même point, le Bethphagé des évangiles, très proche de Béthanie, l'épisode de la rencontre avec Marie et celui de la montée de Jésus à dos d'âne[1]. A l'époque des croisades, on voulut commémorer par un monument durable ce double événement : sur un cube de pierre découvert en 1876 à Bethphagé étaient peintes la résurrection de Lazare, la rencontre de Jésus avec les deux sœurs, la réquisition de la monture et l'entrée à Jérusalem[2]. Un groupement identique se retrouve sur un linteau sculpté de la façade médiévale du Saint-Sépulcre : on y voit, dans un décor architectural qui n'est pas sans analogie avec celui des sarcophages, les mêmes scènes que sur le cube de pierre : la résurrection et la rencontre avec les sœurs y figurent côte à côte ; Marthe et Marie sont figurées devant Jésus ; l'une, accroupie, lui

---

[1] Les textes eux-mêmes, du reste, invitaient au rapprochement. Les divers épisodes relatifs à Lazare, particuliers au IVe évangile, y figurent immédiatement avant l'entrée (XI-XII). D'autre part, si Jean ignore l'épisode de la réquisition de l'ânon, Marc et Luc, en revanche, mentionnent, dans cet épisode, en même temps que Bethphagé, Béthanie, dont le nom évoque nécessairement chez le lecteur les figures de Lazare et de ses sœurs (Luc, XIX, 29 ; Marc, XI, 1).

[2] Dalman, *op. cit.*, p. 328. Cf. *Palestine Exploration Fund Quarterly*, 1878, p. 51-60 et 146-149. La tradition médiévale voyait dans ce bloc celui-là même dont s'était servi le Christ pour monter sur l'âne. C'est sa découverte, et celle des ruines d'une église qui l'entourait, qui a permis d'identifier l'emplacement que l'on pensait au moyen âge être celui de Bethphagé.

baise les pieds ; l'autre, inclinée, tient un pan de sa robe ; Jésus, cependant, envoie ses disciples chercher l'ânon ; ils y vont, le ramènent et y installent leur maître qui fait ensuite son entrée dans la ville [1]. Il est significatif, enfin, qu'aujourd'hui encore on montre, à proximité de Béthanie, une pierre dite « ânon de Lazare », ce qui donnerait à entendre que la tradition populaire aurait jadis identifié le propriétaire de la bête et le ressuscité [2]. On voit, en tout cas, combien la relation établie entre les deux groupes d'épisodes, histoire de Lazare et récit de l'entrée, est étroite. C'est assez, je pense, pour rendre plausible l'interprétation que je propose de notre scène. Ainsi expliquée, elle est le complément naturel de celles qui l'encadrent. On songerait volontiers, devant cette décoration topographique, aux tableaux successifs d'un chemin de croix. Mais il s'agit ici d'une voie triomphale. Et, sans doute, pouvons-nous, au terme de cette analyse, inscrire en épigraphe sur nos sarcophages la phrase sur laquelle s'achève, chez Luc, le séjour à Jéricho ; elle exprime bien, dans sa forme presque pléonastique, ce qu'il y a dans ce dernier voyage du Christ de décidé et de solennel à la fois : καὶ εἰπὼν ταῦτα ἐπορεύετο ἔμπροσθεν ἀναβαίνων εἰς Ἱεροσόλυμα (Luc, XIX, 28).

*   *
*

Peut-être ces pages auront-elles apporté une modeste contribution au problème si délicat, et toujours discuté, des origines géographiques de l'art chrétien. Les solutions d'ensemble qu'on a essayé d'en donner apparaissent comme prématurées ; la lumière, si elle est jamais faite complètement, jaillira sans doute de la confrontation d'études particulières. J'ai essayé, sur un exemple précis et particulièrement net, de montrer l'apport incontestable de l'Orient, et de l'Orient palestinien. Qu'une composition de cet ordre, aussi

---

[1] Vincent-Abel, *op. cit.*, II, p. 152, pl. XIX, 1.
[2] Dalman, *op. cit.*, p. 329.

rigoureusement fidèle aux données concrètes que j'ai analysées, soit née en Palestine et n'ait pu naître que là, point n'est besoin, je pense, pour l'établir, de plus ample démonstration.

Le phénomène, du reste, n'est pas isolé. Il s'intègre dans cet ample mouvement de vogue palestinienne qui suit immédiatement, au ive siècle, le triomphe de l'Église, dont Constantin lui-même s'est fait l'initiateur et dont les *Itinera*, de même que la correspondance de saint Jérôme, nous apportent un si vivant écho. A ne considérer même que l'art, l'apparition n'est pas unique. Je rappellerai simplement la mosaïque fameuse de sainte Pudentienne, où l'on s'accorde assez communément aujourd'hui à reconnaître l'image exacte de la Jérusalem chrétienne, telle que l'a voulue et faite Constantin[1]. On peut y ajouter peut-être le sarcophage 174 du Latran, orné sur les côtés d'une décoration monumentale assez analogue, qui figurerait, elle aussi, nous dit-on, les constructions chrétiennes de Jérusalem : l'explication est, sinon tout à fait certaine, du moins très plausible[2]. Il apparaît clairement, en tout cas, que Jérusalem a été, au ive siècle, un foyer actif de création et de rayonnement artistique. Quant à dire si les sarcophages eux-mêmes ont été importés d'Orient ou si, au contraire, ils ont été fabriqués dans des ateliers occidentaux d'après un modèle oriental, soit par des artistes indigènes, soit par des étrangers, je ne m'y risquerai pas. Le grand nombre des représentants gaulois de la série, ce que nous savons, par ailleurs, des relations étroites et tenaces entre la Gaule méditerranéenne et l'Orient aux premiers siècles de l'ère chrétienne, pourrait inciter à y reconnaître la production d'un atelier provençal ou rhodanien. Mais il faut, ici encore, se garder d'affirmations hâtives. Bien plutôt essayerai-je, l'origine palesti-

---

[1] Cf. Vincent-Abel, *op. cit.*, II, p. 371 et suiv.
[2] Ainsi Stegensek, *loc. cit.*, et A. Baumstark, *Zur Provenienz der Sarkophage des Junius Bassus und Lateran Nr. 174*, in *Römische Quartalschrift*, 1914, p. 1-16.

nienne de la composition étant hors de doute, de rechercher ce qu'en a pu être le prototype.

Il me paraît évident que la destination première de cette composition n'était pas de décorer un sarcophage, et que ce n'est pas sur un sarcophage qu'elle a été d'abord réalisée. On pourrait songer à une miniature[1], à quelque guide illustré de la Terre-Sainte où aurait été figurée, à l'usage des pieux visiteurs, pour l'étape Jéricho-Jérusalem, cette séquence de scènes. On pourrait aussi imaginer ce guide en dimensions plus amples, comme une mosaïque analogue à celle que des fouilles récentes ont dégagée à Antioche et où se trouvent représentés, dans l'ordre de leur succession le long d'un itinéraire, les monuments et les sites de la ville et des faubourgs. Cette hypothèse se heurte, cependant, sous l'une et l'autre forme, au fait que la suite des scènes figurées sur nos sarcophages n'a pas un caractère purement descriptif : elle participe de cette inspiration solennelle que nous remarquions tout à l'heure dans le verset lucanien. C'est dans sa teneur comme dans son agencement, et dans toute la précision technique du terme, une composition triomphale. On a signalé parfois — et tout récemment M. Grabar l'a fait avec une précision nouvelle — la relation entre la scène de l'entrée à Jérusalem et des scènes de triomphes impériaux[2]. D'une façon plus générale, le déroulement de cette composition évoque les représentations processionnelles de l'art profane. On est tenté dès lors d'en chercher la réalisation première, sous forme de mosaïque ou de fresque, dans quelque sanctuaire de la Ville sainte, aux murs des nefs ou dans la coupole de l'abside. Et comme la scène de Béthesda est figurée, au milieu de la composition, avec une précision et une insistance toute particulière, on songe tout naturellement à cette église de la Piscine dont parlent les textes. La *Pere-*

---

[1] L'hypothèse est formulée, sans insistance, par M. Gerke, *Studien zur Sarkophagplastik...*, p. 20.

[2] Grabar, *L'empereur dans l'art byzantin*, Paris, 1936, p. 234 et suiv.

grinatio Aetheriae, vers la fin du IVᵉ siècle, n'en dit rien encore. Mais son existence est attestée, très peu de temps après, à l'époque de Pierre de Sébaste, puis, dans la vie de Pierre l'Ibère, pendant le séjour de ce personnage à Jérusalem (430-438). La construction de l'édifice se place donc soit dans les premières années du Vᵉ siècle, soit, si nous en croyons Dalman, à la fin du IVᵉ [1]. C'est précisément dans ces limites chronologiques que se situe avec une quasi-certitude la série de nos sarcophages. Il n'est pas impossible, en conséquence, que l'apparition et la diffusion de ce type de composition triomphale soit en rapport direct avec la dédicace de l'église du Paralytique.

Cette hypothèse se trouve étayée et l'interprétation d'ensemble que je propose de ces sarcophages s'éclaire par ce que nous savons des usages liturgiques de l'ancienne église de Jérusalem. Deux témoignages sont ici particulièrement précieux. La description très détaillée que donne de la liturgie jérusalémite la *Peregrinatio Aetheriae* nous apprend, d'une part, que la veille des Rameaux le peuple chrétien se rendait, évêque en tête, à Béthanie et qu'il faisait à l'aller un arrêt dans l'église de la rencontre : « Et populus ibi ingreditur, dicitur unus hymnus et una antiphona et legitur ipse locus de evangelio ubi occurrit soror Lazari Domino » (éd. Geyer, p. 82) ; après quoi, la procession se remettait en route vers le Lazarium. Le lendemain, le jour même des Rameaux, on montait au mont des Oliviers ; la cérémonie commençait dans l'église de l'Eleona, se continuait dans celle de l'Ascension, puis l'on redescendait à pied vers la ville jusqu'à l'église de l'Anastasis : les enfants tenaient des rameaux de palmier et d'olivier, et le peuple entier faisait cortège à l'évêque comme les Juifs l'avaient fait pour

---

[1] *Dict. d'arch. chrét.*, VII², col. 2327. Cf. Raabe, *Petrus der Iberer*, Leipzig, 1895, p. 99 ; Dalman, *op. cit.*, p. 403. Il est curieux de noter que Stegensek reconnaît l'église du Paralytique dans l'un des monuments figurés sur le sarcophage 174.

le Christ : « Et sic deducetur episcopus in eo typo, quo tunc Dominus deductus est » (éd. Geyer, p. 84). D'autre part, un second document liturgique jérusalémite, conservé en traduction géorgienne et qu'on peut attribuer avec certitude au viie siècle[1], assigne à la procession des Rameaux un itinéraire identique au précédent, à cette différence près, toutefois, et c'est pour nous le point important, qu'au retour du mont des Oliviers deux arrêts sont prévus, l'un à Gethsémané, l'autre à l'église de la Probatique ; on lisait au premier le récit lucanien de l'entrée (XIX, 29-38), au second celui de Marc (XI, 1-10). Sans doute, plus de deux siècles séparent ce document de nos sarcophages. Mais comme, en revanche, ces derniers sont à peu près contemporains, nous l'avons vu, de la dédicace de l'église, dont le rôle dans la liturgie des Rameaux est concevable dès cette date ; comme, par ailleurs, l'inspiration liturgique des compositions triomphales de l'art chrétien est très souvent attestée[2], peut-être est-il licite de reconnaître à travers ces épisodes évangéliques un souvenir de l'antique procession, qui refaisait et mimait, en une sorte de drame sacré, la dernière étape du voyage messianique.

* *
*

Il est remarquable, on l'a relevé très justement, que la scène de l'entrée à Jérusalem ne figure jamais sur les sarcophages dits de la Passion[3]. Les anciens chrétiens n'ont pas vu que cette victoire était sans lendemain ; elle leur annonce, par delà la semaine tragique, la joie de Pâques : la fête des Rameaux est une fête de l'allégresse. Quand la chrétienté médiévale découvrira à son tour, après les croisades, la Terre Sainte, elle se plaira à suivre avec le Christ

---

[1] Cf. Baumstark, *Quadragesima und Charwoche Jerusalems im VIIten Jahrhundert*, in *Oriens Christianus*, 1915, p. 201-220.

[2] Sur ce point, en particulier, Gerke, *Studien zur Sarkophagplastik*, p. 31.

[3] Gerke, *Der Sarkophag des Junius Bassus*, p. 19.

la voie douloureuse, à reconstituer avec précision et à figurer les stations du chemin de croix. Ce chemin, le christianisme antique, certes, ne l'a pas ignoré complètement. Ses pèlerins déjà le suivent. Mais on ne le représente guère, même dans l'art funéraire. Lorsqu'on le· fait, discrètement et, en quelque sorte, par allusion, on fait encore passer sur les scènes du drame un souffle de victoire. Les sarcophages de la Passion, eux-mêmes, transfigurent les épisodes : « Un soldat tenant une couronne au-dessus de la tête du Christ, debout comme un triomphateur, voilà le couronnement d'épines[1]. » Ils suggèrent le calvaire, sans le figurer : au milieu de la composition, là où nous cherchons, spontanément, l'image du crucifié, se dresse la croix, en effet, mais la croix triomphale, symbole de résurrection et non de souffrance[2]. Tout à la joie de sa victoire terrestre, le IVe siècle chrétien la proclame jusque sur ses cercueils. Il ne faut pas s'étonner que la composition, historique et triomphale à la fois, que nous venons d'étudier, ait été recueillie par les sculpteurs des sarcophages : le fait répond aux manières de penser et de sentir de l'époque. Interprétée symboliquement, elle exprimait à merveille cette inaltérable espérance, cette certitude d'immortalité qui inspire l'art funéraire chrétien. Pour avoir rencontré le Christ sur sa route et l'avoir suivi, le fidèle, racheté comme Zachée, exaucé comme Marie, guéri comme le paralytique, entre avec le Sauveur dans la Jérusalem céleste : sa mort est un triomphe.

---

[1] É. Mâle, *Art et artistes du moyen âge*, 2e éd., Paris, 1928, p. 6.
[2] Sur cette série de sarcophages, von Campenhausen, *Die Passions sarkophage*, in *Marburger Jahrbücher für Kunstwissenschaft*, 1929.

Saint Barnabé au Puy-de-Dôme

Tout près du temple de Mercure sur le puy de Dôme, s'élevait au Moyen-Age une chapelle dédiée à saint Barnabé. Des vestiges de ce sanctuaire, dégagés au moment de la construction de l'observatoire, à peu près aucune trace ne subsiste aujourd'hui. Son histoire reste obscure : elle tient en quelques renseignements, rares et tardifs. Confiée au XVIe siècle par Pierre d'Aigrefeuille, évêque de Clermont, au prieuré de Saint-Robert de Montferrand, la chapelle relevait jusqu'alors du prieuré d'Orcival, dépendant de la Chaise-Dieu et qui l'avait reçue lui-même en 1167 du comte d'Auvergne Guillaume VII. Ces maigres indications (1) laissent dans l'ombre, plusieurs points importants. De quand date ce culte ? Comment s'est-il installé là ? Pourquoi saint Barnabé ?

* *

Grégoire de Tours, qui signale nommément un certain nombre d'édifices religieux de la cité arverne, ne mentionne pas la chapelle. A supposer que ce qu'il dit du temple de Vasso Galate (2) se rapporte bien, comme on l'admet parfois, au puy de Dôme, il aurait dû parler également de la chapelle qui lui succéda, si celle-ci avait déjà existé. En fait, nous avons des raisons sérieuses de penser que la destruction du temple de Vasso Galate au IIIe siècle, relatée par Grégoire, ne fut pas complète : la description si précise qu'il donne de ce sanctuaire fait supposer que « la ruine définitive ne s'étant produite que peu à peu, il put contempler et explorer par lui-même tout autre chose que d'informes débris » (3).

---

(1) Réunies par E. DESFORGES, *Chronique du Dôme. De la chute du temple à l'époque actuelle*, in *L'Auvergne Littéraire*, juin-juillet 1927, p. 69. Cf. A. TILLION, *Le puy de Dôme, ses ruines gallo-romaines et son observatoire*, Clermont, 1876, p. 14.
(2) *Histoire des Francs*, I, 32.
(3) A. AUDOLLENT, *Examen critique de deux textes anciens supposés relatifs au temple du puy de Dôme*, in *Bulletin archéologique*, 1907, p. 376.

Mais des doutes, assez fondés, ont été élevés contre l'identité
des deux sanctuaires : celui de Vasso Galate serait à chercher peut-
être, non pas sur la montagne, mais en pleine ville de Clermont (4).
Il reste alors, en ce qui concerne celui de Mercure, le témoignage des
fouilles, qui ont révélé des traces certaines de restauration à une
basse époque, et où « les monnaies antiques s'échelonnent depuis le
commencement de l'Empire, jusqu'au milieu du Ve siècle » et même
un peu au-delà, puisqu'on a trouvé sur le sommet une monnaie d'or
d'Anastase (491-518) (5). Qu'il se confonde ou non avec celui de
Vasso Galate, le temple du puy de Dôme était vraisemblablement
encore debout au moment où Grégoire écrivait, et le sanctuaire
chrétien ne l'a remplacé que plus tard.

Nous disposons donc à tout le moins pour dater non pas la chapelle médiévale, qui peut n'avoir pas été la première, mais le culte,
d'un *terminus post quem*. Si l'on essaie de préciser davantage, deux
données peuvent être utilisées : les survivances païennes sur le puy
de Dôme et la diffusion du culte de saint Barnabé en Occident.

Le temple restauré, continua, comme le dit A. Audollent, « d'être
fréquenté par les dévots de Mercure tant que le paganisme subsista
chez les Arvernes » (6). On ne se trompera pas sans doute en considérant que le puy de Dôme, haut lieu du paganisme celtique et gallo-
romain, sanctifié par la vénération des siècles, suffisamment éloigné
de Clermont et difficile d'accès pour rendre malaisés un contrôle
et une répression efficaces, continua d'exercer son attraction même
après la ruine du sanctuaire. L'ancien culte y persista très longtemps,
pratiqué de façon clandestine et groupant les derniers *pagani* ou paganisants. Il a poussé des prolongements à travers tout le Moyen-Age,
sous la forme des rites magiques et des réunions de sorcellerie qui
avaient leur siège sur la montagne sainte (7). Des cornes de bouc,
animal consacré à Mercure et cher aux sorciers, ont été trouvées
non seulement dans les ruines du temple, mais aussi sur l'emplacement même de la chapelle (8). A la fin du XIIe siècle, un ermite
est installé sur la montagne (9). Sa présence dut gêner pour un temps
ces pratiques superstitieuses. Elles rebondirent bientôt, une fois le
site abandonné. Mais on peut croire qu'avant comme après elles
perdirent progressivement de leur ampleur. Et la construction d'une

---

(4) Voir à ce propos JULLIAN, *Histoire de la Gaule*, VI, Paris, 1920, p. 36, n. 2
et p. 403, n. 7 ; cf. IV, p. 565.

(5) A. AUDOLLENT, *Note sur les fouilles du puy de Dôme*, in *Comptes rendus de
l'Académie des Inscriptions*, 1902, pp. 313-315 et 471 ss. et *Le temple de Mercure
Dumias*, in *L'Auvergne Littéraire*, juin-juillet 1927, p. 54.

(6) *Examen critique... loc. cit.*

(7) Description chez E. DESFORGES, *op. cit.*, p. 71-73.

(8) *Ibid.*, p. 73.

(9) *Ibid.* p. 71.

chapelle, attestant d'une religion à l'autre la constance et la pérennité
des lieux de culte, ne se conçoit bien qu'en un temps où les survivances païennes étaient assez fortes encore, assez précises dans leurs
manifestations, et affectaient un public assez nombreux pour émou-
voir l'autorité ecclésiastique. Il n'y a pas eu certainement entre la
dévotion païenne et la dévotion chrétienne de solution de continuité,
puisque celle-ci ne représente que le remède destiné à exorciser celle-là.

Ces constatations invitent à ne pas reculer trop bas les origines
du culte de saint Barnabé au puy de Dôme. Ce que nous savons
de sa diffusion dans la chrétienté latine interdit en revanche de
remonter trop haut. La fête de Barnabé apparaît assez tardivement
dans les documents liturgiques occidentaux. Mentionnée pour la première fois, au XIIe siècle, dans l'antiphonaire de Saint-Pierre de
Rome, elle ne figure encore ni dans le sacramentaire grégorien, ni
dans l'évangéliaire d'Ada à Trèves, manuscrit liturgique des premières années du IXe siècle (10). Toutefois, le témoignage de ces
textes doit être utilisé avec prudence. La liturgie officielle et l'autorité romaine n'ont fait parfois que ratifier après coup, en leur
donnant une portée universelle, des pratiques déjà consacrées par
l'usage de telle ou telle province de la chrétienté. En ce qui concerne précisément Barnabé, Rome paraît avoir été devancée par
l'Italie du Nord.

La Cisalpine, en effet, a fait de lui son apôtre et son premier évêque.
Saint Ambroise, énumérant ses illustres précédesseurs sur le siège
de Milan, ne le mentionne pas encore. Mais un peu plus tard les
évêques de cette ville appuient sur lui les prétentions de leur église
à l'apostolicité. Duchesne, et avant lui déjà Tillemont, n'ont pas eu
de peine à prouver qu'il n'y avait là qu'une légende, mais singulièrement tenace et opérante (11). Elle apparaît, pour la première
fois, dans des documents du VIIe siècle, et se double d'une tradition
relative au transfert, total ou partiel, de Chypre à Milan, des reliques du saint : il ne serait opéré, soit au Ve, voire au IVe siècle, à
la faveur de la paix religieuse, soit vers la fin du VIIe siècle, à la suite
des attaques arabes contre Chypre (12). Or, les relations paraissent
avoir été assez étroites entre la Cisalpine et la Gaule chrétienne.
Ainsi, par exemple, saint Martin de Tours fait à Milan ses débuts
dans la vie monastique (13). C'est d'une ville voisine que fut importé
à Clermont le culte des saints Agricola et Vital : l'évêque Namatius,

---

(10) P. Batiffol, *Histoire du Bréviaire romain*, 3e éd., Paris, 1911, p. 155 et
p. 157, no 2.
(11) Cf. Cabrol-Leclercq, *Dictionnaire d'archéologie chrétienne et de liturgie*,
article *Barnabé*.
(12) Sur cette question *Acta Sanctorum*, t. XXII (juin, 2), p. 448.
(13) Cf. Grégoire de Tours, *Hist. Franc.* X, 31.

ayant achevé la construction de sa cathédrale, envoya, nous dit Grégoire de Tours, des prêtres à Bologne pour y chercher les reliques des deux martyrs, à qui l'église était dédiée (14). Peut-être y a-t-il là un précédent susceptible d'éclairer les origines du culte du puy de Dôme.

Sans doute, il pourrait aussi être venu directement d'Orient, avec des reliques apportées par quelque pieux voyageur, soit au moment des premières Croisades, soit au début du Moyen-Age, lorsque la Palestine commence d'être visitée par les pèlerins de l'Occident. Il existe en Gaule, pour l'une et l'autre période, des exemples de ces importations cultuelles. Il en existe en Auvergne même, celui en particulier de sainte Thècle à Chamalières (15). Mais, en ce qui concerne le puy de Dôme, si mes précédentes remarques sont justifiées, l'époque des croisades paraît tardive, celle des pèlerinages préislamiques un peu trop précoce. En définitive, si rien n'autorise à affirmer que le culte de Barnabé soit venu de Cisalpine, l'hypothèse paraît du moins, à défaut de certitude, assez plausible ; et je placerais volontiers l'installation du saint au puy de Dôme, sans risquer de plus amples précisions, entre le VIIe et le XIe siècles.

*
* *

Si la question de date n'est pas susceptible d'une solution parfaitement claire, en revanche le choix du saint peut, semble-t-il, s'expliquer de façon assez satisfaisante.

Pourquoi donc Barnabé a-t-il été, plutôt que tel autre, installé au cœur du pays arverne, sur l'illustre montagne ? Le développement du culte d'un saint dans une région déterminée résulte souvent de la seule présence, parfois fortuite, de reliques. Il n'est pas exclu que le culte de saint Barnabé ait un point de départ analogue. Mais ce n'est pas résoudre la question que de l'admettre, c'est bien plutôt la retourner. Car pourquoi, dans ce cas, est-ce précisément sur le puy de Dôme, et non pas en un lieu plus accessible, dans la ville de Clermont ou à proximité, qu'on a déposé les reliques et qu'on leur a élevé une demeure ? Le problème, somme toute, reste entier : il réside dans la conjonction du saint et de la montagne.

On ne connaît pas à Barnabé d'autre sanctuaire dans la région. L'exception est remarquable, d'autant plus que cet illustre ouvrier de la première expansion chrétienne ne paraît pas avoir joui, même en dehors de l'Auvergne, en terre gallo-romaine et dans la France

---

(14) *Hist. Franc.* II, 16.
(15) Lors de la fondation à Chamalières, au VIIe siècle, d'un monastère de femmes, des reliques de sainte Thècle y furent déposées : J. EBERSOLT, *Orient et Occident*, Paris, 1928, p. 45.

médiévale, d'une vogue exceptionnelle. Dans la toponymie, sa place
est modeste : quatre ou cinq villages, curieusement localisés aux
deux extrémités de la France, près du littoral méditerranéen et dans
les Côtes-du-Nord, portent aujourd'hui son nom ; encore peut-il
s'agir, ici ou là, d'un homonyme. Barnabé n'est pas, comme tel de
ses confrères en apostolat, un saint de prestige œcuménique, que
l'on vénère avec la même ferveur d'un bout à l'autre du monde
chrétien. Ce n'est pas non plus — et sa présence au puy de Dôme,
n'en est que plus significative — un de ces équivoques saints du
terroir, dont le culte, spontanément développé au même lieu, perpétue
sous un vernis chrétien le culte et parfois jusqu'au nom même du
dieu qu'il supplante.

Il existe, en ce qui concerne Mercure, des exemples de pareilles
substitutions. L'église grecque vénère le 25 novembre, en même
temps que sainte Catherine, un saint martyr Mercure, dont l'historicité apparaît douteuse, et qui visiblement a hérité de certains
attributs du dieu : c'est lui qui, d'après la légende, aurait, sur l'ordre
du Christ, tué Julien l'Apostat, tout comme son homonyme païen
avait reçu de Jupiter mission de tuer Argus aux cent yeux (16). Point
n'est besoin de quitter la France pour trouver d'autres exemples
du même ordre. Le saint Marcory qui a donné son nom à un village
de Dordogne, et que le Moyen-Age dénommait Mercorius, pourrait
bien n'être que le dieu païen canonisé (17). Drioux signale au pays
de Langres une chapelle de saint Hermès, qui était encore au XVIIIe
siècle, selon le témoignage d'un contemporain, le lieu de pratiques
superstitieuses : « On regarde cette chapelle de Saint-Hermès comme
le temple de Delfe. On y va comme à l'oracle demander à notre Apollon
la santé du corps et de l'esprit. J'ai ouï dire à des anciens du lieu
qu'on regardait autrefois la pierre sur laquelle est gravée l'inscription
de Mercure et de Minerve comme une autre pierre manale dont vous
sçavez l'histoire, et qu'on la roulait par les champs pour obtenir
de la pluie, tant on donnait dans la superstition » (18).

La superstition, on le sait, a sévi également au puy de Dôme.
Mais si Barnabé a pu, comme saint Hermès, y être impliqué, c'est,
si je puis dire, à son corps défendant. Aucune ressemblance ou parenté
ne le rattache à son prédécesseur païen, aucun lien positif ne l'unit
au sol arverne. On chercherait en vain ici la substitution caractéristique qui, parant la figure, historique ou légendaire, du bienheureux
des traits essentiels du dieu païen, fait de lui l'héritier authentique
de celui qu'il remplace. De toute évidence, cet étranger, ignoré à
l'entour, est installé sur la montagne non point par l'irrésistible

(16) Cf. P. SAINTYVES, *Les Saints successeurs des dieux*, Paris, 1907 p. 311.
(17) A. GRENIER, *Manuel d'Archéologie gallo-romaine*, 2e partie, t. I, p. 307.
(18) Cité par G. DRIOUX, *Cultes indigènes des Lingons*, Paris 1934, p. 8.

dévotion des foules, canalisée et ratifiée après coup, bon gré mal gré, par l'autorité ecclésiastique, mais par une démarche réfléchie. Sa présence sur le sommet est intentionnelle et symbolique. Il ne s'agit pas comme dans nombre de cas, d'une paisible succession, mais bien d'une expulsion.

Ce qu'on veut, de propos délibéré, à l'initiative, probablement, de quelque prêtre, et en dehors de toute tradition locale, honorer en lui, c'est, à n'en pas douter, le missionnaire, celui qui, aux côtés de saint Paul, prêcha l'Evangile aux Gentils et porta au paganisme les premiers coups. Comme tel, il a sa place naturellement marquée sur les ruines du sanctuaire le plus vénéré de la Gaule : Barnabé est, tout désigné pour ce poste, un saint de combat.

Les Actes des Apôtres relatent comment, alors que Paul et Barnabé prêchaient à Lystres en Lycaonie, la foule païenne, à la vue des prodiges qu'ils accomplissaient, voulut les adorer, disant : « Les dieux sous une forme humaine sont descendus vers nous ». Et, ajoute le texte, « ils appelaient Barnabé Jupiter et Paul Mercure » (19). Sans doute, c'est Paul, et non Barnabé, qui se trouve ainsi identifié à Mercure ; c'est au contraire Barnabé, et non Paul, qui sur le puy de Dôme se substitue à Mercure. Aussi bien serait-il très hasardeux de chercher dans ce texte le point de départ précis de notre culte. Je serais du moins tenté d'admettre qu'il n'est pas absolument étranger à sa genèse, fût-ce sous forme de vague réminiscence et par un à peu près qui ne saurait surprendre. En tous cas, Barnabé installé sur la montagne sainte c'est, à l'adresse des derniers paganisants de Gaule, comme un rappel de la réponse faite par les deux apôtres aux païens de Lystres : « Nous vous annonçons qu'il faut quitter ces vanités pour vous tourner vers le Dieu vivant, qui a fait le ciel et la terre, et la mer, et tout ce qu'ils renferment » (20).

Pourfendeur du paganisme : tel Barnabé nous apparaît dans les Actes, tel l'a popularisé la légende. Ecoutons Jacques de Voragine : « Un jour, devant les murs de cette ville (Salamine de Chypre), Barnabé vit une foule d'hommes et de femmes, qui célébraient une fête en courant tout nus. Il en fut si indigné qu'il maudit le temple de ces païens et aussitôt ce temple s'écroula, écrasant dans sa chute bon nombre de païens ». Le même auteur sait qu'il fut aux prises, en plusieurs circonstances, avec le magicien Elymas et le confondit. Un temple païen en ruines, des rites impurs, la magie : tout cela, nous le trouvons au puy de Dôme. Pour exorciser la montagne, le choix de saint Barnabé apparaît singulièrement approprié.

(19) *Actes des Apôtres*, **XIV**, 10-11.
(20) *Actes*, XIV, 14.
(20) *Légende dorée*, trad. de Wyzewa, Paris, 1902, p. 288.

* *
*

Il est en rapport aussi, selon toute vraisemblance, avec la date
de la fête du saint. L'Eglise le commémore le 11 juin. La seule popularité véritable que Barnabé ait connue en France tient à cette date
beaucoup plus qu'à sa personne. Elle s'exprime dans quelques dictons
paysans. Pour le peuple des campagnes, Barnabé est une fête du
calendrier bien plutôt qu'une figure historique précise : on sait quand
le vénérer, on ignore qui il est. Le moment où l'Eglise le mentionne,
à l'orée de l'été, est un moment essentiel pour les travaux agricoles.
Barnabé se voit ainsi investi d'attributions météorologiques et agro-
nomiques auxquelles rien ne le préparait, sinon la place qu'il occupe
dans l'année liturgique. Il contrebat et neutralise l'influence parfois
fâcheuse de saint Médard, qui le précède de trois jours :

> *Lorsqu'il pleut à la saint Médard*
> *Il pleut quarante jours plus tard,*
> *A moins que saint Barnabé*
> *Ne vienne lui couper le pied* (21).

Le jour de sa fête appelle l'accomplissement de certains travaux :
« A la Saint Barnabé la faux au blé », dit-on dans telle région : et
dans telle autre : « A la Saint Barnabé on sème les navets ». On l'invoque parfois contre les orages, ces orages qui dans la région cler-
montoise déferlent souvent du puy de Dôme. Peut-être cette particularité a-t-elle contribué à l'y installer, comme à la source des tempêtes : sa protection se faisait ainsi plus efficace. Si la croyance
populaire ne suffit pas, à mon sens, à expliquer cette installation,
voulue par quelque clerc, elle y trouvait du moins son compte.

Il y a plus. Quelques jours seulement séparent la Saint Barnabé
de la Saint Jean et du solstice. Or, le solstice, on le sait, a toujours
tenu une place de choix dans les pratiques du folklore et de la superstition populaire. C'est à ce moment que se manifestent encore le
plus nettement les survivances païennes, tenacement ancrées dans
nos campagnes. A cette date aussi, le puy de Dôme a joué jadis un
rôle important.

Sans doute, le dieu païen du sommet n'est pas à proprement parler
une divinité solaire. Mais sous la figure du Mercure romain, qu'était
exactement le dieu gaulois auquel on l'assimile ? Teutatès ou Dumias,
ses traits étaient moins individualisés sans doute, ses attributs
moins précis, moins définis et moins spécialisés que ceux du dieu

---

(21) Le dicton comporte des variantes au dernier vers. On en trouvera une
liste dans Van GENNEP, *Le Folklore du Dauphiné*, Paris, 1933, t. II, p. 447-448.

au caducée (22). Divinité primordiale de la Gaule ou simplement de l'Auvergne, *numen* des sommets, son culte devait participer en quelque manière de ce culte solaire dont les Celtes ont toujours pratiqué les rites avec prédilection. Mercure, Jullian l'a noté, fraternise en Auvergne, comme dans le reste de la Gaule romaine, surtout avec Apollon (23). Leurs cultes respectifs ont pu se combiner à l'occasion du solstice, à supposer que les indigènes aient toujours fait entre ces deux figures importées une claire distinction. Mais c'est au dieu de la montagne, préexistant, que va surtout leur dévotion, qui s'accommode mal des coupures trop précises. Montagne et soleil sont assez normalement associés.

D'autre part, il est intéressant de noter que les calendriers agricoles romains — *menologia rustica*, — assignant un mois de l'année à chacun des douze grands dieux, placent précisément le mois de juin sous le patronage de Mercure (24). Cet usage italien a pu, importé en Gaule, se superposer à l'usage indigène et contribuer, en en précisant la destination et le caractère, à l'éclat des fêtes estivales de la divinité du Dôme, désormais identifiée à Mercure.

Au reste, ce n'est pas ici pure hypothèse. De même que le Moyen-Age a fait de Mercure l'inventeur de la magie et le dote d'un cortège d'animaux malfaisants qui sont autant de diables (25), de même la croyance populaire a fixé à la nuit de la Saint Jean les assises annuelles de la sorcellerie sur le puy de Dôme. Jusqu'au XVIe siècle des malheureuses ont été châtiées pour avoir, dans la nuit fatidique, participé là-haut à l'infernal sabbat (26). Il est facile de déceler dans cette superstition le souvenir des réunions païennes qui se déroulaient sur la montagne à pareille date. Ce sont elles sans doute que perpétuent encore, à leur insu, les bourgeois de Clermont lorsqu'ils montent au puy de Dôme, la nuit de la Saint Jean, pour voir se lever le soleil.

Dans ces conditions, saint Barnabé intronisé sur la montagne qu'il exorcise, en attirant sur lui la ferveur congénitale des populations, est destiné peut-être à la détourner de la date traditionnelle du solstice. La fête nouvelle, intervenant avant l'ancienne, affirmerait ainsi la primauté du saint chrétien sur le faux dieu. Au Moyen-Age, une fois abandonné l'ermitage du sommet, le prieur d'Orcival montait le 11 juin en procession avec les fidèles pour célébrer la messe

(22) Sur la physionomie complexe du Mercure gaulois, cf. J. Toutain, *Les cultes païens dans l'Empire romain*, 1re partie, t. III, p. 212.

(23) *Histoire de la Gaule*, VI, p. 35 et p. 404, no 2. Jullian suppose que le temple de Vasso-Galate, qu'il situe sur le sommet de la ville, Clarus Mons, était dédié à Apollon.

(24) Cf. C.I.L. I², p. 280.

(25) Cf. *Dictionnaire d'archéologie chrétienne*, article *Mercure*.

(26) Cf. Desforges, *loc. cit.*

dans la chapelle ; tous en redescendaient le jour même ; le sanctuaire demeurait ensuite fermé pour un an, et toute réunion tenue sur les lieux un autre jour, et particulièrement à la Saint Jean, devenait de ce fait suspecte, comme l'attestent les dossiers des procès de sorcellerie (27).

On peut songer aussi à une autre interprétation. Les rites païens se déroulaient peut-être avant et après la date même du solstice, point culminant, sur plusieurs jours ; ou du moins il n'est pas impossible que la venue de l'été, coïncidant peut-être dans le calendrier celtique avec le début de l'année (28), ait donné lieu au cours du mois de juin, et en rapport avec les travaux des champs, à toute une période de fêtes, où l'agriculture jouait un rôle au même titre que l'astronomie. De fait, ce que les folkloristes appellent le cycle de la Saint Jean s'étend jusqu'à la fin du mois et englobe, dans le calendrier chrétien, la fête des saints Pierre et Paul, célébrée le 29 et marquée dans la pratique populaire par des rites assez analogues à ceux qui commémorent la Saint Jean-Baptiste (29). Certains indices inciteraient à étendre ce cycle également en sens inverse, avant le 24, et à penser que la date du 11 était d'avance consacrée et que Barnabé n'a fait que la christianiser, comme saint Jean fait du 24.

Pourquoi, par exemple, est-ce à saint Barnabé, et non pas au saint du 10 ou à celui du 12, qu'il incombe invariablement de refaire le beau temps compromis par saint Médard ? Et les besoins de la rime suffisent-ils à expliquer que Barnabé encore marque pour le blé le début de la moisson, pour les navets le moment des semailles ? Une vertu particulière devait s'attacher à ce jour, comme à celui du solstice. C'est du moins ce que paraît exprimer cette croyance, attestée dans les Vosges, que le cultivateur qui ne profite pas du jour de la Saint Barnabé ou de celui de la Saint Jean pour semer ses navets risque fort de perdre son temps, sa peine et la semence (30). C'est également ce qui ressort de la pratique, dans certains coins du Tarn, d'allumer, en plus des feux traditionnels de la Saint Jean, des feux de la Saint Pierre et Paul le 29 et le 11, des feux de la Saint Barnabé (31). C'est enfin ce que semble dénoter le proverbe suivant, qui vient de Lorraine : « A la Saint Barnabé, le onze du mois, les jours sont au plus long de l'été » (32).

(27) Desforges, *ibid.*
(28) « Le calendrier de Coligny semblerait indiquer un début d'année entre mai et juin », H. Hubert, *les Celtes*, II, Paris 1932, p. 306.
(29) Cf. A. Van Gennep, *Manuel de Folklore français*, t. III, Paris 1937, p. 372.
(30) Cf. L.-F. Sauvé, *Folklore des Hautes Vosges*, Paris, 1889, p. 166-167.
(31) Je dois ce renseignement à M. Marty, principal du Collège de Brive-la-Gaillarde, originaire du Tarn, où il a vu pratiquer ces rites dans son enfance.
(32) L. Zéliqzon, *Dictionnaire des patois romans de la Moselle*, Strasbourg, 1924, p. 45.

On sait qu'avant la réforme grégorienne du calendrier, le décalage croissant entre l'année julienne et l'année astronomique avait progressivement avancé la date du solstice jusqu'à la faire coïncider, au moment même de la réforme, précisément avec la Saint Barnabé (33). Peut-être est-ce le souvenir de ce fait qui s'exprime dans le proverbe lorrain. Il me paraît toutefois difficile d'expliquer uniquement par cette anomalie momentanée du calendrier le relief pris par la Saint Barnabé dans la croyance de nos campagnes. Les dictons remontent vraisemblablement plus haut, dans l'ensemble, que la fin du XVIe siècle, et doivent traduire une réalité différente.

Je croirais volontiers que l'usage populaire pré-chrétien, peu préoccupé de déterminer avec certitude, à une époque de l'année où d'un jour à l'autre la différence de longueur est à peu près insensible, le moment exact du solstice, s'accommodait pour sa célébration d'un certain flottement. On ne doit pas oublier que la fête si populaire de la Saint Jean, à laquelle on ne peut guère contester un prototype païen, de même que celle du *Natalis Solis*, qui a contribué à fixer la fête de Noël, ne coïncident avec le solstice, dont le moment précis varie du reste d'année en année, que de façon toute approximative. Substituons à la notion mathématique de solstice celle, toute empirique, d'un solstice élargi, d'une période solsticiale. Nous pourrons alors supposer que, pour des raisons qui nous échappent, les deux dates du 11 et du 29 étaient considérées, au moins dans certaines régions, comme fixant le début et la fin de cette période, marquée sans doute par un cycle de fêtes : ainsi, à Rome, les Saturnales, dont les rites se prolongeaient pendant plusieurs jours, marquaient la venue du solstice d'hiver. Le jour initial a pu, de ce fait, comme le montrent nos proverbes, se voir attribuer parfois certains des caractères et vertus du jour solsticial, et attirer sur lui une partie des rites, solaires et agraires, du solstice, prolongés d'autre part jusqu'au 29, et répartis ainsi sur trois dates principales, marquées par les triples feux du Tarn, et dont aucune ne coïncidait exactement avec le phénomène astronomique.

Ces rites, l'Eglise les aurait ensuite christianisés en les destinant aux saints du jour, qui se trouvent être parmi les plus illustres de l'histoire apostolique. Il est en tous cas peu probable que Barnabé eût suffi à mettre en vedette dans nos campagnes la date de sa fête si elle n'avait pas été d'avance marquée par quelque particularité. C'est bien plutôt à elle qu'il doit d'être, pour la masse du peuple, sorti de l'oubli où sa grande figure risquait de rester confinée.

Sur le puy de Dôme, s'il s'agit essentiellement de neutraliser les fêtes du solstice même, foncièrement païennes sous leur revêtement

(33) Cf. F.-K. Ginzel, *Handbuch der mathematischen Chronologie*, III, Leipzig, 1914, p. 252.

chrétien, Barnabé le fait par anticipation. Dans l'hypothèse, plus plausible peut-être, d'un cycle de fêtes, le christianisme, installé en sa personne au début même de la période, coupait le mal dans sa racine. En tout état de cause, Barnabé, protagoniste de la prédication auprès des païens, était, mieux que tout autre, préparé au rôle qu'il assume sur la montagne arverne. Sa présence symbolise l'offensive et la victoire chrétiennes ; elle est un avertissement aux derniers paganisants. Entre les traits de sa figure et sa place dans le calendrier, il y a comme une heureuse concordance. C'est elle peut-être qui explique un choix qu'il n'est guère possible d'attribuer au hasard.

*
* *

Que cette modeste étude reste sur plus d'un point conjecturale, je ne me le dissimule pas. Il ne s'agissait que de suggérer une solution à ce petit problème d'histoire religieuse. Atteindre à la vraisemblance sans en dépasser les limites, c'est tout ce que l'état de notre information permettait d'espérer.

ADDENDUM

Je dois à la grande obligeance de M. Baulig, professeur à la Faculté des Lettres de Strasbourg, qui a bien voulu s'intéresser à mes recherches, les renseignements suivants, reçus alors que cet article était déjà rédigé, et relatifs à la place de saint Barnabé dans les traditions folkloriques françaises. Ils complètent heureusement ceux que j'avais pu recueillir et confirment, me semble-t-il, les vues que j'expose plus haut.

1° Dans le Pas-de-Calais, le nom de *barnaba* désigne des figures grotesques, sujets d'auto-da-fé pour les feux de la Saint Jean. (W. von Wartburg, *Französisches Etymologisches Wörterbuch*, article *Barnabas*, I, p. 254). Deux choses sont à noter : le lien, déjà signalé, entre Barnabé et la Saint Jean, et le curieux usage fait de ces figurines, rappel, peut-être, d'un vieux rite païen.

2° Dans certaines provinces, le nom de *couronne de saint Barnabé,* ou plus simplement *saint Barnabé,* est donné à l'arc-en-ciel (E. Violet, *Le patois de Clessé en Mâconnais,* 1932, p. 64 ; cf. S. Merian, *Die franz. Namen des Regenbogens,* Diss. Basel, Halle 1914). Cette étrange appellation, dont la figure et l'histoire ou la légende du saint n'offrent pas d'explication satisfaisante, ne peut s'expliquer, me semble-t-il, qu'en liaison avec la date de sa fête. Elle apporte une raison nouvelle de supposer que celle-ci était déjà solennisée dans l'usage pré-chrétien de la Gaule, et que les phénomènes météorologiques et astronomiques jouaient un rôle déterminant dans la célébration de ces rites estivaux. C'est au hasard de sa place dans le calendrier que saint Barnabé doit d'être devenu, de façon assez inattendue, en rapport certainement avec le pouvoir qu'on lui prête de faire cesser la pluie, le *numen* de l'arc-en-ciel.

Les origines chrétiennes d'après l'œuvre
de Maurice Goguel

Les deux volumes que M. Goguel vient de faire paraître coup sur coup, et intitulés respectivement *La naissance du christianisme* et *L'Église primitive*[1], font suite à sa *Vie de Jésus*, publiée en 1932. L'ensemble constitue non seulement le bilan de toute une vie de recherche, mais encore une des synthèses les plus considérables que la science moderne ait produites sur le christianisme primitif : la plus importante sans doute, en langue française, depuis Renan, qui a inspiré à l'auteur le titre général de cette trilogie : *Jésus et les origines du christianisme*.

Les ressemblances, d'ailleurs, en restent là. Il n'y a rien, dans la manière de M. Goguel, des séductions renaniennes. Écrits sans nul souci de la recherche littéraire et de l'effet, dans une langue dense parfois jusqu'à la lourdeur, ces volumes ne sont pas de ceux qui se lisent facilement. Il est douteux qu'ils gagnent la faveur du grand public. Aussi bien M. Goguel, pas plus qu'il n'a voulu imiter Renan, n'a cherché à rivaliser avec Daniel-Rops. Il s'est efforcé simplement de faire œuvre scientifique. Et il y a réussi. A une époque où l' « histoire sainte » est en vogue, où des postulats dogmatiques et des préoccupations apologétiques sont trop souvent sous-jacents aux études d'histoire chrétienne, il faut rendre hommage à cette absolue probité de bon historien, soucieux uniquement de comprendre et de faire comprendre, par les voies habituelles de la méthode historique, mais qui n'estime pas incompatible avec cette tâche de « vivre » la religion qu'il étudie[2].

* * *

La richesse de faits et de pensée incluse dans les trois volumes de M. Goguel décourage l'analyse. Même en négligeant le premier, il ne saurait être question de donner ici un résumé de l'ouvrage, mais simplement d'en dégager les aspects essentiels et les lignes directrices.

1. Paris, Payot (*Bibliothèque historique*), 1946 et 1948. 607 et 632 p.
2. Sur la position religieuse de M. Goguel, cf. son étude très suggestive, *Témoignage d'un historien,* dans le recueil collectif *Protestantisme français* (collection *Présences*). Paris, Plon, 1945, p. 318-352.

L'idée maîtresse en est indiquée par le titre général : Jésus *et* les origines du christianisme, qui éclaire celui du second volume : la « naissance du christianisme », c'est-à-dire d'une religion nouvelle, n'est pas à chercher dans la prédication même de Jésus. Elle est conditionnée par ce que M. Goguel appelle la création d'un objet religieux nouveau : « Le christianisme n'a pas été la religion que Jésus avait apportée ou enseignée. C'est celle qui a pour contenu le drame de la rédemption réalisée par sa mort et sa résurrection » (*Naissance*, p. 17).

C'est à retracer la genèse et les développements de cette foi que M. Goguel consacre son second volume. Le troisième montre comment elle s'est exprimée sur le plan social par la constitution de l'Église. L'exposé, qui s'appuie sur la littérature néo-testamentaire, les Pères apostoliques et un peu sur Justin Martyr, nous mène jusque vers le milieu du IIe siècle.

Dans cette perspective, « tout ce qui concerne la vie de Jésus, son ministère, son enseignement, son action et le groupe de disciples qui s'est constitué autour de lui appartient non à l'histoire du christianisme, mais à sa préhistoire » (*Naissance*, p. 15). L'Église « dérive de l'action de Jésus, mais il ne l'a instituée ni directement, ni indirectement, par l'intermédiaire d'un homme, Pierre, ou d'un groupe d'hommes, les Douze. Il ne l'a même pas prévue » (*Ibid.*). M. Goguel, sur ce point, est pleinement d'accord avec Loisy, dont il reprend la formule : « Jésus avait annoncé le royaume de Dieu, et c'est l'Église qui est venue »; d'accord aussi pour considérer que Jésus est autre chose et plus, malgré tout, que la cause occasionnelle du christianisme : car l'impulsion première, le dynamisme spirituel d'où est née l'Église sont partis de sa personne. Et le point d'appui, dans sa vie même, des spéculations qui, après sa mort, élevèrent Jésus au-dessus de l'humanité c'est, pour l'un et l'autre exégète, la conscience qu'il a eue, non pas d'être dès à présent le Messie, mais d'être destiné à ce rôle au moment où le Royaume se réaliserait : « Messie présomptif », disait Loisy. En ce sens, la foi de l'Église naissante prolonge bien celle de Jésus lui-même.

Il reste que la mort de Jésus, l'interprétation qu'en ont donnée les premiers chrétiens, la foi en sa résurrection — dont M. Goguel analyse la naissance avec une pénétrante sagacité et un sens psychologique très sûr, sans jamais perdre de vue les textes — ont été plus déterminants que sa prédication dans la genèse du christianisme. Ce dernier apparaît d'abord, avec la première communauté jérusalémite, cantonné dans les cadres du judaïsme. Mais, les événements de 70 et 135 aidant, cette forme judéo-chrétienne de la nouvelle religion cesse rapidement de jouer un rôle. C'est sur le plan de l'hellénisme que le christianisme va se réaliser.

Les premières étapes dans la formation de la doctrine chrétienne sont marquées par la prédication d'Étienne, la fondation de l'église d'Antioche, cellule initiale d'un christianisme totalement émancipé du judaïsme dans son esprit et dans son recrutement, enfin par l'œuvre de saint Paul.

Pour M. Goguel, le rôle joué par Paul est capital, mais ne se conçoit que dans le prolongement de celui de Jésus : « Sans Paul le christianisme ne se serait sans doute pas constitué dans la forme que nous connaissons ; mais, avec Paul seul et sans Jésus, il ne serait pas né » (*Naissance*, p. 223). Cette prise de position vise les théories mythologiques, qui nient l'existence du Christ et cherchent du côté de la pensée paulinienne les origines premières du christianisme ; elle vise également sans doute, dans sa première partie, Loisy, enclin à penser que le rôle communément prêté à Paul était dans une large mesure usurpé, aux dépens de nombreux missionnaires, connus et inconnus, et de plus en plus sceptique, vers la fin de sa vie, touchant l'authenticité et l'intégrité des épîtres pauliniennes. Ce qui sépare ici les deux exégètes, c'est leur appréciation de l'action des personnalités, considérable pour M. Goguel, beaucoup moins importante pour Loisy, de plus en plus porté vers les explications purement sociologiques.

Le paulinisme ne représente encore qu'une étape, essentielle, dans la formation de la doctrine chrétienne. Celle-ci a connu, avant de se stabiliser dans ce qu'on appelle l'ancien catholicisme, bien des tâtonnements et des hésitations. M. Goguel les retrace avec soin. Et c'est un des grands mérites de son ouvrage que d'avoir mis en lumière l'extrême diversité des tendances — judéo-christianisme, deutéropaulinisme, christologie de l'épître aux Hébreux et du Quatrième Évangile, moralisme de l'épître de Jacques et de la *Didachè*, précatholicisme de Clément Romain — qui constituent le christianisme post-apostolique. L'analyse très pénétrante qu'il en donne le mène à préciser, appliquées à l'Église ancienne, les notions d'orthodoxie et d'hérésie. Il n'y a d'hérésie, à proprement parler, qu'à partir du moment où il existe une confession de foi rigoureusement formulée. Jusqu'alors l'hérésie n'est rien de plus qu'une manière de penser opposée non pas même à celle de la majorité des membres de l'Église, mais à celle « de certains groupes, peut-être peu nombreux, qui exerçaient ou cherchaient à exercer une action de direction prépondérante dans l'Église et dont les idées devaient, dans la suite, s'imposer » (*Naissance*, p. 429). Ainsi les deux notions, étroitement liées, d'hérésie et d'orthodoxie, se conditionnent l'une l'autre. Toutes deux, entendues au sens précis qu'elles ont aujourd'hui, représentent un phénomène relativement tardif. Elles apparaissent lorsque la formule doctrinale, traduisant l'aspiration à l'unité, prend le pas sur la foi, c'est-à-dire sur l'expérience religieuse, et est donnée comme une condition de salut.

Cette même diversité originelle que M. Goguel constate en matière de doctrine, il la retrouve dans les institutions ecclésiastiques dont il donne, dans son troisième volume, une analyse très fouillée. Elle caractérise la conception même de l'Église, telle que la formulent les divers écrits du Nouveau Testament et les Pères apostoliques ; elle reparaît dans les formes du ministère ecclésiastique aussi bien que dans la signification prêtée aux actes fondamentaux du culte, et enfin dans les doctrines morales dont s'inspire la vie chrétienne. Mais déjà se dessine, à mesure que, par delà les églises particulières, l'Église prend corps, une tendance à l'uniformisation. Elle se traduit, sur le plan de l'organisation ecclésiastique, par le triomphe progressif de l'épiscopat monarchique sur les autres types de ministère, en même temps que se manifestent les premiers indices d'une primauté romaine ; sur le plan de la morale, on voit s'instaurer un nouveau légalisme, très proche dans son esprit du légalisme juif et centré sur l'idée de loi nouvelle ; sur le plan intellectuel, enfin, la naissance d'une littérature chrétienne, avec des formes spécifiques, les unes originales, l'évangile, les autres adaptées aux besoins particuliers de la jeune Église — ainsi l'apocalypse et la lettre-épître — fournit les matériaux à la constitution d'un canon.

Au terme de son enquête, M. Goguel est amené à préciser la relation entre Église et Évangile. Il se refuse à y voir, avec Harnack, deux réalités antithétiques ; mais il refuse de même de reconnaître, avec le Loisy du début du siècle, que le christianisme de l'Église n'a fait qu'expliciter des éléments qui tous étaient impliqués dans le message de Jésus : « L'Église n'est pas issue de l'Évangile comme le fruit sort de la fleur. Elle n'est pas née directement de la prédication de Jésus, mais de la foi, résultat de cette prédication... Le mouvement qui lui a donné naissance a été un phénomène de sélection naturelle qui, parmi les diverses formes du christianisme qui s'étaient constituées, a fait prévaloir celles qui avaient le plus de vitalité et qui satisfaisaient le plus complètement aux conditions qu'une société religieuse doit remplir pour durer, sans perdre son caractère de société religieuse » (*Église primitive*, p. 619 et 625).

* * *

Je n'ai pas l'ambition de donner, dans ces quelques pages, une « étude critique » complète des ouvrages de M. Goguel. Il y faudrait un volume. Il faudrait aussi, pour en discuter pertinemment, avoir des questions traitées une expérience comparable à celle de l'auteur lui-même. Or, qui pourrait se vanter, à l'heure actuelle, de connaître comme lui, dans tous leurs recoins, les textes du christianisme primitif, et de les avoir pratiqués de façon aussi soutenue et approfondie, au point de n'en pas ignorer le moindre verset ? Je me bornerai donc, ayant essayé de montrer, par quelques aperçus, toute la richesse de l'œuvre, et après avoir dit mon accord fondamental sur tout l'essentiel des vues et des conclusions, à formuler d'une part quelques remarques de méthode et d'autre part, pour ce qui est du fond, à relever quelques points sur lesquels les interprétations de M. Goguel me paraissent appeler compléments ou correctifs.

On est un peu surpris, à première vue, par la façon dont la matière est répartie entre les deux volumes. Est-il légitime de séparer ainsi la naissance du christianisme et la formation de l'Église ? On s'attendrait normalement à voir traiter dans ces deux tomes se faisant suite deux tranches chronologiques successives de l'histoire chrétienne. Et, dans cette perspective, la constitution de l'Église apparaîtrait comme un phénomène de la seconde heure. Or, ce n'est pas là la conception de M. Goguel : il la dénonce à plusieurs reprises, avec l'opposition, popularisée par Harnack, entre Église et Évangile. Si ce schéma, cher au libéralisme protestant sous sa forme classique, a pu néanmoins agir sur lui, c'est malgré lui, et dans des limites assez étroites. En fait, on s'aperçoit très vite que les deux volumes retracent deux développements parallèles, synchroniques : ils recouvrent pratiquement la même période, envisagée simplement sous des angles différents. Dans la pensée de M. Goguel, la foi chrétienne et l'Église chrétienne sont bien nées en même temps ; et, s'il les étudie séparément, c'est uniquement pour la commodité de l'exposé.

Il reste qu'il n'est pas sans inconvénient de créer une équivoque dans la pensée du lecteur. Et même cette équivoque dissipée, une fois reconnu que la division est d'ordre logique et non chronologique, on peut se demander si c'était là le meilleur plan possible. L'on sera tenté d'en douter, lorsqu'on aura à maintes reprises noté, d'un volume à l'autre, des redites, des doublets, des retours en arrière, et aussi certaines dissociations d'éléments qui, se complétant l'un l'autre, seraient plus normalement rapprochés.

Sans doute, les doctrines morales éclairent la vie morale, et à ce titre elles peuvent trouver place dans le volume sur l'Église. Mais elles représentent aussi, en tant que doctrines, un aspect important de la théologie chrétienne, dont l'analyse devrait trouver place dans le volume qui en traite. Et, de fait, M. Goguel consacre dans *La naissance du christianisme* un bref chapitre au christianisme moralisant de l'épître de Jacques et de la *Didachè*. Mais il revient ensuite, avec plus de détail, dans le volume suivant, sur le nouveau légalisme. Cette dualité était-elle indispensable ?

Autre exemple. Le premier volume s'achève par un développement très nourri sur les conflits entre christianisme naissant et judaïsme d'une part, État romain de l'autre. Et M. Goguel intitule ce chapitre : « Les réactions provoquées par la prédication de l'Évangile », ce qui paraît impliquer qu'il voit dans la teneur du message chrétien la cause de l'hostilité juive et païenne. C'est exact en ce qui concerne les Juifs. Mais l'autorité impériale ? Rien n'indique qu'elle ait été toujours clairement renseignée, en cette période des débuts — l'exposé s'arrête sur ce point à Trajan — sur les caractères spécifiques de la foi chrétienne, et qu'elle se soit généralement préoccupée de l'être. Ce n'est pas, en tout cas, cette foi qu'elle incrimine d'abord. Les persécutions apparaissent comme des réactions de défense sociale plus encore que comme des mesures proprement religieuses. Et les poussées d'hostilité populaire, qui paraissent avoir en général devancé les mesures officielles, sont indubitablement provoquées, tout comme celles de l'antisémitisme, par la constitution d'une communauté — *genus tertium* — qui vit en marge des cadres normaux. En tout état de cause, l'exposé du conflit entre le christianisme et le monde païen eût été mieux placé, me semble-t-il, dans le volume consacré à l'Église.

Autre exemple encore. Les pages où il est traité du christianisme paulinien s'échelonnent tout au long des deux volumes. Le chapitre qui, dans le premier, est consacré à l'apôtre Paul et au paulinisme est surtout biographique. Il fait, certes, une place à la pensée théologique de Paul. Mais, pour en gagner une vue complète, il faut nécessairement se reporter à d'autres passages, du second volume pour la plupart, et les regrouper en une synthèse. On souhaiterait que l'auteur eût parfois fait lui-même ces regroupements : l'exposé y aurait gagné en netteté et en vigueur.

* * *

Ces remarques ne concernent que la présentation de l'ouvrage. Elles sont nécessairement affectées d'un certain coefficient subjectif. Pour ce qui est du fond, mon objection majeure vise ce que j'appellerai volontiers l'arrière-plan. L'exposé est très rigoureusement centré sur le christianisme lui-même ; le milieu religieux, juif et païen, dans lequel il s'est développé, comme aussi les relations de dépendance au moins relative vis-à-vis de ce milieu sont estompés, au point d'être souvent perdus de vue.

Du côté juif, M. Goguel retient cette idée, devenue traditionnelle, que tout contact de quelque portée a pris fin au lendemain de la destruction de Jérusalem : « Dès les années 70-78, le christianisme a eu la pleine conscience de sa totale indépendance par rapport aux communautés juives » (*Naissance*, p. 32). Je serais, pour ma part, moins affirmatif ; et j'ai essayé de montrer dans un ouvrage récent que le problème des relations judéo-chrétiennes avait continué de se poser bien longtemps après cette date. Le judéo-christianisme des Ébionites n'en représente qu'un aspect ; la grande Église elle-même reste assez largement tributaire, dans son esprit et certaines de ses pratiques, de la Synagogue.

M. Goguel admet, il est vrai, que « la rupture n'a pas mis fin aux influences juives sur les divers éléments de la vie et de la pensée chrétiennes » (*Naissance*, p. 510). Mais il admet aussi que l'instauration dans l'Église d'un nouveau légalisme et d'un moralisme représente un phénomène de la seconde heure. J'inclinerais à penser qu'il y a eu sur ce point, dans certains milieux au moins, une continuité de tradition qui, à travers l'enseignement de Jésus et de ses disciples, se rattachait en droite ligne à celui de la Synagogue. C'est tout le problème de la place exacte de Paul et du paulinisme dans le christianisme primitif.

En représente-t-il vraiment, en milieu grec, le type le plus courant à la première génération? Et est-ce par un oubli des conceptions pauliniennes, d'abord communément acceptées, qu'on a ensuite glissé au néo-légalisme? Nous sommes tentés de l'admettre, à priori, parce que nous sommes particulièrement bien renseignés sur Paul, grâce à ses lettres, et parce qu'elles sont les documents les plus anciens du Nouveau Testament. Mais leur importance dans le canon et leur priorité chronologique permettent-elles de conclure à la primauté absolue, dans le christianisme primitif, des vues qui s'y expriment? Et n'est-ce pas parce que Paul allait d'emblée à contre-courant qu'il n'a guère été suivi? Poser le « mysticisme » au point de départ (*Naissance*, p. 511), tout au moins dans les communautés hellénistiques, c'est peut-être systématiser quelque peu. Des travaux récents ont mis en lumière les affinités étroites entre la catéchèse chrétienne et celle de la Synagogue. Un ouvrage très suggestif de Carrington (*The Primitive Christian Catechism*, Cambridge, 1940) définit comme néo-lévitique l'esprit du christianisme, même grec, le plus ancien. C'est peut-être excessif. Mais la vérité pourrait bien se trouver entre les deux façons de voir.

Parmi les formes que revêt le christianisme primitif, la prédication d'Étienne représente un cas très particulier, et assez énigmatique, parce que nous ne disposons, pour en juger, que du récit des *Actes*, qui n'est pas exempt d'apprêt. M. Goguel s'est avec raison arrêté sur ce problème et s'est efforcé de préciser les caractères originaux de la pensée stéphanite. Il y reconnaît la première manifestation d'un christianisme non seulement émancipé du judaïsme, mais se détournant du peuple juif pour porter la parole aux Gentils. Tout en souscrivant à cette interprétation, on peut, me semble-t-il, la nuancer et la préciser.

Si violent que soit son réquisitoire contre Israël, il ne se désolidarise pas, cependant, entièrement de son peuple. Il qualifie son auditoire, en commençant, de « frères et pères » et se réclame de « notre père Abraham » et de « nos frères ». Ce n'est que peu à peu, sous le coup d'une indignation croissante, née de l'énumération des forfaits d'Israël, qu'il passe de la première personne à la seconde, en même temps qu'il laisse la narration pour l'invective. Mais fait-il autre chose en l'occurrence que les prophètes, et ceux-ci, lorsqu'ils dénonçaient les péchés du peuple éternellement rebelle, l'excluaient-ils pour autant de l'héritage? Je ne pense pas qu'il faille, lorsque, « prolongeant les lignes qui sont nettement marquées dans son discours » (*Naissance*, p. 197), on se préoccupe de reconstituer la pensée positive d'Étienne, en exclure tout appel à la repentance.

Si le discours a été tronqué, c'est effectivement que sa partie positive choquait le rédacteur. Mais il n'est pas sûr qu'elle l'ait choqué parce qu'elle rejetait Israël. Je serais tenté de penser qu'Étienne est antijérusalémite ou antipalestinien plutôt que vraiment antijuif. Il se rattache incontestablement à la tradition prophétique par sa critique du culte traditionnel. Mais, s'il va plus loin qu'aucun prophète ne l'a jamais fait, en assimilant ce culte à l'idolâtrie, peut-être ses origines y sont-elles pour quelque chose.

Nous prêtons spontanément aux Juifs de la Diaspora les réactions très humbles de gens qui, conscients de leur infériorité vis-à-vis des Jérusalémites, se considèrent une fois pour toutes, du fait qu'ils vivent loin de la Terre sainte et sans participer aux liturgies du Temple, comme des Juifs de seconde zone. C'est sans doute vrai pour beaucoup d'entre eux, voire pour la plupart, mais il n'est pas exclu que certains aient eu de leur position par rapport à Jérusalem une autre conception et en soient venus à penser, adaptant à leur situation et précisant le message des prophètes, que la participation au culte de Jérusalem constituait moins un privilège qu'une occasion d'apostasie.

Qu'Étienne n'ait fait que reprendre, avec une violence accrue, comme le pense M. Goguel (*Vie de Jésus*, p. 386-387 et 403 et suiv.), une idée professée par Jésus à la fin de sa carrière, la chose me paraît très plausible. Mais il me semble difficile d'admettre que ces dispositions n'aient pas préexisté chez lui à sa rencontre — dont nous ignorons d'ailleurs entièrement les circonstances — avec le Christ. C'est sans doute parce qu'il a retrouvé dans le message du Christ l'écho de sa propre pensée qu'il s'est rallié à lui. Et si, dans le cas d'Étienne comme dans celui de Jésus, l'accusation portée contre eux, en rapport avec ce qu'ils ont dit du Temple, est mise au compte de faux témoins, c'est peut-être, en effet, que le rédacteur, de part et d'autre, a jugé (*Naissance*, p. 195) pareille pensée trop hardie pour être la pensée authentique de Jésus ou d'Étienne. Mais la ressemblance entre la « passion » d'Étienne et celle de Jésus ne se réduit pas à ce seul détail. Il en est d'autres, qui font penser que le rédacteur des Actes a délibérément souligné les analogies — vraies ou supposées — pour montrer en Étienne l'authentique disciple du maître, en réponse sans doute à ceux des chrétiens qui, plus effarouchés encore que lui par le message du diacre, prétendaient le frapper d'une excommunication posthume. C'est un procédé qui connaîtra par la suite une grande fortune : le récit de la mort d'Étienne me paraît inaugurer le genre littéraire des passions de martyrs. Je reviendrai sur la question dans une étude ultérieure.

* * *

S'il faut, comme je le pense, reconnaître dans le message d'Étienne le point d'aboutissement d'une certaine tradition de pensée juive, il marque aussi la première étape dans la « réalisation du christianisme sur le plan de l'hellénisme ». Et c'est ici que l'on souhaiterait des développements un peu plus étoffés, touchant les relations entre ces deux grandeurs. Loin de moi l'idée de faire du christianisme, selon la formule de Gunkel citée par M. Goguel (*Naissance*, p. 30), « une religion syncrétiste ». C'est une vue qui n'est plus guère professée sous cette forme outrancière. Mais, de là à isoler le christianisme, comme a tendance à le faire M. Goguel, de son contexte historique, il y a une marge considérable, et c'est dans cette marge que me paraît se situer la vérité.

M. Goguel, analysant le paulinisme, souligne que Paul est un Juif de langue et de culture grecques, ce qui contribue à expliquer son interprétation du fait chrétien (*Naissance*, p. 234). De même, il retrouve « dans la spéculation du judaïsme hellénisé sur le Logos, la Sophia et les hypostases... la source la plus importante de la christologie paulinienne » (*Naissance*, p. 274). On souhaiterait à ce propos quelques compléments d'explication, ne fût-ce que pour préciser, en faisant le point, l'originalité réelle du paulinisme. De même, la question, si controversée, de l'influence possible, sur le paulinisme, des religions à mystères, est sommairement évoquée en une demi-page et résolue par une série d'affirmations qui demanderaient à être étayées (*Naissance*, p. 275).

Étudiant la tradition sur la résurrection du Christ, M. Goguel admet (*Naissance*, p. 81, note) « qu'elle ait pu être influencée par le vieux mythe du dieu qui meurt et ressuscite... mais seulement sur quelques points accessoires » ; et il accorde que les chrétiens du ive ou du ve siècle ont pu se représenter la résurrection de Jésus de façon assez voisine de celle « dont un adepte des mystères d'Attis, d'Osiris ou d'Adonis concevait l'histoire du héros de son culte ». Mais, ajoute-t-il, « il s'agit ici des sentiments des chrétiens de la première génération ».

Sans doute — c'est l'argument majeur communément invoqué contre les théories de la *Religionsgeschichtliche Schule* — la grande diffusion des cultes à mystères se situe surtout aux ive et iiie siècles, à une époque où le « mystère chrétien » est déjà constitué dans ses éléments essentiels, ce qui exclut l'hypothèse d'une transposition pure et simple. Mais il est également certain que ces cultes existaient et commençaient à se répandre, au moins en Orient, lorsque apparaît dans les mêmes régions le christianisme. En fait, le problème se pose en termes de géographie autant que de chronologie. Lorsque M. Goguel parle des chrétiens de la première génération, il s'agit des Palestiniens. Et l'on ne voit pas, en effet, que leur interprétation de la résurrection doive grand'chose aux mystères. Mais celle de Paul? Les sacrements pauliniens ne sont-ils pas, eux, une célébration cultuelle du mystère de la mort et de la résurrection du Christ, assez analogue, dans sa structure et sa signification mystique, à celle qui, dans les religions orientales, illustrait le mythe du dieu?

Les développements que M. Goguel consacre au baptême et à l'eucharistie chez Paul apportent à cet égard des éléments de réponse. Ils précisent en particulier, avec beaucoup de soin, la différence qui sépare en la matière le christianisme paulinien du christianisme palestinien. On peut, me semble-t-il, aller plus loin et, sans compromettre — puisqu'il y a ici, au point de départ, non pas un mythe, mais une figure historique — l'originalité de Paul et de tout le christianisme, admettre que cette différence procède en partie d'éléments adventices. Ainsi ont été renouvelés, en fonction de représentations véhiculées précisément par la religiosité mystérique, le sens profond et la valeur religieuse de rites aussi anciens que le christianisme lui-même.

« Un élément », écrit encore M. Goguel, « ne passe d'une religion dans une autre que s'il y trouve un terrain favorable à son développement, c'est-à-dire s'il correspond à quelque chose qui s'y trouve déjà. » C'est délimiter de façon parfaitement adéquate les emprunts possibles. Mais M. Goguel ajoute : « Pour juger de la portée de semblables emprunts, là où il y a lieu d'admettre qu'il y en a eu, il ne suffit pas de comparer des idées, des rites, des formules ou des institutions, il faut voir ce que cela exprime et recouvre, si les expériences et les sentiments qui sont l'essentiel de la religion sont bien les mêmes de part et d'autre ; en d'autres termes, il s'agit de reconnaître s'il y a eu pénétration dans le christianisme d'éléments religieux helléniques ou seulement emprunt à l'hellénisme de certains moyens d'expression » (*Naissance*, p. 30).

On ne peut que souscrire à ces judicieuses remarques de méthode. Mais on voudrait aussi que M. Goguel en eût fait plus largement l'application. Faute d'avoir poussé davantage la comparaison qu'il préconise, il réduit tacitement les influences helléniques au seul domaine des « moyens d'expression ». Peut-on séparer aussi radicalement le signe et la chose signifiée? Il me paraît difficile qu'un mot ou un geste rituel, même adaptés à un usage et intégrés à un contexte religieux nouveau, se dépouillent entièrement de la signification qu'ils revêtaient à l'origine, et que leur adoption n'infléchisse pas en quelque mesure le sens des concepts auxquels on les applique.

Il n'est pas possible de voir dans le paulinisme un simple sous-produit de la religiosité grecque et plus spécialement mystérique, car il procède, bien qu'il la bouscule vigoureusement, de la tradition religieuse du judaïsme et repose sur le fait du Christ. Il ne l'est pas davantage, à mon sens, de l'expliquer, par contraste avec le christianisme de la première génération palestinienne, si l'on fait abstraction de cette religiosité. L'atmosphère de part et d'autre est la même, et la mystique christocentrique de Paul offre trop d'analogies, dans ses divers aspects — à côté de différences que je suis loin de sous-estimer — avec la mystique des mystères pour qu'il y ait là pure coïncidence.

Ce qui est vrai du paulinisme l'est aussi de certaines autres formes du christianisme hellénistique : christologie johannique par exemple. M. Goguel souligne bien que le Quatrième Évangile est, plus largement encore que Paul, tributaire de la pensée hellénique, mais par l'intermédiaire du Juif Philon. Et il s'applique, en des pages nuancées et pénétrantes, à préciser la nature exacte et les limites de cette influence, pour conclure qu'elle est « surtout formelle et, quant au fond, plus négative que positive » : car « le point culminant de la doctrine johannique du Logos, c'est l'idée de l'incarnation ; or, cette idée n'est pas seulement étrangère à Philon, elle est aux antipodes de sa pensée... Au centre du johannisme, il y a une expérience religieuse absolument étrangère à Philon » (*Naissance*, p. 394-395).

C'est l'évidence même. L'on notera, cependant, que jamais la chrétienté antique n'en serait venue à reconnaître en Jésus le Logos si cette notion n'avait été d'abord popularisée par la pensée alexandrine. Les mots ne sont pas seuls en cause. Ils varient d'un auteur à l'autre. Là où Jean parle de Logos, Paul dit Pneuma. Mais la diversité du vocabulaire n'efface pas la parenté étroite des concepts et l'identité de l'inspiration. Le problème consiste — et il est singulièrement délicat — à faire le partage entre ce qui est emprunt, spontané d'ailleurs bien plutôt que délibéré, et ce qui est création

Saint Stephen and the Jerusalem Temple

It has often been noted[1] that St. Stephen stands, at first sight, as an isolated figure in the history of the early Church.[2] His theological thought, as expressed in his speech (Acts vii), is very personal and, if compared with other forms of primitive Christian thought, almost completely aberrant. Its main characteristic is a strongly antiritualistic trend, and a fierce hostility towards the Temple, which he obviously considers almost as a place of idolatry. The building up of the Temple by Solomon seems in his eyes to stand on the same plane as the making of the Golden Calf. It is the last of those many and grievous sins and apostasies which mark the whole course of Israelite history. He thus clearly demonstrates that the accusations produced against him by so-called 'false witnesses', and which motivated his trial, were perfectly well founded: he had indeed spoken 'blasphemous words against this holy place'[3] and, *ipso facto*, against at least part of the Law.

This attitude contrasts not only with the position of the first disciples, who are described as 'continuing daily with one accord in the Temple, . . . praising God and having favour with all the people',[4] but also with the attitude of St. Paul himself, who, we are told, occasionally performed some religious functions in the Temple[5] and, as he himself says, 'became a Jew unto the Jews . . . not being himself under the Law, that he might gain them that are under the Law'.[6] There is, in fact, a great difference between Paul's and Stephen's respective attitudes to Judaism and its ritual institutions. For Paul, it is Christ, and Christ only, who overthrows the Old Covenant, which was, until his coming, valid and binding in all its parts, whether moral or ritual. To Stephen, the Temple means, from the very beginning, a falling away from the authentic tradition of Israel, as God inspired and directed it. And it seems that his condemnation of the Temple is quite independent of Christ's coming. I feel personally inclined

[1] This paper reproduces the substance of a lecture given at the University of Manchester in February 1951, and is part of a larger work to be published on St. Stephen.
[2] The most complete and accurate study on the subject is by B. W. Bacon, *Stephen's Speech: its Argument and Doctrinal Relationship*, in *Biblical and Semitic Studies* (Yale Bicentennial Publications), 1901, 213–276. H. Pahncke, *Der Stephanismus der Apostelgeschichte*, in *Theol. Studien und Kritiken*, 1912, 1–38, is of little help.
[3] Acts vi. 13.   [4] Acts ii. 46, 47.   [5] Acts xxi. 20 ff.   [6] 1 Cor. ix. 20.

to admit that Stephen's position on the matter existed before he became a Christian. He probably just recognised in Christ the One who would destroy the Temple at his second coming, possibly, as Goguel suggests, in accordance with Christ's own position towards the Temple, in the last period of his life.[1]

These remarks raise the problem of the sources and of the later developments of Stephen's thought. Being labelled a Hellenist, the leader of the Hellenists, by *Acts*, he is generally considered as the father, or at least the forerunner of the Gentile Church, and, at any rate, the author of the schism from Judaism. In fact, the first steps made by the Christian mission outside Palestine are directly connected with, or even caused by, the scattering abroad of Stephen's disciples after his death. But there is little evidence that important parts of the Gentile Church ever held those radical views professed by Stephen concerning the Temple. His message implied rupture with traditional Judaism. But it did not provide a sufficient basis for the Church to be built upon. And as regards the Temple, the view most commonly held later on was, I think, that which is expressed in *Hebrews*: the Temple and its cult was, together with the whole ritual Law, 'a shadow of good things to come'.[2] It is indeed imperfect, but by no means bad and perverse. For these things are, as *Hebrews* again puts it, 'figures of the true'.[3] Stephen's view is almost unparalleled in early Christian ecclesiastical thought. Where, then, are its later exponents to be found, and whence does it spring?

★   ★   ★

To try and make the point clear, we have to start from Stephen's speech itself. The capital passage consists of Acts vii. 44–50. It gives, I think, the clue to the understanding of his message. Its importance is mainly in the opposition between David and Solomon. David, we are told, 'found favour before God, and desired to find a tabernacle for the God of Jacob. But Solomon built Him an house',[4] which was inconsistent with God's will, as illustrated by a quotation from Isaiah lxvi. 1–2. The δέ introducing verse 47 is here very strong, and cannot be translated by either 'and' or 'consequently'; but only by 'but', as expressing a radical opposition.

But shall we then, accept the reading σκήνωμα τῷ οἴκῳ Ἰακώβ, given by some manuscripts, rather than the reading σκήνωμα τῷ θεῷ Ἰακώβ, which we find in some others? There are, I think, very good reasons for accepting θεῷ. A grammatical reason to begin with: if we read οἴκῳ, the following sentence becomes unintelligible, for we must then necessarily connect αὐτῷ with οἴκῳ, whereas it is obvious that αὐτῷ actually refers to God: it is to God, and not to the house of Jacob, that Solomon built an house.[5] Moreover, not only grammar, but also historical evidence supports the

---

[1] *Vie de Jésus*, Paris 1932, 491 ff.   [2] Heb., x. 1.   [3] Heb., ix. 24.   [4] Acts vii. 46, 47.

[5] I disagree on this point with H. J. Schoeps, *Theologie und Geschichte des Juden-christentums*, Tübingen 1949, 238, who has some very clever remarks on Stephen's speech, but who has, in my opinion, failed in trying to establish that οἴκῳ is the true reading.

reading θεῷ. Two biblical texts are to be taken into account: Psalm cxxxii. 5 and 2 Samuel vi. 17 with its parallel 1 Chron. xv. 1.

Of Psalm cxxxii. our sentence brings an almost literal quotation: 'I will not give sleep to mine eyes, or slumber to mine eyelids, until I find out a place for the Lord, an habitation for the mighty One of Jacob', which the Septuagint translates as follows: ἕως οὗ εὕρω τόπον τῷ Κυρίῳ, σκήνωμα τῷ θεῷ Ἰακώβ. The connection with the sentence in Acts is evident.

To what precise event does the Psalm here allude? One is inclined at first sight to think that it is to David's intention to build up a Temple, of which we hear in 2 Samuel vii. But this interpretation is excluded by the context both of Acts and of the Psalm itself. If the building up of the Temple by Solomon is contrary to God's will, then David, who had found favour 'before God', cannot have earnestly thought of building it: even less can he be supposed to have prayed that he might build it. Moreover, εὑρεῖν and οἰκοδομεῖν are by no means synonymous. Nor are, as we shall see, σκήνωμα and οἶκος. Εὑρεῖν σκήνωμα means to find a tabernacle, or even better a resting place, a camping place, namely for God as symbolised by, or dwelling in the ark. The context of the Psalm throws full light on this point. It clearly refers not to the building of the Temple, but to the translation of the ark from Kirjiath-Jearim to Zion, described in 2 Samuel vi,[1] of which verse 17 reads: 'And they brought in the Ark of the Lord, and set it in its place, in the midst of the tabernacle that David had pitched for it', or, in the Septuagint: καὶ φέρουσι τὴν κιβωτὸν τοῦ κυρίου, καὶ ἀνέθηκαν αὐτὴν εἰς τὸν τόπον αὐτῆς, εἰς μέσον τῆς σκηνῆς, ἧς ἔπηξεν αὐτῇ Δαυίδ. The parallel passage in 1 Chron. xv. 1, puts it even more clearly: καὶ ἡτοίμασε τὸν τόπον τῇ κιβωτῷ τοῦ Θεοῦ, καὶ ἐποιησεν αὐτῇ σκηνήν. Here we have again the τόπος of the Psalm, and σκηνή is closely akin to σκήνωμα: a σκήνωμα consists of one or several σκηναι. Thus the allusion of the Psalm becomes very clear. The τόπος is not the Temple, but simply Jerusalem. And the σκήνωμα is that precise spot where the ark rested, under a tent, on the hill of Zion. Although, in its second half, the Psalm alludes to chapter vii of 2 Samuel, i.e. to the prophecy of Nathan regarding David's seed, it clearly has in view, in its first part, chapter vi.

We must now turn to chapter vii. For it has indeed a very important part to play in the explanation of Stephen's thought. The beginning of the chapter, that is to say God's refusal to have a house built for Him, provides the very foundation of Stephen's attitude towards the Temple.

The situation is as follows. David, sitting in his house in Jerusalem, suddenly realises the shocking contrast between his own comfortable abode and the very primitive dwelling place of the ark. And he expresses his feeling to Nathan, the prophet: 'See now, I dwell in an house of cedar, but the ark of God dwelleth within curtains'.[2] And Nathan, who apparently

[1] On that episode and its relation to Psalm cxxxii, cf. L. Desnoyers, *Histoire du Peuple Hébreu*, ii, Paris 1930, 189–202.

[2] 2 Samuel vii. 2.

interprets his words as expressing the intention to build up a temple, answers very cautiously, neither approving nor disapproving: 'Go, do all that is in thine heart: for the Lord is with thee'.[1] But in the following night God himself speaks to Nathan saying: 'Go, and tell my servant David: Thus saith the Lord: Shalt thou build me an house for me to dwell in? Whereas I have not dwelt in any house since the time that I brought the children of Israel out of Egypt, even to this day, but have walked in a tent and in a tabernacle.'[2]

House, tent, tabernacle: these are the words to be noted. House corresponds to the Hebrew בַּיִת and in the Septuagint to the Greek οἶκος. Tent and tabernacle are the translation of the Hebrew אֹהֶל and מִשְׁכָּן, which the Septuagint renders by σκηνή and καταλύμα: these two words, as well as *mischkan* and *ohel*, are practically synonymous, and we may, I suppose, admit that they are also very near, in their meaning, to σκήνωμα, which we have found in Stephen's speech and in Psalm cxxxii. In fact, the word which the Septuagint translates, in this Psalm, by σκήνωμα, is in the Hebrew, also *mischkan*, only in the plural—*mischkanoth*.

So, in 2 Samuel vii, as well as in Stephen's speech, there is not continuity, but radical opposition between the *mischkan*, and the *baith* which David incidentally intended to build, but without clinging to his plan, without even expressing it very clearly. The *mischkan* is God's own abode, the one He has himself chosen, and in which He wants to remain, even in the future, as His dwelling place. A house He does not want. He even rejects the very idea of it. And we thus get the right explanation of the passage of Stephen's speech we are considering. David having found favour before God, asked if he might find a resting place, a camping place —σκήνωμα—for the God of Jacob. This was granted to him: Jerusalem, the hill of Zion, became that resting place. But God was given there, according to His own will, a shelter identical with the one He had been used to in the desert, that is to say a plain tent. Thus, when Solomon decided to build for the Lord a house made of stone and wood, he transgressed the divine will, as expressed in the message conveyed by Nathan to David on behalf of the Lord. The opposition introduced in verse 47 of Stephen's speech by δέ is not only between two men, but also, and perhaps even more, between two sorts of habitations. And the best translation would perhaps be: 'But it is a house which was built to Him by Solomon'.[3]

If this exegesis is sound, we must needs cancel in Nathan's prophecy the first part of verse 13: 'He (Solomon) shall build an house for my name'. It obviously breaks the continuity of thought, and makes the whole development meaningless, or at least very difficult to understand, and even contradictory.

---

[1] 2 Samuel vii. 3. [2] Ibid., vii. 5, 6.

[3] The opposition *mischkan-baith* is not maintained throughout the whole Bible. In the harmonising perspective of the Chronicles, for instance, it is completely wiped out, and we find such phrases as: *mischkan-beith haelohim* (σκηνὴ οἴκου τοῦ Θεοῦ) 1 Chron. vi. 33 (=LXX vi. 48). It is all the more significant to see it reappear in all its strength in Acts.

The line of thought is as follows. David has an idea of building a Temple to the Lord. But the Lord does not agree with this plan. He rejects David's proposal by a question which is equivalent to a refusal: 'Shalt thou build me an house for me to dwell in?' 'Thou' does not, if I am right, mean David as an individual, as opposed to another individual, namely Solomon. It just means David as a man: shalt thou, who art a man, and nothing more, build an house to me, who am God? The answer must be: no, it is impossible. And the main idea of God's address to Nathan is: if a house is to be built, then not by David to me, but by me to David: 'Also the Lord telleth thee that he will make thee an house'.[1] 'House' is here taken in its symbolic or metaphorical sense: it means seed, race, descent. God replies to David's proposal, which He does not accept, by the promise to establish his house, his kingdom, for ever. He thus puts things in their right order, and Himself and David in their right place. It is not a man's part to build to God; but it is indeed God's part to 'build' for David. And quite evidently the two 'buildings' are exclusive of one another. Consequently, the first half of verse 13 is to be considered as an interpolation. This is by no means a new assertion: a good number of critics, beginning with Wellhausen, have come to this conclusion from mere internal evidence. I think a comparison with Acts vii, and the close connection which it reveals between the two texts, can only strengthen it.[2]

★   ★   ·★

But evident though it is, the connection is no immediate one. Nor are the reasons of Nathan's and Stephen's opposition to the Temple exactly the same. What Nathan stands for is not a religion without any external forms of worship, without a sanctuary and without rites, but just another type of cult, the one which was centred on the tabernacle. He expresses the old nomadic hostility towards the religion of sedentary people. It can, I suppose, be admitted that a fixed sanctuary is, in his eyes, intimately connected with the cult of the Canaanites, and thus absolutely incompatible with the worship of the only true God. His protest is on the same lines as the protest of the Rekabites, who dwell in tents and not in houses, against every form of sedentary civilisation.[3] He is a conservative, and not a progressive reformer. He represents the past, rather than the future; the tradition of the desert, rather than the prophetic revolution.

Stephen, on the contrary, stands on very different ground. He speaks in the name, not of tradition—or at least not of tradition only—but of the

---

[1] 2 Samuel vii. 11.

[2] The critical view as to verse 13 has been recently challenged by S. Mowinckel, *Natanforjettelsen, 2 Sam. Kap. 7*, in *Svensk Exegetisk Aarsbok*, xx (1946) 220–229. Mowinckel holds that v. 13 not only is genuine, but provides the clue to the understanding of the whole chapter. I cannot here, for lack of space, discuss his arguments in detail. A comparison, which I hope to work out on another occasion, of 2 Samuel vii and the parallel recension in 1 Chron. xvii would show them to be unfounded. It reveals some very significant differences, proceeding doubtless from intentional retouchings, which stress by contrast the true meaning of the episode in its original shape and make it at least likely that v. 13 in 2 Samuel vii. was interpolated precisely from 1 Chronicles.

[3] Jeremiah xxxv.

spirit, and of a spiritual conception of God, and, consequently, of the cult which He requires. This is clearly illustrated by the quotation from Isaiah lxvi, which supports his attack on the Temple: 'Heaven is my throne, and earth is my footstool. What house will ye build me, saith the Lord? Or what is the place of my rest? Hath not my hand made all these things?' God's transcendent majesty, His ubiquity, the fact that He is the Almighty, the creator, forbid us to think of Him as dwelling in a house. As the quotation shows, Stephen belongs to the same line of thought as the more spiritual among the prophets; and the message of these prophets can be noted as one link in the tradition which starts with Nathan and goes on through centuries of Israelite history.

But, here again, the prophetic message is not sufficient to explain Stephen's position. For he goes further, he is much more radical in his condemnation than the prophets. There is another element we must take into account, and one which is probably of great importance: I mean the religious tradition of the Greek-speaking Diaspora.

We are generally inclined to admit that the Jews of the Diaspora, quite consciously and in full humility, considered themselves as second-rate Jews just because they lived outside the Holy Land and could not take part in the liturgy of the unique sanctuary. This is certainly true of probably the largest number among them. The eagerness with which they took part in pilgrimages to Jerusalem brings ample proof. But some at least among them—in what proportion it is of course impossible to say—might not have been of the same turn of mind.

Those who were interested in Greek culture and philosophy may well have directed against the Temple in Jerusalem, its ritual and its sacrifices, the same criticism which some Greek philosophers used to utter against the traditional pagan religion, its temples and ritual. We may, I think, admit—and I shall produce some texts later on—that some of these enlightened Jews interpreted the message of the prophets in the most radical way, and had come to think that it was not a sign of inferiority, but indeed a privilege, to live far from Jerusalem, and thus to be exempted from taking part in the sacrifices, and from worshipping in what was wrongly considered as the house of the Lord.

A careful study of the Septuagint, which reflects the mind of the Diaspora at large, would in this regard provide valuable material. Being a translation of the Hebrew text, the Septuagint is bound to it and cannot go beyond certain limits in its more or less explicit criticism of the traditional cultic institutions. But it is very much preoccupied to attenuate those aspects of Biblical thought which might shock an enlightened Greek-speaking reader: as, for instance, anthropomorphism and also the idea of God dwelling in the Temple. We must here be content with a few examples.

It is, for instance, to be noted that the Septuagint carefully distinguishes between two forms of divine dwelling—in heaven, and in the Temple—and generally uses two different terms to describe them. Thus, in 2 Chronvi. 1, speaking of God's presence in the Temple, it uses the word κατασκηνῶσαι, derived from σκηνή and σκήνωμα, and applied to a temporary residence, from which the dweller is always free to move. But in the same chapter (vi. 21) heaven is described as τόπος τῆς κατοικήσεώς σου: the word lays stress on the fact that God's own real and permanent οἶκος is in heaven: a clear illustration, in both verses, of Stephen's views. In this instance, the Hebrew itself makes the difference: it has שֶׁבֶן in the first verse and יִשֶׁב in the other. But even when the Hebrew does not make any difference in vocabulary between the heavenly and the earthly dwelling, the Septuagint makes it: thus in 2 Chron. vi. 2, 'I have built an house of habitation for thee, and a place for thy dwelling for ever', where the Hebrew uses the word יֶשֶׁב, which is in vi. 21 applied to Heaven, the Septuagint adds τῷ ὀνόματί σου after οἶκον and again uses the verb κατασκηνῶσαι and not κατοικεῖν.[1] It would probably be a rewarding enterprise, on the one side to investigate the terminology of the Septuagint with regard to God's dwelling in heaven and in the Temple, and to make clear whether the distinction is always precisely and intentionally made in the vocabulary, even when the Hebrew has the same word for both; and on the other side to discover whether there is any theological reason behind all those instances where the text of the Septuagint is at variance with the Hebrew. This would probably throw some further light on Stephen's position, and show how he carries to their extreme consequences the anti-ritualistic implications of the Septuagint as well as of the prophets.

There is another point still to be noted in this enquiry into the Judeo-Hellenistic antecedents of Stephen's thought. In his eyes, the Temple is condemned because 'the Most High dwelleth not in temples made with hands': ἀλλ' οὐχ ὁ Ὕψιστος ἐν χειροποιήτοις κατοικεῖ.[2] Χειροποίητον is the technical term, so to say, by which the Septuagint and the Greek-speaking Jews describe the idols. In Stephen's speech, the same kind of expression is used in relation to the worship of the golden calf: 'They offered sacrifice unto the idol, and rejoiced in the works of their own hands': ἀνήγαγον θυσίαν τῷ εἰδώλῳ, καὶ εὐφραίνοντο ἐν τοῖς ἔργοις τῶν χειρῶν αὐτῶν.[3] This similitude of expression puts the making of the calf and the building of the Temple on the same level: they are both idolatrous actions. In both cases the children of Israel made a wrong use of man's technical skill. They have, as it were, reversed the natural order of things. For it is God's hand, and not man's, which is the instrument of creation: ἡ χείρ μου ἐποίησεν ταῦτα πάντα, says the quotation from Isaiah, in Stephen's speech. Man cannot make gods, or even a house for God. The prophetical quotation expresses the same idea as the story of Nathan: it is not for a

---

[1] For the same reason, probably, in 2 Chron. v. 13, 'then the house was filled with a cloud, even the house of the Lord', the Septuagint simply drops 'of the Lord' after 'house', and puts it after 'cloud': καὶ ὁ οἶκος ἐνεπλήσθη νεφέλης δόξης κυρίου. The δόξα here plays the same part as the Name in the previous passage. It signifies the partial presence of the Deity in the Temple. Moreover, it is perhaps not by mere accident that the Septuagint drops those verses (11–14) of 1 Kings vi, where God promises to abide in the Temple. It thus leaves, as it were, the whole responsibility of that merely human enterprise with Solomon; and we do not know exactly whether God agrees or disagrees.

[2] Acts vii. 47.   [3] Acts vii. 41.

man, even if he be a king, to build God's house, but it is for God to build the king's house, and, more generally, to create what is necessary for man. The word χειροποίητον applied to the Temple, if confronted with what Stephen says of the Golden Calf, emphasizes the radical condemnation uttered against the Sanctuary.

This condemnation of the Temple includes condemnation of the sacrificial cult. Sacrifices are mentioned by Stephen, not in connection with the Temple, but in relation to the calf. The offering of sacrifices first appears as a consequence of the sin and apostasy of the Jews. They are offered not to God, who does not want them, but to the idol. This is strongly emphasized by the quotation from Amos v. 25: 'Have ye offered to me slain beasts and sacrifices by the space of forty years in the wilderness? Yea, ye took up the tabernacle of Moloch . . .' [1] The interrogative form reminds us of the words spoken by God to Nathan: 'In all the places wherein I have walked with all the children of Israel spake I a word with any of the tribes of Israel, saying: why build ye not me an house of cedar?' [2] And it can be compared with Jeremiah vii. 22, who puts the same idea in the affirmative: 'For I spake not unto your fathers, nor commanded them in the day that I brought them out of the land of Egypt, concerning burnt offerings or sacrifices'. The two texts are quoted together by Justin Martyr, as a proof that God had no intention of having sacrifices offered unto Him, and that this form of worship had its roots in idolatry.[3] This is obviously Stephen's view as well.

It may seem strange, at first sight, that, though he condemns the Temple as made with hands, Stephen considers that the tabernacle, ἡ σκηνὴ τοῦ μαρτυρίου, was agreeable in God's eyes. He is here at variance with other thinkers, who have dealt with the same subject: Philo, and the author of the Epistle to the Hebrews, who is strongly influenced by Philo in his whole outlook. Both writers distinguish between the sanctuary made with hands, and that which is not. But, as regards the first, they make no difference between Tabernacle and Temple. *Hebrews* explicitly characterises the Tabernacle as made with hands, χειροποίητος,[4] just as Stephen describes the Temple. And Philo applies to both Temple and Tabernacle a word which is synonymous with χειροποίητος but which, in his eyes, has probably not quite the same meaning or the same nuance, χειρόκμητος, for he uses χειροποίητος more commonly to describe idols.[5] The very fact that he apparently avoids using it with regard to Temple and Tabernacle shows that he is far from sharing Stephen's views on the subject.

In fact, to Philo, the sanctuary made with hands, whether Tabernacle or Temple, is indeed of an inferior quality if compared with the heavenly temple, the only true one: τὸ μὲν ἀνωτάτω καὶ πρὸς ἀλήθειαν ἱερὸν θεοῦ.[6] The same distinction, and the same hierarchy between the two, reappears

[1] Acts vii. 42–3.   [2] 2 Sam. vii. 7.
[3] *Dialogue*, xxii. 3–6.   [4] Hebrews ix. 11 and 24.
[5] Cf. on this point, C. Spicq, 'Le Philonisme de l'Epitre aux Hébreux' in *Revue Biblique* (April 1950), 222 ff., where references are given.
[6] Περὶ ἱεροῦ, 1, cf. Spicq, op. cit., 223.

in *Hebrews*, where the heavenly sanctuary is also described as ἀληθινός[1] or even as σκηνὴ ἀληθινή,[2] the true Tabernacle, as opposed to the one made with hands. But neither for Philo nor for *Hebrews* does this imply a condemnation of Tabernacle and Temple. For, in their eyes, the earthly sanctuary is a reproduction, a copy — μίμημα, says Philo, and ἀντίτυπον, says *Hebrews*—of the heavenly one, which is its τύπος, or ἀρχέτυπος, or παράδειγμα, just as God is man's and as man is God's image.

Philo's position is thus an application of the Platonist philosophy, according to which the world of experience is a shadow, or reflection, of the world of ideas, which is the only real one. This could logically lead him to reject both Temple and Tabernacle as belonging to the world of experience. But Philo does not go so far, because he is, after all, a traditional type of Jew, and feels strongly attached to all aspects of Jewish religious life: he is a good illustration of Jewish orthopraxy, as combined with daring thought. And the justification, in his eyes, if any is needed, of Tabernacle and Temple, lies in the fact that they are really connected with the heavenly temple: they are a reflection, a copy of it, not more, but not less than that. They are really made after the heavenly pattern. Both Philo and *Hebrews* lay stress on the fact that, according to Exodus xxv. 40, Moses got the plan of the sanctuary directly from God, and made it, together with all its vessels and furniture, 'after their pattern, which was shewed thee in the mount'. And his allegorical exegesis, which in *Hebrews* becomes typological, enables him to give a satisfactory explanation of all the ritual institutions centred on the sanctuary: they are to Philo a reflection of the transcendant realities, to the author of *Hebrews* a foreshadowing of things to come.

Stephen, too, knows and mentions the fact that the Tabernacle was made according to God's command, and 'according to the fashion that Moses had seen', κατὰ τὸν τύπον ὃν ἑωράκει.[3] And this is probably the reason why, although it was built by Moses, he does not consider it as 'made with hands', like the Temple. Of the tent of Moloch Stephen says that they 'took it up' (ἀνελάβετε), of the tabernacle of witness that it was to, or with them (ἦν τοῖς πατράσιν ἡμῶν).[4] The one is mere object and thing; the other has existence, one could almost say life, in itself, because it is of truly divine origin. The justification of the Tabernacle is thus given: it was built after God's will. For the Temple, there is no justification whatever, because it proceeds from human will and fancy, and is not agreeable to God's design. Philo does not make any difference between Tabernacle and Temple. To Stephen there is no continuity between Tabernacle and Temple, but rupture and opposition. Philo and *Hebrews* use the methods of allegorical exegesis. Stephen stands, or intends to stand, on merely historical ground. His whole position is determined by God's refusal of a house, as expressed in the episode of Nathan, and by His implicit condemnation of sacrifices, as it appears in

[1] Heb. ix. 24.
[2] Heb. viii. 2.
[3] Acts vii. 44.
[4] Acts vii. 43-4.

the quotation from Amos. Sacrifices first appeared when the Israelites became idolatrous. And the Temple itself illustrates the same perverse dispositions, the same sinful inclination 'to rejoice in the works of their own hands' as the golden calf and the tent of Moloch.

Stephen's position, thus compared with Philo's, appears very peculiar and original. He does not, however, stand completely isolated within the Greek-speaking Diaspora. There are but very few texts illustrating the same attitude. But they are all the more interesting, and sufficient, I think, to show that Stephen actually belongs to a certain tradition of thought.

There is, in that respect, a very significant passage in Justin Martyr's *Dialogue*. In the course of a discussion on the ritual Law with his Jewish opponent, Justin makes the following statement: 'You have so far asserted that it was the sacrifices offered in Jerusalem, by its inhabitants, which God did not accept, whereas He had said He accepted the prayers of those Jews who lived in the Diaspora, calling these prayers sacrifices'.[1] The passage is interesting in many respects. It shows that some Jews, if we trust Justin, accepted the author's own views concerning the respective value of prayers and sacrifices and admitted the Christian affirmation that sacrifices constituted an inferior type of worship. But whereas this demonstrated in Justin's eyes, the superiority of Christianity over Judaism, Trypho would not draw the same conclusion. He refuses to identify, as Justin wants him to do, Judaism and sacrifices, and he very cleverly distinguishes, within Judaism itself, between the Jerusalemite type of worship, which he obviously considers as an inferior one, and the worship 'in spirit and in truth', as it is practised in the Diaspora, or more generally speaking, in the synagogues. He is thus led to invert the traditional order of values. Jerusalem is no longer the privileged place. It is an inferiority to dwell there, and the Jews in the Diaspora can with good reason claim to be the true Israel.

This attitude, in Trypho's case, is, of course, subsequent to the destruction of the Temple, and might perhaps be considered as an *a posteriori* explanation of that event: the Temple was destroyed, because it had to be destroyed, according to God's will, in order to promote among the Jews a more spiritual form of religion. But if we consider that Stephen already holds the same position, in a time when the Temple still exists, we are, I think, allowed to admit that it was not altogether alien to the Diaspora. It had probably developed there, as the counterpart of a kind of inferiority complex which certainly existed among the Jews who lived outside the Holy City and the Holy Land.

The same conclusion can be drawn from a few passages in the *Sibylline Oracles*. They belong to the 4th book, which was, most probably, written, or at least took its present shape, after A.D. 70; but here again, they certainly illustrate a tradition of thought pre-existent to the destruction of the Temple.[2] God, says one of these passages, 'does not dwell in some stone

---

[1] *Dialogue*, cxvii. 2.

[2] On the chronology of the Sibylline writings, cf. Geffcken, *Komposition und Entstehungszeit der Oracula Sibyllina*, Leipzig 1902, and more recently, art. *Sibyllinische Orakel*, by Rzach, in Pauly Wissowa's *Real-Encyclopädie*, 2. Reihe, ii. 2103.

raised in a temple . . .; we can neither see Him from earth, nor measure Him with mortal eyes; He is not made with perishable hands; He can see us all at a glance, but nobody is able to see Him'.[1] This is the usual argumentation of Jewish anti-pagan polemics. What the author is indeed fighting, in the first instance, is idolatry and the gods and temples of the heathen. But he is also in continuity with the prophetical tradition, and especially with Deutero-Isaiah, quoted by Stephen: 'The heaven is my throne, and the earth is my footstool. Where is the house that ye build unto me? And where is the place of my rest?'[2] We have therefore good reason to assume that he is not thinking of the heathen only, but also of Jerusalem. This becomes evident in another passage, I think, in which the writer pays tribute to those 'who turn away from all temples and altars, futile buildings of speechless stone, soiled by the blood of living creatures, and the offering of animals'.[3] It is almost impossible not to admit that the Jewish sanctuary and its liturgy and sacrifices are included in this criticism and are here condemned, along with the pagan idols and rites, as they were by Stephen, in the name of spiritual worship.

★   ★   ★

If we turn from the Jewish to the Christian writers, and look for Stephen's spiritual inheritance, the task becomes even more difficult. For there is indeed little evidence that Stephen's thought was ever taken up in the literature of the orthodox Church. The ecclesiastical writers usually admit, as I have already indicated, that Temple, sacrifices and ritual law were fully legitimate until Christ's coming. Most of them consider that these institutions have both a symbolic and an effective value: they are the foreshadowing of Christianity, but at the same time, they are really binding and authoritative for the people of Israel.[4]

Some, however, hold different views. According to the *Epistle of Barnabas*, for instance, the ritual law never had more than symbolic meaning: it is an image of spiritual and moral truths and a typological anticipation of Christianity, and it was a complete misunderstanding on the part of the Jews to take it literally.[5] This attitude implies a retrospective condemnation of the ritual institutions as such, and it is in that respect very close to Stephen's attitude, but with this important difference, however, that there is, as far as I can see, little or no allegory and typology in Stephen's speech.

To some other writers, the ritual law was indeed binding, but represented either a punishment inflicted upon the Jews for their sins, chiefly for the sin of idolatry committed in relation with the golden calf,[6] or a kind

---

[1] *Or. Sibyll.*, iv. 8–12.   [2] Isaiah lxvi. 1.   [3] *Orac. Sibyll.*, iv. 27–30.
[4] Cf. on this point, M. Simon, *Verus Israel*, Paris 1948, 111 ff., where texts are quoted.
[5] *Barn.*, vii–x.
[6] The most striking instance of this position is given by the *Didascalia*, with its conception of *deuterosis* or repetition, including al those commandments given by God to the Jews after the worship of the calf and considered by the *Didascalia* as the means of divine reprisal for the crime of idolatry: *Verus Israel*, 114.

of homeopathic remedy, intended to cure their perverse tendencies by making them serve to the glory of God. In both cases these commandments are supposed to be imposed upon the Jews, as Justin Martyr puts it, 'because of their iniquity and of the stiffness of their necks'.[1] According to the second interpretation, sacrifices, for instance, which were first offered to idols, became an integral part of the true Israelite religion, as the habit of offering them was already too strong to be eradicated. Thus, to quote Justin Martyr once more, speaking of the Temple and the sacrifices, 'God adapted Himself to the people; He commanded that sacrifices should be offered unto Him, in order to avert you from idolatry.[2]' The argument reappears again and again in the controversial literature of the first centuries.[3]

In St. John Chrysostom's opinion, sacrifices are a concession made by God to the weakness of the Jews. Even as to a sick man who has a strong fever the doctor still gives permission to drink cold water if the man threatens to commit suicide, so has God allowed the Jews to offer sacrifices to Him, because He knew that they were ready in their frenzy to offer them to idols. But at the same time He has fixed precise limits to this form of worship. Just as the doctor allows the patient to drink from one bottle only, which he has secretly warmed, thus God has confined sacrifices to one single place; and just as the doctor finally breaks the bottle, God has destroyed the city and the Temple.[4]

In all these instances, whether the ritual prescriptions and specially the Temple and its cult are considered as curative, preventive, or punitive of Israel's sins, they are presented as a consequence of the worship of the calf. And in this respect the views thus developed are quite near to Stephen's views. But here again there remains a very important difference: to all these writers the rites are, not of course in themselves and in their first use, but at the later stage of their development, in conformity with God's plan. He has, *nolens volens*, imposed them upon His people, to prevent them from running astray. Consequently, in so far as they are taken up into the cult of the only true God, as they are codified by divine commandments, they can be considered as being really of divine origin. Whereas to Stephen, they are repugnant to God's will. Sacrifices, even if offered to Jahveh, a temple, even if built in Jerusalem, remain what they were in the beginning—works of idolatry. They proceed in all cases from mere human initiative and vanity: they have never been approved or sanctified by God. They are not only a consequence, accepted by God to prevent the worship of the golden calf: they are on a level with the golden calf.

A few examples of the same idea can be found in the ancient ecclesiastical literature. The *Epistle to Diognetus* thinks that 'those who offer to God sacrifices, blood, grease, holocausts, and intend thus to please him, are by

---

[1] Justin Martyr, *Dialogue*, xviii. 2.   [2] Ibid., xix. 6.
[3] References in M. Simon, *Verus Israel*, 111 ff., 196 ff.
[4] *Hom. contra Judaeos*, iv. 6.

no means different from those who do the same in honour of the idols'.[1]
And Aristides, speaking of the ritual observances at large, says that 'the
Jews believe they worship God, but in fact these works are for the angels
rather than for God'.[2] These views apparently imply, although it is not
clearly expressed, that the ritual observances have been imagined and
invented by the Jews, and consequently that their divine origin is to be
denied altogether. But they are, as far as I know, rather exceptional among
orthodox ecclesiastical writers. These are in general prevented from expressing such radical views by their use of allegorical and typological
exegesis, which enables them to give a satisfactory explanation of every
detail of the ritual law, and which soon became almost the official way of
interpreting the Bible in the Church, and also by the fact that they accept,
without deliberately changing it, the traditional text of the Bible. Whereas
the position taken by Stephen logically implies or presupposes, if I am
right, that he ruled out from the Old Testament, not only 2 Sam. vii. 13a,
but also all those passages where the Temple and its sacrifices are presented
as agreeable in God's eyes and ordered or regulated by Him. It seems
evident that to him the regulations concerning cult and sanctuary were
not identical with those λόγια ζῶντα which God had given to Moses.[3]

We must then look in another direction for further developments of
Stephen's thought. And here we meet Prof. Schoeps, whose book I have
already mentioned. He has some illuminating remarks on the matter,
and the present paper is greatly indebted to his views, although it does not
accept them all. It is one of Schoeps's chief merits to have stressed and, in
my opinion, established beyond doubt the existence within Judaism in
the last centuries before and the first centuries after Christ, of a strong and
continuous tradition of hostility to the Temple and the sacrificial cult.
Stephen proceeds from it and carries it on, the main links in this tradition
being, according to Schoeps, Nathan, Hosea, Trito-Isaiah, the Rekabites,
the Essenes and finally the Ebionites, as revealed in the Pseudo-Clementine
writings.[4] Stephen would take his place in this succession, somewhere
between the Essenes and the Ebionites, if only he were a historical figure,
which Schoeps doubts or even denies. He is nothing more, in his opinion,
than a pale shadow, a mythical replica of someone else, 'eine von Lukas
aus tendenziosen Gründen vorgeschobene Ersatzfigur':[5] he has, in *Acts*,
taken the place of James, brother of the Lord, and the ideas developed in
his speech are in reality James's ideas. The author of *Acts* would not accept
them as such because they seemed to him incompatible with Christian
orthodoxy, of which James was, in his eyes, an undoubted representative.

I cannot enter here into a detailed discussion of Schoeps's theory,
which is based chiefly on a comparison between Stephen's speech in *Acts*,
and a supposed speech by James, which Schoeps feels able to reconstruct
out of the Pseudo-Clementines, and which, in his opinion, was originally

---

[1] *Ep. to Diognet.*, iii.   [2] *Apol.* xiv. 2.   [3] Acts vii. 38.
[4] *Theologie und Geschichte des Judenchristentums*, 233–42 and 440–56.
[5] *Op. cit.*, 441.

part of some Ebionite *Acts of the Apostles*. All this left me, and probably most of Schoeps's readers, unconvinced. We have so far no decisive reason to doubt either the historicity of Stephen or the genuineness of the ideas developed in his speech, which I personally consider to be based on some good particular source, possibly from the so-called 'Hellenist' group. Nor can I agree with Schoeps when he refuses to admit[1] that Stephen, supposing he is a historical figure, might be influenced by conceptions of the Greek-speaking Diaspora.[2]

But we are none the less greatly indebted to Schoeps for emphasizing the close connection between Stephen's own position and the ideas expressed in the Pseudo-Clementine writings. There is among those Ebionites whose theology is revealed to us there, a strong retrospective opposition to the Temple, to the sacrifices and also to the Israelite monarchy. They also professed a theory of the false pericopes in the Scriptures which probably led them, as its practical conclusion, to rule out of the Bible considerable passages which they considered as human interpolations, whenever they did not agree with their own views.[3] These Ebionites, as we know them through the Pseudo-Clementine literature, seem to be the last offspring of that tradition which starts with Nathan, of which Stephen is a representative, and which apparently developed, possibly with different emphases, both in Palestine and outside.

The very close link between Stephen and the Ebionites is illustrated by a striking passage in the Pseudo-Clementine *Recognitions* (1, 38): 'Ubi vero tyrannos sibi magis quaesivere quam reges tunc etiam in loco, qui eis orationis causa fuerat praedestinatus, templum pro ambitione regia construxere, et sic per ordinem regibus impiis sibi invicem succedentibus, ad majores impietates etiam populus declinavit'. But when the Jews asked for tyrants rather than kings, then also on that place which had been pre-ordained to them for purposes of worship, they built up, out of mere royal ambition, a temple . . . This, I think, is a very faithful echo of Stephen's words: the 'place', *locus*, is the τόπος alluded to in Psalm cxxxii, and the *templum* is the οἶκος of Stephen's speech, and Solomon is the first of the impious kings or tyrants.

We are thus led to the conclusion that the most authentic lineage of Stephen the Hellenist is to be found, not in Hellenistic Christianity, but among the Judeo-Christians. This is, at first sight, rather unexpected and

---

[1] Ibid., 236 n. 2, 232 n. 3.

[2] Apart from the Pseudo-Clementines, there is very little evidence that James actually professed the ideas developed in these writings. Hegesippus, quoted by Eusebius (*Eccl. Hist.*, ii. 23, § 6) tells us that 'to him alone it was permitted to enter the holy place' (which, by the way, still calls for a satisfactory explanation), and that 'he was found on his knees, asking forgiveness on behalf of the people, so that his knees became hard like a camel's'. This is certainly not the behaviour of one who considers the Temple as a place of idolatry. Should we not admit that Stephen is the original and the James of the Pseudo-Clementines the copy and the 'Tendenzfigur', and that the Ebionites dressed him after their own fashion because they needed a patron belonging to the circle of the first disciples? Schoeps himself (p. 446) admits that the Ebionite Acts were a replica of the canonical *Acts*.

[3] Schoeps, op. cit., 148 ff.

paradoxical. But if we consider the facts more attentively it appears quite natural. What strikes us in Stephen's speech as a whole is the absence of any positively Christian message. It could, of course, be explained by the fact that Stephen was prevented by his indignant audience from completing his speech. But it seems none the less strange that no mention nor even a clear allusion is made to the genuine Christian message all through this speech which, even if truncated, is still the longest of all speeches recorded in *Acts*. Stephen's christology seems to be of a very simple and archaic type: 'the Just One', 'a prophet like unto me'[1] as Moses announced him—such is Jesus in his eyes. Both designations are typical of the Ebionite terminology. They emphasize the fact that, to the Ebionites as well as to Stephen, the main task of Jesus is apparently to abolish all the secondary and merely human parts of the Law, especially the Temple and sacrifices, and to re-establish the true Law of Moses, λόγια ζῶντα, in its original simplicity and purity.

On both sides the fundamental attitude is the same. The eyes are fixed on the remote past, and chiefly on the pre-Palestinian period of the life of Israel, in comparison to which the subsequent development of Israelite history, as sketched by Stephen, appears as an ever growing degradation, with the worship of the calf, the introduction of sacrifices and the building up of the Temple as its chief landmarks. From Moses to David there still remains a kind of tension, in that history, between divine influence and the perverse inclinations of the people. Idolatry and piety alternate: the tent of Moloch and the tabernacle of Jahveh go side by side. But from Solomon onwards sin is triumphant, the need for a fundamental change becomes more and more urgent, and the general direction of that change must be back to the origins.

Stephen as a representative of the Diaspora and the Palestinian Ebionites thus stand on the same ground. This should teach us not to draw too sharp a dividing line between these two halves of the Jewish world. Beside the first disciples, who still kept all the Law, and those who, following Paul, and mainly with the help of typological exegesis, fully valued it in the past, but, as the things foreshadowed had now come, felt no longer bound by it, Stephen and the Ebionites represent a third tendency. They discriminate within the Law itself different stratifications, of which they reject some, even retrospectively, using what we could, *cum grano salis*, call Biblical criticism. In spite of Stephen's final vision, where he sees 'the Son of Man standing on the right hand of God', there seems to be little place in his theology for Christ-mysticism. Even the message of the Kingdom seems at least not to stand in the forefront. To him apparently, as to the Ebionites, Christianity is not so much the 'fulfilment' and transcending of the Old Covenant as a sort of reformed Judaism. Stephen is, in a way, a revolutionist, and a very fierce one, but only as confronted with traditional Judaism, and not at all in comparison to the newness of the Christian message, which he, apparently, did not

[1] Acts vii. 52 and 37.

La Prophétie de Nathan et le Temple

L'attention de divers chercheurs s'est fixée, au cours des années récentes, sur ce qu'on appelle communément la prophétie de Nathan. M. van den Bussche, confrontant le récit de *II Samuel* 7 avec la recension parallèle qu'en donne *I Chroniques* 17, conclut, de façon assez inattendue, que la seconde est plus proche que le premier de la source, nommée par lui Proto-Samuel, dont ils dépendent l'un et l'autre [1]. De son côté, M. Mowinckel, appliquant à cet exemple précis des théories bien connues sur le rôle de la tradition orale dans la genèse des livres bibliques, refuse de voir dans l'épisode en question cette condamnation du Temple que nombre d'exégètes y ont lue [2]. Le point de vue de ces deux auteurs est signalé et, à en juger par l'absence de toute critique, entériné par M. Snaith dans le bilan qu'il vient de dresser des travaux consacrés depuis une trentaine d'années aux livres historiques de l'Ancien Testament [3]. En revanche, M. Schœps, étudiant le judéo-christianisme, maintient l'interprétation, classique depuis Wellhausen, de l'épisode de Nathan : il y voit une répudiation du Temple, et en souligne l'importance dans le développement, à travers l'histoire d'Israël, d'une tendance hostile au sanctuaire jérusalémite [4].

Les hasards d'une étude sur saint Etienne et les sources de sa pensée m'ont amené à me pencher moi aussi sur ce texte [5].

---

[1] H. van den Bussche, *Le texte de la prophétie de Nathan sur la Dynastie davidique*, in *Ephemerides Theologicæ Lovanienses*, xxiv, 1948, pp. 354-394. Donne la bibliographie récente du sujet.

[2] S. Mowinckel, *Natanforjettelsen, II Sam. kap. 7*, in *Svensk Exegetisk Aarsbok*, xii, 1947, pp. 220-229.

[3] In *The Old Testament and Modern Study*, edited by H. H. Rowley, Oxford, 1951, p. 101.

[4] H. J. Schoeps, *Theologie und Geschichte des Judenchristentums*, Tübingen, 1949, pp. 233 ss.

[5] M. Simon, *Saint Stephen and the Jerusalem Temple*, in *Journal of Ecclesiastical History*, ii, 1951, pp. 127-142.

Au terme de mon investigation, je suis amené à rejeter, ou tout au moins à nuancer considérablement les conclusions de M. van den Bussche, et à m'inscrire en faux contre celles de M. Mowinckel. Il peut paraître présomptueux, lorsqu'on n'est pas soi-même spécialiste de l'Ancien Testament, de s'opposer à une autorité aussi considérable que l'éminent exégète norvégien. Mais peut-être n'est-il pas mauvais, dans certains cas, de regarder les textes sous un éclairage un peu différent de celui des purs spécialistes. Au reste, je n'aurai pas de peine à trouver, dans leur camp même, des alliés de poids. Les pages qui suivent n'ont d'autre ambition que d'apporter quelques arguments de plus à l'appui d'une interprétation qui reste, me semble-t-il, celle de la majorité des critiques : à savoir, que l'épisode de Nathan implique bel et bien, dans sa forme première, une condamnation du Temple.

*
* *

David vient de prendre Jérusalem, et d'y amener solennellement l'arche de Dieu. Installé dans sa maison de Sion, il est tout à coup saisi du contraste entre sa confortable résidence, et la résidence rudimentaire de l'arche sainte. Un scrupule lui vient, et il s'en ouvre à Nathan : « Vois donc, j'habite dans une maison de cèdre, et l'arche de Dieu habite au milieu de la tente » [6]. L'intention de construire un temple n'est pas clairement formulée. Et Nathan, de son côté, laissant les choses dans le vague où les a mises David, se contente d'une réponse prudente : « Va, fais tout ce que tu as dans le cœur, car Jahveh est avec toi ». Mais la nuit suivante, Jahveh parle au prophète en ces termes : « Va dire à mon serviteur, à David : Ainsi parle Jahveh : Est-ce toi qui me bâtirais une maison pour que j'y habite ? Car je n'ai point habité dans une maison depuis le jour où j'ai fait monter d'Egypte les enfants d'Israël jusqu'à ce jour : j'ai voyagé sous une tente et dans un tabernacle ». « Maison » traduit l'hébreu בַּיִת, rendu dans la Septante par οἶκος. « Tente » et « tabernacle » traduisent אֹהֶל et מִשְׁכָּן, que la Septante rend par καταλύμα et σκηνή, termes à peu près synonymes. Οἶκος, c'est la maison construite, καταλύμα-σκηνή, c'est la maison de toile des nomades.

La même opposition se retrouve dans le discours que les Actes des Apôtres prêtent à Etienne. David, y est-il dit, « trouva

---

6 *II Sam.* 7 ₁ ss. ; cf. *I Chron.* 17 ₁ ss.

grâce devant Dieu, et demanda à trouver un lieu de campe-
ment (σκήνωμα) pour le Dieu de Jacob. Mais Salomon lui cons-
truisit une maison (οἶκον) » [7]. Σκήνωμα c'est, semble-t-il, le camp,
c'est-à-dire soit un ensemble de σκηναί, soit, et plutôt, l'emplacement sur lequel elles sont plantées. L'épisode auquel il est
fait allusion, à propos de David, c'est le transfert de l'arche
à Jérusalem. C'est à lui aussi que se rapporte le Psaume 132,
dont les Actes apportent un écho très fidèle : je n'aurai de
repos, dit David, « que je n'aie trouvé un lieu pour Jahveh,
une demeure pour le Dieu de Jacob », τόπον τῷ Κυρίῳ, σκήνωμα
τῷ θεῷ Ἰακώβ[8]. L'épisode est relaté en *II Sam.* 6 12 ss. et en
I Chron. 15 1 ss., dont le verset liminaire reproduit et éclaire
les deux termes employés par le Psaume : « Il se fit des mai-
sons dans la cité de David, et il prépara une *place* à l'arche
de Dieu et dressa pour elle une *tente* » : τόπον et σκήνην, dit la
Septante, traduisant l'hébreu מָקוֹם et אֹהֶל. *Makom* se retrouve
dans le Psaume, tandis que *ohel* y est remplacé par *mischka-
not*, pluriel de ce *mischkan* que nous venons de relever dans
l'épisode de Nathan. Τόπος et σκήνωμα, c'est la colline de Sion,
que Jahveh appelle « le lieu de mon repos pour toujours » [9] ;
σκήνη, c'est la tente qui y est plantée pour abriter l'arche.

Dans la perspective dessinée par le discours d'Etienne, la
construction du Temple apparaît comme une violation de la
volonté divine. Il n'y a rien de commun entre le σκήνωμα davi-
dien, différent sans doute des résidences précédentes de Jahveh
par son caractère stable et définitif, mais qui reste cependant
conforme au type traditionnel, puisqu'une simple toile continue d'y abriter l'arche, et le sanctuaire édifié par Salomon et
répudié d'emblée par Dieu : car « le Très-Haut n'habite pas
dans ce qui est fait de main d'homme » [10]. Telle est la pensée
d'Etienne. On est fondé, semble-t-il, à lire la même condamnation, du Temple dans l'épisode même de Nathan, sur lequel,
visiblement, Etienne prend appui.

Cette opinion, professée, à la suite de Wellhausen [11], par
de nombreux critiques [12], vient d'être vigoureusement attaquée

---

[7] *Actes* 7 46.

[8] *Ps.* 132 5 (Septante, 131).

[9] *Ps.* 132 14. Sur l'épisode du transfert de l'arche à Jérusalem et son rapport avec le Psaume, cf. L. Desnoyers, *Histoire du Peuple Hébreu*, II, Paris,
1930, pp. 189 ss.

[10] *Actes* 7 48.

[11] *Der Text der Bücher Samuelis*, pp. 171 ss. ; cf. *Die Composition des
Hexateuchs und des historischen Bücher des Alten Testaments* 3, p. 257, n. 1.

[12] Entre autres Budde, Gressmann, Rud. Kittel, Nowack, P. H. Smith.

par M. Mowinckel, dans l'article cité plus haut. L'auteur s'élève contre ce qu'il appelle un point de vue protestant et rationaliste hostile au culte, inspiré par des préjugés « réformés, non-luthériens », et que les exégètes allemands ont hérité du piétisme et de l'Aufklärung. Il s'en prend en outre à la méthode pratiquée par les savants incriminés, celle de la pure critique littéraire. Préoccupée d'établir l'état primitif d'un texte, en l'occurrence *II Sam.* 7, par delà les remaniements qui en ont ultérieurement altéré la physionomie et le sens, elle oublie la tradition orale dont l'écrit représente l'aboutissement. Partant de théories préconçues relatives à l'évolution religieuse d'Israël et à l'antériorité, par rapport au ritualisme, de la ligne de pensée prophétique, conçue à tort comme absolument hostile à toute forme cultuelle, ses tenants introduisent de prétendues oppositions idéologiques là où il n'y en a pas. En fait, affirme Mowinckel, l'épisode de la prophétie de Nathan présente une parfaite unité, sans la moindre trace de remaniement et d'adultération. C'est un récit étiologique, destiné à répondre à cette question : pourquoi est-ce seulement Salomon, et non pas le pieux David, qui a construit le Temple ? Et la réponse est la suivante : parce que Dieu en a décidé ainsi ; mais David avait du moins pensé à le faire, et l'Eternel lui en a su gré.

Que les exégètes aient parfois interprété l'Ancien Testament en fonction de leur propre position religieuse, c'est une constatation devenue banale : l'objectivité historique est, surtout en pareille matière, un idéal difficile à réaliser. Il est également incontestable que l'antinomie prophètes-culte, dans la tradition religieuse d'Israël, a été souvent exagérée, et qu'on a, ce faisant, gravement faussé les perspectives historiques. Mais soutenir qu'il n'existe pas la moindre opposition entre certaines formes de prophétisme et le culte officiel, le sacerdoce et le Temple, que tout, dans l'Ancien Testament, n'est qu'harmonie parfaite, est une attitude également dangereuse ; elle procède d'un à-priorisme tout aussi discutable, et méconnaît la complexité de la pensée religieuse israélite. Le critique traditionaliste qui, parce qu'il professe la légitimité et la nécessité d'un culte concrétisé dans des rites, postule qu'il ne saurait y avoir à cet égard, dans l'Ancien Testament, de voix discordantes, est tout aussi fautif, du point de vue de l'histoire, que son adversaire.

Au reste, Mowinckel paraît avoir posé le problème en termes trop généraux. Ce qui est en cause dans l'épisode de

Nathan, ce ne sont pas les formes extérieures du culte, quelles qu'elles soient. Ce n'est même pas le culte sacrificiel, mais uniquement le Temple. Oui ou non, les paroles adressées par Dieu à Nathan impliquent-elles la condamnation du sanctuaire jérusalémite ? Ou bien signifient-elles simplement, comme le croit Mowinckel, que le moment n'est pas venu encore de le construire, et qu'il appartiendra à un autre que David de le faire ? Le débat tourne autour de l'interprétation des versets 5-7, et de l'authenticité du verset 13. Il est indispensable, pour y voir clair, de recourir au passage parallèle de *I Chron.* 17, et à quelques autres textes. Cette confrontation, que Mowinckel n'a pas même suggérée, et qui, faite par M. van den Bussche, l'a mené à des conclusions discutables à bien des égards, est de nature à démontrer que les méthodes de la critique littéraire sont, dans ce cas tout au moins, légitimes et fécondes.

⁂

A première vue, et pour un lecteur pressé, la Chronique ne fait que reproduire littéralement le récit de *II Samuel.* A y regarder de plus près, on constate quelques différences. Comme elles procèdent de retouches évidemment délibérées, elles renseignent à la fois sur les intentions du rédacteur de la Chronique, et, de façon fort précise aussi, bien qu'indirecte, sur le point de vue, non pas de l'actuel livre de Samuel, mais de la source commune — appelons-la Proto-Samuel avec M. van den Bussche, ou encore Chronique de Nathan — sous-jacente aux deux recensions.

Si l'on fait abstraction des variantes de détail, stylistiques ou linguistiques, soigneusement relevées par M. van den Bussche, l'on notera entre les deux textes plusieurs différences majeures.

Dans *Samuel,* David est au cœur de la prophétie. C'est sa postérité (זַרְעֲךָ, v. 12) qui sera exaltée. Les critiques discutent de l'acception précise du terme : est-elle individuelle ou collective ? Dans un cas, c'est Salomon qui est visé, dans l'autre, toute la suite des Davidides. M. van den Bussche a plaidé avec talent pour l'interprétation individuelle, invoquant en particulier le fait que la tradition ultérieure a appliqué le texte à Salomon [13]. Mais les références qu'il cite sont empruntées à la

---

[13] *Op. cit.,* pp. 384 ss.

Chronique [14], où précisément le personnage de Salomon prend un relief tout particulier, et qui ne pouvait pas ne pas voir en lui le bénéficiaire de la promesse ; elles ne prouvent donc pas grand'chose. On notera par surcroît que, à l'inverse, le *Ps.* 89 30-33 et le *Ps.* 132 11-12, tous deux tributaires de notre texte, en font très explicitement l'application à toute la descendance de David. C'est ainsi également que l'entend l'auteur des Actes des Apôtres lorsque, par la bouche de Pierre, il applique au Christ la promesse faite par Dieu à David de « faire asseoir sur son trône un fils de son sang » [15].

Aussi bien, M. van den Bussche lui-même n'est-il pas entièrement convaincu par sa propre argumentation. Il concède que « la formule ″ta descendance après toi″, sans autre détermination, peut viser un avenir lointain, et cette impression n'est pas écartée par la détermination de *Sam.* : ″qui sortira de tes entrailles″. C'est pourquoi l'intervention de l'auteur de *Chron.*, tout en n'étant pas nécessaire, se laisse apprécier comme une précision utile » [16]. Utile à coup sûr : en complétant « ta descendance » par « l'un de tes fils » (מִבָּנֶיךָ , v. 11), le Chroniste se prononce sans équivoque pour le sens individuel : c'est Salomon qui est, pour lui, le bénéficiaire de la promesse divine. S'il a cru bon de corriger *Sam.* sur ce point, c'est que le texte initial n'apportait pas à son interprétation un support assez solide.

M. van den Bussche, pour étayer l'exégèse qu'il adopte à la suite du Chroniste, propose en outre de retoucher, en la mettant à la troisième personne, la promesse du verset 16 : « Ta maison et ta royauté seront pour toujours assurées devant toi ; ton trône sera affermi pour toujours ». Il écrit : « Rétablie dans sa teneur originale, elle est faite non pas à la maison de David, mais à celle de Salomon » [17]. La correction est appuyée d'ingénieuses remarques de critique textuelle. Elle me paraît néanmoins insuffisamment motivée. Car c'est précisément à partir de la Chronique (17 12), suivie par la Septante dans les deux recensions de l'épisode, qu'elle est faite. S'il y a tout lieu d'admettre avec M. van den Bussche, qui sur plus d'un point en a

---

14 *I Chron.* 28 5-6 ; *II Chron.* 6 9 ; cf. *I Reg.* 8 19, dont l'inspiration est très voisine de celle de la Chronique.

15 *Actes* 2 30.

16 *Op. cit.*, p. 385.

17 *Op. cit.*, p. 386, cf. p. 391. Sans doute, y a-t-il lieu de corriger לְפָנֶיךָ en לִפְנֵי ; cf. DHORME, *Les Livres de Samuel*, 1910, p. 329, n. 16.

fourni la démonstration, que notre *Sam.* a, tout comme la Chronique, et, parfois avec plus d'ampleur qu'elle, retouché ou glosé leur source commune, rien de décisif ne fait penser que ç'ait été le cas ici.

On peut objecter à M. van den Bussche qu'en *I Reg.* 11 38, par exemple, Dieu dit explicitement à Jéroboam : « Je te bâti-rai une maison stable comme j'en ai bâti une à David ». Si nous acceptons sa conjecture précédente, il nous faudra néces-sairement substituer ici « Salomon » à « David ». Ce serait aller un peu loin, et ce serait par surcroît fausser totalement le sens du chapitre, qui repose tout entier sur une opposition entre David et Salomon [18]. Mieux vaut donc, dans *Sam.* aussi, dont dépend le passage, laisser les choses en l'état. Attribuer au Proto-Samuel l'état d'esprit même du Chroniste, et parce qu'on le constate chez le Chroniste, supposer qu'il est, au même degré que lui, préoccupé de Salomon, me paraît impliquer une pétition de principe.

En fait, l'éclairage des deux textes, pris tels qu'ils sont, est totalement différent. La perspective dynastique de *Sam.* rap-porte tout à la personne du fondateur. De plus, entre Dieu et la dynastie il y a association, alliance, mais non pas identité complète d'intérêts. La promesse divine s'accompagne d'une menace : si les Davidides s'écartent de la voie droite, l'Eternel saura sévir. Dans la Chronique, au contraire, la figure de David tend à s'effacer au bénéfice de Salomon. La prophétie vaut, non plus pour une lignée anonyme, mais pour le successeur direct. Et de même qu'ailleurs la Chronique observe, à propos de ses péchés, une réserve discrète, et se contente de renvoyer aux « paroles de Nathan » et à quelques autres documents [19], de même la menace proférée dans *Sam.*, « s'il fait le mal, je le châtierai avec une verge d'hommes et des coups de fils d'hom-mes » [20], disparaît ici, et seule subsiste la promesse, incondi-tionnelle : « Je ne lui retirerai point ma grâce » [21]. « Ton trône » devient tout naturellement, du fait de cette optique nouvelle, « son trône », tandis que « ta maison et ta royauté » deviennent « ma maison et mon royaume » [22] : dans cette perspective d'une monarchie théocratique, incarnée par Salo-

---

[18] Cf. *infra,* p. 48.
[19] *II Chron.* 9 29.
[20] *II Sam.* 7 14.
[21] *I Chron.* 17 13.
[22] *I Chron.* 17 14.

mon, la cause de Dieu et celle du roi coïncident, comme coïncident les intérêts du Palais et ceux du Temple.

M. van den Bussche, enregistrant l'absence de menace dans la Chronique, rappelle que pour nombre de critiques, « le Chroniste n'a pu concevoir, vu son messianisme évolué, qu'un fils de David pût en arriver à faire le mal » et discute cette opinion ; en revanche, la menace, telle qu'elle s'exprime en *Sam.*, lui paraît « témoigner d'un messianisme si élevé qu'on peut s'étonner de le rencontrer déjà en *Sam.* Le davidide qui osera faire le mal sera frappé de sanctions destinées au commun des mortels. N'est-ce pas supposer qu'aussi longtemps que le davidide ne péchera pas contre Jahveh, il sera au-dessus du commun des hommes, c'est-à-dire qu'il sera fils de Jahveh d'une façon qui dépasse le langage métaphorique » ? [23].

Ici encore, je ne suis pas convaincu. Et je pense que la raison de ces différences entre les deux textes est beaucoup plus simple : il faut, me semble-t-il, pour en rendre compte, faire plus de place aux personnes, et moins aux idéologies, messianiques ou autres. Si *Samuel* fait allusion aux péchés des descendants, parmi lesquels Salomon figure en bonne place, alors que le Chroniste jette sur les errements de Salomon un voile pudique, c'est que le roi idéal reste pour l'un David, tandis que l'autre transfère une large part de son admiration sur le fils, constructeur du Temple. Ces deux tendances se juxtaposent, ou plutôt s'enchevêtrent dans la Bible, où c'est tantôt David, tantôt Salomon qui apparaît comme le prince exemplaire [24]. Dans l'état présent des textes, elles sont harmonisées tant bien que mal. Est-il aventureux de supposer qu'à l'origine elles s'affrontaient, comme les milieux mêmes dont elles étaient nées ? Comme ni l'un ni l'autre des deux souverains ne fut un modèle de parfaite vertu, on peut croire que c'est moins peut-être sur leurs mérites respectifs que sur leur politique, et surtout sur la question du Temple, que se heurtaient leurs admirateurs. Il est

---

23 *Op. cit.*, p. 387.

24 La Chronique, considérée d'ensemble, illustre clairement la tendance favorable à Salomon : j'y reviendrai plus loin. La tendance favorable à David et hostile, ne fût-ce que par contraste, à Salomon, apparaît en toute netteté dans le passage de *I. Reg.* 11 ₉₉ ss., cité plus haut, où David est à plusieurs reprises cité en exemple ; c'est en considération de ses mérites que Juda sera maintenu après le schisme ; à la différence de Salomon, David a marché dans les voies du Seigneur ; et par-dessus la tête de Salomon, c'est sur Jéroboam qu'est reportée la prophétie de Nathan : s'il se conforme à son modèle, en observant les lois et les commandements, « comme l'a fait David mon serviteur, je serai avec toi », lui dit Jahveh, « je te bâtirai une maison stable comme j'en ai bâti une à David » (v. 38).

vraisemblable que ceux de David se recrutaient d'abord parmi les conservateurs — *laudatores temporis acti* —, ceux de Salomon, constructeur du Temple, parmi les partisans d'un ordre religieux nouveau. Les réactions de notre *Sam.* étaient sans doute déjà, en l'occurrence, celles du Proto-Samuel, et s'expliquent chez celui-ci par le fait, entre autres raisons, que Salomon, contrairement à la volonté divine, avait édifié le sanctuaire, tandis que David, résistant à la tentation de le faire, avait maintenu le culte israélite dans ses formes ancestrales.

C'est effectivement sur la question du Temple que *Sam.* et *Chron.* divergent de la façon la plus nette. Dans la Chronique, le verset qui en annonce la construction par Salomon, « c'est lui qui me bâtira une maison », répond à une nécessité : Jahveh, las de l'instabilité et de la vie nomade, entend bien avoir une résidence stable, une maison construite. Il sait gré à David de son intention, mais il réserve la réalisation du projet à Salomon. Le refus n'est que provisoire, et renferme une acceptation pour l'avenir. Cette acceptation se lit clairement dans le libellé même du refus : « Ce n'est pas toi qui me construiras la maison de résidence » (הַבַּיִת לָשָׁבֶת, v. 4) : non pas toi, mais un autre ; et le fait que la maison soit déterminée par l'article prouve assez qu'elle est déjà présente dans l'esprit de Dieu : il a conçu le même projet que David ; c'est bien le Temple de Jérusalem qu'il a lui aussi choisi comme résidence. Salomon ne sera, en l'occurrence, que l'instrument de la volonté divine, dont David a eu comme une intuition.

La tendance du rédacteur apparaît plus clairement encore dans *II Chron.* 6, 5-9, 25, où Salomon rappelle, en l'accommodant, la promesse de Dieu à David : « Depuis le jour où j'ai fait sortir du pays d'Egypte mon peuple, je n'ai pas choisi de ville, parmi toutes les tribus d'Israël, pour qu'on y bâtisse une maison où réside mon nom, et je n'ai pas choisi d'homme pour qu'il fût chef de mon peuple d'Israël ». Jusqu'à présent, nous restons dans la ligne de la prophétie initiale, infléchie cependant dans un sens favorable à la monarchie, dont les destinées sont solidaires de celles du Temple : ni ville, ni sanctuaire, ni roi, telle est la situation au départ, et l'absence de l'un de ces éléments entraîne celle des autres. Mais c'est là une situation toute provisoire : le choix d'une résidence se double de celui d'un souverain : « Mais j'ai choisi Jérusalem pour que mon

---

25 Cf. *I Reg.* 8 16-19.

nom y réside, et j'ai choisi David pour qu'il règne sur mon peuple d'Israël ». Il implique aussi la construction d'un temple : « David, mon père, avait l'intention de bâtir une maison au nom de Jahveh, Dieu d'Israël ». Pour en avoir compris la nécessité, David a mérité la faveur divine : « Puisque tu as l'intention de bâtir une maison à mon nom, tu as bien fait d'avoir eu cette intention. Seulement, ce ne sera pas toi qui bâtiras la maison, ce sera ton fils, sorti de tes entrailles ».

Revenons maintenant au texte de *Samuel* : « Est-ce toi qui me construirais une maison pour que j'y réside ? » (בַּיִת לְשִׁבְתִּי, v. 5). L'accent est tout différent. La maison est impersonnelle, une maison quelconque. Au lieu d'une négation, une interrogation étonnée : comment, toi — non pas toi, David, mais toi, humain —, tu aurais l'audace de m'emprisonner entre des murs construits, moi qui suis Dieu ? C'est à la race humaine, me semble-t-il, que Jahveh parle ici en parlant à David, et l'interrogation prend ainsi la force d'un refus, beaucoup plus absolu que la négation de la Chronique.

Dieu entend rester fidèle à ses habitudes du désert. Pas plus qu'il n'a demandé de maison jusqu'à présent, pas plus il n'en veut pour l'avenir. Il ne faut point renverser les rôles : ce n'est pas à David de lui construire une demeure, c'est bien plutôt à lui de construire la « maison » de David. C'est lui qui a, dans le passé, appelé, guidé, protégé David ; c'est lui a installé Israël en Canaan et l'a délivré de ses ennemis ; c'est lui encore qui élèvera et consolidera la « maison » royale, la dynastie, et cela par une libre décision, et non pas en égard à la pieuse intention qu'avait conçue David de construire un temple ; le rappel de sa vocation par Dieu semble vouloir le souligner.

Dans ces conditions, le verset 13, qui annonce la construction du Temple par un autre que David, et où M. Mowinckel nous invite à reconnaître « la pointe même de tout le récit » [26], apparaît comme un corps étranger. Il rompt l'enchaînement normal des idées ; il rend presque inintelligibles, et le jeu de mot sur « maison », entendue par David au sens matériel, par Dieu au sens métaphorique de dynastie, et par le fait même l'idée maîtresse du passage, savoir les rôles respectifs de David, qui ne peut qu'obéir, et recueillir les bienfaits divins, et de l'Eternel, à qui seul il appartient de construire la « maison »

26 *Op. cit.*, p. 223.

royale. Supprimons-le : notre texte prend alors une force et une cohérence singulières.

M. van den Bussche, qui s'est lui aussi penché sur ce problème, refuse, comme M. Mowinckel, de conclure à l'interpolation. C'est au contraire, nous l'avons vu, la menace du verset suivant qu'il considère comme interpolée. Je n'entrerai pas dans le détail de son argumentation, plus ingénieuse à mon avis que convaincante [27]. Je noterai simplement qu'il apporte, dans une de ses remarques, un appui involontaire à la thèse que je reprends ici après beaucoup d'autres critiques. Constatant que, dans *Sam.*, il est dit du Temple qu'il sera construit, non pas « à moi » (ainsi *Chron.*, v. 12), mais « à mon nom », il estime que cette variante « s'oppose à l'authenticité de la formule de *Sam.*, qui trahit le judaïsme » [28] : entendons qu'elle ne se trouvait pas dans le Proto-Samuel, fidèlement reproduit, selon M. van den Bussche, par le Chroniste. Je le pense aussi, mais il me paraît évident que c'est le verset tout entier, et non pas seulement le « à mon nom » qui était absent de la source initiale. Il est, dans *Sam.*, manifestement interpolé, peut-être à la suite du Chroniste, mais de façon moins habile. Le « à mon nom » substitué, — sans doute sous l'influence d'autres textes, où le Temple est donné comme construit pour le nom de Jahveh [29], — au « à moi » qui figure en *Chron.*, trahit en effet une date tardive ; mais, en outre, le rédacteur de notre *Samuel* n'a pas pris la peine de procéder, comme le Chroniste, aux retouches de détail complémentaires, susceptibles, en modifiant la perspective d'ensemble, de donner au texte remanié la cohérence qu'il possède dans la Chronique.

M. van den Bussche concède que le Chroniste a procédé à certains remaniements ; mais il les estime « exceptionnels et de peu d'importance..., inspirés par le respect de la grammaire » [30]. Ainsi, « la "maison", dont il parle au v. 4, peut avoir l'article, puisqu'elle était l'objet de la proposition du roi » : elle le *peut ;* ce n'est pas là, cependant, une exigence impérieuse de la grammaire ; mais pour des raisons qui n'ont rien à voir avec la grammaire, elle le *doit,* étant donné l'inspiration générale du morceau, de toute nécessité. Et l'on admettra difficilement que la substitution par le Chroniste d'une

---

[27] *Op. cit.*, p. 382 ss.
[28] *Op. cit.*, p. 382.
[29] Cf. *I Reg.* 5 19 ; 8 17-19 ; *I Chron.* 22 10 ; *II Chron.* 6 7-9, etc.
[30] *Op. cit.*, p. 363.

négation à une interrogation — car ici encore M. van den
Bussche concède que c'est le Chroniste qui s'écarte du texte
initial — ne traduise « aucune différence de signification, ni
aucune tendance théologique ». [31]

Si l'on accepte comme valables mon analyse et mon argumentation, il en ressort, me semble-t-il, que la prophétie de
Nathan traduit, dans sa forme première, c'est-à-dire lorsqu'on
en retranche le verset 13, l'hostilité de certains milieux contre
le Temple de Jérusalem, et vise à démontrer qu'elle s'accorde
avec la volonté même de Dieu. Cette hostilité s'exprime dans
l'opposition des deux termes de *baith* et *mischkan*, οἶϰος et
σϰήνωμα, qui reparaît dans le discours d'Etienne, où elle fournit la clef de tout le développement. Le livre de Samuel, dans
son état présent, et malgré l'insertion du verset 13, n'a qu'imparfaitement accordé entre eux les éléments contradictoires
fournis par la tradition. Dans la Chronique, en revanche, la
tendance harmonisante, qui organise toute l'histoire d'Israël en
fonction du Temple et de la monarchie, étroitement associés,
est évidente et a été maintes fois soulignée.

Ce changement de perspective se reflète dans le vocabulaire. La différence continue d'être faite entre *mischkan* et
baith, non seulement dans l'épisode de Nathan, mais aussi
dans d'autres passages. Toutefois, l'opposition s'estompe, et
perd de son acuité, jusqu'à se résoudre parfois en une synthèse. En *I Chron.* 6 17, par exemple, le tabernacle est désigné,
selon l'usage, par les deux termes accouplés de *mischkan* et
ohel (אֹהֶל־מוֹעֵד מִשְׁכַּן), et au verset suivant c'est par le mot
baith qu'est désigné le Temple de Salomon. Mais un peu plus

---

[31] *Op. cit.*, p. 364. Je serais tenté de voir une intention dans une autre
variante, que M. van den Bussche s'efforce d'expliquer (p. 392) par de simples
raisons de critique textuelle. Dans *Sam.* 7 6, Jahveh, parlant de la période
nomade, déclare : « J'ai voyagé sous une tente et dans un tabernacle ». Les
deux termes — *ohel* et *mischkan* — sont, semble-t-il, à peu près équivalents,
et leur juxtaposition paraît pléonastique. La phrase, tout en soulignant la
mobilité, implique donc aussi, selon toute apparence, l'unicité de ce sanctuaire
portatif. Dans la Chronique, au contraire, (17 5), l'Éternel déclare qu'il a été
« de tente en tente et de demeure (en demeure) » (מֵאֹהֶל אֶל־אֹהֶל וּמִמִּשְׁכָּן).
On pourrait penser qu'il s'agit ici de souligner une instabilité évidemment
regrettable : l'unicité du sanctuaire, désirée par Jahveh, ne peut se réaliser
vraiment que par la construction du Temple. Il y a eu auparavant, non pas un,
mais des tabernacles. Et si Dieu rappelle ce souvenir de sa vie errante, c'est
peut-être pour souligner avec plus de force ce qu'il attend du successeur de
David.

loin, dans le même chapitre (v. 33) nous apprenons que les
lévites « étaient chargés de tout le service du tabernacle de la
maison de Dieu » (מִשְׁכַּן בֵּית הָאֱלֹהִים ; cf. Septante 6 48 :
σκηνῆς οἴκου τοῦ θεοῦ) : les deux termes, antinomiques à l'origine, sont ainsi devenus complémentaires et à peu près synonymes, comme l'étaient, par ailleurs, *mischkan* et *ohel*.

Plutôt encore qu'une réponse à une question — pourquoi
David n'a-t-il pas construit le Temple ? — l'épisode de Nathan
apporte, dans sa forme primitive, une preuve à l'appui d'une
affirmation : Dieu ne veut pas de Temple ; la preuve, c'est que
David se proposait de lui en construire un, et qu'il l'a refusé.
On peut néanmoins l'interpréter aussi dans un sens étiologique. Il signifie alors : David n'a pas construit le Temple, parce
que Dieu n'en voulait pas. L'explication ainsi fournie est favorable à David, mais hostile au Temple. L'insertion du verset
13 enlève au refus divin son caractère absolu et, d'une question
de principe, fait une question de simple opportunité : si David
n'a pas construit le Temple, c'est que le moment n'était pas
venu de le faire : explication favorable à la fois à David et au
Temple.

Deux autres explications se rencontrent dans la Bible, et
attestent que la pensée israélite n'était pas, en la matière, aussi
assurée que le dit M. Mowinckel. L'une impute la carence de
David à son manque de loisirs ; elle excuse le roi, dont la grandeur n'est pas en question, de n'avoir pas mené à bien un projet qui eût couronné dignement son règne glorieux : « Et
Salomon envoya dire à Hiram : « Tu sais que David, mon père,
n'a pu bâtir une maison au nom de Jahveh, son Dieu, à cause
des guerres dont ses ennemis l'ont entouré » [32]. D'après la
seconde, si David n'a pas construit le sanctuaire, c'est qu'il
n'en était pas digne : « Tu ne bâtiras pas une maison à mon
nom », lui dit l'Eternel », car tu as versé devant moi beaucoup
de sang sur la terre. Voici, il te naîtra un fils, qui sera un
homme tranquille. Je lui donnerai du repos devant tous ses
ennemis d'alentour... Car Salomon sera son nom... Ce sera lui
qui bâtira une maison à mon nom » [33]. Ce qui, dans le texte
précédent, était invoqué comme une excuse, savoir les activités
guerrières de David, se retourne ici en grief contre lui. Cette
explication, variante de la première, n'est pas sans doute fran-

---

[32] *I Reg.* 5 17.
[33] *I Chron.* 22 7-10 ; cf. 28 2-7.

chement hostile à David. Mais elle le subordonne à son héritier dans la hiérarchie idéale des rois : sa grandeur est celle d'un guerrier ; celle de Salomon, roi pacifique, est de meilleur aloi, et culmine de façon méritée dans la construction du sanctuaire. L'éclairage est le même que dans la version de l'épisode de Nathan, telle que la donne le Chroniste. C'est la même préoccupation aussi qui lui fait dire à David, retouchant les paroles de Dieu à Nathan : « Et entre tous mes fils — car Jahveh m'a donné beaucoup de fils — il a choisi mon fils Salomon pour le faire asseoir sur le trône de la royauté de Jahveh. Il m'a dit : C'est Salomon, ton fils, qui bâtira ma maison et mes parvis, car je l'ai choisi pour mon fils, et je serai pour lui un père » [34]. Construire le Temple devient ainsi un privilège, et le signe d'une prédilection divine qui fait pâlir l'astre de David.

Il est difficile, dans ces conditions, de voir en Nathan, avec M. Mowinckel, « le type même du prophète cultique, attaché à un sanctuaire royal » [35]. Du moins n'est-ce possible que si l'on entend par sanctuaire royal, en l'occurrence, la tente qui, même après l'installation à Jérusalem, continue d'abriter l'arche. Au projet de construction du Temple, en revanche, Nathan oppose une fin de non-recevoir. Que la prophétie dynastique soit totalement étrangère à la pensée du Nathan véritable, personnage de l'histoire, on l'accordera volontiers à M. Mowinckel : il est vain sans doute de chercher à quelle date et dans quelles circonstances elle a pu être formulée. Mais je ne pense pas qu'on puisse, de la même façon, révoquer en doute la protestation contre le Temple, qui, dans nos textes, sert de support à la prophétie. Encore faut-il essayer d'en préciser les motifs. Ils peuvent n'être pas absolument identiques chez Nathan lui-même et chez ceux qui, par la suite, ont pu se réclamer de son exemple.

M. Mowinckel, reprochant aux critiques contre lesquels il polémique d'interpréter la prophétie de Nathan, en fonction de leurs propres idées, comme une protestation contre les formes matérielles du culte, demande avec ironie : « En quoi une " tente " représente-t-elle une forme de culte plus spirituelle qu'une maison ? » [36]. Si les exégètes incriminés l'entendent effectivement ainsi, ils ont tort, à coup sûr. Mais il ne

---

[34] *I Chron.* 28 $_{5-6}$. En revanche, c'est David qui est présenté comme le roi idéal dans le texte de *I Reg.* 11, cité p. 48, n. 24.

[35] *Op cit.*, p. 227.

[36] *Op. cit.*, p. 221.

suffit pas de constater leur erreur pour résoudre le problème, car ce n'est pas ainsi qu'il se pose.

Rien n'autorise à faire de Nathan le porte-parole d'une religion toute spirituelle. Rien, dans le texte, n'y invite, et il y aurait quelque anachronisme à le faire. Nathan n'est pas un lointain précurseur des Quakers. Il n'est même pas sûr qu'il soit un précurseur du Deutéro-Esaïe. Ce qu'il représente, ce n'est pas une religion sans culte, c'est une forme de culte différente de celle du Temple, et qui trouve dans le fruste tabernacle son expression et son point d'appui. Il traduit l'hostilité du vieux nomadisme contre la religion des sédentaires et contre des formes de culte proches de celles des Cananéens. Sa protestation s'apparente à celle que les Réchabites formulent, sur un plan plus général, contre la civilisation des sédentaires [37]. Conservateur bien plus que réformateur, il se tourne vers le passé, et non vers l'avenir, il continue la tradition du désert plus qu'il n'annonce la révolution prophétique.

Si, comme il paraît légitime de le faire, on cherche dans sa protestation, en plus d'une réaction de sensibilité atavique, un motif plus théologique, peut-être le trouvera-t-on dans cette idée qu'il ne faut pas emprisonner Jahveh entre quatre murs. Il veut se mouvoir librement. Les toiles de la tente, qu'il a lui-même choisie pour sa résidence, ne l'asservissent point. Dans le Temple, au contraire, bâti sur l'initiative du roi, à l'ombre du palas, il fait figure de prisonnier en même temps que de Baal cananéen. Le luxe même de sa demeure, contrastant violemment avec la vieille simplicité israélite, est pour les conservateurs un objet de scandale. Mais, ici encore, c'est au nom de la tradition, bien plus que de l'esprit, qu'ils protestent [38].

Par la suite, cependant, cette critique du Temple a changé de signification. Les prophètes évoquent parfois les temps du désert, où Dieu n'était point honoré par des sacrifices [39]. Mais le passé ainsi interprété n'est chez eux que le point d'application de leur propre théologie. Et ce qu'on oppose au Temple désormais, plus communément que le tabernacle de l'époque nomade, c'est la résidence céleste de Jahveh : « Le ciel est mon trône, et la terre l'escabeau de mes pieds. Quelle demeure me

---

[37] *Jérémie* 35.

[38] Cf. à ce propos les remarques de G. Westphal, *Jahwes Wohnstätten nach den Anschauungen der alten Hebräer (Beihefte zur Z.A.W.,* xv), Giessen, 1908, pp. 158 ss., et de Schoeps, *op. cit.,* p. 234.

[39] *Amos* 5 $_{25-27}$; *Jérémie* 7 $_{22}$.

bâtiriez-vous, dit le Seigneur, ou quel serait le lieu de mon repos ? N'est-ce pas ma main qui a fait toutes ces choses ? » [40] C'est au nom de la transcendance, de la majesté, de l'ubiquité du Dieu créateur, au nom d'une conception plus spirituelle de la divinité que l'on formule ses objections.

Il est difficile de dire quand et dans quelles circonstances s'est opéré le passage d'une conception à l'autre, et comment elles s'enchaînent exactement. Il semble cependant qu'on doive chercher le raccord dans cette idée qu'une maison construite de mains d'hommes ne saurait contenir Dieu.

La théologie officielle du judaïsme répond à l'objection en soulignant que le Temple n'est à tout prendre qu'un tabernacle stabilisé, que les institutions cultuelles et l'agencement même du sanctuaire sont déjà donnés dans le tabernacle davidique et mosaïque, et qu'ainsi, une ligne ininterrompue unit le Temple de Jérusalem à ce prototype que Dieu révéla à Moïse sur le Sinaï [41]. La pensée judéo-hellénistique interprète ces données, en termes de philosophie platonicienne. Philon voit dans le sanctuaire jérusalémite le reflet ou la copie — μίμημα — d'un modèle céleste — τύπος, ἀρχέτυπος, παράδειγμα — qui est le seul sanctuaire authentique, τὸ μὲν ἀνωτάτω καὶ πρὸς ἀλήθειαν ἱερὸν θεοῦ, [42] et que l'Epître aux Hébreux, largement tributaire de Philon, appelle le tabernacle véritable, σκηνὴ ἀληθινή [43].

De même, les textes bibliques, lorsqu'ils parlent du Temple, prennent souvent souci de distinguer les deux types de résidence divine : Dieu habite au ciel (יָשַׁב) et ne fait que « camper » (שָׁכַן) dans le Temple, qui est ainsi assimilé, même lorsqu'il est désigné comme *baith,* à l'antique *mischkan* du désert. L'un et l'autre n'abritent qu'une présence divine partielle. Ce n'est pas, en effet, pour recevoir Dieu lui-même que le Temple est construit, mais pour son « nom », ou sa « gloire » : c'est « le lieu dont tu as dit que tu mettrais là ton nom », « la maison que j'ai bâtie à ton nom », « et la gloire (כָּבוֹד) de Jahveh remplit la maison » [44]. La Septante renchérit encore en précision et souligne la différence entre ciel et Temple,

---

[40] *Esaïe* 66 [1-2], cité par *Actes* 7 [49-50].

[41] *Ex.* 25 [10].

[42] Περὶ ἱεροῦ, 1. Cf. C. Spicq, *Le Philonisme de l'Epître aux Hébreux,* in *Revue Biblique,* 1950, pp. 222 ss., qui donne de nombreuses références.

[43] *Hébr.* 9 [24].

[44] *II Chron.* 6 [20-34] ; 7 [1]. Tout le chapitre 6 est très caractéristique à cet égard.

même lorsque le texte hébraïque ne la fait pas. Elle traduit normalement יָשַׁב par κατοικεῖν, indiquant ainsi que la seule « maison » divine digne de ce nom est au ciel, et שָׁכַן par κατασκηνῶσαι. Mais en *II Chron.* 6 2, par exemple, où l'hébreu emploie יָשַׁב à propos du Temple, elle traduit néanmoins par κατασκηνῶσαι, comme s'il y avait שָׁכַן, et ajoute en outre τῷ ὀνόματί σου après οἶκον. Et dans *II Chron.* 5 13, « et la maison, la maison de Jahveh, fut remplie d'une nuée », elle supprime la mention de Dieu après « la maison », la transpose après « nuée », et fait en outre intervenir la « gloire », dont il n'est pas question dans le texte hébreu : καὶ ὁ οἶκος ἐνεπλήσθη νεφέλης δόξης κυρίου (1). [45].

C'est sur cet arrière-plan que se situe et s'éclaire la pensée d'Etienne dans son discours des Actes. Elle apparaît à première vue comme totalement insolite et aberrante. En fait, elle prolonge une tradition de non-conformisme religieux qui semble ne s'être jamais tout à fait perdue jusqu'alors en Israël, et qui se reflète, avec des nuances diverses, dans le message prophétique et dans la pensée alexandrine. L'originalité d'Etienne consiste, bien qu'il soit tributaire, et des prophètes, et des « spirituels » du judéo-hellénisme, à aller plus loin qu'aucun de ses devanciers. Sa condamnation du Temple est radicale : en le désignant comme χειροποίητος, terme presque technique qui, dans le vocabulaire de la Diaspora, qualifie les sanctuaires et les dieux du paganisme, il l'assimile sans réserve aux œuvres de l'idolâtrie, et, en particulier, au veau d'or [46]. Par ailleurs, en établissant une coupure absolue entre le tabernacle et le Temple, dont la tradition officielle soulignait la continuité, il rejoint, par delà les siècles, la position de Nathan : il a, sans aucun doute, lu dans l'épisode de sa prophétie une répudiation catégorique du sanctuaire jérusalémite. C'est ainsi,

---

[45] Dans la recension parallèle de *I Reg.* 8, les versets 12-13, correspondant à *II Chron.* 6 1-2, sont absents de la Septante (*III Reg.*) ; ils reparaissent, sous une forme très différente et fort obscure, attestant une tradition textuelle très incertaine, à la suite du verset 53, à la fin de la prière de Salomon. On notera de même qu'en *I Reg.* 6, les versets 11-14, où Dieu promet de résider dans le Temple que lui construit Salomon, sont eux aussi supprimés par la Septante. On ne saurait affirmer de façon certaine que ces retouches sont intentionnelles. Mais il n'est pas exclu qu'elles traduisent effectivement certaines hésitations de la pensée judéo-alexandrine devant des conceptions qu'elle ne partageait pas entièrement.

[46] *Actes* 7 41 : « ils fabriquèrent alors un veau d'or, et ils offrirent un sacrifice à l'idole et se réjouirent de l'œuvre de leurs mains » : εὐφραίνοντο ἐν τοῖς ἔργοις τῶν χειρῶν αὐτῶν : l'analogie des termes souligne clairement la parenté entre l'idole et le Temple fait de mains d'hommes.

également, que l'ont entendu ces Ebionites dont les Pseudo-Clémentines ont fixé la pensée. Ils condamnent le sanctuaire de Salomon — en même temps que la monarchie — comme une manifestation ostentatoire de vanité humaine, et la source d'innombrables péchés en Israël : « Ubi vero tyrannos sibi magis quæsivere quam reges, tune etiam in loco, qui eis orationis causa fuerat prædestinatus, templum pro ambitione regia construxere, et sic per ordinem regibus impiis sibi invicem succedentibus, ad majores impietates etiam populus declinavit ». [47] Ils apparaissent ainsi comme les derniers représentants d'une lignée dont nous pouvons reconnaître en Nathan l'ancêtre très authentique.

---

[47] *Recognit.* 1 [38]. Sur cette tradition de pensée israélite et juive hostile au Temple, cf. Schoeps, *op. cit.*, pp. 233 ss.

Les Dieux antiques dans la pensée chrétienne

C'est une curieuse histoire que celle des avatars subis par les dieux antiques dans la pensée chrétienne. L'objet du présent article est d'en retracer sommairement les lignes essentielles, depuis les origines du christianisme jusqu'à la Renaissance. L'intérêt de l'enquête dépasse, me semble-t-il, le plan de la seule histoire religieuse: c'est le problème capital des rapports entre christianisme et culture classique qui se trouve comme concrétisé, de façon presque symbolique, dans les réactions, très diverses selon les temps et les lieux, des penseurs chrétiens vis-à-vis de la mythologie.[1]

Les premières générations chrétiennes ont naturellement adopté à l'égard des figures divines du paganisme une attitude entièrement négative, qui s'exprime déjà dans les écrits du Nouveau Testament. Les dieux sont identifiés purement et simplement à leurs idoles. On leur conteste toute réalité. Ils sont faits de main d'homme et n'ont d'autre existence que celle que leur confère l'artiste ou l'artisan qui a fabriqué la statue. L'auteur des A c t e s d e s A p ô t r e s , par exemple, fait dire à Saint Paul, dans son discours aux Athéniens: „Ainsi

---

[1] L'ouvrage essentiel sur la question est celui de J. S e z n e c : La survivance des dieux antiques. Essai sur le rôle de la tradition mythologique dans l'humanisme et dans l'art de la Renaissance, Londres 1939. Le titre en indique clairement les limites chronologiques. Il ne traite par conséquent que de la seconde des deux phases que je distingue dans mon étude, celle de la réhabilitation de la mythologie. Dans le même sens, et pour la période médiévale uniquement, A. F r e y - S a l l m a n n : Aus dem Nachleben antiker Göttergestalten, Leipzig 1931.

donc, étant de la race de Dieu, nous ne devons pas croire que la divinité soit semblable à de l'or ou à de l'argent, ou à de la pierre sculptés par l'art et l'imagination des hommes"[2]: cet avertissement sous-entend que telle est l'opinion des Gentils. C'est ce qu'exprime en toute netteté l'E p î t r e   a u x   R o m a i n s : „Se flattant d'être sages, ils sont devenus fous, et à la gloire du Dieu immortel ils ont substitué des images représentant l'homme mortel, des oiseaux, des quadrupèdes et des reptiles".[3] Les origines de cette conception se trouvent dans l'Ancien Testament, en particulier dans le Psaume II5, 4ss.: „Leurs idoles sont de l'argent et de l'or, ouvrage de la main des hommes. Elles ont une bouche et ne parlent point, des yeux et ne voient point, des oreilles et n'entendent point". La même idée s'exprime dans divers autres passages, qui critiquent l'idolâtrie en termes presque identiques et ridiculisent les païens, adorateurs de ce qu'ils ont eux-mêmes fabriqué: „Un homme s'en va au bois pour couper des cèdres; il prend hêtres et chênes le bois sert à l'homme pour brûler; il en prend pour se chauffer; il en allume aussi pour cuire son pain; il en fait aussi un dieu, et il l'adore . . . Il en brûle au feu la moitié; avec l'autre moitié il apprête sa viande . . . De ce qui en reste, il fait son dieu, son idole, qu'il adore en se prosternant, devant laquelle il prie en disant: Délivre-moi, car tu es mon dieu".[4]

Du côté chrétien, le même thème reparaît, non seulement dans le Nouveau Testament, mais aussi chez les apologistes. Il a trouvé son expression classique dans l'E p î t r e   à   D i o g n è t e , qui rappelle, avec plus d'insistance encore que les textes bibliques, qu'une idole ne se différencie en rien de n'importe quel objet ou instrument fabriqué par l'homme: „L'un n'est-il pas une pierre semblable à celles qu'on foule aux pieds? L'autre du bronze, sans plus de valeur que les ustensiles fondus pour notre usage? Cet autre du bois, et déjà pourri, ou de l'argent — il a besoin d'un homme posté à sa garde de crainte des voleurs — ou du fer rongé par la rouille, ou de la terre cuite sans plus d'apprêt que celle dont on se sert pour le plus vil usage? . . . Les ustensiles actuels, faits de la même matière qu'eux, ne pourraient-ils pas devenir eux aussi des dieux, s'ils rencontraient le même artisan? Inversement, ces dieux que vous adorez en ce moment ne pourraient-ils pas être transformés par la main des hommes en ustensiles pareils aux autres?"[5]

---

[2]) Actes, 17, 29.
[3]) Romains, I, 22-23.
[4]) Isaïe, 44, 14 ss. Cf. le chapitre 6 (dit: Lettre de Jérémie) du livre de Baruch; de même: Sagesse de Salomon, 13-15.
[5]) Epître à Diognète, 2, 2-3.

Il est probable que les apologistes, et peut-être déjà les auteurs néotestamentaires, ont emprunté cet argument du néant des idoles non pas directement à l'Ancien Testament, mais plutôt à l'apologétique judéo-alexandrine, qui en a fait un large usage. Philon par exemple dit sans ambages ce que les écrivains bibliques ne font que suggérer: „De même nature que les idoles sont les pots à eaux, les bassines, et toutes espèces de récipients vulgaires que l'on utilise de préférence la nuit."[6] Il y a là un lieu commun de toute la propagande monothéiste. Les chrétiens ne font en l'occurence, comme dans maint autre cas, que suivre le chemin tracé par les Juifs. Aussi bien, le message qu'ils adressent aux païens est identique, dans ses éléments premiers, à celui que proclame Israël: il commence par l'annonce du Dieu unique, sur laquelle se greffe ensuite le k e r y g m a spécifiquement chrétien du Christ Sauveur.

Mais déjà dans les premiers écrits du christianisme, chez les apologistes et même dans le Nouveau Testament, s'expriment deux autres conceptions, toutes négatives elles aussi, des dieux païens. Elles s'associent parfois étroitement, sinon de façon parfaitement logique, avec celle que je viens d'analyser. Nous lisons par exemple dans la première Apologie de Justin Martyr, à propos des dieux du paganisme: „Dans cette matière brute et sans vie nous ne reconnaissons pas l'aspect de la divinité . . . Souvent, grâce à l'art, des vases d'ignominie, en changeant seulement de forme et de figure, ont reçu le nom de dieux": c'est, pour l'instant, la même idée que dans la Bible ou l ' E p î t r e à D i o g n è t e. Mais Justin ajoute: „Nous ne croyons pas que Dieu soit semblable à ces images que l'on dit faites en son honneur. Elles portent le nom et sont faites à la ressemblance de ces démons mauvais qui apparurent autrefois".[7] L'existence, derrière les idoles, d'une réalité surnaturelle n'est donc pas mise en doute: les dieux ne s'identifient pas sans plus à leurs figurations, qui sont bien plutôt leurs symboles — conception courante, il est à peine besoin de le rappeler, parmi les païens cultivés.[8] Mais contrairement à ce que croient les païens, les dieux eux-mêmes ne sont pas des êtres bienfaisants, ce sont des diables.

La source scripturaire de cette interprétation se trouve dans l'Ancien Testament, et aussi chez Saint Paul: „Ils ont sacrifié aux dé-

---

[6] P h i l o n : De Vita Contemplativa, 7 (éd. Cohn-Wendland, VI, 48).
[7] I Apol., 9, 1-2.
[8] Cf. p. ex. J u l i e n l ' A p o s t a t, Lettres (éd. Bidez), 89, à Théodore, grand prêtre, qui fait en quelque sorte la théorie du culte des idoles: „signes de la présence des dieux . . . ne les prenons pas pour les dieux eux-mêmes". Sur la critique de l'idolâtrie par les philosophes païens, J. G e f f c k e n : Zwei griechische Apologeten, Leipzig-Berlin 1907, XX-XXII.

mons, et non pas à leur Dieu".[9] „Qu'est-ce à dire? Que la viande sacrifiée aux idoles soit quelque chose, ou qu'une idole soit quelque chose? Nullement; je dis que ce que les païens offrent en sacrifice, ils l'immolent à des démons, et non à Dieu".[10] Justin élargit cette idée en une théorie sur l'origine de l'idolâtrie et de la mythologie. Les actes scandaleux que l'on prête aux dieux et même à Zeus, leur chef et leur père à tous, dépeint comme adultère et parricide, ont été soit commis en réalité par les démons, soit imaginés par eux, présentés comme des faits et attribués à des dieux qui, en tant que tels, n'existent pas. Ces esprits mauvais ne sont rien d'autre que les anges déchus mentionnés dans la Bible, et leur descendance. „Mais les anges, violant l'ordre divin, ont cherché le commerce des femmes et ont engendré des enfants, que nous appelons démons. Dans la suite ils se sont asservi le genre humain, soit par la magie, soit par la crainte et les tourments qu'ils faisaient subir, soit en se faisant offrir des sacrifices, de l'encens et des libations, toutes choses dont ils sont avides, depuis qu'ils sont devenus esclaves des passions; et ils ont semé parmi les hommes le meurtre, la guerre, l'adultère, l'intempérance et tous les maux. Les poètes et les mythologues ... attribuèrent toutes ces horreurs qu'ils racontaient à Dieu même et aux fils engendrés par lui, à ses prétendus frères, Poseidon et Pluton, et à leurs enfants. Ils donnèrent à chacun d'eux le nom que chacun des anges avait choisi pour lui ou ses enfants."[11]

Or, il existe, d'après les conceptions antiques, une relation entre ces démons ou, pour parler le langage chrétien, ces anges déchus, et les „éléments" du monde, en particulier les astres, qui portent précisément les noms des divinités principales de la mythologie. Justin, dans le passage cité à l'instant, évoque cette relation: „Dieu a créé l'univers entier. Il a soumis à l'homme tout ce qui est sur terre. Par sa loi divine, les astres du ciel, qu'il a créés aussi manifestement pour l'homme, doivent concourir à la croissance des fruits de la terre et au changement des saisons. Il a confié le soin de veiller sur les hommes et sur les créatures qui sont sous le ciel aux anges qu'il a mis à leur tête. Mais les anges ont violé cet ordre".[12] Il semble bien que l'ordre violé par les anges se confonde avec la loi imposée aux astres, et qu'en conséquence les anges eux-mêmes, c'est-à-dire les dieux païens, s'identifient, dans cette perspective, aux astres. L'idolâtrie est alors le culte des „éléments" et plus particulièrement des astres: ainsi

---

[9] Deutéronome, 32, 17.
[10] I Cor. 8, 4-5.
[11] II Apol. 5, 3-6.
[12] II Apol. 5, 2-3.

l'entendait déjà Saint Paul, lorsqu'il parle des στοιχεῖα τοῦ κόσμου
auxquels sont asservis les Gentils, et même les Juifs. Israël en effet a
cédé lui aussi à ce culte des éléments, non point seulement dans le
désert, à l'époque du veau d'or — „mais Dieu se détourna et les livra
au culte de l'armée du ciel"[13]: l'observance normale, codifiée par la
Loi, des jours, des mois, des saisons et des années est, au même titre
que l'idolâtrie païenne, asservissement aux στοιχεῖα. Telle est déjà
l'opinion de Paul, lorsqu'il écrit: „Quand nous étions en bas âge, nous
étions asservis aux éléments du monde"[14]: „nous", c'est-à-dire ses
lecteurs, les Galates naguère païens, et lui-même. L'apologiste Aris-
tide reste donc bien dans la ligne paulinienne en déclarant: „Les
Juifs se figurent honorer Dieu, mais le culte qu'ils rendent s'adresse
par nature aux anges plutôt qu'à Dieu, puisqu'ils observent les sab-
bats, les néoménies, le jeûne, la circoncision et les prescriptions sur
la pureté des aliments".[15] La seule différence entre païens et Juifs,
c'est que l'idolâtrie est consciente chez les uns, inconsciente chez les
autres; mais en définitive les uns et les autres servent les anges, et les
anges rejetés par Dieu à la suite de leur désobéissance.

La raison profonde de cette condamnation chrétienne de l'idolâtrie
c'est toujours, soit que l'on reconnaisse une réalité aux dieux, soit
qu'on les identifie sans plus à leurs images, le fait que le culte s'adresse
non pas au créateur, mais à la créature: créature de Dieu dans le
premier cas, lorsqu'il s'agit d'astres et d'anges, créature d'une créature lorsque le dieu est confondu avec l'idole faite de main d'homme.
Mais tandis que ceux des apologistes qui tiennent pour une identité
totale du dieu et de l'idole rient de l'impuissance de telles divinités,
les autres sont intimement convaincus que les dieux païens possèdent
une puissance efficace. L'influence considérable et néfaste de ces êtres
démoniaques, n'est pas plus contestée dans l'Eglise ancienne que ne
l'est l'efficacité de l'astrologie, avec laquelle elle est d'ailleurs en relation étroite. D'après la conception paulinienne, la rédemption par le
Christ a pour effet de libérer l'humanité, et avec elle l'univers tout
entier, de la tyrannie des „éléments".[16] Et Tertullien n'hésite pas à
reconnaître que jusqu'à la venue du Christ l'astrologie constituait une
science véritable et véridique: „Stellas Christi, non Saturni et Martis,
et cujusque ex eodem ordine mortuorum observat et praedicat. At

---

[13]) Actes des Apôtres, 7, 42.
[14]) Galates, 4, 3. Sur les στοιχεῖα et leur culte, cf. H. L i e t z m a n n : An
die Galater (Handb. z. NT, 10) ²Tübingen 1923, ad loc.
[15]) Apol. 14, 4. Cf. J u s t i n , I Apol. 48.
[16]) Colossiens 2,20; Galates 4, 8-9.

enim scientia ista usque ad Evangelium fuit concessa, ut Christo edito nemo exinde nativitatem alicujus de caelo interpretatur".[17]

Jusqu'à présent, l'interprétation chrétienne de la mythologie et du culte des dieux païens se rattache directement à une tradition biblique et ne fait que continuer l'apologétique et la polémique du judaïsme alexandrin. Dans d'autres cas au contraire les racines de la pensée chrétienne se trouvent dans le paganisme lui-même, et plus précisément dans la pensée des philosophes, dont certains, notons-le en passant, identifiaient déjà les dieux aux éléments.[18] Deux autres interprétations doivent être, à ce propos, soulignées tout spécialement: l'interprétation historico-evhémériste et l'interprétation allégorique et moralisante.

D'après la première, les dieux sont d'anciens hommes, principalement rois et souverains, que la piété de leurs congénères éleva au ciel, eu égard à leurs mérites et leurs vertus. Cette interprétation, rationaliste dans son esprit, a été recueillie avec empressement par les Pères de l'Eglise, car elle leur fournissait une arme très efficace dans leur lutte contre le paganisme: „Ceux que vous adorez n'étaient jadis que des hommes" écrit Clément d'Alexandrie.[19] Toute une série d'écrits polémiques de l'Eglise ancienne sont d'inspiration nettement evhémériste: ainsi, pour ne citer que les plus importants, Cyprien, d e I d o l o r u m V a n i t a t e , Tertullien, d e I d o l o l a t r i a , Arnobe, A d v e r s u s N a t i o n e s , l ' O c t a v i u s de Minucius Felix, les D i v i n a e I n s t i t u t i o n e s de Lactance, les I n s t r u c t i o n e s de Commodien, le d e E r r o r e P r o f a n a r u m R e l i g i o n u m de Firmicus Maternus, et aussi la C i t é d e D i e u de Saint Augustin. Minucius Felix par exemple ne se contente pas de citer Evhémère et ses disciples; il se rallie explicitement à leurs conclusions: „Evhémère cite des humains qui, à cause de leur courage et de leurs bienfaits, furent tenus pour des dieux. Il énumère leurs jours de naissance, leurs patries, leurs sépultures, et les décèle à travers les différentes provinces: ainsi de Jupiter Dictéen, Apollon Delphien, Isis de Pharos, et la Cérès d'Eleusis. Prodicus déclare que ceux-là ont été élevés au rang de dieux qui, au cours de leurs pérégrinations, ont découvert des fruits inconnus et se sont ainsi rendus utiles aux hommes". Il ajoute: „Saturne, s'étant enfui de Crète pour échapper à la fureur de son fils, aborda en Italie, où Janus lui offrit l'hospitalité; Grec raffiné, il enseigna bien des choses à ces rudes et frustes

---

[17] De Idololatria 9; cf. J. S e z n e c : op. cit., 42.

[18] Sur les origines de cette interprétation chez les païens, J. S e z n e c : op. cit., 35 ss.; cf. J. G e f f c k e n : op. cit., XX ss.

[19] Cohortatio ad Gentes.

paysans: l'art de l'écriture, la frappe des monnaies, la fabrication des
outils ... S'il passa pour fils de la Terre ou du Ciel, c'est uniquement
parce que les Italiens ignoraient ses parents véritables ... Son fils Jupiter régna sur la Crète après l'en avoir chassé; il y mourut et y eut
des fils; aujourd'hui encore on visite la grotte de Jupiter et l'on montre son tombeau ... Il ressort clairement de tout cela que ces prétendus dieux ne sont que des hommes, dont les chroniques nous rapportent
la naissance et la mort".[20]

L'interprétation evhémériste est étrangère à la tradition biblique
et aussi, selon toute apparence, aux premières générations chrétiennes. Elle est professée surtout par des écrivains de la fin du II⁰, et plus
encore du III⁰ et du IV⁰ siècles, tandis que les écrits du Nouveau Testament tout comme ceux des premiers apologistes s'en tiennent encore presque exclusivement à la conception biblique et juive: les
dieux n'ont pas d'existence, ou bien ils sont des démons. Cette succession chronologique n'est sans doute pas l'effet du hasard. Car l'adoption par les chrétiens des théories evhéméristes suppose et atteste une
certaine compréhension vis-à-vis des modes de pensée païens. Les
chrétiens peuvent, dès lors qu'ils les recueillent et les diffusent, se présenter comme les héritiers authentiques des philosophes, de même
qu'ils présentent les philosophes comme des disciples inconscients de
Moïse et les précurseurs du christianisme. Mais leur attitude à l'égard
de la mythologie n'en reste pas moins toute négative: il s'agit de battre
le paganisme en quelque sorte avec ses propres armes, en démon-
trant que, comme l'ont reconnu les plus avisés et les meilleurs d'entre
les païens, les dieux ne sont que des hommes, sans plus, et pas des plus
recommandables. L'evhémérisme voyait dans leurs vertus et leurs mérites personnels la raison de leur déification. Les chrétiens ne contestent pas nécessairement et dans tous les cas que cette apothéose soit
à certains égards justifiée; mais il ne saurait, à leurs yeux, être question de vertu. C'est bien plutôt et plus modestement pour des services rendus que la gratitude de leurs frères humains les a divinisés.
Le passage de l'Octavius cité à l'instant le démontre en toute netteté:
c'est pour des motifs purement utilitaires, et qui n'ont rien à voir avec
la morale, que Saturne a été élevé au ciel: on l'honore comme inventeur, non pas comme modèle de vertu ou comme saint. La conduite
scandaleuse et les déportements des dieux fournissent à l'evhémérisme chrétien un thème polémique inépuisable: „Et que dire, écrit
encore Minucius Felix, de Mars et de Vénus, qui furent pris en fla-
grant délit d'adultère, et du honteux commerce, consacré par le ciel, de

---

[20] Octavius 21; cf. T e r t u l l i e n : Apolog. 10-11.

Jupiter avec Ganymède? Toutes ces histoires ne tendent à rien autre qu' à fournir quelque justification aux vices des hommes."[21]

L'intervention de l'evhémérisme représente cependant un tournant d'importance capitale dans l'évolution de la pensée chrétienne vis-à-vis de la mythologie. Car s'il sert d'abord à rabaisser et dénigrer les croyances du paganisme, cette interprétation recule peu à peu devant une autre, qui cette fois porte sur les figures du panthéon païen un jugement positif. Ce n'est plus sur les péchés et les vices des hommes divinisés que l'on met l'accent, mais sur leurs mérites réels, et parfois leurs vertus incontestables. En conséquence, l'apothéose, inadaptée sans doute et blâmable dans sa forme, du point de vue du monothéisme chrétien, est du moins légitime dans son principe: nés chrétiens, ceux qui en ont bénéficié eussent été canonisés.

Les premiers symptômes de cette réhabilitation des dieux apparaissent déjà dans l'antiquité chrétienne, chez Eusèbe et Orose par exemple. L'un et l'autre sont préoccupés de raconter l'histoire profane aussi exactement que possible. Ils la considèrent non plus, ainsi que le faisaient les premiers auteurs chrétiens, comme un simple reflet ou un décalque de l'histoire biblique, seule essentielle, mais comme un chapitre également important de l'évolution de l'humanité. Ce n'est là encore, cependant, qu'un point de départ; et cette conception ne prend tout son développement qu'après la fin du paganisme, lorsqu'aucune polémique n'est plus nécessaire et qu'une appréciation objective et sereine de l'antiquité classique est ainsi rendue possible. Isidore de Séville en est le premier représentant, suivi à travers tout le moyen âge par une ample série d'écrivains.[22]

Il n'y a plus pour eux de subordination de l'histoire profane à l'histoire sainte. L'évolution de l'humanité se déroule bien plutôt selon deux lignes parallèles, qui manifestent toutes deux la Providence divine et sont l'une et l'autre tracées par la main de Dieu. De part et d'autre se trouvent des hommes vertueux et pieux: aux patriarches et aux prophètes de l'Ancien Testament correspondent du côté païen non seulement les grands philosophes, mais aussi les bienfaiteurs divinisés du genre humain, et les écrivains du moyen âge s'appliquent à retracer le parallélisme jusque dans le moindre détail. Les héros de l'antiquité profane sont, au même titre que les personnages de la Bible, dignes de la reconnaissance de toutes les générations humaines, car ils ont eux aussi fait de grandes choses et contribué largement au progrès de la

---

[21] Octavius 23, 7-8.
[22] J. S e z n e c : op. cit., 16 ss. Sur la fortune médiévale de l'évhémérisme: J. D. C o o k : Evhemerism: a Mediaeval Interpretation of Classical Paganism, Speculum II, 1927, 396-410.

civilisation commune. Ils ont par ailleurs reçu en partage au moins
les éléments d'une révélation divine, moins précise à coup sûr que
celle qui est consignée dans la Bible, mais en définitive tout aussi importante.

Cette conception de l'histoire, et l'attitude positive qu'elle entraîne
à l'égard de la mythologie s'expriment non seulement chez les écrivains du moyen âge, mais aussi dans l'art. Au même titre que la Bible,
la mythologie est conçue et interprétée comme une anticipation prophétique de l'Evangile et de la dogmatique chrétienne: „Teste David
cum Sibylla". La Sibylle Erythrée apparaît déjà sur les sculptures du
XIII⁰ siècle. Au XV⁰, ce sont les douze Sibylles qui sont figurées en
pendant aux douze prophètes, et à égalité avec eux. Le parallélisme
Bible-mythologie se précise de plus en plus. Sur le jubé de la cathédrale de Limoges, Hercule apparaît comme une réplique païenne de
Samson. Sur le tombeau de Philippe de Commines, c'est à Adam qu'il
fait pendant, parce que l'un et l'autre sont morts à cause d'une femme.[23] Il est pour le moins vraisemblable que ces figurations supposent une interprétation evhémériste de la mythologie. Celle-ci s'exprime en toute netteté dans une lettre du réformateur suisse Zwingli
à François Ier: „Si tu suis les traces de David, écrit-il, tu verras un jour
Dieu lui-même; et près de lui tu dois espérer de voir Adam, Abel,
Enoch, Paul, H e r c u l e , T h é s é e , Socrate, les Catons, les Sci-
pions . . .‟[24] Zwingli apparaît ici comme le représentant authentique
de cet universalisme chrétien de la Renaissance, qui ne se résigne pas
à admettre que l'antiquité tant admirée ne soit qu'erreur et idolâtrie,
et que ses grands hommes puissent être rejetés par la miséricorde divine et damnés. La mention d'Hercule à côté de Socrate prouve que
lui aussi est, aux yeux de Zwingli, une figure indubitablement historique, et que son apothéose représente, dans cette ligne de pensée
evhémériste, la récompense d'une vie vertueuse: elle lui donne accès
au séjour des bienheureux; Hercule a donc droit, tout comme les Patriarches et les Apôtres, au pieux respect des chrétiens.

Mais une fois admise l'existence des dieux, il n'est pas fatal qu'on
ne voie en eux que des hommes. Dante, qui à cet égard occupe une
place originale parmi les penseurs chrétiens, reprend la vieille idée
que les divinités païennes sont des créatures surnaturelles, mais en la
transposant dans le sens d'une réhabilitation.[25] Certaines, à coup sûr,

---

[23] Sur cette rentrée progressive du paganisme dans l'art et la pensée du Moyen
Age, E. M â l e : L'art religieux du XIIIe siècle en France, Paris 1902, 382-385;
et: L'art religieux de la fin du Moyen Age en France, Paris 1922, 253-256.
[24] Christianae Fidei Brevis et Clara Expositio, cité par S e z n e c : op.
cit., 26.

les héros ou demi-dieux, ne sont effectivement que personnes humaines: ainsi Orphée, ou Hercule, dont le combat contre Antée est un fait d'histoire, dûment localisé, sur la foi des auteurs anciens, en Afrique, et constitue le pendant de la lutte de David contre Goliath.[26] Quant aux Immortels proprement dits, ce sont des puissances cosmiques, des Intelligences célestes, qui ont chacune leur rôle à jouer, au service et par la volonté du seul Dieu, dans le gouvernement de l'univers. Dante se refuse à les identifier, comme faisaient les auteurs chrétiens de l'antiquité, aux démons, anges rebelles. Il y reconnaît bien au contraire les anges fidèles, et les identifie en outre aux Idées platoniciennes: „Il faut savoir, pour commencer, que les moteurs des cieux sont des substances immatérielles, c'est-à-dire des Intelligences auxquelles le vulgaire donne le nom d'Anges ... Platon les appelle Idées, ce qui équivaut à: formes et natures universelles. Les Gentils, les entendant d'une manière moins philosophique que Platon, les ont nommés dieux et déesses; ils adoraient leurs effigies et leur élevaient de vastes temples“; et il cite comme exemples Junon, Minerve, Vulcain, Cérès.[27]

L'erreur des païens a été non point de leur prêter une réalité, qu'ils possèdent effectivement, mais de les confondre avec leur Souverain Maître, d'en faire des dieux, alors qu'ils ne sont que créatures et serviteurs de Dieu: la Fortune, par exemple, est une Intelligence céleste, dont les Anciens faisaient une déesse aveugle; les chrétiens doivent y reconnaître une servante de l'impénétrable et parfois déconcertante volonté du Seigneur:

> „Ma ella s'è beata e cio non ode:
> con l'altre prime creature lieta
> volve sua spera, e beata si gode.“[28]

De même, Jupiter certes n'est pas Dieu. Mais il est, de toutes les Intelligences la plus générale, la moins spécialisée dans ses offices, celle qui veille au premier chef à la conservation de la race humaine et à sa soumission. Exécutant les plus lourdes sentences dictées par le vouloir du Créateur, il peut certes passer pour l'Intelligence la plus représentative de Dieu. Créature et non créateur, sa fonction est d'imposer respect à l'humanité aveugle, ivre de sa présomption: l'on est donc fondé à parler d'un gouvernement de fait de Jupiter, exercé sur

---

[25] J'emprunte cette analyse de la pensée de Dante à P. R e n u c c i : Dante disciple et juge du monde gréco-romain. Paris 1954, 195 ss.
[26] Convivio 3,3,7; cf. De Monarchia 2,7,9.
[27] Convivio 2,4,2 ss.
[28] Inferno, 7,94 ss.

le monde païen par délégation du Seigneur. Sa fonction, véritablement providentielle, et celle des autres Intelligences, c'est, entre la
Chute et la Rédemption, de faire sentir au monde l'autorité qui le conserve, et qui ne peut être pour l'instant appréhendée directement. Sous
chaque idole se cache une Intelligence, et sous l'ensemble le vrai Dieu,
qui ne se révèlera à l'humanité païenne qu'une fois opéré le rachat.
On comprend dès lors non seulement que Dante s'abstienne d'iro-
niser sur la mythologie, et ne dise pas un mot des scandales de la vie
des dieux, mais qu'en outre, à la faveur du rôle qu'il reconnaît à Jupiter, il l'assimile parfois au Dieu des chrétiens, ou tout au moins donne au second le nom du premier:

> „. . . O sommo Giove
> che fosti in terra per noi crocifisso,
> son li giusti occhi tuoi rivolti altrove?"[29]

Il y a ici plus que simple procédé littéraire: c'est toute une théologie
qui s'exprime dans cette appellation. „Et parce que les Gentils se sont
avancés à tâtons des ténèbres vers le Seigneur, tandis que le peuple
juif, perdant son avantage initial, oubliait ses prophètes et récusait
le Messie, Dante juge le paganisme aussi digne d'attention que la religion d'Israël. Le paganisme reflète la Bible, et est parcouru de prémonitions qui laissent entrevoir l'approche de l'Evangile".[30]

C'est la même conviction qui transparaît à travers l'interprétation
allégorique et moralisante de la mythologie, professée par nombre
d'écrivains du moyen âge et de la Renaissance. Ici encore la pensée
chrétienne se relie à celle de l'antiquité païenne, et plus spécialement
à la tradition philosophique du stoïcisme et du néo-platonisme. Les
représentants de ces écoles s'étaient efforcés d'interpréter les mythes,
souvent peu édifiants et parfois absurdes en apparence, et de découvrir, derrière le sens littéral immédiatement perceptible, une signification profonde, spirituelle, seule importante en définitive, et seule
vraie. Ils venaient, ce faisant, au secours de la mythologie, et la
sauvaient de la dérision et de la critique destructrice à laquelle d'aucuns la soumettaient. Cette méthode d'exégèse allégorique, progressivement développée, est mise en oeuvre de façon
systématique, à la fin de l'antiquité, par exemple dans les A l l é g o -
r i e s   H o m é r i q u e s d'Héraclitus ou dans le D e   N a t u r a
D e o r u m de Phornutus. Julien l'Apostat lui aussi en fait un abondant usage. Nous apprenons ainsi que les attributs virils de Mercurius

---

[29] Purgat. 6, 118 ss.
[30] R e n u c c i : op. cit., 220.

Quadratus symbolisent la plénitude et la fécondité de la raison, et que
l'équivoque et répugnant mythe d'Attis figure et signifie l'âme humaine à la recherche de Dieu.[31]

Comme il s'agit là, dans le principe, d'un sauvetage de la mythologie, il est normal que les chrétiens aient commencé par répudier l'interprétation allégorique. Mais il n'ont point persisté longtemps dans
ce refus. Déjà dans l'Eglise ancienne, ses méthodes sont utilisées à
l'occasion, et pour des raisons d'ordre pédagogique, parce que Vir-
gile et Homère et par le fait même aussi la mythologie païenne sont
partie intégrante et fondamentale de l'éducation classique, qui garde
toute sa valeur même pour les chrétiens. Dans cette perspective, la mythologie tourne à la p h i l o s o p h i a   m o r a l i s. Dans les M y -
t h o l o g i a e de Fulgence, par exemple, ouvrage du VI[0] siècle, les
trois déesses entre lesquelles Pâris doit faire son choix sont présentées comme les symboles de la vie active, de la vie contemplative et
de la vie amoureuse.[32]

La tradition, ici encore, se poursuit à travers tout le moyen âge et
débouche dans la Renaissance. A partir du XII[0] siècle, les M é t a -
m o r p h o s e s d'Ovide tout particulièrement sont interprétées en
allégorie. Au XV[0] siècle le Franciscain anglais John Ridewall écrit
un traité de mythologie à la manière de Fulgence, et identifie chacun
des dieux antiques à une vertu: Saturne est la sagesse, Apollon la
vérité, Danaé la chasteté, Persée la bravoure.[33] Vers le même moment, le chancelier florentin Collucio Salutati consacre aux travaux
d'Hercule, sous le titre D e   l a b o r i b u s   H e r c u l i s un gros
ouvrage, qui interprète en allégorie tout le détail de la carrière du
héros, présenté comme le modèle et la personnification de toutes les
vertus.[34]

Il arrive parfois qu'allégorie et evhémérisme se combinent chez un
même auteur. L'attitude des allégoristes du moyen âge à l'égard de
la mythologie n'est pas sans rapport avec celle qu'un Philon d'Alexandrie adopte vis-à-vis de l'Ancien Testament. Que les personnages de
la Bible soient des figures historiques, que les prescriptions de la Loi
mosaïque aient été imposées réellement aux Israélites par Dieu, et
sous la forme que consigne l'Ecriture, Philon ne songe nullement à
le nier, et n'estime pas nécessaire de le démontrer. Mais ce qui l'intéresse tout spécialement, ce qu'il s'efforce de dévoiler à ses lecteurs juifs

---

[31] S e z n e c : op. cit., 76.
[32] S e z n e c : op. cit., 81.
[33] S e z n e c : op. cit., 85-86.
[34] De Laboribus Herculis, éd. B. L. U l l m a n (Thesaurus Mundi I), Zü-
rich, s. d.

ou païens, c'est le sens spirituel qui se cache derrière les récits bibliques et les commandements rituels. Le sens littéral est ici secondaire, ou plus exactement il est revivifié et, en ce qui concerne les observances, réhabilité en quelque sorte par le sens spirituel, si bien que les épisodes ou les prescriptions les plus bizarres de la Bible sont ainsi rendus acceptables même pour des Juifs ou des prosélytes éclairés d'Alexandrie.[35]

Pour la plupart des exégètes chrétiens allégorisants de la mythologie le problème de la réalité historique des figures divines n'est point capital: qu'ils acceptent cette réalité ou qu'ils la nient n'a que relativement peu d'importance. L'essentiel, c'est que, grâce à l'exégèse allégorique, l'on ne se trouve pas dans l'obligation de rejeter sans plus la mythologie, mais qu'au contraire on ait la possibilité de la faire servir à l'édification et à la formation morale des fidèles. Pareille méthode s'apparente, plus étroitement encore qu'à l'exégèse biblique de Philon, à celle que pratique par exemple l'épître de Barnabé. Tandis que pour Philon le sens spirituel de l'Ecriture laisse subsister et même renforce le sens littéral, pour l'épître de Barnabé il l'exclut radicalement: l'Ecriture n'a qu'un sens, le sens spirituel, et ç'a été la fatale erreur des Juifs de ne pas le saisir, de se cramponner à la lettre et de tenir les prescriptions mosaïques pour inéluctables et impérieusement normatives, alors qu'elles ne sont rien de plus que l'expression symbolique de vérités morales et métaphysiques.[36] Aux yeux des allégoristes chrétiens, les païens eux aussi ont commis, en regard de la mythologie, la même erreur. Peu importe que les dieux aient ou non existé en tant qu' hommes. La seule chose qui compte, c'est qu'on puisse extraire de leur histoire ou de leur légende, même si elles sont absurdes en apparence, le noyau d'enseignement moral qu'elles renferment.

Mais le parallélisme avec l'exégèse ecclésiastique de l'Ancien Testament va plus loin encore. Pour les Pères de l'Eglise et les scholastiques, la Bible n'est pas seulement l'objet d'une interprétation allégorique qui découvre derrière les données historiques ou les prescriptions légales un enseignement éthique et philosophique caché. Elle constitue également un répertoire de symboles préfiguratifs, où sont annoncées clairement la vie et la mort du Christ, ainsi que les rites, sacrements et institutions de l'Eglise. Le sacrifice d'Isaac, par exemple, de même

---

[35] Sur l'exégèse allégorique de Philon, E. B r é h i e r : Les idées philosophiques et religieuses de Philon d'Alexandrie, Paris 1907, 35 ss., et surtout E. S t e i n : Die allegorische Exegese des Philo aus Alexandria, Gießen 1929.

[36] Sur ce point, M. S i m o n : Verus Israël, Paris 1948, 182-184.

que l'agneau pascal, sont des images de la crucifixion; la Mer Rouge ou le Jourdain, que les Hébreux ont franchis pour entrer dans la Terre Promise, préfigurent le baptême chrétien, qui assure l'accès à la vie éternelle; Eve, qui écrase la tête du serpent, est le symbole de la Vierge qui, en donnant le jour au Christ, détruit le péché. Cette exégèse typologique se développe dès les premiers siècles, et repousse à l'arrière-plan l'exégèse purement allégorique, sans toutefois l'éliminer jamais entièrement: les deux méthodes restent au contraire associées de façon durable; mais c'est la méthode typologique qui très vite prend la prépondérance.[37]

A partir du moment où l'antiquité classique fut considérée comme une sorte de réplique de l'histoire biblique, à égalité avec elle, et où l'on s'habitua à voir dans l'une et l'autre une sorte d'acheminement vers la révélation chrétienne, il était naturel que l'on désirât étendre les méthodes de l'exégèse typologique à la mythologie, puisqu'aussi bien celle-ci renfermait une révélation au moins fragmentaire.

Déjà les premières générations chrétiennes avaient été frappées et troublées par les ressemblances et affinités entre certains éléments des mythes païens et certains traits de l'histoire évangélique ou de la théologie ecclésiastique. Mais, fidèles à leur interprétation d'ensemble de la mythologie, où ils se refusaient à voir autre chose qu'une invention de Satan et de ses hordes, ils n'expliquaient ces parallélismes ni par une quelconque influence païenne sur le christianisme, ni par une prémonition, accordée aux Gentils, de la vérité chrétienne, mais par une imitation anticipée et diabolique du christianisme par ses ennemis. Cette théorie revient presque à chaque page de la littérature chrétienne antique. Justin Martyr lui a donné son expression classique, en particulier dans sa Première Apologie. „Ceux qui enseignent aux jeunes gens les fables des poètes n'apportent aucune preuve à l'appui de leurs récits. Nous montrerons que ce sont des inventions des démons pour tromper et égarer les hommes. Sachant par les prophètes que le Christ devait venir et que les impies seraient punis par le feu, ils mirent en avant un grand nombre de fils de Zeus, dans l'espoir qu'ils pourraient faire passer auprès des hommes l'histoire du Christ pour une fable semblable aux inventions des poètes.[38] Ils avaient appris par le prophète Isaïe que le Christ devait naître d'une vierge et s'élever au ciel par sa propre puissance; et ils imaginèrent l'histoire de Persée. Ils avaient appris aussi que, d'après les prophé-

---

[37] Cf. J. D a n i é l o u : Sacramentum Futuri. Etude sur les origines de la typologie biblique, Paris 1950.

[38] I Apol. 54, 1-2.

ties, le Christ devait guérir toutes les maladies et ressusciter les morts, et ils mirent en scène Asclépios.[39)] Coré, fille de Zeus, est une copie de cet Esprit de Dieu qui est représenté dans la Bible porté sur les eaux. La même malice leur a fait inventer Athéna, fille de Zeus, née sans le commerce de la génération. Ils savaient que Dieu avait d'abord conçu dans sa pensée le monde qu'il fit par son Verbe et appelèrent Athéna cette première conception."[40)]

Là où l'antiquité chrétienne ne voyait que parodie démoniaque, destinée à égarer les Gentils, le moyen âge reconnait des prémonitions, faites pour les acheminer vers la vérité chrétienne. Il faut cependant attendre la Renaissance, et son enthousiasme pour l'antiquité classique, pour que soient tirées de cette conception toutes les conclusions pratiques qu'elle comporte. La mythologie est alors interprétée typologiqement, au même titre que la Bible; on cherche dans l'une comme dans l'autre "l'ombre des choses à venir", et l'on décèle dans les figures divines des préfigurations du Christ.

La théorie de cette exégèse a été formulée en termes particulièrement nets par Nicolas Denisot du Mans, poète et peintre de la Renaissance française, dont un chercheur moderne résume ainsi la pensée: „Chaque fois que l'une des fables anciennes fournit quelque symbole ou quelque analogie avec un dogme chrétien, il est louable pour le croyant de recueillir ces pressentiments lointains du christianisme. Ainsi, Hercule qui étouffe les serpents au berceau est une figure poétique de Jésus enfant."[41)] Le même principe inspire Marguerite de Navarre lorsqu'elle écrit:

> „Dieu, c'est le très fort Atlas
> Et le savoir de la sage Pallas
> C'est Leander qui pour Héro passa
> Cette grand'mer là où il trépassa".[42)]

Mais l'application la plus caractéristique et la plus curieuse en est fournie par le poème de Ronsard intitulé H e r c u l e C h r é t i e n. Il figure dans le livre des H y m n e s, et est dédié au cardinal de Chastillon.[43)] Après avoir annoncé son intention de chanter

---

[39)] I Apol. 54, 8—10.
[40)] I Apol. 64, 4-5.
[41)] C. J u g é : Nicolas Denisot du Mans, Caen 1907, 83.
[42)] A. L e f r a n c : Les dernières poésies de Marguerite de Navarre, 215.
[43)] P. de R o n s a r d : Oeuvres Complètes, éd. P. Laumonier (Société des Textes Français Modernes), VIII, Paris 1935, 207 ss.

„Un vers chrestien qui puisse contenter
Mieux que devant les chrestiennes oreilles"

et rappelé les merveilles de la création, le poète aborde le miracle de
l'incarnation:

„. . . Pour nous la Déité
Prist le fardeau de nostre humanité
(Miracle grand), mais avant que le prendre
Tu nous le fis par tes héraux entendre".

Ces hérauts, ce sont d'abord les prophètes d'Israël. Mais les Juifs,
sourds à leur message, les ont mis à mort. Dieu alors se détourne du
peuple élu vers les païens:

„. . . Par les peuples gentils
Tu envoyas les Sybilles devines
Pour tes héraux, qui, de leurs voix divines
Prophétisant, preschoient en chacun lieu
L'advenement de toi, le Fils de Dieu".

Mais les païens, aussi pervers que les Juifs,

„Ont converti les paroles prédites
Que pour toi seul la Sybille avait dites
A leurs faux dieux, contre toute raison,
Attribuant maintenant à Jason,
Et maintenant à un Hercule estrange
Ce qui estoit de propre à ta louange.
Mais où est l'oeil, tant soit-il aveuglé,
Où est l'esprit, tant soit-il déréglé,
S'il veut un peu mes paroles comprendre
Que pour raison je ne lui face entendre
Que la plupart des choses qu'on écrit
D'Hercule est due à un seul Jésus Christ".

Dans toute la suite du poème — cent cinquante vers —, Ronsard passe
en revue les principaux épisodes de la légende d'Hercule et en fait,
point par point, l'application à l'histoire évangélique.

Les serpents envoyés par Junon et étranglés par Hercule enfant
dans son berceau, ce sont — Ronsard se rencontre ici avec Denisot —
les émissaires d'Hérode auxquels l'enfant Jésus échappe par miracle.
De même il y a un parallélisme frappant entre la filiation naturelle
apparente et la filiation divine réelle du Christ et celle d'Hercule:

„On les pensait tous deux estre fils d'hommes
Et purs humains, ainsi comme nous sommes
Et par le peuple enfants les nommait-on
L'un de Joseph, l'autre d'Amphitrion,
Bien que Jésus eust pris de Dieu son être
Et Jupiter eust faict Hercule naistre".

Les travaux d'Hercule, ce sont

„le vice et les péchés énormes
Que Jésus-Christ, par le céleste effort
De sa grand'croix, mist tout d'un coup à mort".

Prométhée libéré par Hercule, c'est la nature humaine, c'est Adam, affranchi du péché par le Christ. Hercule et Atlas, ce sont le **Père** et le **Fils**

„qui soutiennent ensemble
Tout ce grand monde, ouvrage qui seroit
Bien tost tombé si Dieu ne le tenoit".

Le supplice d'Hercule sur le mont Oeta, c'est le Calvaire; sa descente aux Enfers c'est celle de Jésus-Christ, qui dompte le Diable comme Hercule enchaîne Cerbère, et son apothéose préfigure celle de Jésus. Même les épisodes les moins édifiants du mythe héracléen trouvent leur explication dans cette exégèse: Hercule répudiant Déjanire pour Iole, c'est encore Jésus,

„qui l'ancienne Eglise
Des premiers Juifs pour femme refusa
Et des Gentils l'Eglise il espousa".

Gardons nous de ne voir dans tout cela que fantaisie et jeux d'un poète. Les contemporains de Ronsard l'ont pris très au sérieux, soit pour répudier cette exégèse, soit pour y applaudir. Un critique hugue-not par exemple s'indigne que l'on puisse

„du Christ faire un Hercule; représenter la peyne
Et les faicts de tous deux par antithèse vaine"

et conclut ainsi sa diatribe:

„Si tel art, disons-nous, est autre que papisme,
comment le pourrait-on appeler qu'athéisme?"[44]

---

[44] Cité par F. Y a t e s : French Academies in the XVIth Century, Londres 1947, 192.

Dans le camp adverse, Nicolas Denisot, que je citais précédemment, félicite Ronsard

„d'avoir si bien sonné
Sous un Hercule feint Jésus-Christ véritable,

et lui déclare que ce poème, plus que tous les précédents

"doit affranchir ton nom d'une mort éternelle."[45]

Ronsard n'est pas, en cette matière, une exception: il pense et réagit à l'unisson de toute son époque. Sur le plan de l'art, l'interpénétration ainsi opérée entre la figure d'Hercule et celle du Christ aboutit d'une part au Christ Hercule du Jugement Dernier de Michel Ange, d'autre part à l'Hercule, que je serais tenté de nommer Hercule-Christ, peint par Véronèse sur les fresques de la Villa Emo à Fanzola, étendu sur son bûcher, les bras en croix, le regard levé vers le ciel, comme s'il exhalait un „consummatum est".[46]

Nous pouvons, à coup sûr, trouver étranges les modes de pensée qui s'expriment, avec une netteté toute particulière, dans le poème de Ronsard. Mais pour l'historien il y a là un témoignage d'intérêt capital. Il montre que le conflit, depuis longtemps en voie de s'atténuer, entre christianisme et civilisation antique, est désormais révolu. La pensée chrétienne porte maintenant un jugement positif non seulement sur les valeurs culturelles de l'antiquité, mais même sur les aspects proprement religieux de la civilisation gréco-romaine, interprétés en fonction de la révélation chrétienne. Elle a parcouru un long chemin depuis le temps où elle se refusait à voir dans les dieux du paganisme autre chose que de vaines idoles, des démons ou des hommes indûment divinisés. Ce qu'on peut appeler l'humanisme chrétien, préparé au moyen âge, s'est maintenant épanoui: la synthèse est faite entre la révélation biblique et la tradition des Gentils.

---

[45] Cité dans l'édition Laumonier des oeuvres de Ronsard VIII, 206.
[46] Reproduit dans Die Welt der Künstler, III (Herkules), Ravensburg 1913, 26.

Les sectes juives d'après les témoignages patristiques

La découverte, sensationnelle à bien des égards, des Manuscrits de la Mer Morte a mis à l'ordre du jour, en l'éclairant d'une lumière inattendue, la question des sectes juives au début de l'ère chrétienne. Nous avons désormais la chance d'en connaître au moins une de première main, par les documents qu'elle nous a elle-même laissés; et du même coup notre connaissance de ce judaïsme sectaire a pris une précision toute nouvelle. Mais si important qu'ait été le groupement de Qumran dans la vie religieuse de l'époque, si importants aussi que soient les écrits qui en proviennent, le judaïsme sectaire ne se limite pas au premier, et les seconds ne constituent pas la seule source dont nous disposions pour cet aspect de la vie religieuse juive. Les sources qu'on peut appeler classiques subsistent, et continuent de poser certains problèmes. J'entends par là d'une part les notices d'auteurs juifs, en particulier Josèphe, d'autre part les indications fournies par certains auteurs ecclésiastiques de l'antiquité. C'est de ces dernières que je voudrais brièvement parler. Il s'agit essentiellement des listes ou catalogues d'hérésies juives fournies par Justin Martyr, Eusèbe citant Hégésippe, et d'autres[1]. Je me bornerai à examiner deux questions. D'abord, quel crédit peut-on faire à ces listes? Dans quelle mesure apportent-elles, si brèves soient-elles, une contribution positive à notre connaissance du judaïsme antique? Et d'autre part, à supposer que nous puissions répondre par l'affirmative

---

[1] Justin Martyr, Dialogue, 80, 4; Eusèbe, Histoire Ecclésiastique, 4, 22, 7; Epiphane, Haer., 1, 14ss.; Constitutions Apostoliques, 6, 6; Pseudo-Jérôme, Indic. Haereseorum; Isidore de Séville, Etymolog. Lib., 8, 4. Cf. Harnack, Judentum und Judenchristentum in Justins Dialog mit Trypho (T. U. 39, 1), Leipzig 1913, pp. 57ss.

à la première question, et leur reconnaître quelque valeur, est-il possible d'identifier les groupements ainsi mentionnés et qui ne sont rien de plus parfois, dans le contexte où ils figurent, que des noms?

On doit constater d'abord que le nombre des groupements énumérés par nos auteurs varie de l'un à l'autre: sept chez Hégésippe, Justin et Epiphane, six seulement dans les *Constitutions Apostoliques*, huit chez Isidore de Séville, dix chez le Pseudo-Jérôme. Par ailleurs les différentes listes ne se recoupent que partiellement. Si certaines «sectes» sont communes à toutes, il en est d'autres qui n'apparaissent que sur telle ou telle d'entre elles. Ceci me paraît indiquer clairement qu'aucune n'épuise la réalité complexe de la vie religieuse juive vers le temps du Christ: aucune n'est exhaustive. Nous avons le droit d'être sur nos gardes vis-à-vis de certains de ces catalogues qui visiblement obéissent à des préoccupations symboliques: le chiffre sept est évidemment suspect. Nous pouvons en outre noter que les listes s'allongent à mesure que le temps passe: les plus récentes sont les plus complètes. Ceci n'implique pas, bien entendu, que les auteurs les plus éloignés dans le temps des choses dont ils parlaient les ont cependant mieux connues. Ils ont simplement utilisé leurs prédécesseurs. Il suffit d'une confrontation des divers catalogues pour s'apercevoir qu'Isidore de Séville, tout comme le Pseudo-Jérôme, ont mis bout à bout, pour arriver respectivement à huit et dix, les sectes mentionnées par les auteurs antérieurs. C'est en particulier parce qu'ils connaissaient la liste de Justin qu'ils sont seuls avec lui à nommer les deux hérésies des Génistes et des Méristes. Nous pouvons par conséquent sans inconvénient laisser ces auteurs tardifs en dehors de notre enquête, et nous limiter aux plus anciens, c'est-à-dire Justin Martyr et Hégésippe.

Comment, à partir de quels documents, ceux-ci ont-ils constitué leurs listes? Il est bon de distinguer ici deux catégories de «sectes» ou «hérésies». Il y a d'une part ce qu'on peut appeler les tendances majeures, les *schools of thought* du judaïsme en quelque sorte officiel, décrites par Josèphe: Pharisiens, Sadducéens et, avec une nuance un peu différente, Esséniens. Ces trois

groupements sont antérieur à la destruction du Temple en
70. Après cette date, c'est-à-dire au moment où les auteurs
chrétiens les mentionnent, ils ont disparu: il n'y a plus, au moins
en tant que groupements, ni Sadducéens, ni sans doute Esséniens. Seul subsiste le Pharisaïsme, puisque c'est autout de lui
que s'est opéré, après la catastrophe nationale, le regroupement du judaïsme. Mais le nom même de Pharisiens a cessé
d'être en usage. Par conséquent nos auteurs chrétiens connaissent
ces groupements soit par ouï dire, soit d'après des documents
écrits, qu'il n'est pas très difficile d'identifier.

On songe d'abord, tout naturellement, aux notices de Josèphe[1]. Mais il est curieux que l'une de ces trois ramifications
du judaïsme classique soit absente du catalogue de Justin,
savoir les Esséniens. S'il avait utilisé Josèphe, pourquoi les
aurait-il rayés de la liste? Au contraire chez Hégésippe, qui
mentionne les Esséniens, une utilisation de Josèphe est pour le
moins plausible. Mais il faut tenir compte aussi de la connaissance
que l'un et l'autre de ces auteurs avaient du milieu palestinien, même pour une époque antérieure à celle où ils vivaient,
et aussi d'un autre élément d'explication, qui vaut du reste
pour leurs successeurs également, savoir la lecture de l'Evangile.
Pharisiens et Sadducéens y sont mentionnés de façon assez
précise et assez fréquente pour qu'on soit fondé à y reconnaître
l'une des sources de nos hérésiologues. Je pense pour ma part
que c'est dans l'Evangile aussi qu'Epiphane a trouvé les Hérodiens
et les Scribes, promus par lui au rang de sectes religieuses,
ce que, très probablement, ils n'ont jamais été[2]. Le terme d'Hérodiens me paraît avoir un sens exclusivement politique et désigner
les partisans d'Hérode ou les gens à sa solde. Quant à celui de
Scribes, il désigne une fonction et non pas une nuance particulière de doctrine ou de rite.

L'utilisation de l'Evangile comme source de nos catalogues,
dans la mesure où ils ne dépendent pas simplement les uns des
autres, est donc certaine, celle de Josèphe au moins plausible

---

[1] Josèphe, Ant. Jud., 13, 5, 9.
[2] Les Hérodiens sont mentionnés en Matth., 22, 16 et en Marc., 3, 6
et 12, 13.

pour certains au moins d'entre eux. Mais alors, où nos auteurs ont-ils trouvé le nom des sectes du second groupe, celles qui ne sont pas représentatives du judaïsme officiel décrit par Josèphe? Le problème devient ici beaucoup plus délicat.

On a parfois postulé à l'origine de ces listes, considérées dans leur totalité, une ou plusieurs listes de même teneur, mais juives[1]. L'hypothèse ne me paraît pas s'imposer. Elle me paraît même difficilement soutenable, du moins sous la forme classique que lui a donnée Bousset par exemple. Il convient ici de faire intervenir la chronologie. Si l'on suppose qu'un tel catalogue a été établi après 70, il est difficile d'admettre qu'il ait pu, à une époque où l'orthodoxie juive était en train de se fixer, réunir en un paisible voisinage, sur un pied d'apparente égalité, les Samaritains par exemple, sectaires détestés, et les Pharisiens, gardiens ou pères de l'orthodoxie rabbinique. Il faudrait alors penser que seuls les groupements franchement dissidents, c'est-à-dire ceux qui l'étaient devenus à l'époque, figuraient sur la liste, et que les auteurs chrétiens ont amalgamé des indications puisées à des documents d'origine et d'inspiration différentes. Si au contraire on suppose que la liste primitive est antérieure à 70, il est difficile de saisir par rapport à quels critères tel groupement pouvait être catalogué «hérétique» — Samaritains mis à part — puisqu'aussi bien il n'existait pas de norme qui fût universellement reconnue en Israël et que le judaïsme officiel lui-même se composait de deux groupes, Pharisiens et Sadducéens, qui divergeaient et même s'opposaient sur nombre d'affirmations fondamentales.

Nous touchons ici à un point fort important. Les auteurs ecclésiastiques, en recensant ainsi les nuances diverses du judaïsme, l'ont fait en fonction des cadres qui leur étaient familiers, et des catégories chrétiennes. Leurs témoignages, même les plus anciens, sont d'une époque où les notions d'orthodoxie et d'hérésie sont, dans le christianisme, nettement précisées. Il y a la Grande Eglise, et il y a les formes diverses de l'hétérodoxie, les sectes, les hérésies au sens actuel du terme. Nos auteurs

---

[1] Cf. en particulier W. Bousset, Noch einmal „der vorchristliche Jesus", Theologische Rundschau, 14, 1911, pp. 378ss.

ont spontanément appliqué ces mêmes catégories à la réalité, sensiblement différente, du judaïsme, en laissant au mot αἵρεσις le sens que lui avait donné l'usage chrétien, mais qui n'est pas son sens initial. Lorsque Josèphe désigne comme αἱρέσεις les tendances majeures du judaïsme, il n'attache au terme aucune nuance péjorative. Il le considère comme synonyme de γνῶμαι διάφοροι, opinions différentes ou divergentes[1]. Sous une plume chrétienne au contraire, et déjà chez les auteurs du II° siècle, «hérésie» signifie opinion erronée. Faute d'avoir eu conscience de ce glissement de sens, les auteurs ecclésiastiques ont dans une certaine mesure faussé, au moins pour la période antérieure à 70, l'image qu'ils nous donnent du judaïsme: ils y introduisent des critères qui, au temps du Christ, n'avaient pas encore réussi à s'imposer. Cette équivoque explique une curieuse contradiction de Justin. Il écrit d'un côté: «Un bon juge ne reconnaîtra pas pour Juifs des Sadducéens, ou ces hérésies similaires ... des **Pharisiens** et des **Baptistes**»[2]. Mais comme il a tout de même quelque idée de la situation du judaïsme, il reconnaît un peu plus loin les Pharisiens pour ce qu'ils sont en réalité: «Les didascales pharisiens...les chefs des synagogues»[3].

Dans une telle perspective — la timide mise au point de Justin n'a pas été retenue — on voit le judaïsme en quelque sorte se volatiliser sous la plume des auteurs chrétiens. Il n'est plus fait que d'une juxtaposition de sectes, d'hérésies hostiles les unes aux autres. Du judaïsme authentique aucune trace ne subsiste, puisque le pharisaïsme n'est qu'une de ces hérésies, une erreur entre beaucoup d'autres, et ceci dès avant l'intervention du christianisme. Et comme il existe une sorte de continuité providentielle dans l'erreur comme dans la vérité, on fait dériver les hérésies chrétiennes de ces hérésies juives de même que le christianisme orthodoxe dérive non pas d'une forme quel-

---

[1] Il est intéressant de noter que c'est encore sous cette appellation qu'Hégésippe, cité par Eusèbe (loc. cit.), parle des sectes juives.

[2] Dialogue, 80, 4.

[3] Dialogue, 137, 2. Harnack, loc cit., pense que les Pharisiens ont été introduits dans la liste par un copiste désireux d'arriver au chiffre de sept hérésies. Mais alors, pourquoi figurent-ils sur toutes les autres listes, y compris déjà celle d'Hégésippe?

conque du judaïsme historique, mais de cette vraie religion, aussi vieille que l'humanité elle-même, représentée et pratiquée par Adam, Noë, les patriarches, les prophètes, qui se développe, en une tradition continue, en marge du judaïsme et qu'on peut bien, dès l'origine, appeler chrétienne[1].

C'est par rapport à ce christianisme, celui des origines et celui de l'Eglise, que les hérésies juives sont définies. Chez Justin, le catalogue des sectes est introduit par une remarque sur les hérésies chrétiennes de son époque: « Si vous rencontrez des hommes appelés chrétiens qui n'admettent pas cela (le grand rassemblement eschatologique à Jérusalem), qui de plus ont l'audace de blasphémer le Dieu d'Abraham, le Dieu d'Isaac et le Dieu de Jacob, qui nient en outre la résurrection des morts et affirment qu'en même temps qu'ils meurent leurs âmes sont enlevées au ciel, ne les tenez pas pour chrétiens; pas plus qu'un bon juge ne reconnaîtra pour Juif des Sadducéens ou ces hérésies similaires... »[2]. Même point de vue, plus accentué encore, chez Hégésippe, qui écrit: « Il y avait des opinions différentes dans la circoncision parmi les fils d'Israël, contre la *tribu de Juda* et contre le Christ»; suit la liste des sept sectes, qui non seulement se définissent par leur opposition au Christ, mais sont très explicitement présentées comme le berceau initial de l'hétérodoxie chrétienne: à l'époque apostolique «l'Eglise était appelée vierge, parce qu'elle n'avait pas encore été souillée par de vains discours. Ce fut Thébouthis, parce qu'il n'était pas devenu évêque, qui commença à la souiller parmi le peuple, à partir des sectes sept (juives) dont il était aussi membre: de ces sectes sortirent Simon, le père des Simoniens»; suit une liste d'hérésiarques et d'hérésies chrétiennes[3].

C'est là, il est à peine besoin de le souligner, une vue assez schématique et arbitraire. Il a existé, à coup sûr, des liens et parfois une filiation directe entre certaines formes aberrantes

---

[1] Sur l'importance, chez les Pères de l'Eglise, de cette notion de christianisme primordial, plus ancien que les formes diverses de la religion d'Israël et le judaïsme, cf. M. Simon, Verus Israël, Paris, 1948, pp. 105ss.

[2] Dialogue, 80, 4.

[3] Eusèbe, Hist. Eccl., 4, 22, 4—5.

de judaïsme et certains groupements chrétiens dissidents. Mais il est clair qu'Hégésippe et les autres écrivains ecclésiastiques ont systématisé à l'excès. Ils ont en outre brouillé les choses en transposant dans le judaïsme, et en particulier dans celui d'avant 70, ce qui était propre au christianisme de leur temps. Mieux vaudrait peut-être, par conséquent, éviter le terme de «sectes juives». Ou du moins, si on l'emploie par commodité, faut-il bien préciser qu'on ne lui donne pas son sens le plus courant: le judaïsme marginal, celui qui n'est ni sadducéen, ni pharisien, est fait de groupes, de conventicules plus ou moins individualisés, plutôt que de sectes au sens moderne du mot. Il n'y a pas, avant 70, de cloisons étanches, de ligne de démarcation nettement tracée entre ce qui sera par la suite l'orthodoxie rabbinique, héritière du pharisaïsme, et tout le reste. Où finit l'orthodoxie juive, où commence l'hérésie, nous le voyons avec quelque précision après 70 et l'entrée en scène massive du christianisme. Il serait aventureux de vouloir le préciser pour la période antérieure.

Ceci dit, et étant admis que le terme de «sectes» ou d'«hérésies» n'est pas des mieux appropriés, il reste que le judaïsme du Ier siècle et encore, bien que dans une moindre mesure, celui du II°, était multiforme, susceptible de nuances extrêmement diverses. Il y a par conséquent, peut-être, quelque chose à tirer de nos catalogues, si schématiques soient-ils et si loin d'épuiser une réalité infiniment complexe.

Laissons de côté les «sectes» bien connues par ailleurs, Pharisiens, Sadducéens, Esséniens, Samaritains. Laissons celles qui n'ont sans doute existé comme telles que dans l'imagination peu critique d'Epiphane, Hérodiens et Scribes. Laissons encore les trois «hérésies», qui paraissent n'en faire qu'une, ramifiée sans doute en une multitude de groupements, des Baptistes, Hémérobaptistes et Masbothéens[1]. Laissons enfin les Galiléens, sur lesquels l'attention vient d'être ramenée par une lettre de

---

[1] Masbothéens paraît bien n'être que l'équivalent araméen — grécisé — de Hémérobaptistes: cf. W. Brandt, Die jüdischen Baptismen, Gießen, 1910, p. 13. Sur le baptisme juif et ses ramifications, J. Thomas, Le mouvement baptiste en Palestine et en Syrie, Gembloux, 1935.

Bar Cochba trouvée dans le désert de Juda[1]. Restent alors, essentiellement, les trois groupes, mentionnés par Justin, des Génistes, Méristes et Helléniens. Peut-être n'est-il pas impossible d'élucider ces termes de prime abord assez énigmatiques.

Pour les Génistes, je propose une interprétation qui n'est pas nouvelle, mais dont la vraisemblance se trouve renforcée par le fait qu'elle a été suggérée par plusieurs chercheurs, travaillant indépendamment l'un de l'autre : je pense que *Genistai*, dérivé de *genos*, est une transposition grecque, plus ou moins heureuse, du *minim* des écrits rabbiniques. Si cette explication est fondée, nous sommes en présence d'une appellation très générale, désignant toute espèce de croyance ou de pratique aberrante[2].

Sans doute est-il possible aussi d'éclairer le sens de Μεϱισταί. Aucune des explications proposées ne me paraît absolument satisfaisante[3]. Le terme est dérivé très correctement de μεϱίζειν. Il signifie celui qui partage ou éventuellement départage : c'est dans ce second sens qu'il est employé dans l'Evangile de Luc. 12, 14 : « Qui m'a établi juge ou arbitre (μεϱιστής) entre vous ? » Appliqué à une secte juive, c'est sans doute dans son premier sens qu'il faut l'entendre. Et peut-être Justin lui-même nous en indiquera-t-il la signification précise.

Dans le chapitre 128 de son *Dialogue*, l'auteur, exposant sa doctrine du Logos, réfute d'abord ceux qui disent « qu'on ne peut ni couper ni séparer la lumière du soleil sur la terre du soleil qui est dans le ciel. De même le Père peut, lorsqu'il le veut, disent-ils, projeter sa Puissance et lorsqu'il veut la ramener en

---

[1] Sur ce point, cf. J. T. Milik, Une lettre de Siméon Bar Kokheba, Revue Biblique, 1953, pp. 276ss., qui discute brièvement des différentes significations possibles du terme.

[2] Cette interprétation apparaît pour la première fois, à ma connaissance, dans E. Hennecke, Neutestamentliche Apokryphen[2], Tübingen, 1924, p. 24, note 5, où je l'ai trouvée après avoir moi-même conclu dans le même sens dans un article intitulé : Sur deux hérésies juives mentionnées par Justin Martyr, Revue d'Histoire et de Philosophie Religieuses, 1938, pp. 54ss. Du point de vue juif, d'ailleurs, les chrétiens eux-mêmes sont des *minim*.

[3] Cf. par exemple l'édition Archambault du Dialogue (Textes et Documents pour l'Etude Historique du Christianisme), Paris, 1909, II, p. 35 et H. J. Schoeps, Theologie und Geschichte des Judenchristentums, Tübingen, 1949, p. 387, n. 3.

lui-même». Il s'agit là, soit de chrétiens à tendances antihypostatiques et monarchianistes, soit encore de Juifs du type
philonien; l'image du soleil et de ses rayons est en effet explicitement appliquée par Philon au Logos[1]. Puis, passant à la
partie positive de sa démonstration, Justin résume la théorie
orthodoxe: «Cette puissance a été engendrée du Père par sa
puissance et sa volonté, mais non point par amputation, comme
si l'ousie du Père avait été divisée (ὡς ἀπομεριζομένης τῆς τοῦ
πατρὸς οὐσίας) comme toutes les autres choses qui, lorsqu'elles
sont partagées et coupées (μεριζόμενα καὶ τεμνόμενα) ne sont
plus les mêmes qu'avant d'être coupées»[2]. Justin, visiblement,
ne se contente pas ici de prévenir un contre-sens possible, ou une
objection. Il songe à d'autres adversaires qui, par rapport aux
monarchianistes d'abord visés, se situent de l'autre côté de la
via media orthodoxe: en insistant plus qu'il ne convient sur
la substantialité et l'autonomie de cet ἄλλος θεός, ils scindent
l'essence divine et, considérée dans la personne du Père, la
diminuent. Ce sont là, vraisemblablement, les Méristes de notre
liste: Juifs hellénisés, peut-être, à tendances gnostiques, engagés fort avant dans la voie du dualisme. On sait combien le
monothéisme talmudique se préoccupe de cet «autre dieu»,
que les rabbins combattent à grand renfort de dialectique et de
textes[3]. On ne sera pas surpris, en conséquence que ceux qui se
livraient à ce genre de spéculation — secte particulière ou,
plutôt peut-être, courant d'idées — aient pu être désignés par
le terme, sans doute péjoratif, de «morceleurs». Justin a-t-il
forgé lui-même cette désignation, en donnant un sens particulier à un mot grec courant — et dans ce cas peut-être y a-t-il
au départ, comme dans le cas de *Genistai*, un vocable sémitique —
ou au contraire était-elle déjà en usage dans le judaïsme hellénistique, il est naturellement impossible de le préciser. Mais il
se pourrait bien, en tout état de cause, que *Genistai*, dérivé non

---

[1] De Somniis, I, 13.
[2] Dialogue, 128, 4.
[3] On en trouvera de nombreux exemples, traduits et commentés,
dans Travers Herford, Christianity in Talmud and Midrash, Londres,
1903. Cf. M. Simon, Verus Israël, pp. 194ss. et 229ss.

pas d'un verbe mais d'un substantif, et pour lequel on attendrait plus normalement une forme comme *Genikoi*, soit à expliquer comme une formation analogique, précisément sur le modèle de *Meristai*.

Si l'on accepte ces interprétations, on sera fondé à conclure que les noms de *Genistai* en tous cas, et peut-être aussi de *Meristai* s'appliquent non pas à un groupement bien défini, une «secte» ou «hérésie» particulière, mais plutôt à des courants de pensée, des tendances, largement ramifiées peut-être et susceptibles de nuances diverses et multiples. C'est sous la plume des auteurs chrétiens que ces termes se sont en quelque sorte figés, et ont revêtu une précision, assez artificielle et factice, qu'ils n'avaient pas au départ, s'il s'agit d'emprunts au vocabulaire de la Synagogue de langue grecque, ou que n'avaient pas leurs prototypes hébreux ou araméens.

Reste enfin le groupe des Helléniens, ʽΕλληνιανοί, qui n'est mentionné que par le seul Justin. Diverses interprétations ont été proposées, qui toutes supposent dans la graphie du mot une erreur de copiste et exigent en conséquence des corrections textuelles dont aucune ne s'impose vraiment[1]. Il me semble qu'en prenant le mot tel qu'il nous a été transmis par la tradition manuscrite, une explication plus satisfaisante reste possible.

Le terme apparaît d'emblée comme appartenant à une série de mots à terminaison -*ιανοί*, formés sur des substantifs, et désignant les disciples ou les partisans de quelqu'un: *Kaisaria-noi*, *Herodianoi* et, le plus illustre de tous, *Christianoi*. Il s'en différencie par le fait qu'il n'est pas, comme les autres, formé sur un nom de personne, ou tout au moins de figure historique car on pourrait évidemment songer à Héllène, fils de Deucalion, ancêtre mythique de la race grecque. Mais ῞Ελλην est aussi et surtout l'appellation commune des Grecs, et il me paraît fort possible qu'il soit au départ de ce mystérieux „*Hellenianoi*" mentionné par Justin: les Hélléniens seraient alors ceux qui, d'une façon ou de l'autre, suivent les Grecs ou les imitent, ceux qui «grécisent».

---

[1] Cf. Dialogue, édition Archambault, II, p. 35.

On ne peut s'empêcher ici d'évoquer un parallèle bien connu,
savoir les Hellénistes, Ἑλληνισταί, qui figurent dans les *Actes
des Apôtres*, où le terme désigne les disciples d'Etienne[1]. Les
deux terminaisons en -ιανος et -ιστής sont synonymes et
pratiquement interchangeables. La seule différence tient à leur
formation : l'une est formée sur un verbe — en l'occurence
ἑλληνίζειν — l'autre sur un nom, généralement un nom propre ;
Mais sur leur identité de sens il n'y a pas de doute. Les disciples
de Marcion, que nous appelons Marcionites, sont appelés par les
auteurs ecclésiastiques anciens tantôt Μαρκιανοί, tantôt Μαρκιανισταί[2]. Rien n'interdit, me semble-t-il, de reconnaître dans
Hellenistai-Hellenianoi un couple sémantique du même genre.

Si l'on accepte cette interprétation, on sera amené à réviser la
signification communément attribuée à Ἑλληνιστής. Il est en
général admis comme allant de soi que le terme à une acception
purement linguistique et que les Hellénistes du livres des *Actes*
n'avaient d'autre particularité, par opposition aux «Hébreux»,
que de parler grec. Je pense au contraire — et j'y reviendrai
à une autre occasion — que cette appellation, dans son usage
primitif, avait la même nuance péjorative qui me paraît s'attacher à *Hellenianoi* : appliquée par les Juifs à d'autres Juifs
elle désigne ceux qui, dans leur façon de vivre ou de penser,
imittent les Grecs, c'est-à-dire les païens. Déjà dans le *II° Livre
des Macchabées*[3] Ἑλληνισμός désigne l'imitation des Grecs,
avant de devenir bien plus tard, chez Julien l'Apostat, désignation en quelque sorte technique du paganisme. De même
le verbe ἑλληνίζειν, sur lequel est formé Ἑλληνιστής tout
comme Μεριστής est formé sur μερίζειν, signifie sans doute
parler grec, mais aussi vivre et penser à la grecque, tout comme
ἰουδαίζειν, dans le vocabulaire chrétien antique, signifie vivre à
la manière juive, judaïser. Il est possible que Justin lui-même, ou
quelque chrétien anonyme avant lui, connaissant d'après les

---

[1] Actes, 6, 1ss.

[2] Justin, Dialogue, 35: Μαρκιανοί; Eusèbe, Histoire Ecclésiastique,
4, 22, 5, Μαρκιανισταί On notera que des verbes en-ίζειν peuvent être
formés aussi à partir de noms propres : ainsi, par exemple, πυθαγορίζειν, être
disciple de Pythagore.

[3] II Macch., 4, 13.

Actes le mot Hellénistes, et lui donnant une signification purement linguistique, ait forgé pour désigner des Juifs qui «pagani-
saient» le doublet Helléniens, destiné à éviter toute équivoque
et à prévenir tout soupçon à l'endroit des disciples d'Etienne.
Peut-être même peut-on risquer une hypothèse de plus. Je
notais tout-à-l'heure l'absence, surprenante, des Esséniens
sur la liste de Justin. Y aurait-il lieu de les reconnaître sous cette
appellation générale et voilée d'Helléniens, s'il est vrai qu'ils
étaient largement ouverts aux influences et aux courants de
pensée venus du dehors, du monde païen?

En définitive, l'examen de nos listes de sectes juives, et en
particulier des deux plus anciennes, celles de Justin et d'Hégésippe, autorise les conclusions suivantes. Si nous laissons de
côté les groupements bien individualisés et bien connus, Sadducéens, Pharisiens, Esséniens et Samaritains, si par ailleurs nous
réservons le problème que posent les Galiléens, nous constatons
que les autres noms sont des appellations très générales qui
désignent, plutôt sans doute que des «sectes» à proprement
parler, constituées comme telles en marge du judaïsme officiel
et sans aucun lien avec lui, certaines particularités de rite ou de
doctrine, de pensée ou de comportement. Le nom de Baptistes
ou d'Hémérobaptistes par exemple peut s'appliquer à tous ceux
qui attachent aux ablutions rituelles une importance particulière, ou les multiplient plus qu'il n'est strictement obligatoire.
Ils se sont, à coup sûr, dans nombre de cas, constitués en groupements plus ou moins autonomes. Mais rien n'autorise à penser
qu'ils aient été l'objet d'une excommunication de la part des
autorités religieuses jérusalémites, même si celles-ci ne les
voyaient pas d'un œil particulièrement favorable: leur su-
renchère dans l'observance fait d'eux des orthodoxes au
superlatif plutôt que des hérétiques. Quant aux trois termes
que j'ai étudiés plus particulièrement, il est difficile d'admettre
qu'ils aient un sens spécifique très précis. Il semble, si mes interprétations sont fondées, qu'ils se recoupent dans une assez
large mesure. Ou plus exactement peut-être, ils dessinent, aux
limites du judaïsme officiel, comme des cercles concentriques.
Le cercle le plus étroit est représenté par les Méristes, définis

par une particularité doctrinale bien déterminée. Viennent
ensuite les Hellénistes et finalement le cercle le plus étendu
des Génistes. Quiconque mérite l'étiquette de Méristes peut
être également étiqueté Helléniste, puisque c'est, selon toute
vraisemblance, à partir d'influences hellénistiques ou en tous
cas païennes — Grec et païen sont, dans cette perspective,
pratiquement synonymes — que se produisent leurs déviations
doctrinales sur la question du monothéisme. Et quiconque est
à la fois Mériste et Hellénien est aussi, et à plus forte raison,
Géniste, terme très vague, qui englobe toutes les variétés de la
pensée et de la pratique aberrantes par rapport aux normes du
pharisaïsme, qui deviendront peu à peu celles d'une orthodoxie à proprement parler.

En d'autres termes, il me semble que nos auteurs ont commis
la même erreur que commettrait un auteur catholique contemporain si, énumérant les formes diverses de l'hétérodoxie chrétienne actuelle, il nommait côte-à-côte, comme trois «sectes»,
trois «hérésies» différentes, les presbytériens, les calvinistes et
les protestants. Un presbytérien est aussi un calviniste; et il est
également, et à plus forte raison, un protestant. La comparaison
n'est cependant pas entièrement satisfaisante. Car le protestantisme sous sa forme calviniste et presbytérienne existe en tant
que groupement séparé du catholicisme, tandis qu'il n'est pas
sûr que les trois «hérésies» juives en question aient existé comme
groupements séparés du judaïsme officiel à l'époque où nos
auteurs les considèrent. Le témoignage de ces auteurs doit
être utilisé avec prudence, car ils ont interprété la réalité juive
à travers une optique chrétienne. Il reste cependant que la
notion d'hérésie commence à se préciser et à prendre corps dans
la Synagogue dans le temps même où ils ont vécu, à la suite
de la catastrophe de 70 et du développement de l'Eglise. Elle se
concrétise dans cette appellation de *Minim* dont les *Genistai* de
Justin représentent sans doute l'équivalent grec. Nous sommes par
conséquent fondés à admettre que les écrivains ecclésiastiques,
tout en schématisant et systématisant à partir de ce qu'ils
pouvaient observer du côté chrétien, ont cependant saisi et
fixé dans leurs listes une réalité. Leurs «hérésies» ne sont pas

Symbolisme et traditions d'atelier dans la première sculpture chrétienne

Lorsqu'il s'agit d'expliquer la genèse de la première sculpture chrétienne, j'entends celle d'avant Constantin, la constitution et le sens de son répertoire iconographique, l'on se trouve en présence de deux interprétations majeures. Pour les uns, le principe du choix des thèmes et par conséquent aussi la clef de leur interprétation sont donnés dans la Bible, Ancien et Nouveau Testament, fondement de la doctrine et élément de la liturgie chrétiennes. On souligne en conséquence le caractère spécifiquement chrétien, dès le début, du symbolisme ainsi exprimé. Pour les autres au contraire, qui insistent sur l'aspect technique du problème, ce qui est déterminant, c'est la forme, ce sont les traditions d'atelier, fidèlement et parfois servilement respectées par les premiers artistes chrétiens ou travaillant pour des chrétiens. Dans cette perspective, la première sculpture chrétienne, loin de créer elle-même, à la mesure de ses besoins, son propre répertoire, se l'est en quelque sorte vu imposer du dehors, ou tout au moins, n'a rien fait de plus que transposer et adapter tant bien que mal certains éléments d'un répertoire préexistant. Sur la réalité de ces emprunts formels, tout le monde est d'accord. Mais les deux écoles divergent lorsqu'il s'agit d'en mesurer les conséquences profondes et d'établir la signification exacte des motifs païens christianisés. En présence d'un répertoire qui n'est encore chrétien que par destination, les tenants de la seconde insistent sur le caractère d'abord assez flou, et en tous cas indifférencié, du symbolisme. Il ne faut pas, estiment-ils, lui faire dire plus qu'il n'en dit vraiment: il serait aventureux de serrer de trop près l'interprétation théologique des scènes représentées et de les expliquer à la lumière d'une catéchèse dont elles ne sont pas, en fait, inspirées.

Je n'ai pas l'ambition d'arbitrer le débat, ni même de rechercher systématiquement une formule de compromis. Je voudrais simplement apporter une modeste contribution à un dossier déjà abondant, en formulant quelques remarques sur un groupe de scènes assez bien individualisées, savoir les thèmes marins, dont les composantes essentielles sont le pêcheur, la barque et l'histoire de Jonas. Ils illustrent assez bien, me semble-t-il, à la fois le mécanisme selon lequel s'est constitué le premier répertoire iconographique chrétien et aussi la signification qu'on peut légitimement lui prêter.

La figure du pêcheur à l'hameçon est indubitablement une des images les plus anciennes et les plus fréquentes de la sculpture chrétienne d'avant Constantin. Elle se trouve en effet sur le célèbre sarcophage de La Gayole, sur un sarcophage d'enfant de Ravenne, sur le sarcophage 119 du Latran et sur un certain nombre de sarcophages à strigiles, en particulier celui de la Lungara, au musée des Thermes. [1]

Wilpert y reconnaît, dans tous les cas, une image du baptême. [2] Il estime en outre que nous devons reconnaître dans le pêcheur de La Gayole et dans celui de la Lungara, barbus l'un et l'autre, une figuration de Saint Pierre. [3] Il me paraît difficile de retenir telles quelles l'une et l'autre de ces interprétations. Une étude attentive du motif et de son contexte iconographique oblige, me semble-t-il, à rejeter la seconde et à nuancer considérablement la première.

Pour ce qui est d'abord de l'identification à Saint Pierre, il convient de noter que les spécialistes s'accordent à voir dans le sarcophage de La Gayole une des toutes premières créations de la sculpture chrétienne, même s'ils ne sont pas entièrement d'accord sur la date précise qu'il faut lui assigner. [4] Celui de la Lungara ne lui est sans doute pas de beaucoup postérieur. [5] Comment croire que le sculpteur ait été préoccupé, dans ces premiers balbutiements de l'art chrétien, de faire un portrait? Comment admettre en outre que Saint Pierre ait été représenté avant le Christ lui-même non seulement comme pêcheur, ce qui pourrait à la rigueur se concevoir, puisqu'il est dans l'Evangile le Pêcheur par excellence, mais aussi comme Bon Pasteur? Car sur les deux sarcophages pêcheur et pasteur se font pendant, et Wilpert n'hésite pas, sous prétexte que l'un et l'autre sont dotés d'un abondant système pileux, à les identifier tous deux au Prince des Apôtres.

Du moins, si une telle interprétation est irrecevable, Wilpert a-t-il raison de souligner que pasteur et pêcheur sont deux figures symétriques. Précisons: elles sont, à mon sens, équivalentes, interchangeables et très exactement synonymes. Chaque fois que le pêcheur est représenté, le pasteur l'est aussi. C'est donc à partir du pasteur, dont la signification est plus directement perceptible, qu'il faut essayer d'interpréter le pêcheur.

---

[1] Reproductions dans WILPERT, *I Sarcofagi Cristiani Antichi*, 1, *Tavole*, (Rome 1929) pl. I, 3; IX, 2; IX, 3; XIX, 6.

[2] *Op. cit.*, I, *Testo*, 16 ss.

[3] *Op. cit.*, 1, *Testo*, 156 ss.

[4] Il n'est plus possible aujourd'hui, comme on l'a fait longtemps, d'attribuer le sarcophage de La Gayole à l'époque des Antonins. Aucun des sarcophages actuellement connus n'est antérieur au IIIe siècle. Sur ces questions de chronologie, cf. F. GERKE, *Die christlichen Sarkophage der vorkonstantinischen Zeit* (Berlin 1940), qui place le sarcophage de La Gayole (p. 267) vers 250.

[5] Peut-être vers 280: GERKE, *op. cit.*, 66.

L'un et l'autre sont en outre empruntés au répertoire de la sculpture païenne, le pasteur au prix de certaines retouches, le pêcheur par transposition pure et simple. [6] Il serait également imprudent soit de chercher dans le fait qu'ils sont représentés barbus l'intention précise qu'y décèle Wilpert, soit de reconnaître, avec quelques archéologues, dans le Bon Pasteur barbu, une déformation « abâtardie, encanaillée » et pour tout dire tardive du bel adolescent primitif, ou supposé tel. [7] Nous sommes, il faut y insister, aux débuts de la sculpture chrétienne. Si le pasteur et le pêcheur de La Gayole et de la Lungara sont barbus, c'est probablement que leurs modèles profanes l'étaient aussi. Et c'est aussi, selon toute vraisemblance, à partir de modèles imberbes plus ou moins retouchés, pasteurs sinon exactement bons pasteurs, que s'est précisé et fixé le type classique du Bon Pasteur juvénile. Sans doute, il apparaît de très bonne heure, par exemple sur le sarcophage de la Via Salaria, qui n'est probablement pas plus récent que ceux qui nous occupent pour l'instant. [8] Mais il faut tenir compte ici de la diversité des traditions d'atelier et peut-être aussi du goût des clients. Rien en tous cas n'autorise à postuler un prototype imberbe à un stade nettement antérieur à celui que représentent les sarcophages de La Gayole et de la Lungara.

Ce sont là choses connues et, me semble-t-il, assez communément admises. Peut-être est-il possible d'arriver à un peu plus de précision touchant la figure christianisée du Pêcheur. Le Pasteur portant sur ses épaules la brebis égarée et retrouvée, c'est la puissance salvatrice du Christ arrachant le fidèle à la mort et à la perdition pour l'introduire dans les prairies célestes. [9] S'il faut, comme je le pense, voir dans le Pêcheur une simple réplique du Pasteur, il est clair qu'il doit avoir sensiblement la même valeur symbolique: il est, lui aussi, une image du salut. La litanie célèbre que nous a conservée Clément d'Alexandrie et où le Christ, entre autres titres, est invoqué tour à tour comme Pasteur et comme Pêcheur, le prouve à l'évidence. [10] Le symbolisme est simplement ici un peu moins cohérent, un peu plus forcé et moins directement perceptible, même pour un chrétien: c'est, si l'on veut, du symbolisme au second degré. Car si c'est bien sauver les brebis du loup que de les ramener au bercail, en revanche retirer les poissons de l'eau, qui est leur élément naturel, c'est les condamner à une mort certaine. Il faut, pour intégrer le Pêcheur dans ce symbolisme

---

[6] Sur les origines du type du Bon Pasteur, Leclercq, *Manuel d'archéologie chrétienne*, I (Paris 1907) 155 ss.; sur l'évolution chrétienne du type Gerke, *op. cit.*, 253, n. 6; sur le Bon Pasteur barbu, *ibid.*, 256.

[7] La remarque est de Grousset, *Etude sur l'histoire des sarcophages chrétiens* (Paris 1885) 23, suivi par Leclercq, *op. cit.*, II (Paris 1907) 291.

[8] Wilpert, *op. cit.*, pl. 1, 1; sur la date, Gerke, *op. cit.*, 295 ss., qui l'attribue à l'époque de Gallien.

[9] Wilpert, *op. cit.*, 1, *Testo*, 63 ss.

[10] Clément d'Alexandrie, *Pédagogue*, III, 12;

de salut, user largement de la métaphore. La figure du Bon Pasteur a un sens même par rapport à des brebis réelles. En revanche, il n'y a pas, dans la réalité concrète, de Bon Pêcheur: le pêcheur ne saurait être que l'ennemi des poissons. Les Pères de l'Eglise, commentant le symbole du pêcheur, ont bien senti la difficulté. Ainsi Saint Ambroise: « Bonum piscem nec retia involvunt, sed elevant, nec hamus internecat et interfecit... ». [11] Ou encore Cyrille de Jérusalem: " ἀγκιστρεύει γὰρ σε Ἰησοῦς, οὐχ ἵνα θανατώσῃ, ἀλλ' ἵνα θανατώσας ζωοποιήσῃ ". [12] Le Pêcheur n'a de sens, comme figure de salut, que si les poissons ne sont pas des poissons, mais uniquement des hommes, et si la mer à laquelle on les arrache est autre chose qu'une mer ordinaire. C'en est assez, je pense, pour établir que le Pêcheur chrétien présuppose le Pasteur, auquel on l'a joint pour des raisons qui sont surtout formelles et de symétrie. S'ils sont ainsi associés dans l'iconographie chrétienne, c'est surtout parce qu'ils l'étaient déjà dans l'art païen. Pastorales et marines sont invariablement réunies dans ces scènes de genre dont l'antiquité hellénistique et romaine était si friande, et dont l'art de l'époque nous a transmis de nombreux exemplaires. [13]

C'est à partir de telles compositions que s'explique la juxtaposition chrétienne du Pêcheur et du Pasteur. Le Pasteur a tout naturellement pris d'emblée une place de choix dans l'art chrétien parce qu'il était à la fois une figure évangélique majeure et un élément important du répertoire païen: il y a ici, très exactement, convergence, coopération entre l'Evangile et l'art pré-chrétien. Le Pêcheur a suivi, parce qu'il était, lui aussi, présent aussi bien dans l'art profane que dans l'Evangile. Mais c'est le répertoire païen qui est cette fois déterminant, et le rapprochement déjà opéré par lui entre les deux figures. L'Evangile, en revanche, n'a joué qu'un rôle secondaire. Car, d'une part, jamais Jésus lui-même ne s'y désigne ou n'y est désigné comme pêcheur. Or c'est bien le Christ, ou sa puissance salvatrice, que signifie le Pêcheur des sarcophages. Et d'autre part, même à propos des disciples, il n'est point question dans l'Evangile de pêche à l'hameçon, mais toujours de pêche collective, au filet. C'est à l'occasion d'une pêche au filet que s'opère la vocation apostolique de Pierre et André: « Je vous ferai pêcheurs d'hommes ». [14] Or, la pêche au filet n'est représentée que rarement dans la sculpture chrétienne. Elle y revêt en outre — j'y reviendrai tout à l'heure — une signification différente de celle du pêcheur à la ligne.

[11] *Hexam.*, V, 6, 15 ss.

[12] *Procat.*, V.

[13] Par exemple sur un groupe sculpté du Musée Borghèse à Rome (n⁰ 107): pasteurs et pêcheurs fraternisent sur un rocher qui surplombe la mer; un pêcheur assis au centre tient dans sa main un coquillage; un autre, debout derrière lui, offre à l'admiration d'un berger un gros poisson; des chèvres s'ébattent à l'entour et dans le bas figurent deux barques, sur l'une desquelles un autre personnage pêche à l'hameçon.

[14] Matthieu, 5, 18.

Nous saisissons ici une loi de l'iconographie chrétienne primitive. Dans le fonds d'images évangéliques susceptibles d'être représentées, c'est l'existence d'une forme déjà prête qui sert de principe de discrimination. Le pêcheur d'hommes évangélique fait son entrée dans l'art sous les traits du pêcheur à l'hameçon profane; et peut-être n'y serait-il pas entré si d'avance les pêcheurs n'avaient été, dans la sculpture païenne, les compagnons habituels des bergers.

Dans ces conditions, et si telle est la genèse du Pêcheur chrétien, une interprétation baptismale du motif est bien difficile à soutenir. Le texte de Tertullien communément invoqué à ce propos prouve exactement le contraire de ce qu'on veut lui faire dire: « Nos pisciculi secundum ἰχθὺν nostrum Jesum Christum in aqua nascimur ». Jusqu'ici, point de difficulté. Mais continuons la citation: « Nec aliter quam in aqua permanendo salvi sumus. Itaque illa monstrosissima (une certaine Quintilla, qui avait nié la nécessité du baptême) optime norat pisciculos necare de aqua auferens ». [15] C'est là exactement ce que fait le pêcheur! Sans doute il ne faut pas, en matière de symbolisme, être trop exigeant pour la logique. On conviendra cependant qu'il est difficile de considérer ce texte comme apportant un commentaire de nos scènes de pêche, et la clef de leur interprétation. Il me paraît évident que l'eau d'où le pêcheur tire son poisson représente, au départ, non pas l'eau salutaire du baptême, mais les flots amers du péché et de la perdition, ou simplement l'océan de la vie humaine. Il n'y a aucune raison de penser qu'en passant de l'art funéraire païen, où il est souvent représenté, et où, s'il a déjà une valeur symbolique, il ne saurait signifier autre chose que cela, dans l'art funéraire chrétien, le sens du thème se soit fondamentalement transformé. [16] Il est très caractéristique que lorsque les Pères de l'Eglise usent de l'image de la pêche, ce soit toujours d'abord dans cette perspective-là. L'eau dans laquelle est pêché le poisson chrétien c'est « πέλαγος κακίας », [17] « abyssus hujus mortalitatis », [18] « saeculi istius fluctus ». [19] Il serait facile, et il est superflu, de multiplier les citations de même sens.

Le symbolisme baptismal, certes, peut intervenir, et intervient parfois, mais à titre secondaire et dérivé, à la fois par association formelle, parce que l'eau est l'agent du sacrement, et en vertu d'une sorte de raisonnement implicite, que l'on peut restituer ainsi: le Pêcheur est figure de salut; or, l'instrument du salut c'est le baptême; donc le Pêcheur est l'image du baptême. Le glissement est normal. Le baptême, mort au péché

[15] *De Baptismo*, 1.

[16] Sur la signification symbolique, possible, mais non certaine, du pêcheur dans l'art païen, cf. R. EISLER, *Orpheus the Fisher* (Londres 1921) et *Orphisch-Dionysische Mysterien-Gedanken in der christlichen Antike* (Leipzig 1925).

[17] Clément d'Alexandrie, *Pédag.*, III, 12, 101.

[18] Saint Augustin, *Cité de Dieu*, XVIII, 23.

[19] Saint Ambroise, *Hexam.*, V, 7, 17.

et naissance à la grâce, est conçu dans la doctrine chrétienne, formulée par Saint Paul, comme une préfiguration de la mort corporelle et de la résurrection glorieuse, respectivement symbolisées par la descente dans la cuve baptismale et la remontée; il a pour effet, en outre, de revêtir le fidèle du Christ qui, s'il est le Pêcheur, est aussi ἰχθύς. [20] Ainsi, naître à la vie éternelle et sortir des flots mauvais du péché sont deux idées connexes et qui peuvent s'exprimer par une figuration analogue, à l'aide du même symbole. Il reste néanmoins que l'association étroite entre Pêcheur et Pasteur et la signification qui peut-être s'attachait déjà au premier dans l'art religieux païen interdisent, à mon sens, de penser que la signification baptismale du Pêcheur soit fondamentale. Sa destination première et naturelle est d'exprimer un symbolisme non pas sacramentaire, mais funéraire et eschatologique. Aussi bien, selon une formule bien connue, le premier art chrétien est un catéchisme non de la foi, mais de l'espérance.

Cela est si vrai que les artistes ont parfois représenté côte-à-côte une scène de pêche et, en clair, une scène de baptême. Cette juxtaposition, si elle souligne bien le lien entre symbolisme funéraire et symbolisme sacramentaire, entre baptême et vie éternelle, démontre en même temps que les deux motifs sont complémentaires plutôt que simplement équivalents. Sur les fresques de la catacombe de Saint-Callixte, le Pêcheur est représenté une fois à côté d'une source jaillissante, une autre fois à côté du baptême du Christ. [21] Le même groupement se retrouve sur le sarcophage, déjà mentionné, de la Lungara, où est figurée, sur le côté correspondant au Pêcheur, une scène de baptême. Il apparaît également sur le sarcophage de Santa Maria Antica, à cette différence près que c'est le baptême qui est ici figuré sur le devant, tandis que la scène de pêche est reléguée sur le côté. Il s'agit, par surcroit, non plus du traditionnel pêcheur à la ligne, mais d'une scène de pêche au filet, avec deux pêcheurs, ou plutôt de la scène consécutive à la pêche, celle du tri des poissons. Le détail a son importance. Il illustre une évolution intéressante du thème.

En effet, une fois installé dans l'iconographie chrétienne, le motif de la pêche, directement emprunté au répertoire païen sous sa forme la plus habituelle, et d'un symbolisme d'abord assez flou, s'est parfois diversifié dans le sens d'une précision croissante, par une sorte de confrontation avec les récits évangéliques. L'Evangile a ainsi conféré à l'image classique, au prix de certaines retouches, une valeur nouvelle; ou bien, inversement, l'image du pêcheur a servi de point de cristallisation à certaines scènes évangéliques qui font, attirées par elle, leur entrée dans le répertoire.

Cette évolution s'est faite dans deux directions différentes, l'une escha-

---

[20] Saint Paul, *Romains*, 6, 2 ss. Sur le poisson dans la symbolique chrétienne et ses antécédents possibles, DOELGER, *IXΘYC*, I-IV (1910-1928).

[21] WILPERT, *Le Pitture delle Catacombe Romane* (Rome 1903) I, pl. VII, 1 et XXVII, 2-3.

tologique, l'autre ecclésiologique. Un excellent exemple de symbolisme eschatologique nous est fourni précisément par le sarcophage de Santa Maria Antica, dont il vient d'être question. Il faut, je crois, exclure l'interprétation de certains archéologues, qui se refusent à voir dans cette scène de pêche de type inusité autre chose qu'une scène de genre, purement décorative et sans aucune valeur symbolique. Je crois, au contraire, que les modifications introduites dans le thème sont intentionnelles. Il faut y reconnaître, à mon sens, comme le fait Wilpert, la figuration d'une parabole évangélique : « Le Royaume des Cieux est semblable à un filet jeté dans la mer, et ramassant des poissons de toute espèce. Quand il est rempli, les pêcheurs le tirent, et après s'être assis sur le rivage, ils mettent dans des vases ce qui est bon, et ils jettent ce qui est mauvais. Il en sera de même à la fin des temps : les anges viendront séparer les méchants d'avec les bons et ils les jetteront dans la fournaise ardente, et il y aura des pleurs et des grincements de dents ». [22] La concordance est parfaite entre ce texte et la décoration de notre sarcophage. Figuré à côté d'une scène de baptême, l'épisode signifie que le défunt, racheté par l'eau salutaire, sera reconnu au jour du jugement comme un bon poisson. La signification eschatologique initiale du thème a pris de ce fait une précision toute nouvelle.

Dans d'autres cas, c'est un symbolisme ecclésiologique que l'Evangile vient imprimer au motif de la pêche : ainsi pour les rares figurations, plus tardives d'ailleurs, de la pêche miraculeuse. Le monument le plus caractéristique à cet égard est un fragment de couvercle de Spolète, conservé à Rome. L'élément principal est cette fois une barque, portant un pilote qui tient le gouvernail, et des rameurs qui, dans l'état présent du morceau, sont au nombre de trois. Mais il est clair qu'ils étaient quatre primitivement. Car des noms gravés sur le marbre permettent d'identifier les personnages : le pilote est le Christ, les trois rameurs sont désignés comme Marc, Luc et Jean. Il faut évidemment y ajouter Matthieu et aussi, à l'extrémité de la barque, un pêcheur lançant le filet, c'est-à-dire Pierre, auquel Jésus, d'un geste de son bras tendu, commande de gagner le large.[23] Wilpert a certainement raison de reconnaître ici la représentation de l'épisode relaté dans le troisième évangile comme prélude à la pêche miraculeuse. [24] Il ne s'agit pas, pour autant, d'un morceau purement narratif : le rôle de pilote assumé par le Christ, assis par surcroît sur la *cathedra* du magistère ecclésiastique, la fonction assignée aux évangélistes indiquent clairement que c'est la barque de l'Eglise qui est ici symboliquement représentée. Et le geste de Pierre jetant son filet, que le texte évangélique

---

[22] Matthieu, 13, 47-50. Cf. M. SIMON, *Notes sur le sarcophage de Santa Maria Antica : Mélanges d'Archéologie et d'Histoire* (1936).

[23] WILPERT, *Sarcofagi*, 1, *Testo*, 157.

[24] Luc, 5, 1-11. L'épisode de la pêche miraculeuse se combine ici avec celui de la vocation apostolique de Pierre.

autorise à restituer sur la partie aujourd'hui disparue, signifie la mission chrétienne. L'ensemble a donc une valeur à la fois narrative et symbolique. Et c'est de son appartenance à l'Eglise, vaisseau salutaire, que le défunt entend se réclamer.

Il est intéressant d'enregistrer une évolution en tous points identique du thème du Pasteur: elle illustre le parallélisme et la synonymie initiale des deux figures. Son aboutissement eschatologique est donné sur un couvercle de sarcophage de la collection Stroganoff, où est figuré le jugement dernier, tel que le dépeint l'évangile de Matthieu: le Pasteur, mué en juge, sépare les brebis d'avec les boucs, tout comme sur le sarcophage de Santa Maria Antica les pêcheurs opèrent le tri des bons et des mauvais poissons. [25] L'aboutissement ecclésiologique en revanche est illustré par les sarcophages du type *Pasce oves*, où le Bon Berger investit des fonctions pastorales les apôtres groupés autour de lui, et plus spécialement Pierre, et leur confie la garde du troupeau réparti à ses pieds. Ici encore, l'apport déterminant du texte évangélique dans l'élaboration d'un thème profane à l'origine est évident. [26]

Il convient de mettre à part un fragment du musée du Capitole que j'ai naguère étudié, et où sont représentés côte à côte une barque portant Saint Paul, identifié par son nom gravé sur le marbre, qui manœuvre à la fois la voilure et le gouvernail, et un pêcheur assis sur le rocher. [27] La défunte, une certaine Thécla — son nom est également inscrit sur le fragment — est confiée à la protection de l'apôtre et menée sous sa conduite au port du salut, tandis que le Pêcheur mystique, élément cette fois accessoire de la décoration et du symbolisme, l'arrache aux flots mauvais. Mais ce symbolisme funéraire prend appui sur un épisode précis: celui du naufrage, relaté au chapitre 27 des *Actes des Apôtres*, au cours duquel Paul assumant pratiquement la direction du navire, rendit confiance à l'équipage et aux passagers. Les anciennes liturgies ont retenu l'épisode comme un type de salut: « Domine cujus dextera beatum Petrum ambulantem in fluctibus ne mergeretur erexit, et coapostolum ejus Paulum tertio naufragantem de profundo pelagi liberavit, exaudi nos propitius et concede ut amborum meritis aeternitatis gloriam consequamur ». [28] Elles fournissent à notre fragment un commentaire parfaitement adapté.

Je ne pense pas que ce symbolisme, ainsi appuyé sur un épisode historique, se double, cette fois encore, d'une signification ecclésiologique: il est invraisemblable que Paul ait été installé aux lieu et place de Pierre

---

[25] Wilpert, *Sarcofagi*, 1, pl. LXXXIII, 1; Matthieu, 25, 31-34.

[26] Wilpert, *Sarcofagi*, 1, *Testo*, fig. 26 et pp. 95 ss. La source scripturaire de la composition est fournie par Jean, 21, 15-17.

[27] Wilpert, *Sarcofagi*, 1, pl. X, 3; M. Simon, *L'apôtre Paul dans le symbolisme funéraire chrétien*: *Mélanges d'Archéologie et d'Histoire* (1933) 156 ss.

[28] *Sacramentaire Gélasien*, éd. Wilson (Oxford 1894) 186; *Sacramentaire Grégorien*, éd. Lietzmann (Leipzig 1921) 81.

comme pilote de la nef de l'Eglise. Le choix du personnage et de l'épisode
figuré s'explique sans doute uniquement par le nom de la défunte, et par
l'influence des *Actes de Paul et de Thécla*. Et le voyage représenté est vraisemblablement celui que l'âme effectue à travers la vie d'ici-bas et le
passage de la mort corporelle pour parvenir au séjour des bienheureux.
C'est dire que le symbolisme reste substantiellement le même que sur les
nombreux sarcophages païens où la vie humaine et le voyage vers l'au-
delà sont représentés sous la forme d'une traversée. L'épisode des *Actes
des Apôtres*, peut-être par le biais de la liturgie, lui a simplement conféré,
avec un point d'appui historique, un surcroît de précision. La figure concrète et bien individualisée de l'Apôtre a remplacé les Génies anonymes
qui, dans l'art funéraire païen, assument les fonctions de rameurs et de
pilotes. La figuration, de ce fait, est à la fois narrative et symbolique,
comme dans l'exemple précédent de la barque ecclésiastique. Mais l'inspiration fondamentale reste identique à celle des figurations païennes. Il
est clair, une fois de plus, que le Nouveau Testament n'intervient qu'à
titre secondaire, appelé en quelque sorte par un thème préexistant, celui
de la barque et du voyage marin. Il rend compte des modifications et
précisions introduites dans ce thème, ainsi renouvelé, mais non du thème
lui-même, tiré du répertoire classique.

La preuve en est qu'au stade initial, antérieur à ce morceau qui, comme
celui de la barque ecclésiastique, est certainement du IVe siècle, l'art funéraire chrétien s'est d'abord contenté de reproduire tel quel le motif païen
de la barque, tout comme il reproduit tel quel le motif du pêcheur: ainsi
à l'une des extrémités du sarcophage de Ravenne, déjà mentionné, et de
celui de Santa Maria Antica. Sur l'un comme sur l'autre, du reste, la
barque fait pendant au pêcheur: groupement habituel, lui aussi, dans
l'art funéraire païen. C'est ainsi que le sarcophage de Ravenne reproduit
à ses deux extrémités, et à quelques détails d'exécution près, qui sont sans
importance, les deux extrémités d'un sarcophage païen du Musée des
Thermes inédit, me semble-t-il, où pêcheur et barque se correspondent
de façon absolument identique, tandis que le devant représente le voyage
de Psyché vers l'au-delà. L'emprise du type païen a été ici, en ce qui concerne les extrémités, totale. Sur le sarcophage de Santa Maria Antica, en
revanche, de même que le pêcheur à la ligne isolé s'est mué en scène de
pêche au filet et à deux par l'intervention d'une parabole évangélique, de
même la barque n'est plus qu'un élément d'une petite composition, elle
aussi spécifiquement chrétienne, l'histoire de Jonas. On y voit figurés à
côté du bateau le monstre marin et le prophète qu'il vient de rejeter, et
qui se repose sur le rivage. Nous saisissons de nouveau sur le vif le mécanisme par lequel des thèmes païens stéréotypés, figurant sur les carnets
de modèles des sculpteurs, ont été assouplis, retouchés et développés, dans
le sens d'une précision croissante. Ils fournissent en quelque sorte l'armature première sur laquelle viennent se modeler des scènes bibliques ou

évangéliques. Mais la présence, à côté de Jonas et de son bateau, d'un Neptune armé du trident est là pour rappeler qu'il y a au point de départ, attirant à sa suite, en vertu d'affinités formelles, tel ou tel épisode chrétien, un élément du répertoire traditionnel. Une rapide étude du thème de Jonas dans la première sculpture chrétienne ne pourra que souligner encore l'emprise déterminante des prototypes classiques.

L'histoire de Jonas est le premier thème biblique à connaître la fortune dans la sculpture chrétienne. Il jouit, avant l'époque constantinienne, d'une faveur qu'aucune autre scène de l'Ancien ou du Nouveau Testament ne réussit à lui disputer. Pourquoi cette exceptionnelle popularité? Sans doute, il y a, à l'origine de cette figuration, comme dans le cas du Bon Pasteur, une parole évangélique. Jonas n'aurait pas connu une telle vogue si le Christ ne l'avait en quelque sorte consacré comme le symbole le plus clair de sa propre résurrection et, par extension, de celle des fidèles: « De même que Jonas fut trois jours et trois nuits dans le ventre du poisson, ainsi le Fils de l'Homme sera dans le sein de la terre trois jours et trois nuits ». [29] Mais est-ce là une explication suffisante? Je ne le pense pas. Pourquoi les sculpteurs n'ont-ils pas représenté la résurrection elle-même, en clair, comme ils ont représenté, d'assez bonne heure, le baptême du Christ? Et pourquoi, une fois admis le choix de Jonas, au lieu de figurer simplement le monstre rejetant le prophète, ce qui eût suffi à exprimer le symbolisme de l'épisode, ont-ils, dans certains cas au moins, traité le thème avec tant de complaisance, et un luxe de détails narratifs assez surprenant, et tout à fait exceptionnel dans l'art chrétien antique? Le sarcophage 119 du Latran est à cet égard très caractéristique. [30] On y voit développé dans toute son ampleur le cycle complet de Jonas: un bateau, d'où le prophète est jeté à la mer; un premier monstre marin, qui l'engloutit; un second, qui le rejette; et enfin, la scène classique de Jonas se reposant sous le cucurbite, dans ce décor de pastorales et de marines cher à l'art païen du temps. Il apparaît évident, à analyser la composition dans son détail, que Jonas n'aurait pas connu cette fortune si l'art profane n'avait offert à des sculpteurs en mal d'invention et qui sans doute, païens eux-mêmes, travaillaient à l'époque indifféremment pour une clientèle païenne et pour une clientèle chrétienne, tout ce qu'il fallait pour traduire en images la parole évangélique. L'existence de modèles, ou plus exactement d'éléments de composition païens, a joué ici le rôle décisif.

Jonas ne figure pas, il est bon de le noter, dans l'*Ordo Commendationis Animae*, où sont mentionnés en revanche des types bibliques dont la fortune dans l'art a été infiniment plus mince. C'est dire que l'attention des premiers chrétiens ne paraît pas s'être fixée d'emblée sur cette figure. [31]

[29] Matthieu, 12, 39-40.
[30] WILPERT, *Sarcofagi*, 1, pl. IX, 3; GERKE, *op. cit.*, 39 ss. et pl. 1; sarcophage du même type à la collection Ny Carlsberg à Copenhague, WILPERT, 1, pl. LIX, 3 et GERKE, *loc. cit.*
[31] LECLERCQ, *Manuel d'Archéologie Chrétienne*, 1, pp. 111 ss.

Elle y a été attirée par une impulsion venue du dehors, qui du même coup lui a révélé tout le développement symbolique dont l'image était susceptible. Il n'y avait rien de plus, en effet, dans le texte évangélique, qu'une référence à la résurrection. En passant dans l'art, le thème s'enrichit de l'idée d'un voyage semé d'épreuves, qui sans doute se trouve déjà dans le livre biblique de Jonas, mais à laquelle s'ajoute encore celle de la béatitude éternelle: le vaisseau mène Jonas vers l'au-delà, et son repos sous la treille est l'image des joies célestes. Ceci est souligné, sur certains sarcophages, par la figuration du banquet des bienheureux, qui est parfois juxtaposée, de façon assez inattendue au premier abord, aux épisodes du cycle de Jonas. [32] La raison de cette association est très simple: sur les sarcophages païens le banquet complète assez souvent les figurations du voyage vers l'au-delà. C'est donc bien l'existence de thèmes païens, voisins du motif chrétien non seulement par leur forme, mais par leur signification, qui explique la constitution d'un véritable cycle de Jonas.

On a maintes fois signalé, et nul ne la conteste plus, la similitude presque absolue du type de Jonas couché et de celui d'Endymion endormi. [33] La filiation est évidente, et rend compte de cet élément du cycle. Elle explique pourquoi, presque invariablement, la figure de Jonas couché se combine avec des scènes pastorales et pourquoi, à la faveur de l'interpénétration des deux types, des sculpteurs étourdis ont parfois confondu le prophète biblique et le berger profane, devenus pratiquement interchangeables. De ce fait, Jonas est parfois revêtu, par inadvertance, de l'*exomis* pastorale; [34] inversement, sur un sarcophage de Pise, dans une composition exclusivement pastorale, un berger, désigné comme tel par son *pedum*, est couché nu, détail tout-à-fait exceptionnel dans la série des pastorales chrétiennes, au milieu de son troupeau, et au-dessus de sa tête pendent les fruits caractéristiques du cucurbite. [35]

Mais le mythe d'Endymion n'est pas seul à expliquer la genèse et la fixation du cycle de Jonas. Il ne rend compte que d'un seul élément, Jonas couché. Pour éclairer les autres, il faut tenir compte aussi du monstre d'Andromède, du mythe de Psyché, avec son voyage sur mer, et plus généralement des multiples figurations de traversées dans l'art funéraire païen — on saisit alors pourquoi un Génie ailé figure parfois dans le navire de Jonas [36] — et enfin de toutes les compositions qui, dans l'art profane, associent, même sans valeur mythologique précise, pastorales et marines.

---

[32] P. ex. sarcophage de Baebia Hertofile au Musée des Thermes, WILPERT, *Sarcofagi*, I, pl. LIII, 3; GERKE, *op. cit.*, 151 ss. et pl. 26.

[33] Cf. en dernier lieu, GERKE, *op. cit.*, 120 ss. Sur les figurations du mythe d'Endymion dans la sculpture funéraire païenne: ROBERT, *Die antiken Sarkophag-Reliefs* (Berlin 1897) III, pl. XII-XXV et texte 53-110.

[34] WILPERT, *Sarcofagi*, II, pl. CLXI, 2; GERKE, *op. cit.*, pp. 49 ss. et pl. 2.

[35] WILPERT, *Sarcofagi*, I, pl. LXXXVIII, 7; pl. 30.

[36] Ainsi sur un couvercle du Musée des Thermes, WILPERT, II. pl. CLIII, 3; GERKE, *op. cit.*, pl. 28; sur la genèse du thème de Jonas à partir de ses antécédents païens, *ibid.*, pp. 151 ss.

Dans l'église de Santa Maria Antica, à quelques mètres du sarcophage chrétien déjà mentionné, se trouve, comme pour solliciter le rapprochement, un sarcophage païen. [37] Deux victoires ailées soutiennent le
clypeus, dans lequel est représentée la défunte. Sous le *clypeus*, dans une
barque, deux Amours pêchent au filet. Vers la droite est étendue une
divinité féminine, sans doute Cérès, tenant dans sa main une corne d'abondance; une chèvre et une vache sont figurées à côté d'elle. A gauche, lui
faisant pendant en position analogue, un dieu marin s'appuie sur une
urne; à ses pieds ondule un monstre rigoureusement identique à celui de
Jonas. Rapprochons cette pièce d'un sarcophage chrétien de Jonas et
nous leur trouverons en commun: la figure du monstre, occupant aux
pieds du prophète couché une position analogue à celle qu'il tient devant
le dieu païen; le rapprochement symétrique de motifs marins et pastoraux, ces derniers représentés sur le sarcophage païen par la déesse et son
embryon de troupeau; une fois de plus aussi, la barque: sur un couvercle
de sarcophage chrétien figure, dans le navire de Jonas, à côté du timo-
nier et à la place du second personnage généralement représenté en prière,
un pêcheur occupé à jeter le filet, sans aucun rapport avec l'ensemble; [38]
enfin, si la figure du dieu à moitié étendu peut expliquer certaines variantes de l'attitude de Jonas endormi qui s'écartent de celle d'Endymion,
nous la retrouvons avec plus de netteté, transposée telle quelle, précisément sur le sarcophage chrétien de Santa Maria Antica. Autant dire que
tous ou presque tous les éléments du thème chrétien se trouvent d'avance
réunis sur un tel sarcophage et qu'il suffisait, par un effort de regroupement, d'en modifier la disposition, de leur faire subir de légères retouches
et d'établir entre eux un lien plus vigoureux pour réaliser dans son intégrité la composition biblique.

On saisit mieux, après ce rapide inventaire de ses sources probables,
la grande popularité de l'histoire de Jonas aux origines de la sculpture
chrétienne. Peut-être ces contaminations formelles se doublent elles d'affinités plus profondes. Le cycle de Jonas se développe, sur le sarcophage
119 du Latran, qui en offre l'exemplaire le plus achevé, dans le sens d'un
véritable mythe chrétien, d'inspiration assez analogue à celle des mythes
païens. L'artiste prend un plaisir évident à le raconter dans tout le détail.
Nous sommes en présence d'une transposition, d'un équivalent chrétien
des sarcophages mythologiques du paganisme, auxquels une composition
comme celle-ci emprunte sa signification et son esprit en même temps
que le détail de sa structure.

Mais déjà, sur le grand sarcophage du Latran, l'harmonieuse unité
de la composition tend à se rompre: d'autres scènes, résurrection de La-

Bon exemple païen du motif du voyage sur mer avec Génies rameurs: musée profane du Latran,
salle XII, n° 717; de même, GERKE, pl. 15, sarcophage avec barque et pêcheur.

[37] WILPERT, III, CCLXXXXVI, 4; GERKE, 162 ss.

[38] WILPERT, I, pl. X, 1; GERKE, pl. 23, 4 et pp. 158-159.

zare, miracle de la source, scène d'arrestation, sans rapport organique
avec le thème de Jonas, lui sont juxtaposées ou plutôt superposées, car
c'est ici comme la première tentative, fort maladroite, d'une décoration
sur double registre. Nous sommes à un tournant capital: l'inspiration
chrétienne, jusqu'alors gênée et canalisée par les traditions d'atelier et
le répertoire traditionnel, que les artistes, païens sans doute, se contentent
d'adapter aux besoins d'une clientèle nouvelle, commence à s'en affranchir. Elle le fait dans le moment même où cet art qu'on serait tenté d'appeler pagano-chrétien, même lorsqu'il fait de Jonas son héros favori,
semble avoir trouvé sa voie, exactement parallèle à celle des réalisations
païennes, et donne toute sa mesure. Un répertoire nouveau se constitue,
élaboré sans doute dans des ateliers chrétiens, suivant, au moins pour
une part, les directives de l'autorité ecclésiastique et qui, plus qu'une
simple adaptation, représente une création authentique. Parmi la précision de ses multiples scènes, bibliques et surtout évangéliques, les figures
de la première heure sont comme noyées. Jonas lui-même perd rapidement
sa primauté d'un instant. Et du même coup s'éteint la querelle d'archéologues qui est au départ de ces quelques remarques: car il existe désormais,
à l'orée du IVᵉ siècle, et sans contestation possible, une sculpture spécifiquement chrétienne, dans sa forme et dans sa signification symbolique.

Remarques sur les manuscrits de la mer Morte

Dix ans se sont écoulés depuis que les premiers comptes rendus ont révélé au public la découverte, sensationnelle à tous égards, des Manuscrits de la mer Morte. Dans l'intervalle la bibliographie du sujet a atteint des proportions énormes : un répertoire publié en 1957 compte déjà, bien qu'il laisse de côté les articles de pure vulgarisation, plus de quinze cents titres [1]. La liste s'est encore accrue au cours des derniers mois. J'hésiterais certes à y ajouter un numéro si le moment ne paraissait venu de risquer, à la lumière des publications les plus importantes et les plus récentes, un rapide et provisoire bilan.

Sur les circonstances de la trouvaille, sur les tractations dont les manuscrits furent l'objet, sur leurs cheminements, parfois tortueux, jusqu'aux ateliers où ils furent déchiffrés, tout a été dit et redit. Il n'est pas utile non plus de reprendre ici la description détaillée des rouleaux et fragments qui constituent la « bibliothèque de Qumran » [2]. Il me suffira de rappeler que les onze grottes jusqu'à présent explorées sur ce site désormais illustre, ont livré des manuscrits complets ou des éléments de tous les livres qui, au début de notre ère, constituaient pour les Juifs palestiniens le canon de la Bible, à la seule exception du *Livre d'Esther*. On y a retrouvé aussi des fragments de certains écrits — *Tobie* et *Ecclésiastique* — que les Juifs d'Alexandrie, suivis par l'Eglise catholique, acceptaient comme canoniques, mais à qui la Synagogue palestinienne refusait cette qualité. Les apocryphes de l'Ancien Testament — *Jubilés, Hénoch, Testaments des Douze Patriarches* — y sont également représentés. Enfin, un certain nombre de manuscrits, parmi les plus

---

1. Ch. BURCHARD, *Bibliographie zu den Handschriften vom Toten Meer*, Berlin, 1957.
2. On la trouvera, par exemple, dans J. T. MILIK, *Dix ans de découvertes dans le Désert de Juda*, Paris, 1957, p. 23-39.

importants, nous révèlent, à travers des écrits qui lui sont propres, l'organisation et l'enseignement de la secte de Qumran. Ce sont : le document dit de Damas, connu déjà depuis une cinquantaine d'années par deux manuscrits trouvés au Caire, et dont des fragments ont été identifiés à Qumran ; le *Manuel de Discipline*, qui constitue la règle de la communauté ; le *Livre de la Guerre*, qui consigne les instructions pour le combat eschatologique des Fils de la Lumière contre les Enfants des Ténèbres ; des *Hymnes* d'action de grâces *(Hodayot)*, et une série de commentaires sur des livres bibliques, en particulier le célèbre *Commentaire d'Habacuc*, sans compter des ouvrages d'intérêt ou d'importance moindres, attestés par des fragments plus ou moins considérables.

Une pareille moisson est sans précédent. Comme les manuscrits s'échelonnent sur plusieurs siècles, ils apportent des précisions toutes nouvelles sur l'histoire de l'écriture hébraïque, en même temps que sur celle de la littérature juive. Ils enrichissent notre connaissance du texte biblique, dont ils nous fournissent des témoins antérieurs parfois de près de mille ans aux plus anciens documents connus jusqu'alors : un des manuscrits de Daniel trouvés à Qumran « n'est éloigné que d'un demi-siècle de la composition de l'ouvrage (vers 164 av. J.-C.) » [1]. Ne serait-ce que du seul point de vue de la critique textuelle de l'Ancien Testament, l'importance de la découverte est inégalée. Mais elle apporte bien autre chose encore. Elle éclaire en particulier l'histoire du judaïsme dissident vers le début de notre ère et aussi, de façon très directe, celle des origines chrétiennes. C'est là, de l'avis presque unanime des chercheurs, qu'en réside l'intérêt essentiel. En regard de cette constatation, les divergences ou incertitudes qui subsistent sur un certain nombre de points sont d'importance assez secondaire. Encore convient-il de les enregistrer honnêtement.

Sur l'authenticité des manuscrits, aucun chercheur sérieux n'a jamais, eu le moindre doute. Il n'est plus possible non plus de leur assigner, comme certains l'avaient fait au début, une date tardive et de les situer soit à l'époque byzantine, soit même sous la domination arabe, voire au moment de la première croisade... L'archéologie a tiré ce point au clair : les manuscrits constituent, de toute évidence, la bibliothèque d'une communauté installée à Qumran ; or les bâtiments communautaires, fouillés par l'Ecole Biblique et Archéologique Française de Jérusalem, portent des traces de destruction violente ; par ailleurs, les monnaies qu'on y a retrouvées s'échelonnent entre le milieu du IIe siècle avant J.-C. et l'an 68

---

1. MILIK, *op. cit.*, p. 23.

de notre ère ; il est clair, par conséquent, que l'histoire du groupe se termine avec la Première Révolte juive (66-70), qui aboutit, on le sait, à la destruction de Jérusalem et du Temple ; aucun des manuscrits ne saurait donc être postérieur à cet épisode dramatique de l'histoire palestinienne.

Les difficultés commencent lorsqu'il s'agit de situer avec précision, par rapport à ce *terminus ante quem*, soit les manuscrits en tant que tels, soit la composition des écrits — non bibliques — qu'ils consignent, soit encore les personnages et les événements dont il y est fait mention. Elles tiennent au genre littéraire de ces textes, rédigés le plus souvent dans le langage voilé, symbolique, allusif cher aux apocalypses du temps. Ennemis de toute précision chronologique et onomastique, ils étaient sans doute parfaitement compréhensibles de leurs premiers destinataires, mais restent souvent hermétiques pour un lecteur du XXe siècle.

Il paraît impossible, en particulier, dans l'état présent de notre documentation, d'identifier la mystérieuse figure du Maître de Justice, qui tient dans nos textes une place considérable, et que la secte de Qumran vénérait comme son fondateur ou tout au moins son principal inspirateur. Il est très malaisé de le situer dans le temps. On n'y parviendrait que si l'identité d'une autre figure, celle du Prêtre Impie, adversaire et persécuteur du Maître et de ses fidèles, était tirée au clair. Sans doute faut-il y reconnaître l'un des souverains hasmonéens. Mais lequel ? On a pensé à Jonathan (164-142), à Alexandre Jannée (103-76), à Hyrcan II (67-40), à d'autres encore. Il n'est pas exclu que la figure du Prêtre Impie ait recueilli des traits empruntés à différents personnages historiques : aussi bien la secte de Qumran semble avoir été tracassée et pourchassée par plusieurs d'entre les rois hasmonéens. De même, le terme biblique de Kittim, emprunté au livre de Daniel, et qui dans le Commentaire d'Habacuc désigne, sans contestation possible, les Romains, pourrait bien, dans des documents plus anciens, s'appliquer à d'autres catégories d'ennemis, les armées séleucides par exemple.

En définitive, faute de repères chronologiques suffisamment sûrs et irréfutables, il est permis d'hésiter, pour ce qui est de la vie du Maître de Justice, entre le milieu du IIe et le début du Ier siècle avant J.-C. [1]. Un doute subsiste également sur les circonstances de sa mort : il est possible, mais non absolument certain, qu'il ait péri martyr. Les textes opposent ici une résistance tenace aux efforts de leurs exégètes. Et la syntaxe hébraïque est assez peu rigide pour qu'une même phrase du Commen-

---

1. La première datation est soutenue, entre autres, par G. VERMÈS, *Les Manuscrits du Désert de Juda*, Paris, 1953, p. 100 et suiv. A. DUPONT-SOMMER a défendu la seconde dans toute une série de volumes et d'articles consacrés à la question des Manuscrits : cf., en dernier lieu, « Les problèmes des Manuscrits de la mer Morte », *Diogène*, no 22, avril-juin 1958.

taire d'Habacuc puisse être rapportée par les uns au Maître de Justice, tandis que d'autres en font l'application au Prêtre Impie, ce qui, il est à peine besoin de le dire, modifie sensiblement les perspectives.

Ces divergences, pour sérieuses qu'elles soient, n'ont cependant qu'une importance relative en regard du consensus croissant sur les aspects majeurs du problème. L'accord est aujourd'hui à peu près total touchant l'origine pré-chrétienne de nos textes. Il tend à l'être également lorsqu'il s'agit de nommer la secte dont ils sont issus. Des identifications très variées, et souvent très fantaisistes, ont été d'abord proposées. Elles sont en train de s'éliminer d'elles-mêmes. La date relativement ancienne des manuscrits interdit de songer, comme l'avaient fait certains, aux Karaïtes, Juifs dissidents du début du moyen âge. La thèse de l'origine pharisienne se heurte à des difficultés sérieuses. Celle qui identifie les gens de Qumran à un rameau judéo-chrétien de l'Eglise primitive et le Maître de Justice au Christ témoigne de plus d'imagination que de sens critique. Reconnaître en eux des Zélotes, représentants, au Ier siècle de notre ère, d'un nationalisme religieux juif intransigeant et violent, est également aventureux [1]. Le défaut commun à toutes ces tentatives, c'est de ne retenir de l'image qui se dégage des textes qu'un ou deux traits, artificiellement et arbitrairement isolés du reste. Si au contraire on examine d'ensemble, en corrélation les unes avec les autres, toutes les données littéraires, historiques et archéologiques, on est immanquablement conduit à la conclusion, admise aujourd'hui par la très grande majorité des critiques, que les gens de Qumran sont des Esséniens. Nous connaissions cette secte, jusqu'à présent, par des notices de Philon, Flavius Josèphe et Pline l'Ancien. Voici que son visage nous est tout à coup restitué dans toute sa précision, et s'anime devant nos yeux étonnés. C'est le très grand mérite de M. Dupont-Sommer d'avoir, dès 1950, reconnu et proclamé cette identité [2].

Sans doute la concordance n'est pas absolument parfaite entre les sources traditionnelles que je mentionnais à l'instant et les manuscrits de la mer Morte. Mais les différences qui apparaissent ne sont pas telles qu'elles puissent infirmer l'hypothèse essénienne. Elles s'expliquent de façon satisfaisante soit, pour ce qui est des auteurs anciens, par une information insuffisante, — voire, lorsqu'il s'agit en particulier de Josèphe, par une présentation un peu tendancieuse, — soit par une évolution interne du groupe essénien. Celui-ci n'est pas, à coup sûr, resté rigoureusement identique à lui-même tout au long de son histoire et partout où il a pu essaimer. Même à ne considérer que ses propres écrits, l'image qui s'en dégage n'est pas tout à fait la même selon le Document de Damas

---

1. Cf. sur ce point la discussion entre Cecil Roth, tenant de la thèse zélote, et A. Dupont-Sommer dans *Evidences*, n° 70, mars 1958, p. 13-20.

2. Dans : *Aperçus préliminaires sur les Manuscrits de la mer Morte*, Paris, 1950.

ou le Manuel de Discipline. Les divergences, voire les oppositions entre tel de ces textes pris en particulier ou l'ensemble des manuscrits d'une part, les notices de Pline, Philon et Josèphe envisagées isolément ou ensemble d'autre part, tiennent sans doute simplement au fait que ces différentes sources correspondent à des ramifications diverses du mouvement essénien ou à des moments successifs de son développement : ainsi pour le pacifisme des Esséniens, affirmé par Philon [1], mais formellement contredit par l'esprit et la lettre même de certains manuscrits de Qumran, en particulier le Livre de la Guerre ; ainsi encore pour leur obligation du célibat, attestée par nos auteurs, alors que certains des manuscrits font état de la présence à Qumran de femmes et d'enfants.

Ces contradictions sont de peu de poids en regard des innombrables convergences, trop souvent relevées pour qu'il soit nécessaire de les signaler ici une fois de plus. Dans les grandes lignes et pour l'essentiel, l'image que les manuscrits nous fournissent de la secte recoupe, en la précisant et en la corrigeant sur certains points, celle qu'en donnent les auteurs anciens. Sans même considérer les textes, l'identité du groupe de Qumran et des Esséniens me paraît établie sans contestation possible par un argument d'ordre géographique. Pline situe avec beaucoup de précision la communauté essénienne : à l'ouest de la mer Morte, en amont d'Engaddi [2]. Pareille localisation correspond de façon parfaite au site de Qumran. Et par ailleurs le caractère communautaire, « conventuel », des bâtiments mis au jour par les fouilles ne saurait être contesté. Il est inconcevable que deux communautés monastiques, différentes et importantes, aient pu coexister sur l'étroite bande de terre qui sépare le rivage de la mer Morte de la falaise occidentale sans qu'aucun des observateurs anciens ait fait la moindre allusion à cette dualité. La convergence des preuves et indices littéraires, archéologiques et géographiques est trop rigoureuse pour laisser place au doute. C'est bien l'essénisme, ou l'un de ses rameaux, à une étape, ou à plusieurs, de son évolution, que nous ont restitué les Manuscrits de la mer Morte [3].

Les Esséniens sont présentés par Josèphe comme l'une des trois grandes tendances entre lesquelles se partage le judaïsme de son temps. Il les met sur le même plan que les Pharisiens et les Sadducéens. C'est là une optique assez contestable. Car si Pharisiens et Sadducéens, bien qu'en désaccord sur nombre de points en matière de croyance et de pratique,

---

1. *Quod omnis probus liber*, 78.
2. *Hist. Nat.*, 5, 17.
3. J. T. Milik, *op. cit.*, donne en appendice, p. 103 et suiv., une esquisse, hypothétique mais plausible, de l'évolution du mouvement essénien.

constituent cependant ensemble ce qu'on peut appeler le judaïsme officiel, les Esséniens en revanche se situent en marge de la vie religieuse jérusalémite. Ce sont non pas sans doute des hérétiques, au sens moderne du terme, car il n'existe pas alors en Israël d'autorité universellement reconnue pour définir l'orthodoxie et l'hérésie, mais des sectaires. Ils ont leur organisation propre, qui est celle d'une confrérie, d'un ordre religieux, à cette différence près qu'un ordre catholique ne se conçoit que dans le cadre de l'Eglise où il admet comme légitimes d'autres catégories, clergé séculier et laïques, tandis que les Esséniens se sont mis délibérément à l'écart et tiennent pour impurs non seulement, comme le font les Pharisiens, tous les non-Juifs, mais la masse même du peuple israélite, tous ceux qui ne sont pas agrégés à leur propre groupe : « Ils représentent, à l'exclusion des autres Juifs, la seule Alliance que Dieu agréât... La nouvelle société mystique, c'était " le petit reste " annoncé par les prophètes, le véritable Israël » [1].

Des règles très strictes président à l'admission des nouvelles recrues, qui ne deviennent membres de plein droit qu'après une période probatoire de trois ans. Ils doivent accepter la discipline rigoureuse de la secte et s'engagent par serment à ne pas en divulguer les enseignements secrets : le caractère ésotérique du groupement est nettement souligné tant par nos informateurs antiques que par les manuscrits. Et c'est un idéal ascétique qu'il propose à ses adeptes, dans un effort de tous les jours vers la pureté et la sainteté.

La vie religieuse de la communauté se caractérise par un ritualisme très strict, qui renchérit sur ce que la loi mosaïque exigeait de tout Juif pratiquant, et même sur ce que l'usage des Pharisiens était en train de fixer, à partir de la tradition orale, surimposée à la Loi. Il a été dit des Esséniens qu'ils étaient des Pharisiens au superlatif. Cette définition, antérieure à la découverte des manuscrits, garde aujourd'hui toute sa valeur. Esséniens et Pharisiens procèdent assez vraisemblablement d'une origine commune, savoir les Juifs pieux *(Hassidim)* qui s'insurgèrent au IIe siècle avant J.-C. contre les tentatives pour helléniser la Palestine et fournirent l'essentiel de ses troupes à la révolte des Macchabées. Il est possible que le point de départ de l'essénisme comme mouvement original soit à chercher dans une sécession de rigoristes, mécontents des Pharisiens qui, « séparés » d'abord eux aussi — c'est là ce que signifie leur nom — de la masse impie, l'ont peu à peu gagnée à leurs vues, au prix peut-être de certaines concessions, jugées scandaleuses par le groupe des intransigeants, réfugiés plus tard dans la solitude de Qumran. Leur réprobation et leur mépris visent aussi, et à plus forte raison, les Sadducéens et les prêtres de Jérusalem, qu'ils tiennent pour des usurpateurs. Pour eux, le

---

1. A. Dupont-Sommer, *Les problèmes des Manuscrits...*, p. 8.

seul sacerdoce authentique est celui qui se maintient dans la secte elle-même. C'est là ce que souligne le titre de « fils de Sadoq » par lequel se désignent volontiers les sectaires de Qumran. Ils entendent probablement se réclamer ainsi du grand prêtre Sadoq, intronisé par Salomon. Loin du Temple profané par des prêtres indignes, ils substituent à ses liturgies leurs rites propres, présidés ou administrés eux aussi par des prêtres.

Ce sont, fondamentalement, les rites que codifie la Torah et qui rythment la vie individuelle, familiale ou nationale des Juifs. Mais dans le cadre de cette communauté du désert, ils prennent un relief et une valeur originaux. Ainsi pour les bains et ablutions, si importants comme rites de purification quotidienne et peut-être aussi, mais c'est moins sûr, comme rite d'initiation, au point qu'il est permis de parler de secte baptiste ; ainsi pour les repas communautaires, qui empruntent à la liturgie domestique juive la bénédiction prononcée sur le pain et sur le vin, mais sans doute en la chargeant — nous y reviendrons — d'une signification nouvelle. Et c'est d'après un calendrier différent du calendrier officiel en vigueur à Jérusalem que s'agençait le cycle des fêtes liturgiques de la secte.

Isolés du reste du monde et même d'Israël par la double barrière du désert et de la règle conventuelle, les Esséniens restaient néanmoins perméables à certaines influences du dehors. Sans doute ne faut-il pas prendre Josèphe trop à la lettre lorsqu'il les assimile aux Pythagoriciens [1] : c'est là, avant tout, un procédé pédagogique, destiné à faire comprendre aux lecteurs grecs, par référence à des réalités qui leur étaient plus familières, les choses juives. En fait, un lien direct entre les deux sectes est très peu vraisemblable, et les manuscrits n'ont rien apporté de vraiment probant à cet égard. Mais la théologie de Qumran apparaît çà et là teintée d'hellénisme et peut-être plus encore de pensée mazdéenne. L'influence de la Perse est particulièrement nette dans le passage du *Manuel de Discipline* relatif aux deux Esprits, l'Esprit du Bien et l'Esprit du Mal, qui se livrent dans la création tout entière une lutte ininterrompue [2]. Le combat eschatologique des Fils de la Lumière avec les Fils des Ténèbres se place dans la même perspective d'un dualisme assez caractérisé, moins radical cependant que dans le mazdéisme, parce que les catégories de la pensée biblique restent ici fondamentales. C'est en fonction du monothéisme traditionnel, et sans l'entamer vraiment, que les apports de la spéculation théologique étrangère s'ordonnent et s'infléchissent. Le judaïsme tout entier en a, de façon plus ou moins consciente, subi l'in-

---

1. *Ant. Jud.*, 15, 10, 4.

2. Cf. A. Dupont-Sommer, « L'instruction sur les deux Esprits dans le *Manuel de Discipline* », *Revue de l'Histoire des Religions*, CXLII, 1952, p. 5-35, et « Le problème des influences étrangères sur la secte juive de Qoumrân », *La Bible et l'Orient* (*Cahiers de la Revue d'Histoire et de Philosophies religieuses*), Paris, 1955, p. 75-92.

fluence à des degrés divers. Elle paraît avoir été plus considérable chez les Esséniens que dans d'autres secteurs de la pensée juive. Mais les gens de Qumran n'en restent pas moins solidement ancrés dans leur judaïsme : Pharisiens au superlatif, ils sont aussi, et à plus forte raison, Juifs au superlatif.

Il est difficile de mesurer leur propre influence sur la vie religieuse d'Israël. Sans doute n'ont-ils pas survécu, en tant que communauté, à la catastrophe de 70. Et c'est l'inspiration pharisienne et non pas essénienne qui triomphe par la suite dans le judaïsme talmudique. Mais tout porte à croire que ni l'isolement des Esséniens, ni la faiblesse de leurs effectifs — impossibles d'ailleurs à évaluer — n'ont empêché un rayonnement qui a été, semble-t-il, considérable au début de notre ère. Au reste, ils n'étaient pas tous groupés sur les rives de la mer Morte. Autour de cette « maison mère » d'autres communautés s'étaient fondées. Peut-être même la secte a-t-elle étendu son action jusque dans la Diaspora. Un lien organique avec les Thérapeutes, moines juifs d'Egypte, dont nous parle Philon et dont l'organisation et l'esprit ressemblaient fort à ceux des Esséniens, est pour le moins vraisemblable [1]. Des fragments de textes bibliques en grec ont été retrouvés à Qumran. Nous savons aussi qu'une sorte de « tiers ordre » s'efforçait d'appliquer et de répandre dans le « siècle » l'idéal essénien. Surtout, l'influence de l'essénisme a pu se diffuser par l'intermédiaire de cette ample littérature d'apocryphes et de pseudépigraphes, si abondamment représentée à Qumran et qui est probablement, pour une large part, l'œuvre de la secte elle-même. Ces écrits paraissent avoir perdu assez vite leur caractère ésotérique pour tomber dans le domaine public. Qu'il s'agisse du *Livre d'Hénoch* ou des *Jubilés*, pour ne mentionner que deux des écrits les plus importants, c'est l'esprit de l'essénisme, ou un esprit très directement apparenté, qui s'y exprime, et qui a imprimé sa marque à toute la vie religieuse juive, pendant la période d'importance capitale qui se situe, pour reprendre l'expression familière aux chercheurs anglais, « entre les deux Testaments ».

C'est ici que se pose la délicate question des rapports possibles entre l'essénisme de Qumran et le christianisme naissant. Au lendemain de la découverte, elle a soulevé des tempêtes, aujourd'hui apaisées. La discussion se poursuit désormais dans une atmosphère beaucoup plus sereine. Il est réconfortant de constater que, à cet égard aussi, des points de vue d'abord

---

1. Philon, *De vita contemplativa* ; sur ce point, cf. Bo REICKE, « Remarques sur l'histoire de la forme des textes de Qumran », dans *Les Manuscrits de la mer Morte* (Colloque de Strasbourg), Paris, 1957, p. 37-44.

radicalement divergents, voire opposés, se sont peu à peu rapprochés. Unanimes, ou à peu près, à reconnaître que les Manuscrits de la mer Morte éclairent d'un jour nouveau les origines chrétiennes, les chercheurs ne sont en désaccord que sur l'ampleur des influences et sur leur cheminement précis.

On ne peut manquer d'être frappé par la place très analogue qu'occupent, dans les mouvements qu'ils ont respectivement inspirés, le Maître de Justice et le Christ. Il n'est pas excessif sans doute de penser que la secte de Qumran voit dans le Maître à tout le moins l'émule, probablement l'égal de Moïse ; peut-être même le hausse-t-elle au-dessus du Législateur dans la vénération qu'elle lui témoigne. Nous ne savons presque rien de sa vie. En revanche, sa personnalité nous est assez bien connue : elle transparaît à travers le recueil des *Hymnes d'Action de Grâce*, dont le Maître est assez vraisemblablement l'auteur ; ou du moins « les probabilités en faveur de l'attribution au Maître de Justice sont suffisantes pour qu'on puisse au moins présenter ces hymnes comme l'expression de sa pensée »[1]. Personnalité religieuse d'envergure exceptionnelle, digne à coup sûr de susciter l'adhésion fervente et enthousiaste de ses disciples. Il est très significatif que les *Hymnes* appliquent au Maître les mêmes textes prophétiques, et en particulier les passages d'Isaïe relatifs au Serviteur Souffrant[2], où Jésus s'est lui aussi reconnu, et où l'ont reconnu les premiers Chrétiens. La destinée du Maître de Justice, suivi par quelques fidèles, bafoué par la masse, persécuté et peut-être mis à mort par le sacerdoce officiel et, à cause de ses souffrances, exalté par Dieu, présente avec celle du Christ des similitudes remarquables. Il se place, comme le Christ, au-dessus de l'humanité normale : Dieu lui ayant donné accès à tous les mystères, c'est lui qui communique à son tour à ses disciples la plénitude de la gnose. Les circonstances de sa mort restent obscures. Même s'il y a eu « passion » du Maître de Justice, rien n'incite à croire que ses disciples y aient attaché une valeur sotériologique. Du moins est-il, par son enseignement, agent de la révélation divine et, de ce fait, instrument du salut.

Avait-il en outre une fonction eschatologique ? Ses disciples attendaient-ils son retour en gloire à la fin des temps ? Il semble bien. Mais il n'est pas sûr qu'ils l'aient identifié au Messie, ou plutôt à l'un des deux Messies, celui d'Israël, roi laïque, et celui d'Aaron, grand prêtre des temps à venir, qu'ils attendaient : les textes, une fois de plus, ne sont pas assez clairs pour autoriser une conclusion certaine.

Cette brève analyse fait déjà ressortir, en même temps que les analogies, les différences entre le Maître de Justice et le Christ. Il en est

---

1. J. DANIÉLOU, *Les Manuscrits de la mer Morte et les Origines du Christianisme*, Paris, 1957, p. 66.
2. En particulier Isaïe, 53.

d'autres, également nettes, et qui condamnent toute tentative d'identifier, comme l'ont voulu certains, les deux figures. Le premier est prêtre, issu du sacerdoce jérusalémite ; ascète exigeant, il communique un enseignement secret et hautain au groupe fermé de ses disciples. Le second est un Galiléen d'humble extraction, qui prêche son message sur les chemins de Palestine, plus soucieux d'atteindre la masse, et les pécheurs, que de s'en isoler. L'un renchérit sur la Loi, et multiplie les observances. L'autre interprète, renforce parfois, mais parfois assouplit le commandement mosaïque et, en tout état de cause, s'arroge une autorité égale ou supérieure à celle de la Loi. Il serait facile, mais superflu, de pousser le parallèle. Nous sommes en présence de deux personnalités distinctes, qui ont animé deux mouvements religieux nettement différenciés, bien qu'apparentés sur plus d'un point.

Entre une secte qui, dans certains de ses textes, s'intitule Communauté de la Nouvelle Alliance, et l'Eglise primitive, qui proclame l'avènement d'une alliance nouvelle, scellée par le sang du Christ — « la nouvelle alliance dans mon sang », dit saint Paul, rapportant les paroles d'institution de la Cène — dont le livre saint lui-même s'appelle la Nouvelle Alliance (traduction plus adéquate que Nouveau Testament), on n'est pas en peine de trouver des analogies. Le tout est de ne pas les grossir arbitrairement. La vérité exige, pour être dégagée, beaucoup de prudence, et une grande humilité devant les textes, qu'il faut laisser parler, sans leur faire dire ce qu'ils ne disent pas, mais aussi sans en récuser le témoignage, lorsqu'il est parfaitement net, au nom de raisons étrangères à l'histoire. Il faut en particulier ne pas perdre de vue que certains traits qui se retrouvent identiques ou analogues dans les deux groupements appartiennent aussi à ce qu'on peut appeler le judaïsme commun de l'époque : ainsi, l'attente de la fin des temps, que de part et d'autre on croit imminente, reparaît également, avec plus ou moins de précision et de force, dans de nombreux secteurs de l'opinion juive au début de notre ère. On ne pensera donc à une influence directe de l'essénisme sur le christianisme naissant que si l'on relève des éléments vraiment originaux, qui se trouvent dans ces deux groupes, et dans ceux-là seulement. On notera à cet égard que certaines croyances juives prennent à Qumran et dans la primitive Eglise un relief tout particulier du fait qu'elles sont en quelque sorte raccordées à la personne du Maître de Justice et du Christ. Il y a déjà dans l'essénisme au moins l'amorce d'une doctrine de la justification par la foi, telle que saint Paul l'installera au cœur du message chrétien : les justes, écrit le *Commentaire d'Habacuc*, « seront délivrés de la maison de jugement à cause de leur affliction et de leur foi dans le Maître de Justice ». Mais à la différence de saint Paul, les Esséniens n'opposent pas cette foi aux œuvres de la Loi, qu'ils pratiquent au contraire avec un zèle exemplaire ; et il n'y a rien d'équivalent chez eux à la mystique christocentrique de l'Apôtre.

De même, il existe une analogie étroite, dans la forme, entre l'eucharistie chrétienne et la liturgie des Esséniens. De part et d'autre, c'est le pain et le vin qui fournissent les éléments du rite. Et il semble assuré qu'à Qumran comme chez les chrétiens celui-ci était conçu comme une anticipation de la Cène eschatologique qui groupera les justes autour du Messie — ou des deux Messies esséniens — à la fin des temps. Que le rite pratiqué à Qumran soit un rite sacramentel et non pas un simple repas communautaire, que le lieu où on le célèbre soit, pour parler le langage chrétien, réfectoire et chapelle tout à la fois, la chose ne paraît guère douteuse. Si l'on se souvient que, dans l'usage chrétien primitif, l'eucharistie était normalement célébrée à l'occasion de l'agape, repas fraternel, le parallélisme apparaît dans toute sa netteté. Il n'est pas exclu que les Esséniens aient, de quelque manière, conféré une valeur sacrificielle à leur Cène, puisque aussi bien ils répudiaient les sacrifices du Temple. Mais rien n'autorise à penser qu'ils aient mis les éléments en rapport avec la chair et le sang de leur Maître, dont nous ne sommes pas absolument sûrs qu'il soit mort martyr. Et par ailleurs, s'ils réservent à un prêtre, conformément à la structure sacerdotaliste de la secte, de bénir le premier le pain et la coupe, ce n'est là qu'un droit de priorité et non pas un privilège exclusif : la formule de bénédiction, empruntée à la liturgie domestique juive, est ensuite répétée par tous les participants. Il n'y a donc pas ici de « célébrant » au sens chrétien du terme. A l'inverse, on se rappellera que le christianisme naissant ne connaît pas encore de sacerdoce à proprement parler, et ce ne sont pas des prêtres qui, à l'époque apostolique, célèbrent l'eucharistie [1].

On pourrait allonger considérablement la liste des analogies. Les exemples que j'ai retenus suffisent, me semble-t-il, à faire apparaître qu'elles sont à la fois trop générales ou trop lâches, à bien des égards, pour qu'on puisse conclure à une filiation en droite ligne, mais aussi trop précises sur nombre de points pour être purement fortuites. On doit admettre à tout le moins que le christianisme s'est développé dans une atmosphère très semblable à celle de l'essénisme, et largement influencée par lui. Il a fait aux Esséniens, probablement, « des emprunts nombreux », mais « ces emprunts n'ont jamais été entièrement passifs : les institutions, les rites, les croyances ont subi dans le christianisme une évolution souvent considérable, due à l'initiative et à l'esprit de son fondateur, Jésus le Nazaréen, et aussi aux circonstances de son développement historique » [2]. Les influences sont plus ou moins nettes, et portent sur des domaines assez différents, selon que l'on considère telle ou telle fraction de la primitive Eglise. L'organisation collectiviste et la communauté des

---

1. Cf. sur cette question K. G. Kuhn, « Repas cultuel essénien et Cène chrétienne », dans *Les Manuscrits de la mer Morte* (Colloque de Strasbourg), p. 75-92.

2. A. Dupont-Sommer, *Les problèmes des Manuscrits...*, p. 29.

biens reparaissent sous des formes très analogues à Qumran et dans le groupe des premiers chrétiens de Jérusalem. Mais c'est le Quatrième Evangile qui, dans sa pensée théologique et sa phraséologie, offre peut-être, de tous les écrits néotestamentaires, le plus d'affinités avec les textes de Qumran, qui l'éclairent d'une lumière aussi nouvelle que précieuse.

Par quelles voies l'influence de l'essénisme a-t-elle pu s'exercer sur l'Eglise naissante ? Nous en sommes réduits ici aux hypothèses. Il n'est pas exclu, mais il n'est pas non plus très probable, que Jésus lui-même ait été, au début de sa carrière, essénien. La chose est plus plausible en ce qui concerne Jean-Baptiste, qui prêchait dans le désert de Juda, à peu de distance de Qumran, un message assez proche, à bien des égards, de celui de la secte. Il a pu en être membre un moment, pour devenir ensuite le chef d'un mouvement autonome : tel il nous apparaît dans les Evangiles. La proximité géographique et les affinités doctrinales autorisent à penser, à tout le moins, qu'il a été en contact avec Qumran. Il est naturel de chercher de ce côté le chaînon intermédiaire entre les Esséniens et les premiers chrétiens.

Il est vraisemblable en outre que l'essénisme, qui disparaît de la scène dans le temps même où le christianisme y entre, a fourni à l'Eglise, dès la première génération, et peut-être avec plus d'ampleur après 70, une partie de son recrutement. Les prêtres nombreux qui, d'après le chapitre VI des *Actes des Apôtres*, furent gagnés au message chrétien, appartenaient peut-être non pas au sacerdoce officiel de Jérusalem, mais au sacerdoce dissident de Qumran. A l'intérieur de la communauté jérusalémite, les Hellénistes groupés autour de saint Etienne rappellent par certains traits les sectaires du désert : comme eux, mais de façon plus radicale encore, ils rejettent le Temple et son culte. S'ils ne sont pas nécessairement des Esséniens, ils représentent cependant un type très voisin de judaïsme dissident et réformiste [1].

Enfin, les affinités sont particulièrement nettes entre l'essénisme et ce rameau judéo-chrétien de l'Eglise ancienne que nous appelons communément les Ebionites (de l'hébreu *ebionim*, pauvres : c'est ainsi qu'ils se désignaient eux-mêmes ; il est intéressant de noter que c'est aussi une des appellations des gens de Qumran). Les Ebionites, que nous connaissons par les écrits dits pseudo-clémentins, unissaient la foi au Christ et une observance scrupuleuse de l'ancienne Loi, mais rejetaient rétrospectivement le Temple et le culte sacrificiel. C'est là, dans son double aspect positif et négatif, une attitude très proche de celle des Esséniens. D'autres analogies se retrouvent jusque dans le détail de l'enseignement et de la

---

1. Cf. O. CULLMANN, « Secte de Qumran, Hellénistes des Actes et Quatrième Evangile », dans *Les Manuscrits de la mer Morte* (Colloque de Strasbourg), p. 61-74.

pratique des deux groupements [1]. Il semble difficile de les expliquer autrement que par un lien étroit de parenté. Faut-il voir dans l'ébionisme la dernière forme d'un essénisme devenu chrétien, mais qui aurait maintenu, dans sa nouvelle obédience, l'essentiel de ses positions initiales ? Ce serait là sans doute une vue un peu trop schématique et linéaire, qui risquerait de fausser une réalité infiniment complexe et fluide. Il y a eu, plus vraisemblablement, contamination réciproque et finalement convergence, par absorption dans l'ébionisme des derniers Esséniens, de deux mouvements d'abord parallèles, qui se sont progressivement rapprochés, à la faveur d'affinités réelles certes dès le départ, mais accentuées encore en cours de route.

L'étude des origines chrétiennes comporte deux tentations opposées : celle de contester au christianisme toute espèce d'originalité, en le réduisant à n'être qu'un sous-produit de la religiosité juive ou hellénistique d'il y a vingt siècles ; celle, à l'inverse, de l'isoler totalement de son milieu, comme une sorte de météore tombé du ciel. Toutes deux procèdent de préoccupations, polémiques ou apologétiques, plus ou moins conscientes, que l'historien se doit de pourchasser. Il n'y a en histoire — et celle des religions ne fait pas exception — ni commencements absolus, ni recommencements tout à fait identiques les uns aux autres. De cette constatation, les découvertes de Qumran apportent une vérification particulièrement précise. Elles sont pour notre compréhension de la genèse et des premiers développements du christianisme d'importance capitale. Elles éclairent tout à la fois la réalité et les limites des influences qui, à partir du judaïsme marginal des sectes, ont contribué à modeler le christianisme primitif.

---

1. Sur ce point, cf. en particulier O. Cullmann, « Die neuentdeckten Qumrantexte und das Judenchristentum », *Neutestamentliche Studien für Rudolf Bultmann*, 1954, p. 35 et suiv., et aussi J. Daniélou, *op. cit.*, p. 117 et suiv.

Christianisme antique et pensée païenne:
Rencontres et Conflits

« Quoi de commun entre Athènes et Jérusalem ? Entre l'Académie et l'Eglise ? Entre les hérétiques et les chrétiens ? Notre doctrine vient du portique de Salomon, qui avait lui-même enseigné qu'il faut chercher Dieu en toute simplicité de cœur. Tant pis pour ceux qui ont mis au jour un christianisme stoïcien, platonicien, dialecticien ! Nous, nous n'avons pas besoin de curiosité après Jésus-Christ, ni de recherche après l'Évangile. Dès que nous croyons, nous n'avons plus besoin de rien croire au delà (2). » C'est en ces termes, d'une radicale intransigeance, que vers l'an 200, Tertullien définit les rapports, entièrement négatifs, l'opposition à ses yeux totale entre christianisme et pensée philosophique païenne.

Mais une cinquantaine d'années auparavant, un autre représentant de l'apologétique chrétienne, Justin Martyr, tenait sur le même sujet un langage fondamentalement différent : « Ce n'est pas seulement chez les Grecs, et par la bouche de Socrate, que le Verbe a fait entendre la vérité ; mais les Barbares aussi ont été éclairés par le même Verbe, revêtu d'une forme sensible, devenu homme, et appelé Jésus-Christ (3). » Il ne s'agit plus ici d'opposition, mais d'accord, et d'une sorte de continuité providentielle. La philosophie grecque est comme un pré-christianisme, un acheminement ; elle apporte des lueurs de révélation, avant la révélation totale qui resplendit dans la personne et le message du Christ. Ce n'est pas forcer la pensée de Justin que de dire de la philosophie ce que saint Paul disait de la Loi juive : « elle est le pédagogue qui nous mène au Christ (4). »

Ces deux conception, inconciliables, ont pour nous l'intérêt de poser en termes particulièrement frappants l'immense et passionnant problème des relations entre christianisme antique et pensée païenne. Il est à peine besoin de préciser que je n'ai pas l'ambition de l'aborder ici dans toute sa redoutable ampleur. Je voudrais, bien plus modestement, proposer, un peu à bâtons rompus, quelques réflexions et points de vue sur certains aspects du problème.

1. Conférence faite à Strasbourg le 19 janvier sous les auspices de l'Association Guillaume Budé.
2. *De praescr. haeret.*, 7, 9-13 ; cf. *Apol.*, 46, 18.
3. *I Apol.*, 5, 4.
4. *Gal.*, 3, 24

Et d'abord, de Tertullien ou de Justin, lequel a raison, lequel offre la vue la plus exacte des choses ? On peut dire, à coup sûr, qu'ils ont raison l'un et l'autre, et que leurs réactions traduisent, en même temps que l'opposition de deux tempéraments, deux façons de concevoir le christianisme. De fait, elles correspondent à deux attitudes que l'on retrouve côte à côte tout au long de l'histoire chrétienne. En affirmant que la curiosité et la recherche intellectuelles sont vaines et que l'Évangile, tel quel, doit suffire, Tertullien plaide pour ce que nous appelons aujourd'hui la foi du charbonnier ; du même coup, lorsqu'il oppose, comme deux grandeurs irréductibles, la spéculation philosophique et le christianisme, il apporte l'appui de son autorité à celles des écoles théologiques qui, répudiant toute compromission avec la philosophie et en particulier l'hellénisme, ne veulent connaître que la Bible seule. Quant à Justin, il est lui aussi le père de toute une lignée de théologiens, soucieux au contraire d'accorder les données de la foi et les démarches de la raison, et d'utiliser au service du message chrétien les enseignements de la sagesse antique. Il est au départ de ce qu'on appelle parfois l'humanisme chrétien.

Au demeurant, ce n'est pas là pour nous la question essentielle. Ce qui nous intéresse ici, ce n'est pas de savoir quel sort l'Eglise a réservé aux vues respectives de Tertullien et de Justin, mais bien plutôt comment leurs propres contemporains et plus généralement l'*intelligentsia* antique ont considéré le christianisme. L'opposition est-elle, comme le suggère Tertullien, entre la philosophie et quelque chose qui la condamne radicalement, entre la culture et l'anti-culture, entre les intellectuels et les simples ? Ou au contraire est-ce dans la ligne même de la pensée antique que le christianisme se situe ? Est-ce en quelque sorte avec ses propres armes que le paganisme a été battu ? Quel est le sens exact du conflit, et par voie de conséquence, quelles sont les causes de la victoire chrétienne ?

*
**

A première vue, et si nous considérons les rapports entre l'Eglise ancienne et le monde païen depuis les débuts du christianisme jusqu'à Dioclétien, nous serons tentés de conclure que, sans conteste, il n'y avait entre les deux forces en présence aucune commune mesure. Leur opposition, même en dehors des périodes, en définitive assez brèves, de persécution violente et générale, est éclatante. Il serait imprudent néanmoins de prendre trop à la lettre les affirmations péremptoires et les outrances verbales du fougueux Tertullien. Une fois faite la part et de son tempérament combatif, et de la rhétorique, qu'il manie avec art et vigueur, — en quoi il se révèle tout de même tributaire de la culture gréco-romaine — sa déclaration, transposée en un langage plus serein et moins délibérément agressif, traduit surtout la constatation d'une différence, que personne, ni aujourd'hui, ni à l'époque, ne songerait à nier : le christianisme, à coup sûr, même interprété en termes de platonisme ou de stoïcisme, est autre chose que le platonisme ou le stoïcisme. Et si les efforts de Justin et des apologistes de la tendance irénique se sont d'abord soldés par un échec, c'est que leurs interlocuteurs païens ont été surtout sensibles aux contrastes et aux oppositions.

Mais prenons-y bien garde. Lorsqu'on analyse de plus près, à partir des textes, les griefs formulés à l'encontre du christianisme par ses adversaires antiques, on s'aperçoit très vite que le grief fondamental, c'est qu'il s'écarte des normes reçues. On lui reproche sa nouveauté et son exclusivisme plus encore peut-être que le contenu de sa doctrine. *Molitores rerum novarum*, fauteurs de nouveautés, révolutionnaires, c'est ainsi que Suétone caractérise les victimes de ce qu'on appelle communément la persécution de Domitien (5). Sans doute il n'est pas établi de façon absolument indubitable que ces victimes, Acilius Glabrio, Flavius Clemens, aient été des chrétiens. Et d'autre part le point de vue de l'autorité impériale, qu'elle soit exercée par un Domitien, « nouveau Néron », ou par un Trajan, *optimus princeps*, n'est pas nécessairement identique, en face du fait chrétien, à celui de l'opinion cultivée. Ce que, les empereurs, effectivement, redoutent surtout de la part de l'Eglise grandissante, c'est une subversion de l'ordre établi. Leur hostilité est fondée en politique autant qu'en religion, si tant est qu'on puisse, dans la cité antique et l'Empire romain, dissocier les deux. Ce qui les inquiète c'est que le christianisme se situe lui-même, délibérément, en marge, parce qu'il refuse de se plier aux gestes normaux du loyalisme civique et dynastique, qui se trouvent être des gestes religieux, au moins dans leur principe. A cet égard les chrétiens, qui se dérobent aux rites du culte impérial, même lorsqu'il n'y a là guère plus qu'une formalité, apparaissent bien à l'autorité romaine comme des novateurs et des révolutionnaires.

Mais le même grief se retrouve sous la plume des intellectuels, et il serait hasardeux de mettre cette similitude au compte de la flagornerie et de l'esprit courtisan. Ce serait méconnaître la force du conservatisme et du traditionalisme, non seulement dans les milieux politiquement dirigeants et socialement privilégiés, mais aussi parmi l'élite cultivée. Le *mos majorum* pèse d'un poids très lourd dans toutes les démarches de la pensée antique. Car on y voit non seulement le lien et le fondement de la société, mais un capital de sagesse accumulé au cours des siècles. C'est Justin, cette fois, qui reproche avec amertume à ses interlocuteurs de donner le pas à la tradition sur la vérité, τὰ ἔθη πρὸ τῆς ἀληθείας τιμᾶτε (6). De fait, nous savons par de nombreux témoignages que la tendance était largement diffusée à l'époque parmi les intellectuels à faire de la tradition une sorte de critère de la vérité morale et intellectuelle, et en tout cas celui de la bienséance. « Un philosophe », déclare Celse, réfuté par Origène, « doit se tenir aux coutumes de son pays... Chacun doit suivre les lois et la religion de son pays (7). » Comme à l'époque l'unification politique et le syncrétisme culturel et religieux avaient dans une large mesure atténué les différences nationales à l'intérieur de l'Empire, c'est le patrimoine commun de la culture hellénistique et gréco-romaine qui exige le loyalisme de tous, soit qu'il se substitue aux traditions locales,

5. Suétone, *Domitien*, 10.
6. *I Apol.*, 12, 6.
7. Origène, *Contre Celse*, 5, 27.

soit qu'il s'y superpose en les englobant. De ce devoir de « l'honnête homme » en même temps que du citoyen seuls les Juifs sont officiellement dispensés. S'ils le sont, c'est encore parce qu'ils ont leurs traditions propres, liées à un pays et à une nation, et qu'ils peuvent en démontrer la très haute antiquité. C'est là quelque chose à quoi la mentalité romaine est sensible, et qui a contribué, pour une très large part, à faire reconnaître au judaïsme le statut de *religio licita*. On pouvait bien mépriser les Juifs, et parfois les haïr ; du moins avaient-ils un passé, des quartiers de noblesse. Les chrétiens en revanche, nouveaux venus sur la scène, et qui se vantent de n'être de nulle part, de n'avoir pas d'attaches nationales et territoriales, ne sauraient prétendre au même privilège. Non contents d'abandonner les croyances et les rites du paganisme, ils ne se sont attachés à ceux des Juifs que pour les délaisser à leur tour aussitôt. C'est d'un double crime de lèse tradition qu'ils se sont ainsi rendus coupables, aux yeux de Celse, comme à ceux de Julien l'Apostat. Délaissant l'héritage de leurs pères, ἀπολιπόντες τὰ πάτρια, ils ont imaginé un culte nouveau, καινὴν θυσίαν (8). C'est là, pour ce conservateur impénitent qu'est Julien, le plus grave des délits.

Il y a, sans doute, ça et là, dans la pensée antique, des réserves ou des critiques vis-à-vis de cette notion de tradition, pierre de touche de la morale et de la vérité. C'est, Justin le rappelle, parce qu'il les avait formulées trop vivement que Socrate a été condamné comme novateur, lui aussi, et comme révolutionnaire, pour avoir tenté d'instaurer des divinités nouvelles, καινὰ εἰσφέρειν δαιμόνια (9). Il y a là un précédent souvent invoqué par les apologistes chrétiens, qui se sont volontiers réclamés, comme Justin, du patronage de Socrate, dont ils font une sorte de saint païen, précurseur du christianisme. Mais le cas de Socrate est exceptionnel. Il appartient à un passé déjà lointain. Les circonstances politiques du moment expliquent une condamnation qui, dans un autre contexte, n'eût sans doute pas été prononcée. D'autres voix, par la suite, se sont parfois élevées, d'autres penseurs ont contesté la légitimité du critère de la tradition et de la légalité. Mais ils le font en général de façon assez discrète, et toujours sans aller jusqu'au bout. Cicéron par exemple proclame bien qu'il est « absurde de tenir pour juste tout ce qui est fixé par les institutions et les lois des nations » (10). Il ne s'en tourne pas moins vers le passé romain, vers la tradition romaine lorsqu'il cherche des remèdes aux maux de l'heure. Et il ne songe pas un instant à se désolidariser dans la pratique du patrimoine culturel, politique et spirituel de Rome, pas plus que les Romains incrédules — et il n'en manquait pas sur la fin de la République et aux débuts du Principat— ne songeaient à se soustraire aux rites de la religion traditionnelle. En fait, seuls les chrétiens, à la suite des Juifs, mais sans l'impunité que conférait à ceux-ci leur statut officiel, vont jusqu'au bout et dans leur critique de la tradition et dans les conséquences pratiques qu'ils en tirent.

Dans les *Homélies* Pseudo-Clémentines, dans un passage dont l'ori-

8. JULIEN, *Contre les Chrétiens*, éd. Neumann, p. 207 pss.
9. *I Apol.*, 5, 3.
10. *De legibus*, I, 15, 42.

gine juive est d'ailleurs certaine, à Apion, porte-parole du paganisme, pour lequel « c'est la plus grande impiété que d'abandonner les mœurs de ses ancêtres pour embrasser des coutumes barbares », Clément, porte-parole du christianisme, répond « qu'il ne faut pas garder à tout prix les usages de ses ancêtres, mais les conserver s'ils sont conformes à la piété et les rejeter s'ils ne le sont pas » (11). Et il poursuit : « La différence est grande entre la vérité et la coutume. Car la vérité, sincèrement cherchée finit par se découvrir, tandis que la coutume reçue, quelle qu'elle soit, qu'elle repose sur la vérité ou sur le mensonge, s'affermit par elle-même et sans réflexion. L'homme qui l'a reçue ni ne se réjouit de sa vérité, ni ne s'afflige de sa fausseté ; ce n'est pas en vertu d'un jugement mais en vertu d'une opinion préconçue qu'il s'abandonne à cette coutume et c'est au petit bonheur qu'il s'en remet, pour sa propre espérance, aux sentiments de ses devanciers. Nous ne pouvons pas nous dépouiller facilement du vêtement de nos ancêtres, même quand on nous en a fait clairement sentir la folie et le ridicule (12). »

Aucun texte, me semble-t-il, ne fait mieux ressortir la différence fondamentale qui oppose le christianisme antique et les païens, même cultivés. Ceux-ci, lors même qu'ils critiquent et ironisent, continuent cependant de se plier aux règles du conformisme social et religieux. Les chrétiens au contraire font passer dans leurs actes leur condamnation de principe de la tradition reçue. Plus précisément, ils refusent de s'y plier pour ce qui est du culte, et de s'intégrer à cet universel syncrétisme où d'aucuns seraient disposés à leur faire une place : l'empereur Sévère-Alexandre vénérait dans son oratoire particulier, nous dit son biographe, des images d'Abraham et de Jésus à côté de celles d'Orphée et d'Apollonius de Tyane (13). Quant à l'aspect intellectuel, ils y font un tri. Ils en retiennent certains éléments, dont ils se réclament, et en rejettent certains autres. Le critère de cette discrimination, c'est la concordance ou l'opposition qu'ils croient constater avec les données de la révélation biblique. Tout l'effort de Justin et des autres apologistes harmonisants tend à opérer le partage, dans le patrimoine spirituel païen, entre ce qui est valable et en dernière analyse inspiré, parce que tributaire de Moïse, et ce qui est l'œuvre des démons.

Mais cette même démarche se rencontre, avec des motivations et des conclusions différentes, chez nombre de païens. L'exemple de Celse est, à cet égard encore, très significatif. Lorsque, précisant le grief fondamental qu'il adresse aux chrétiens de faire bande à part, il en vient à critiquer le détail de leur doctrine, il lui reproche d'une part d'être une doctrine barbare et absurde, faite pour des gens sans culture — c'est, transposé en langage hostile, ce que disait Tertullien — d'autre part de plagier, en les interprétant à contre-sens, les enseignements de la philosophie grecque : c'est, également transposé dans un sens hostile, le point de vue de Justin. Mais dans la tradition philosophique et religieuse du paganisme Celse fait lui aussi un tri, tout comme Justin. Il est très remar-

11. *Homélies*, 4, 7-8.
12. *Homélies*, 4, 11.
13. *Histoire Auguste, Alexandre Sévère*, 29.

quable en effet qu'une partie de ses critiques et de ses sarcasmes atteignent, et parfois très explicitement, certains aspects du paganisme contemporain en même temps que le christianisme. Ainsi, lorsqu'il compare les chrétiens à ceux qui, « dans les mystères de Dionysos, effraient les assistants par l'apparition frauduleuse de spectres et de fantômes » (14), c'est tout le paganisme mystérique des religions orientales qui est mis en cause. Lorsqu'il rejette et la naissance virginale du Christ et, sa résurrection, c'est avec des références précises à un certain nombre d'épisodes mythologiques, qui sont ainsi condamnés et rejetés du même coup, et ne méritent pas plus de crédit que les récits évangéliques. Surtout, la critique qu'il fait de la doctrine chrétienne fondamentale, l'incarnation, implique la répudiation formelle de toute une tranche de la mythologie : « Si les chrétiens soutiennent qu'un dieu ou un fils de dieu est descendu ou doit descendre sur la terre... c'est là de toutes leurs prétentions la plus honteuse, et il n'est pas besoin d'un long discours pour la réfuter. Quel sens peut avoir, pour un dieu, un voyage comme celui-là ? Serait-ce pour apprendre ce qui se passe chez les hommes ? Mais ne sait-il donc pas tout ? Est-il donc incapable, étant donnée sa puissance divine, de les améliorer sans dépêcher quelqu'un corporellement à cet effet ? (15) » Il ne manquait certes pas, dans la mythologie classique, de visites divines dans ce bas monde. La plupart des Olympiens, à commencer par Zeus lui-même, se plaisaient fort sur cette terre, pour des motifs plus ou moins avouables. Sans doute, il ne s'agit pas, dans leur cas, d'incarnation au sens chrétien du terme. Mais il est clair que les objections que Celse oppose à l'incarnation d'un dieu au nom de l'omniscience, de la toute puissance et de l'immutabilité divines atteignent les mythes du paganisme gréco-romain au même titre que le christianisme : « Jamais un dieu, jamais un fils de dieu n'est descendu sur la terre ni ne peut y descendre (16). » Aussi bien, s'il se fait, au nom de la tradition, de la culture et de la bienséance, le défenseur de la religion ancestrale, ce n'est pas sans l'avoir considérablement épurée, dans la ligne d'un rationalisme d'ailleurs assez peu sûr de lui. Et l'on a mainte fois souligné qu'il y a entre Celse et Origène, par delà leur antagonisme, plus d'une affinité de position et d'esprit dans la critique qu'ils font des croyances païennes.

Au reste, ni les critiques d'un Celse, ni à plus forte raison l'ironie « voltairienne » et le scepticisme total, au moins en apparence, d'un Lucien de Samosate ne sont parfaitement représentatifs de la pensée païenne du IIe siècle. Tous deux sont, avec des nuances, des « esprits forts ». Mais déjà le semi-rationalisme de Celse se combine, tant bien que mal, avec une philosophie d'inspiration platonicienne pour l'essentiel. Elle lui dicte parfois des accents d'une piété sincère, dont s'étonne Origène, par exemple lorsqu'il écrit : « Il ne faut jamais se détacher de Dieu, ni le jour, ni la nuit, ni en public, ni dans le privé, dans aucune de nos paroles et dans aucun de nos actes... L'âme doit être constamment orientée vers Dieu...

---

14. Origène, *Contre Celse*, 4, 10.
15. Origène, *Contre Celse*, 4, 3-5, cf. P. de Labriolle, *La réaction païenne*, Paris, 1934, pp. 119 ss.
16. Origène, *Contre Celse*, 5, 2.

Quant à ceux qui espèrent que leur âme ou que leur esprit jouira avec Dieu de la vie éternelle, c'est à eux que je m'adresse. Ils voient juste en estimant qu'à mener une vie bonne au point de vue moral on obtiendra la félicité, tandis que les pervers subiront la torture d'éternels châtiments. De cette croyance, ni eux, ni qui que ce soit ne doivent jamais s'écarter (17). » Sans doute, cette déclaration est faite à l'occasion d'une critique de la croyance chrétienne en la résurrection des corps, interprétée d'ailleurs dans son sens le plus matérialiste. Elle n'en a pas moins frappé Origène, qui y salue « quelques rayons de vérité ». Elle montre qu'entre les deux hommes les affinités ne sont pas seulement dans la critique qu'ils font du paganisme, mais ont parfois un caractère beaucoup plus positif.

Il y avait cependant, autour de Celse, nombre de païens plus foncièrement religieux que lui. Mieux préparés, à certains égards, à aborder la lutte avec le christianisme, parce qu'ils lui opposaient non pas simplement une critique négative et toute intellectuelle, mais la chaleur d'une foi positive, ils étaient aussi, de ce fait même, plus sensibles à l'attrait de la prédication chrétienne, et plus exposés au risque d'une conversion : car, de toute évidence, entre les deux types de religion la lutte n'était pas égale.

**

Il ne faut pas, en effet, lorsqu'on examine le conflit paganisme-christianisme, envisager de façon exclusive les formes les plus philosophiques de la pensée païenne. Qu'il s'agisse de platonisme, de stoïcisme, de cynisme, de néopythagorisme, plus tard de néo-platonisme ou — ce qui, au début de notre ère représentait le type de pensée le plus courant — d'un amalgame plus ou moins heureux de diverses traditions, elles sont le fait d'une minorité. La masse des fidèles croyants et pratiquants ne possédait des doctrines philosophiques qu'une connaissance très superficielle, ou ne les connaissait pas du tout. Les critiques hautaines de l'intellectuel qu'est Celse atteignent, je l'ai noté déjà, en même temps que le judaïsme et le christianisme, certaines formes de la religiosité païenne, et parmi les plus vivantes. Le mépris qu'il affiche pour le vulgaire et pour tout ce qui vient de l'Orient rejaillit sur l'immense majorité de ses coreligionnaires et en particulier sur tous ceux qui, à quelque degré, acceptaient les croyances et les rites orientaux. L'opposition des intellectuels et des simples n'est pas, comme le proclament, avec des intentions très diverses, Celse et Tertullien, celle du paganisme et du christianisme. Elle est, à l'intérieur de chacune des deux religions, entre la masse des fidèles, assez peu préoccupés de formulations doctrinales précises, et les théologiens qui essayent de penser leur religion en même temps qu'ils la vivent.

Si ceux-ci même nous apparaissent parfois assez proches les uns des autres, à plus forte raison ceux qui ne sont pas dogmaticiens de tempérament ou de profession et ne donnent pas à leur credo de contours très précis et très tranchés. Surtout, dans ce syncrétisme, dans cette interpé-

17. Origène, *Contre Celse*, 8, 63 et 49 ; de Labriolle, *op. cit.*, pp. 132-133.

nétration des rites et des croyances les plus divers qui est la caractéristique majeure du paganisme finissant, ce sont, il ne faut pas l'oublier, les éléments orientaux qui l'emportent, plus proches du christianisme, à tous égards, que les formes spécifiquement gréco-romaines de la religion, et que les écoles philosophiques traditionnelles. Le vrai conflit est là, beaucoup plus qu'entre le christianisme et les philosophes à proprement parler qui, aux IIe et IIIe siècles n'existent plus guère, si l'on peut dire, à l'état pur, et dont la pensée n'arrive à exercer quelque rayonnement que si elle se combine avec autre chose, qui est précisément la religiosité orientale. Il est indispensable d'avoir bien présent à l'esprit ce fait si l'on veut comprendre le sens véritable de la lutte et les causes de la victoire chrétienne, telles qu'un historien peut les enregistrer.

Certes, le temps n'est plus où les spécialistes, souscrivant aux conclusions peu nuancées de la *religionsgeschichtliche Schule*, voyaient dans le christianisme une sorte de sous-produit de la religiosité hellénistique, des religions à mystères, des gnoses païennes, de l'hermétisme et, pour reprendre une formule célèbre, une religion syncrétiste. Nous sommes plus conscients que nos devanciers et de son originalité, et de l'importance de ses racines bibliques et juives. Il reste que, dès ses premiers pas hors de Palestine, voire en Palestine même, il s'est trouvé en contact avec le monde païen. Tout en répudiant toute compromission, il n'a pas entièrement échappé aux influences de ce milieu, pas plus que n'y avait échappé, malgré une égale intransigeance dans son exclusivisme monothéiste, le judaïsme alexandrin : témoin Philon. Très vite ses recrues lui sont venues presque exclusivement, le recrutement juif s'étant tari dès les premières générations, d'entre les Gentils. Ceux-ci n'ont pas, en entrant dans l'Eglise, dépouillé entièrement le vieil homme, changé totalement leurs catégories intellectuelles et les réactions de leur sensibilité, répudié tout à fait leur culture, indissolublement mêlée d'éléments religieux. En définitive, interprété par d'anciens païens pour des païens, c'est en termes intelligibles aux païens, parce que largement empruntés à leur propre vocabulaire, que la doctrine chrétienne a réussi à se faire accepter d'un nombre croissant d'entre eux. Et ces parentés de vocabulaire recouvrent, dans certains cas, des affinités plus profondes. A considérer d'ensemble le paganisme finissant, on peut souscrire à la constatation de Franz Cumont, dont la compétence inégalée dans ce domaine est universellement reconnue : « Cette religion est plus éloignée du culte qu'avait prétendu restaurer Auguste que du christianisme qui la combat (18). »

C'est un fait bien connu que l'aspiration au salut, le souci de la vie éternelle deviennent de plus en plus lancinants chez les âmes païennes à mesure que l'on avance dans l'ère chrétienne. La volonté autonome du sage, réalisant cette parfaite maîtrise de soi que préconisaient les Stoïciens, s'efface de plus en plus, ou du moins requiert avec une force toujours croissante le secours de ce que nous appellerions en langage chrétien la grâce. Il est très certain que dans cette perspective des religions de salut, l'idée d'un Dieu souffrant et mourant, que Celse raille avec tant

---

18. *Les religions orientales dans le paganisme romain*, 3e éd., Paris, 1929, p. 327.

de hauteur, était parfaitement familière et normale : elle est au cœur de la théologie des mystères. La mythologie classique elle-même en offre des exemples : Asclépios, Dionysos, Héraclès sont explicitement mentionnés par Justin qui, tout en répudiant ces légendes, les utilise cependant à des fins pédagogiques, pour faire accepter son message par les païens : « Quand nous disons que le Verbe, le premier-né de Dieu, Jésus-Christ notre maître, a été engendré sans opération charnelle, qu'il a été crucifié, qu'il est mort et qu'après être ressuscité il est monté au ciel, nous n'admettons rien de plus étrange que l'histoire de ces êtres que vous appelez fils de Zeus (19.) » Pour lui, ce ne sont là que fables absurdes et immorales. Pour le païen croyant, la passion d'Attis, d'Osiris ou d'Héraclès, bien que se situant aux origines lointaines de l'humanité, n'en offre pas moins une réalité indéniable.

On a dit souvent qu'entre la conception juive et chrétienne du Créateur et de la création et les idées de la philosophie païenne en la matière il y avait une totale incompatibilité. La chose n'est pas douteuse, si l'on considère le platonisme à l'état pur, et la doctrine chrétienne à l'état pur. Mais est-il bien sûr que la masse des fidèles ait fait clairement la distinction entre la création *ex nihilo*, telle que l'enseigne la Bible et la théologie ecclésiastique, et la mise en forme par le Démiurge d'une matière préexistante et éternelle ? On est en droit d'en douter lorsqu'on voit Justin Martyr lui-même employer à ce propos des formules singulièrement ambiguës, et ceci, semble-t-il, en toute candeur et non pas simplement pour essayer de gagner les païens en adaptant son langage au leur (20).

De même, nous sommes très sensibles aujourd'hui — et toute une série de travaux récents nous y ont rendus attentifs — à la différence entre la notion philosophique païenne de l'immortalité de l'âme et la notion chrétienne de la résurrection des corps (21). Celse l'a soulignée avec toute la force requise, en ironisant abondamment sur la seconde. Mais d'innombrables témoignages, littéraires ou épigraphiques, attestent que la foi ou l'espérance de l'Eglise ancienne professait ou attendait à la fois, comme aujourd'hui, la résurrection universelle, suivie du jugement dernier, et aussi l'accession, immédiate ou progressive, de l'âme individuelle désincarnée, après la mort corporelle, à la béatitude. A l'inverse, si c'est à ce type de béatitude, réalisé par l'immortalité astrale, que paraissent avoir aspiré la majorité des païens, il ne faut pas oublier que les mystères de Mithra, tributaires en l'occurrence de l'eschatologie mazdéenne, professaient eux aussi, comme le christianisme, à la fois la doctrine d'une rétribution immédiatement consécutive à la mort et celle de la résurrection universelle à la fin des temps. Or c'est autour d'un mithriacisme élargi que tendent à se regrouper les forces du paganisme sur son déclin.

On a mainte fois insisté aussi sur l'opposition, totale en effet si l'on envisage les choses à l'état pur, entre la conception plus ou moins explicitement dualiste qui est celle de la religiosité païenne, d'inspiration plato-

19. *I Apol.*, 21, 1.
20. Cf. *I Apol.*, 10, 2 et 59, 1.
21. Cf. en dernier lieu, O. Cullmann, *Immortalité de l'âme ou résurrection des morts ?*, Neuchâtel-Paris, 1956.

nicienne pour l'essentiel, et la notion plus globale de la personnalité que le christianisme a héritée du judaïsme. L'hellénisme païen, nous dit-on, oppose le corps et l'esprit, le premier étant considéré comme la prison du second, et voit en conséquence dans la mort un affranchissement, une libération. Quant au christianisme, il proclame que la personne humaine est esprit, âme et corps, et qu'elle ne pourra s'épanouir pleinement après la mort que lorsque l'élément spirituel aura à nouveau revêtu une enveloppe non plus charnelle à coup sûr, mais néanmoins corporelle, le « corps spirituel » dont parle saint Paul : d'où précisément l'opposition entre immortalité de l'âme et résurrection. Tout cela encore est exact dans le principe. Mais est-il sûr que les fidèles de l'une et l'autre religion aient toujours très clairement fait la distinction entre une âme désincarnée et celle qui aurait revêtu le corps spirituel ? Et d'autre part, pour ce qui est des conséquences pratiques de ces doctrines, il est évident que la morale, très largement diffusée dans l'Eglise ancienne, qui tendait à mortifier la chair et débouchait dans un ascétisme plus ou moins appuyé, postulait un dualisme au moins relatif, nettement exprimé déjà chez saint Paul et assez proche en définitive, dans son esprit sinon dans ses formulations précises, des philosophies religieuses du paganisme, iranisantes ou néo-platoniciennes.

Un dernier exemple. On a souvent insisté sur l'opposition radicale entre la théologie monothéiste du christianisme, avec sa distinction rigoureuse entre Créateur et création, et la pensée religieuse païenne qui, dans la mesure où elle réussit à se dégager du polythéisme, n'aboutit jamais qu'à une sorte de panthéisme, où tout se dilue dans l'unité du Cosmos pénétré de divin. Ceci encore est parfaitement exact, surtout si l'on envisage la pensée religieuse d'inspiration stoïcienne — car il y aurait lieu de nuancer selon les doctrines. Mais ceci encore doit être corrigé à la lumière d'autres témoignages. Même chez les théologiens du paganisme, nous avons quelque raison de croire que les démarches de leur pensée systématique ne coïncidaient pas toujours de façon rigoureuse avec les réactions de leur sensibilité religieuse ou de leur pratique dévotionnelle. Le christianisme, qui répudie le dualisme sur le plan théologique, en réintroduit une certaine dose par le biais de la morale. De même, la pensée païenne, qui très souvent dissout la personnalité des dieux et de Dieu, se comporte néanmoins le plus souvent, sur le plan de la piété, comme si elle avait affaire à un Dieu personnel, auquel le fidèle est uni par un lien personnel. La piété du païen éclairé n'est pas, à cet égard, aussi radicalement différente qu'on pourrait le croire de celle du chrétien, sauf que ce dernier — et le contraste doit tout de même être souligné — professe et adore un seul Dieu, conçu comme personnel, à la fois immanent et transcendant à l'univers qu'il a créé, tandis que le païen, lorsqu'il s'efforce de concilier en un ensemble cohérent les éléments divers de son patrimoine spirituel, ne peut qu'hésiter entre le polythéisme ancestral, le panthéisme qui lui en propose une interprétation, et le monothéisme vers lequel le portent et ses aspirations profondes et tout le mouvement de la pensée religieuse de son temps. Il peut à la fois vénérer des lèvres la foule des dieux traditionnels, les nier tous en tant qu'êtres personnels et adorer l'un d'entre eux, promu au rang de divinité suprême et pratiquement unique.

« Il n'y a pas », écrit Plutarque, « divers dieux pour divers peuples ; il n'y a pas des dieux barbares et des dieux grecs, des dieux du nord et des dieux du sud. Mais de même que le soleil et la lune éclairent tous les hommes, de même que le ciel, la terre et la mer sont pour tous, malgré la grande diversité des noms par lesquels on les désigne, de même il y a une seule Intelligence qui règne dans le monde, une seule Providence qui le gouverne, et ce sont les mêmes puissances qui agissent partout ; seuls les noms changent, ainsi que les formes du culte ; et les symboles qui élèvent l'esprit vers ce qui est divin sont tantôt clairs, tantôt obscurs (22). » Monothéisme de principe, polythéisme de fait : car Plutarque ne va pas jusqu'à répudier totalement cette diversité des formes du culte et des noms divins qu'il enregistre avec tant de lucidité. Il est, lui aussi, prisonnier de la tradition, et s'efforce simplement de lui donner un sens acceptable.

Ecoutons à ce propos Apulée, et la tirade fameuse qu'il place dans la bouche d'Isis, apparue en songe au héros de son roman des *Métamorphoses* : « Je viens à toi, Lucius, émue par tes prières, moi, mère de la nature entière, maîtresse de tous les éléments, origine et principe des siècles, divinité suprême, reine des Mânes, première entre les habitants du ciel, type uniforme des dieux et des déesses. Les sommets lumineux du ciel, les souffles salutaires de la mer, les silences désolés des enfers, c'est moi qui gouverne tout au gré de ma volonté. Puissance unique, Je monde entier me vénère sous des formes nombreuses, par des rites divers, sous des noms multiples. Les Phrygiens, premiers-nés des hommes, m'appellent mère des dieux, déesse de Pessinonte ; les Athéniens autochtones, Minerve Cécropienne... Mais ceux que le dieu Soleil éclaire à son lever de ses rayons naissants, les peuples des deux Ethiopies et les Egyptiens puissants par leur antique savoir m'honorent du culte qui m'est propre et m'appellent de mon vrai nom, la reine Isis (23). »

Je ne connais pas de texte plus frappant, et plus révélateur de la mentalité religieuse d'un païen éclairé au début de notre ère. On y mesure toutes les hésitations, tous les tâtonnements d'un esprit sollicité dans des directions contradictoires. C'est ici la véritable profession de foi du syncrétisme. Elle reste polythéiste : Isis est la « divinité suprême », la « première entre les habitants du ciel » ; il y a donc d'autres dieux, et le texte lui-même mentionne le dieu Soleil. Mais Isis est en même temps le « type uniforme des dieux et des déesses », ce qui semble bien impliquer que les autres divinités n'ont pas d'existence réelle, ne sont que des aspects, des symboles ou des émanations de ce « type uniforme », qui est aussi « mère de la nature entière » : ce sont là des formules de résonance panthéiste, plus nette encore si l'on lit avec certains éditeurs *rerum naturaparens* au lieu de *rerum naturae parens* (24). Et voici le monothéisme : Isis est « la puissance unique », *numen unicum*, qui par dessous la diver-

---

22. *De Is. et Osir.*, 67, cité par J. RÉVILLE, *La Religion à Rome sous les Sévères*, Paris, 1886, p. 114.
23. *Métamorphoses*, 11, trad. Valette (coll. Budé).
24. C'est la leçon retenue par A. Loisy, *Les mystères païens et le mystère chrétien*, 2ᵉ éd., Paris, 1930, p. 142.

sité de ses appellations, reste immuablement identique à elle-même et qui n'a en définitive qu'un seul nom vraiment authentique. Tout le drame du paganisme finissant est là : oscillant entre le polythéisme traditionnel et le panthéisme, il professe un monothéisme vacillant, instable, virtuel et, faute de pouvoir sacrifier aucun élément de son patrimoine, s'efforce en vain de concilier ce qui est inconciliable.

Il est à peine besoin d'insister sur le handicap que représente cette pensée mal assurée et incohérente vis-à-vis de la théologie chrétienne, solidement structurée et exprimée par surcroît en un langage fort accessible aux païens cultivés à qui les termes et les notions de filiation divine, de Logos, de Pneuma, pour ne retenir que quelques-uns des concepts fondamentaux, étaient parfaitement familiers. Sans doute, transposés dans la théologie chrétienne, ils subissaient un changement de sens souvent radical. L'identité du vocabulaire n'en constituait pas moins un trait d'union ; elle a certainement facilité l'implantation du message chrétien en milieu païen et, en définitive, sa victoire.

Il est particulièrement intéressant, à cet égard, de voir la théologie païenne, d'abord par un mouvement naturel et une évolution spontanée, puis par une sorte de mimétisme plus ou moins conscient, qui est une réaction de défense, s'organiser peu à peu sur des lignes de plus en plus voisines de celles de la théologie chrétienne. J'ai étudié ce phénomène sur un cas précis, celui d'Hercule. On me pardonnera, je pense, d'emprunter ici quelques données à mon étude (25).

On ne peut manquer d'être frappé, lorsqu'on essaie d'apprécier la popularité respective des diverses divinités païennes au début de notre ère, par la place considérable tenue par Hercule. Si l'on met à part les divinités des cultes à mystères, et à considérer simplement le panthéon traditionnel, il est à coup sûr parmi les favoris, et dans des milieux très divers. Il est tentant de mettre cette popularité en rapport avec la montée du christianisme, car elle s'amplifie et se précise dans le temps même où l'Église étend ses conquêtes. Un certain nombre d'éléments du mythe d'Hercule présentaient avec certains traits de l'histoire évangélique des ressemblances précises, relevées par les apologistes chrétiens comme par leurs adversaires, et que bien des siècles plus tard Ronsard a complaisamment analysées, en les expliquant par une exégèse typologique, dans son poème *Hercule Chrétien*. D'autre part, Hercule était devenu à l'époque, dans les milieux de la philosophie, stoïcienne et cynique en particulier, et au prix d'une interprétation allégorique de sa légende, le modèle du sage parfait et la personnification de toutes les vertus. Parallèlement, la pensée philosophique lui assignait un rôle cosmique. Le stoïcien Cornutus, auteur d'un traité d'exégèse allégorique de la mythologie *(Theologiae Graecae Compendium)*, présente Hercule comme « le Logos répandu en toutes choses, qui donne à la nature sa force et sa cohésion » (26). La même inter-

25. M. Simon, *Hercule et le Christianisme*, Paris, 1955.
26. *Theol. Graecae Compend.*, 31.

prétation est reprise par Sénèque, contemporain de Cornutus, lorsqu'il dit : « Quid enim aliud est natura quam Deus et *divina ratio* toti mundo partibusque ejus inserta ? (27 » Et il cite, parmi les divinités dont le nom peut être donné à cette *ratio divina*, Hercule. Nous sommes dans une perspective panthéiste, où les divinités traditionnelles sont comme interchangeables et sont en fin de compte absorbées dans le Cosmos. Mais la personnalité, tenue pour historique, d'Hercule a résisté à cette absorption. L'evhémérisme, en présentant les dieux, et à plus forte raison les demi-dieux comme Hercule, comme des humains divinisés, a, sans le vouloir, servi la cause de la vieille religion.

Si, comme on l'admet généralement aujourd'hui, Sénèque le Philosophe et Sénèque le Tragique ne sont qu'un seul et même homme, il est caractéristique de voir celui-ci mettre en scène, dans ses tragédies héracléennes, avec tous les traits d'une figure historique, cet Hercule que dans ses traités de doctrine il dépouille de tout caractère personnel, et réduit à n'être qu'un des aspects de la divinité, de la nature divinisée. Evhémérisme et exégèse allégorique se combinent de façon plus ou moins cohérente, sans que jamais les Anciens se résignent à opter catégoriquement pour l'un ou pour l'autre. Le résultat, chez Sénèque, est une sorte d'esquisse de doctrine de l'Incarnation. L'Hercule *ratio divina*, Logos, s'est fait homme en la personne de l'Hercule traditionnel, et c'est une espèce d'œuvre rédemptrice qu'il accomplit sur terre et dans sa descente aux enfers. Il triomphe du mal et du même coup arrête la colère divine prête à s'abattre sur la création rebelle :

> Pacata tellus, inquit, et coelum et freta :
> Feris subactis omnibus victor redi.
> Depone fulmen (28)

dit-il à son père Jupiter. Les puissances infernales sont annihilées :

> Transvectus vada Tartari
> Pacatis redit inferis.
> Jam nullus superest timor.
> Nil ultra jacet inferos (29).

Sa propre mort ne fait en quelque sorte que couronner l'œuvre de rédemption, et c'est dans un chant de triomphe que s'achève son supplice :

> Agnosco, agnosco, victum est chaos (30).

Les résonances chrétiennes de ces vers ont été mainte fois soulignées. Elles sont d'autant plus remarquables qu'il n'y a eu d'influence ni dans un sens, ni dans l'autre : personne ne croit plus aujourd'hui à la prétendue correspondance de Sénèque et de saint Paul ; Sénèque n'a pas plus connu l'Évangile ou l'Épître aux Romains que saint Paul n'a connu l'*Hercule sur l'Oeta*.

Ces saisissantes convergences ont incontestablement contribué à la fortune ultérieure d'Hercule, en faisant de lui une sorte de réplique païenne du Christ. Je ne puis suivre ici pas à pas les développements de cette héra-

27. *De beneficiis*, 4, 7, 1.
28. *Herc. Oet.*, 794 ss.
29. *Herc. Oet.*, 889 ss.
30. *Herc. Oet.*, 1947.

cléologie, qui sert de point d'appui doctrinal au culte du héros. Elle s'épanouit à l'époque du Bas Empire, sous la Tétrarchie et surtout sous Julien l'Apostat. Ce n'est sans doute pas par hasard que Dioclétien, soucieux d'asseoir sur de solides assises religieuses le régime politique qu'il instaurait, s'est placé sous le patronage de Jupiter, tandis qu'il donnait Hercule pour patron à son associé Maximien. Le choix de Jupiter est normal : le dieu suprême protège l'empereur suprême. Celui d'Hercule, retenu parmi une foule d'autres dieux possibles, marque une étape capitale dans la carrière du héros. L'association des deux divinités, dont l'une est fils de l'autre, apparaît comme une réplique, qui n'est sans doute pas fortuite, au groupe Père-Fils de la théologie chrétienne. M. Mattingly a formulé l'hypothèse, plus ingénieuse à vrai dire que convaincante, que Dioclétien aurait, en mettant sur pied le groupe Jupiter-Hercule, espéré rallier les chrétiens : il leur aurait proposé une sorte d'équivalence, dans une perspective syncrétiste, de leur propre théologie (31). Sous cette forme, l'idée ne me paraît pas recevable. Je suis persuadé du moins que Dioclétien a subi en l'occurrence, de façon plus ou moins consciente, l'influence du christianisme : plutôt qu'à en capter les fidèles, son système théologique tend peut-être à lui résister, en lui empruntant les éléments d'une ligne de défense.

L'influence chrétienne apparaît d'une évidence plus indiscutable encore chez Julien l'Apostat. Et il ne fait guère de doute que la transposition et le démarcage sont cette fois délibérés. Hercule est pour lui le modèle à la fois du sage et du souverain. Aux exploits traditionnels que lui prête la mythologie, Julien en ajoute d'autres : Hercule a traversé la mer à pied sec, transposition évidente de l'épisode évangélique de Jésus marchant sur les flots. Surtout, son interprétation théologique de la figure d'Hercule est directement inspirée du christianisme. C'est pour être le sauveur de l'univers que Zeus a engendré son fils ; et il l'a fait « par Athéna Pronoé », διὰ τῆς Προνοίας ᾿Αθηνᾶς (32), qui joue ici un rôle fort comparable — et exprimé dans les mêmes termes — à celui que les symboles de foi chrétiens assignent au Saint-Esprit, διὰ πνεύματος ἁγίου. Si bien que la triade divine ainsi dessinée par Julien ressemble fort à une Trinité.

La carrière d'Hercule est alors à son apogée. Mais c'est un triomphe instable. Car, chez Julien comme chez tous les représentants du paganisme finissant, il n'arrive pas à s'imposer de façon décisive et exclusive. Il rencontre sur son chemin des rivaux d'envergure, en particulier Helios, que Julien lui-même installe au cœur de sa théologie et de sa dévotion et qui tend à absorber, sans jamais y arriver complètement, les autres figures divines, y compris Hercule, interprétées comme des émanations, des attributs personnifiés ou des symboles d'un Dieu unique.

Nous touchons ici du doigt, une fois de plus, le drame du paganisme finissant, tel que je le soulignais déjà à propos d'Apulée. L'impuissance d'Hercule, de Mithra-Hélios et de quelques autres à s'affirmer durable-

---

31. H. MATTINGLY, *Jovius and Herculius, Harvard Theological Review*, 1952, pp. 131 ss.
32. *Contre Héraclius*, 11.

ment à la première place ne fait que traduire celle de la vieille religion, mal dégagée des cadres paralysants du polythéisme, à se réorganiser et à se rajeunir autour d'une figure centrale. Un choix s'imposait ; elle n'a pas su le faire, victime de ces habitudes, de ces traditions, de ce *mos majorum* que magnifiaient ses porte-paroles. Après avoir, à certains égards, préparé la voie au christianisme, en lui prêtant, pour se définir lui-même, un vocabulaire et certains concepts, le paganisme en est réduit à n'être plus qu'un pâle décalque du culte rival. Le meilleur de lui-même, en matière de formes de pensée, s'est intégré au christianisme, si étroitement qu'aujourd'hui encore les controverses se poursuivent autour de cet héritage, et de la légitimité de cette association. Je n'ai pas l'intention d'entrer dans cette polémique et de faire une incursion dans le domaine de la théologie. J'ai essayé de n'être qu'historien. Pour le théologien, le triomphe du christianisme est celui de la vérité sur l'erreur. Pour l'historien, quelle que soit son option religieuse, il apparaît comme la victoire d'une pensée résolument monothéiste sur un monothéisme virtuel, tiraillé entre le polythéisme et le panthéisme. C'est aussi le triomphe de l'histoire — « il a souffert sous Ponce Pilate » — sur le mythe et l'allégorie.

Remarques sur la Sotériologie du Nouveau Testament

LE christianisme a été mainte fois, et à juste titre, défini comme le type même de la religion de salut.[1] Le terme de comparaison normal, à cet égard, est fourni par les cultes à mystères qui, nés comme lui dans le Proche Orient, se sont propagés dans le temps même où il se diffusait à travers le monde méditerranéen et constituent une partie de son contexte historico-religieux.[2] Certains chercheurs ont pensé trouver de ce côté non seulement des parallèles au «mystère chrétien», mais le prototype même dont le christianisme ne serait qu'un démarcage plus ou moins précis. On connaît les vues exposées par tel ou tel représentant de la *religionsgeschichtliche Schule* au début du siècle,[3] les controverses qu'elles ont suscitées et la réaction qui est intervenue par la suite. Elle a été parfois jusqu'à nier toute espèce d'affinité, sinon de pure apparence, entre cultes à mystères et christianisme. L'on s'est alors tourné volontiers vers le judaïsme, pour y chercher des points de comparaison plus probants ou des influences plus plausibles.[4]

Il n'est dans mon intention ni de rouvrir le débat, ni de l'arbitrer. Je voudrais, beaucoup plus modestement, compte tenu de l'emprise indéniable et persistante des cadres de la pensée juive sur la théologie chrétienne, et les ressemblances entre le christianisme et les religions à mystères étant un fait, plus difficile à mesurer et à apprécier exactement qu'à constater, proposer, un peu à bâtons rompus, quelques réflexions sur certains traits de la sotériologie chrétienne primitive et sur la problématique particulière qu'elle implique.

Si l'on confronte le christianisme naissant avec les mystères, la différence la plus frappante, la plus immédiatement apparente réside dans le fait que le Sauveur chrétien est un personnage de l'histoire, tandis que les sauveurs païens sont des figures mythiques. Alfred Loisy, pervenu au terme de son évolution spirituelle, ex-primait son scepticisme radical vis-à-vis des dogmes chrétiens en disant qu'il ne se sentait plus capable de souscrire qu'à un seul article du *credo*: «Il a souffert sous Ponce Pilate». De fait, le chris-tianisme n'est pas concevable sans l'historicité du Christ. Essayer, comme l'ont fait les tenants de l'école dite mythologique, de dé-montrer qu'elle n'était qu'un leurre, c'était s'attaquer aux fonde-ments mêmes de la foi.[5] Et toute l'apologétique chrétienne con-temporaine, soucieuse d'arracher Jésus à des rapprochements jugés compromettants et dangereux, n'a pas manqué de souligner l'opposition qui sépare à cet égard le mystère chrétien et les mystères païens.[6] Elle est en effet, pour nous modernes, fonda-mentale et irréductible. Il n'est pas certain que l'optique des an-ciens ait été exactement la même que la nôtre. On doit noter en effet que ni, bien entendu, la masse des païens, ni même parfois les chrétiens de l'époque n'ont mis en doute la réalité historique des figures divines et plus particulièrement — ce sont les seules qui nous intéressent ici — des divinités salvatrices.

Sans doute, la position des auteurs chrétiens n'est pas sur ce point uniforme. Il y a bien chez eux une critique de l'idolâtrie, dont les éléments sont empruntés à l'Ancien Testament et à la polémique juive antipaïenne: «Leurs idoles sont de l'argent et de l'or, ouvrage de la main des hommes».[7] Mais, conscients que, au moins pour les païens éclairés, la statue du dieu n'est qu'un sym-bole, certains d'entre eux admettent eux aussi qu'il existe, derrière les images cultuelles, une réalité spirituelle. «Elles portent le nom et sont faites à la ressemblance de ces démons mauvais qui ap-parurent autrefois».[8] L'argument qu'ils opposent à leurs adver-saires n'est pas, en général, «vos dieux n'existent pas», mais plutôt «ce ne sont pas de vrais dieux». On les identifie parfois aux anges déchus de la Bible, mais parfois aussi on y reconnaît, à la suite d'Evhémère, des hommes, souverains pour la plupart, et bienfaiteurs de l'humanité, que la gratitude de leurs congénères éleva au ciel. L'évhémérisme, parce qu'il fournissait à l'Eglise ancienne une arme fort précieuse, a connu dans ses rangs une fortune considérable. «Ceux que vous adorez n'étaient jadis que des hommes» écrit Clément d'Alexandrie.[9] Et Firmicus Maternus, qui explique le paganisme par le culte des éléments, fait cependant une exception à propos des mystères isiaques: «Cet Osiris et ce Typhon furent sans doute rois et souverains de l'Egypte. Mais l'un fut juste, sauf dans le crime (d'inceste) qu'il commit avec sa soeur, tandis que l'autre fut violent, emporté et orgueilleux. Aussi Osiris est-il vénéré, Typhon redouté. Voilà l'essentiel de la religion d'Isis».[10] L'auteur s'en prend ensuite aux païens allégorisants qui «donnent de ces rites une interprétation fondée sur la nature. A leurs dires, Osiris n'est autre que le grain, Isis la terre, Typhon la chaleur». Il les réfute en affirmant que «ces funérailles et ce deuil ont été réellement célébrés autrefois» et en rappelant «qu'un tombeau d'Osiris existe toujours en Egypte».[11]

Dans une telle perspective, les différences par rapport à Jésus s'estompent considérablement. Comme lui, les dieux sauveurs du paganisme sont des hommes qui ont vécu sur terre. Certes, pour un fidèle de l'Eglise ancienne, ce ne sont que des hommes, indûment divinisés, tandis que le Christ est le Dieu fait homme. Mais cette opposition se situe sur le plan subjectif de la foi et non pas, comme celle qui apparaît à l'historien moderne, sur celui des réalités objectives. Dès lors qu'on admet l'existence terrestre des sauveurs païens, la différence essentielle réside dans le fait que la passion du Christ se place dans un passé encore tout proche, tandis que celle de ses rivaux appartient aux lointaines origines de l'histoire humaine. Et elle se solde en définitive, pour le christianisme qui cherche à se répandre en milieu païen, par un handicap assez sérieux. Car la mentalité païenne fait volontiers de l'ancienneté un critère de vérité. On reproche au christianisme sa nouveauté par rapport au *mos majorum* et même à la tradition juive, à laquelle on reconnaît quelques titres de noblesse, précisément parce qu'elle est faite de l'apport des siècles.[12] Par surcroît, le Sauveur chrétien est mort dans le supplice infamant de la crucifixion, comme un criminel de droit commun, et l'autorité romaine a eu quelque part dans sa condamnation. Les dieux souffrants du paganisme au contraire ont péri victimes soit de quelque fatalité, soit des forces mauvaises qui sont à l'oeuvre dans l'univers. Leur mort n'est point ignominieuse. A ceux des païens que rebutait la grossière crudité de certains mythes, l'allégorie — Firmicus Maternus nous le rappelait à l'instant — offrait une possibilité de transposition et de réinterprétation, dans la ligne d'un panthéisme naturaliste. Aucune allégorie n'était possible en revanche dans le cas d'un homme qu'on savait avoir été supplicié en Palestine, sous le règne de Tibère. Nous avons, certes, quelque peine à nous persuader que tel ait pu être l'état d'esprit des païens confrontés au christianisme. Il ne fait guère de doute cependant que tel il a été effectivement, plus d'une fois. Il n'est pour s'en convaincre que de feuilleter Celse, à travers Origène, ou Julien l'Apostat.[13]

Le caractère tardif de la passion du Christ soulevait en outre un problème théologique que les cultes à mystères, si du moins ils se le sont explicitement posé, ont pu résoudre plus facilement. Pour ces derniers en effet, puisque la passion du dieu se situe aux origines de l'histoire, l'instauration des rites qui la commémorent est censée se placer elle-même aussitôt après. C'est dire que dès la naissance de l'humanité, les moyens de salut sont mis à la disposition de ceux qui voudront bien y recourir. Il n'y a pour les cultes à mystères, tout au long de l'histoire humaine, qu'une seule division, celle qui oppose les initiés à ceux qui ne le sont pas. Pour le christianisme au contraire, à cette coupure qu'on pourrait appeler verticale, qui sépare ici en deux catégories l'humanité postérieure au Christ, s'en ajoute une autre, horizontale: elle oppose ceux qui, nés après le Christ, ont pu s'intégrer à son Eglise, et ceux qui, morts avant sa venue, ne l'ont pas connu. Le problème du salut des infidèles revêt ainsi, pour la pensée chrétienne, un double aspect, puisqu'il concerne deux catégories différentes d'individus. Il a beaucoup préoccupé les théologiens des premiers siècles. Les tentatives diverses faites pour vieillir le christianisme et pour démontrer qu'il n'est en fait que l'épanouissement ou la résurgence de la religion primordiale de l'humanité visent sans doute non seulement à lui conférer des quartiers de noblesse et à réfuter l'accusation de nouveauté qu'on lui opposait,[14] mais aussi à fournir une réponse satisfaisante à un problème que les païens eux-mêmes n'ont pas manqué de soulever: «Pourquoi le Christ serait-il venu si tardivement, après avoir laissé l'humanité privée pendant tant de siècles du bienfait de la révélation? Pourquoi aurait-il permis que se perdent sans secours d'innombrables âmes?»[15]

La question revêtait d'ailleurs une acuité très différente selon qu'elle s'adressait à des milieux de tradition paulinienne ou à des éléments plus ou moins teintés de judéo-christianisme — et je pense pour ma part qu'il en a existé dans la Grande Eglise jusqu'à une date assez avancée. Le christocentrisme radical de Paul ne laissait à l'Ancienne Alliance qu'une place assez modeste dans l'économie du salut, puisqu'il allait jusqu'à établir une connexion très étroite entre le règne de la Loi et celui du péché.[16] Pour le judéo-christianisme de toutes nuances, la Loi offrait, avant que vînt le Christ, un moyen de salut: la division verticale que je mentionnais à l'instant remontait ainsi jusqu'à la période pré-chrétienne. Il y a dans le Nouveau Testament des traces de cette sotériologie sans sauveur qui est celle du judaïsme. Au jeune homme ou au docteur de la Loi qui l'interrogent sur ce qu'ils doivent faire pour accéder à la vie éternelle, Jésus rappelle tout simplement la pratique du Décalogue ou de la loi d'amour de Dieu et du prochain. Il propose en outre au premier de renoncer à ses biens et de le suivre, «ayant pris la croix» ajoute Marc.[17] Nous sommes ici dans la ligne de cette majoration par rapport aux exigences de la Loi morale juive qui paraît avoir été caractéristique de la prédication de Jésus. Mais le rôle qu'il s'assigne est celui d'un guide et d'un modèle, non pas d'un sauveur à proprement parler. C'est à son imitation, mais non par son sacrifice rédempteur que le disciple sera sauvé. L'instrument véritable du salut, c'est encore la Loi, interprétée, précisée et pratiquée de façon exemplaire par Jésus.

Même dans les milieux, devenus rapidement majoritaires, de l'Eglise ancienne qui ne s'en sont pas tenus à cette conception, et qui assignent au Christ seul la fonction salvatrice reconnue par les

Juifs à la Loi, la sotériologie chrétienne reste étroitement tributaire du judaïsme. Elle le reste en particulier du fait de la relation étroite, et en quelque sorte organique, dans laquelle elle se trouve par rapport à l'eschatologie. C'est là une autre différence fondamentale avec les religions païennes de salut, à la seule exception, semble-t-il, du mithriacisme, où l'eschatologie mazdéenne paraît avoir tenu une place assez analogue à celle que l'eschatologie juive a continué d'occuper dans le christianisme.[18] Selon le schéma le plus habituel dans les cultes à mystères, c'est immédiatement après sa mort que le myste accède à l'immortalité bienheureuse, après, avoir triomphé d'épreuves, diversement imaginées par les divers mystères, et affronté peut-être, comme dans ceux d'Osiris, un jugement individuel. Au contraire, dans la tradition de pensée juive et chrétienne, et dans le mithriacisme, le sort des élus comme celui des réprouvés ne sont définitivement réglés qu'à la fin des temps, dans le cadre d'un renouvellement cosmique total, par la résurrection et le jugement dernier. D'où la nécessité d'une période d'attente, d'un état intermédiare. Celui-ci peut être soit neutre et qualitativement indifférencié, soit fait de souffrances ou de joies qui annoncent, pour l'âme encore désincarnée, ce que sera son sort lorsqu'elle aura à nouveau revêtu une enveloppe corporelle.

Il est certain que ce schéma posait des problèmes inconnus des cultes à mystères, mithriacisme exclu. La résurrection des corps est difficile à imaginer. Pour un païen, surtout s'il est plus ou moins frotté de platonisme, elle est une impossibilité et un non-sens. Les porte-parole du paganisme ne se sont pas fait faute d'en rire, non sans lourdeur. Porphyre propose à ses adversaires chrétiens le cas suivant: un homme meurt dans un naufrage; les poissons de la mer dévorent son corps; ils sont à leur tour mangés par des pêcheurs; ceux-ci périssent et leurs cadavres sont dévorés par des chiens, qui sont enfin la proie des vautours. Qu'est devenue la chair du naufragé, et comment imaginer qu'il puisse ressusciter un jour?[19]

En fait, la croyance à la résurrection des morts, telle que l'entendent le christianisme primitif et le judaïsme de l'époque, trouve son contexte le plus naturel dans la vieille conception israélite du *schéol* où l'existence souterraine des défunts, indistinctement mêlés, qu'ils soient justes ou pécheurs, est celle de pâles fantômes, plongés dans une torpeur ou un sommeil assez voisins de l'annihilation totale.[20] Dans cette optique, le retour à la lumière du jour et à une vie digne de ce nom par une résurrection corporelle apparaît effectivement comme le seul moyen d'accéder à la félicité, une félicité qui se situe sur terre. A partir du moment où l'on admet, comme le faisaient au début de notre ère d'importants secteurs de l'opinion juive, que cet état intermédiaire désincarné non seulement n'entraîne pas la perte de la conscience, mais préfigure déjà, étant soit heureux, soit malheureux, le sort final de chaque individu, la question se pose immanquablement de savoir ce qu'une résurrection corporelle, même et surtout si ce n'est pas celle du corps de chair, peut y ajouter de vraiment spécifique. Elle s'est posée déjà pour le judaïsme, dont certains éléments paraissent avoir opté, sans doute sous l'influence de conceptions grecques, pour l'immortalité sans résurrection, tandis que d'autres, les plus nombreux, s'efforçaient d'accorder les deux notions.[21] Pour le christianisme, le problème se compliquait du fait de la résurrection de Jésus, affirmation centrale de la foi. Jésus étant le premier-né d'entre les morts, ses fidèles devaient necessairement sortir un jour du tombeau comme il l'avait fait lui-même, revêtus d'un corps glorieux, pour être ensuite, comme lui, élevés dans les cieux.[22] Que la pensée chrétienne primitive ait connu à ce sujet quelques hésitations et ait été parfois tentée d'opter elle aussi pour une béatitude définitive, suivant immédiatement la mort corporelle, le Nouveau Testament l'illustre amplement. Rien par exemple, dans la parabole de Lazare et du mauvais riche, ne suggère que leurs situations respectives ne sont que provisoires.[23] La notion johannique d'une vie éternelle qui pour les fidèles commence dès ici-bas, et dont il est généralement parlé au présent, se plie assez mal aux cadres de la pensée juive dans lesquels elle s'exprime.[24] Elle ne laisse guère de place à ce sommeil qui même pour Saint Paul, sépare le mort de la résurrection.[25] Lorsque, dans le Quatrième Evangile, le Christ déclare «celui qui mange ma chair et boit mon sang a la vie éternelle, et moi je le ressusciterai au dernier jour»,[26] on ne peut se défendre de l'impression que le second membre de phrase atteste l'emprise durable des schémas juifs pré-chrétiens plutôt qu'il ne prolonge la ligne de pensée exprimée dans le

premier.[27] Dans l'épisode de la résurrection de Lazare, l'affirmation de Jésus: «je suis la résurrection et la vie; celui qui croit en moi,
quand même il mourrait, vivra, et quiconque vit et croit en moi
ne mourra jamais»[28] semble bien corriger, et réfuter, la profession
de foi, très traditionnellement pharisienne, de Marthe: «Je sais que
mon frère ressuscitera lors de la résurrection, au dernier jour».[29] La
parole que Luc prête à Jésus s'adressant au bon larron: «aujourd'hui
encore tu seras avec moi dans le Paradis»[30] paraît refléter, bien que
l'auteur la fasse suivre du récit de la résurrection, un état de la
pensée chrétienne où l'ascension de Jésus et, à sa suite, l'assomption
de son compagnon de supplice étaient conçues comme immédiatement consécutives à leur mort.[31] Il n'est pas sûr enfin que la pensée
paulinienne elle-même soit à cet égard aussi assurée et aussi im-
muable qu'on l'admet souvent et qu'elle n'ait pas évolué dans le
sens de ce qu'on pourrait appeler une hellénisation croissante.[32]

Plusieurs ouvrages récents, soucieux de dégager l'originalité du
christianisme vis-à-vis de la pensée grecque, ont insisté sur des
antinomies à coup sûr réelles, mais non point aussi radicalement
irréductibles qu'ils ne les présentent.[33] Ni l'hellénisme, ni la tradition biblique, ni la pensée chrétienne ne sont parfaitement uni-
formes et homogènes et ne se sont développés en vase clos. Il y a,
de l'un à l'autre, des interférences indiscutables. La pensée grecque
ne se réduit pas au seul platonisme, que l'on prend souvent comme
pierre de touche. Opposer sans nuances l'immortalité de l'âme,
notion grecque, et la résurrection, conception chrétienne héritée
du judaïsme, c'est méconnaître les influences du milieu hellénistique
qui se sont exercées sur le christianisme dès ses premiers pas, tout
comme elles s'étaient exercées déjà sur le judaïsme. Elles rendent
compte, au moins pour une part, des hésitations dont je viens de
relever quelques exemples. Au reste, peut-on parler encore, quatre
siècles après Alexandre, de «Grecs», et les opposer en bloc aux Juifs
et aux Chrétiens? La civilisation et la pensée du monde hellénistique sont faites de bien d'autres apports encore que celui de la
seule Grèce classique. Or ce sont elles, et non pas les écoles
athéniennes du IVème siècle, qui représentent le contexte du christianisme naissant. Dire que pour «les Grecs» l'âme est immortelle
par nature, tandis que pour la Bible et le christianisme la vie

de Saint Paul, que l'acte rédempteur du Christ, le tournant décisif, c'est-à-dire sa victoire sur le péché, les puissances mauvaises et la mort, se situe non pas au matin de Pâques, — la Résurrection n'est que le signe et la conséquence de cette victoire — mais sur la croix, au moment même où il expire: «Il a dépouillé les principautés et les puissances, et les a livrées hardiment en spectacle en triomphant d'elles par la croix».[36] Il était impossible d'admettre, dans ces conditions, que son passage dans la tombe ait pu être un moment d'annihilation totale. L'idée d'une entrée immédiate dans le Paradis, telle qu'elle s'exprime dans la réponse au bon larron, pouvait résoudre le problème. Mais du même coup elle en posait une autre, en rendant difficilement explicable, parce que superflue, la Résurrection. Certains secteurs de l'Eglise primitive ont eu très tôt conscience de ces difficultés. Les spéculations relatives à la descente aux Enfers en apportent la preuve.[37]

Elles s'efforcent de combler de façon satisfaisante le vide qui sépare la mise au tombeau du Christ et son retour triomphal à la lumière et de rétablir ainsi, entre sa vie terrestre et sa vie glorifiée, cette continuité qui seule peut sauvegarder l'unité du plan divin. Du même coup elles fournissent une solution au problème qui se pose relativement aux justes morts avant le Christ.

Le Christ est «descendu aux Enfers», soit pour leur annoncer la bonne nouvelle de leur salut et de la résurrection à venir, soit pour accomplir d'emblée à leur bénéfice, parfois au prix d'un combat avec Satan et ses hordes, l'acte rédempteur.[38] Sans doute, c'est dans des Apocryphes du Nouveau Testament, de date relativement tardive, que cette conception du «descensus», sous l'une ou l'autre forme, trouve son expression la plus nette et ses développements les plus étoffés.[39] Mais l'on peut tenir pour assuré qu'elle est très ancienne. Le R. P. Daniélou estime qu'elle est étrangère au Nouveau Testament et qu'elle est proprement judéo-chrétienne.[40] Je serais, sur l'un et l'autre point, moins catégorique que lui. On peut admettre que le sort des saints de l'Ancien Testament ait préoccupé spécialement les chrétiens venus d'Israël. Mais les alliances conclues avec Abraham, puis avec Moïse, ne fournissaient-elles pas au peuple élu, jusqu'à la venue du Christ, les moyens de salut nécessaires? Il n'est pas sûr que la majorité des judéo-chrétiens ait partagé sur ce point le pessimisme de Paul. A l'inverse, la question ne pouvait laisser indifférents non plus les chrétiens de la Gentilité, dès lors qu'ils revendiquaient eux aussi l'Ancien Testament. Le caractère judéo-chrétien des écrits où s'exprime la croyance au «descensus» n'est pas établi de façon absolument indubitable dans tous les cas, sauf si l'on accepte la notion très élargie et très personnelle que le R. P. Daniélou propose du judéo-christianisme, qu'il définit par des catégories de pensée et considère comme co-extensif à l'Eglise depuis les origines jusqu'au milieu du IIème siècle. «La localisation de l'habitat des morts dans un lieu situé dans les profondeurs de la terre» est païenne autant que juive: le terme de Hadès traduit communément, dans la Septante, l'hébreu *schéol*. Par ailleurs, il paraît difficile d'admettre que les nombreuses descentes aux Enfers de dieux ou de héros païens, celle d'Hercule par exemple, n'aient eu aucune influence sur la fixation de la croyance chrétienne et sur son adoption généralisée: il y avait, si l'on peut dire, des précédents du côté païen, il n'y en avait pas du côté juif.[41]

D'autre part, pour ce qui est des racines néotestamentaires de la doctrine, il semble en effet assuré que des textes souvent invoqués à l'appui du «descensus» n'ont pas le sens qu'on leur prêtait.[42] Mais même si l'on en néglige d'autres, qui paraissent y faire allusion, il reste en tous cas le texte de Matthieu, 27, 52–53, que Daniélou signale, mais sans s'y arrêter. Au moment de la mort du Christ, «les sépulcres s'ouvrirent et les corps de beaucoup de saints défunts ressuscitèrent. Et sortis de leurs tombeaux après sa résurrection, ils entrèrent dans la ville sainte et apparurent à beaucoup». Les exégètes ne sont pas d'accord sur la signification exacte de ces versets. Certains d'entre eux refusent de mettre le prodige qu'ils relatent en rapport avec la descente du Christ aux Enfers.[43] Ils le placent sur le même plan que les ténèbres et le tremblement de terre mentionnés juste avant, et invoquent à l'appui de cette interprétation tel parallèle païen.[44] D'autres au contraire pensent que l'Evangéliste y a reconnu une manifestation de l'oeuvre ré-demptrice du Christ.[45] Une étude attentive du texte semble leur donner raison. Si le voile du Temple se déchire, ce ne peut être là une simple conséquence du tremblement de terre, puisque celui-ci n'est mentionné qu'après. Il faut plutôt y voir le signe que les rites de l'Ancienne Alliance sont désormais caducs. Le tremblement de terre signifie que la nature entière est affectée par le drame du Calvaire. Quant à l'apparition des morts, elle est bien, si l'on veut, ·liée, et de façon assez naïve, au séisme, en ce sens que, fissurant le sol, il leur donne la possibilité matérielle de remonter à la lumière. Mais il est clair que ce phénomène de géophysique, lui-même miraculeux, ne suffit pas à expliquer le fait: pour utiliser la porte de sortie qui leur est offerte, il faut que les morts aient été préalablement ressuscités. Et s'ils l'ont été, c'est que le Christ en mourant est allé leur porter la vie.

La façon même — primitive ou consécutive à un remaniement rédactionnel, peu importe — dont l'évènement est présenté est à cet égard très caractéristique. La résurrection des saints s'accomplit, si l'on peut dire, en deux temps: rappelés à la vie à l'instant où le Christ expire, ils n'apparaissent dans Jérusalem que lorsque lui-même s'est manifesté à ses disciples.[46] Deux idées sont ainsi coordonnées tant bien que mal: celle du Christ premier-né d'entre les morts,[47] et celle de sa victoire, acquise par sa mort même. Les saints sont «réveillés» au moment précis où il descend vers eux, parce que pour lui la mort corporelle, loin de déboucher sur la torpeur ou l'anéantissement, donne accès à la vie totale et promeut l'action rédemptrice, manifestée «aux Enfers» par sa descente avant de s'affirmer sur terre par sa résurrection. Notre texte suppose donc bien la descente aux Enfers. Et Ignace d'Antioche en apporte un écho très fidèle lorsqu'il écrit: «Comment pourrions-nous vivre sans lui, quand les prophètes eux-mêmes, ses disciples en esprit, l'attendaient comme leur maître? Voilà pourquoi celui qui était l'objet de leurs espérances les a, par sa présence ($\pi\alpha\rho\tilde{\omega}\nu$)ressuscités des morts».[48]

Notre texte ne dit pas ce qu'il est advenu par la suite de ces ressuscités. L'auteur ne s'est peut-être pas posé la question. Nous avons néanmoins le droit de nous demander comment il y aurait répondu. Il est évident que cette résurrection ne saurait être un épisode éphémère, après lequel les défunts retombent dans leur sommeil ou leur attente. Elle ne les ramène pas davantage à la condition de ceux qui sont encore en vie sur terre. Elle doit se traduire par un changement définitif de résidence ou tout au moins d'état: normalement, cette résurrection devrait être suivie d'une assomption, puisqu'aussi bien elle souligne la parfaite identité entre le destin du Christ et le sort de ceux qui, avant sa venue, ont cru en lui.[49]

Ce n'est pas là, cependant, la seule façon dont le christianisme antique a conçu l'action rédemptrice du Christ par rapport aux générations disparues. Dans une perspective plus ritualiste, c'est le baptême qui est pour les vivants l'instrument ou tout au moins la condition indispensable du salut. Il doit donc l'être aussi pour les défunts. D'où l'idée du baptême des justes, dans les Enfers même, par le Christ ou, à un stade ultérieur du développement de cette idée, par les Apôtres, descendus à sa suite dans le monde souterrain.[50] D'où aussi l'idée connexe du baptême pour les morts, par personne interposée, dont Saint Paul mentionne l'usage en passant.[51] Dans un cas comme dans l'autre c'est en vue de la résurrection générale que le rite est accompli; il ne change rien pour le moment à la situation des défunts, mais leur donne simplement la garantie du salut à venir. Selon la conception sous-jacente au texte de Matthieu, au contraire, le changement est immédiat. Elle ne laisse de place à l'état intermédiaire, d'attente et de nudité, qu'avant la mort du Christ. Plus explicite, plus dégagée des cadres de l'eschatologie traditionnelle, elle devrait normalement associer aussi, et a fortiori, les fidèles défunts à cette identité de destin qui unit les justes de l'Ancien Testament à l'expérience de vie du Christ vainqueur. On est fondé, semble-t-il, à ajouter ce texte à ceux que je rappelais plus haut et qui attestent l'existence, dans la sotériologie chrétienne primitive, à côte du courant de pensée issu de l'apocalyptique juive et du pharisaïsme, d'un autre courant qu'on peut, en simplifiant, et avec les réserves formulées précédemment, appeller «grec»: celui qui ne connait pas de hiatus entre la mort corporelle — du chrétien — et la naissance à la vie éternelle.

A coup sûr, l'immortalité bienheureuse est toujours, pour les écrivains néotestamentaires, un don divin, lié à l'action salvatrice du Christ: les ouvrages signalés plus haut ont parfaitement mis ce point en lumière. Mais sur les modalités de cette action les textes ne sont pas entièrement concordants. Immortalité immédiate dans «le ciel» ou résurrection finale, les deux notions ont toujours coexisté dans l'Eglise: la liturgie catholique des défunts, entre autres, en apporte une illustration fort éloquente.[52] Elles sont déjà dans le Nouveau Testament, la seconde à coup sûr plus appuyée et plus voyante, la première esquissée ou ébauchée plutôt qu'entièrement élaborée. Il suffit cependant qu'elle y apparaisse çà et là pour qu'il devienne difficile à l'historien de la déclarer étrangère à la tradition chrétienne authentique.[53]

NOTES

[1] Ainsi, tout récemment, S. G. F. Brandon, *Man and his Destiny in the great Religions* (1962), 223.

[2] L'ouvrage fondamental sur les cultes a mystères reste toujours celui de F. Cumont, *Les religions orientales dans le paganisme romain*[4] (1929).

[3] En particulier à propos de la pensée paulinienne: R. Reitzenstein, *Die hellenistischen Mysterienreligionen*[3] (1927); A. Loisy, *Les mystères païens et le mystère chretien*[2] (1930). Sur les relations cultes à mystères — christianisme, F. Cumont, *Les mystères de Mithra*[3] (1913), 199 ss. Critique de la position comparatiste, K. Prümm, *Religionsgeschichtliches Handbuch für den Raum der altchristlichen Umwelt* (1943), 308–56, qui n'est d'ailleurs pas exempt de préoccupations apologétiques; cf. F. C. Grant, *Roman Hellenism and the New Testament* (1962), 76 ss.

[4] C'est encore autour de Paul que tourne le plus souvent le débat: W. D. Davies, *Paul and Rabbinic Judaism* (1949); H. J. Schoeps, *Paulus* (1959). La découverte des Manuscrits de la Mer Morte a jeté une lumière nouvelle sur les racines et l'arrière-plan juifs du christianisme; elle ne paraît pas avoir apporté d'élément d'explication décisif touchant plus particulièrement la sotériologie.

[5] Cf. en particulier les ouvrages de P. L. Couchoud, dont les dernier est *Le Dieu Jésus* (1951), caractérisé d'ailleurs par une curieuse religiosité centrée sur un Christ non incarné.

[6] K. Prümm, op. cit., 310.

[7] Psaume 115:4; 135:15.

[8] Justin, *I Apol.*, 9, 1-2.

[9] Clément d'Alexandrie, *Cohort. ad Gentes*.

[10] *De Errore profan. relig.*, II, 3, trad. G. Heuten.

[11] Op. cit., II, 6. Sur les différentes conceptions professées par les ancien chrétiens touchant les dieux païens, M. Simon, *Hercule et le Christianisme* (1955), 17 ss.

[12] «Hi ritus, quoquo modo inducti, antiquitate defenduntur», Tacite, *Hist.*, V, 5. Cf. Origène, *Contre Celse*, II, I.

[13] Sur la critique que ces deux auteurs font du christianisme, P. de Labriolle, *La réaction païenne* (1934), 111 ss. et 369 ss.

[14] M. Simon, *Verus Israel* (1948), 105 ss.

[15] P. de Labriolle, op. cit., p. 274; cf. Origène, *Contre Celse*, IV, 7.

[16] Rom. 7:7-25; Gal., 3:10-29; 4:3 ss. cf. G. B. Caird, *Principalities and Powers* (1956), 40 ss.

[17] Matth. 19:16; Marc 10:17; Luc 10:25.

[18] Sur l'eschatologie mazdéenne et mithriaque, F. Cumont, *Les mystères de Mithra*, 147 ss.

[19] P. de Labriolle, op. cit., p. 276; cf. les réactions des Athéniens (Actes 17:32) lorsque Paul leur parle de la résurrection.

[20] R. Martin-Achard, *De la mort à la résurrection d'après l'Ancien Testament* (1956).

[21] Sur les différentes conceptions de l'au-delà dans la pensée biblique et juive, H. H. Rowley, *The Faith of Israel* (1956), 150 ss. et S. G. F. Brandon, op. cit., en particulier 137 ss.

[22] Formulation classique en I Thess., 4:13-18; cf. I Cor. 15:20-52.

[23] Luc 16:19-31: Brandon, op. cit., 209.

[24] Sur la notion de vie èternelle dans le Nouveau Testament, et spécialement chez Jean, C. Alington, *The Life Everlasting* (1947).

[25] Lorsque Paul parle de ceux qui dorment (I Cor. 15:20, I Thess. 4:13, etc.) il y a là plus, semble-t-il, qu'une simple métaphore et qu'une comparaison purement verbale avec le sommeil vulgaire.

[26] Jean 6:54.

[27] Certains commentateurs considèrent le second membre de phrase comme une adjonction rédactionnelle: Loisy, *Le Quatrième Evangile*[2] (1927) 243.

[28] Jean 11:25-26.

[29] Jean 11, 24.

[30] Luc 23:43.

[31] M. Goguel, *La Vie de Jésus*, (1932), 523; *La Naissance du Christianisme* (1956), 54; cf. W. Bousset, *Kyrios Christos*[3] (1926), 63.

[32] S. G. F. Brandon, op. cit., à propos de II Cor. 5:1-4; cf. Phil. 1:21-23.

[33] Entre autres Ph. Menoud, *Le sort des Trépassés* (1945); G. van der Leeuw, *Unsterblichkeit oder Auferstehung* (1956); O. Cullmann, *Immortalité de l'Ame ou Résurrection des Morts?* (1956).

[34] E. Rohde, *Psychè*, II[3] (1903), 395 ss. Sur les croyances populaires païennes relatives à l'au-delà, A. F. Festugière, *L'idéal religieux des Grecs et l'Evangile* (1932), 143-160. Sur les formes diverses de l'espérance païenne, F. Cumont, *Lux Perpetua* (1949).

[35] H. A. Wolfson, 'Immortality and Resurrection in the Philosophy of the Church Fathers', in *Religious Philosophy. A Group of Essays* (1961), 69-103, critique les vues développées par Cullmann et souligne que pour les Pères de l'Eglise unanimes, et fidèles en cela, estime-t-il, à la pensée de Jésus lui-même, immortalité et résurrection étaient inséparablement liées: 'To them, the belief that Jesus rose on the third day after the crucifixion meant that his soul survived the death of the body and was reinvested with his risen body' (70).

[36] Col. 2:13-14.

[37] Etude d'ensemble, W. Bieder, *Die Vorstellung von der Höllenfahrt Jesu-Christi* (1949). Sur l'intégration de cette notion dans le symbole de foi, J. N. D. Kelly, *The Early Christian Creeds* (1950), 378-83.

[38] Sur les différentes formes revêtues par cette croyance, J. Daniélou, *Théologie du Judéo-Christianisme* (1958), 257-73.

[39] P. ex. l'Evangile de Nicodème, 2ème partie: M. R. James, *The Apocryphal New Testament* (1924), 117–46. Autres textes mentionnes ou cités dans J. Daniélou, op. cit., 259 ss.

[40] Op. cit., 257; cf. W. Bousset, op. cit., 26.

[41] J. Kroll, *Gott und Hölle. Der Mythos vom Descensuskampfe* (1932).

[42] En particulier I Petr. 3:19 ss. et 4: 6; Eph. 4:9, etc.: W. Bieder, op. cit., 33 ss.; cf. Bo Reicke, *The Disobedient Spirits and Christian Baptism* (1946); H. Schlier, *Christus und die Kirche im Epheserbrief* (1930).

[43] Ainsi E. Klostermann, *Das Matthäus-Evangelium*[2] (1927), 225.

[44] Ovide, *Métamorph.*, 7, 205–206:

«Et silvas moveo jubeoque tremescere montes
Et mugire solum manesque exire sepulchris.»

[45] P. ex. M. Goguel, *Naissance*, 54: 'On est conduit à voir dans la résurrection des saints une conséquence de la victoire remportée par Jésus sur la mort, non pas au matin du troisième jour, mais a l'instant même où il expire'; cf. J. Daniélou, op. cit., 261.

[46] La leçon, très mal attestée, αὐτῶν au lieu de αὐτοῦ est visiblement aberrante et défigure le sens réel de la phrase: E. Klostermann, loc. cit.

[47] Col. I:18; I Cor. 15:20.

[48] Magn. 9:2, commenté par Daniélou, op. cit., 261.

[49] Il est à noter que la résurrection du Christ (ἔγερσις, seul emploi du terme dans le Nouveau Testament) et celle des saints (ἠγέρθησαν) sont désignées dans ce passage de façon identique.

[50] J. Daniélou, op. cit., 262 ss.

[51] Cor. 15:29.

[52] On notera en particulier les termes de la Préface: '. . . In quo (J. C.) nobis spes beatae resurrectionis effulsit; ut quos contristat certa moriendi conditio, eosdem consoletur futurae immortalitatis promissio. Tuis enim fidelibus, Domine, vita mutatur, non tollitur, et dissoluta terrestris hujus incolatus domo, aeterna in caelis habitatio comparatur'. On doit noter par ailleurs que, dans la perspective catholique, la conception de la vie future est rendue encore plus complexe par un dédoublement de l'état intermédiaire en Purgatoire et Paradis ou Ciel.

[53] L'ouvrage de R. H. Charles, *A Critical History of the Doctrine of a Future Life*[2] (1913) 401 ss. continue de rappeler fort utilement qu'il n'y a pas unité rigoureuse de vues sur la question dans le Nouveau Testament. Si, avec certains théologiens, on remplace l'idée d'une resurrection générale à la fin des temps par celle d'une résurrection individuelle immédiatement consécutive à la mort, la différence par rapport á l'immortalité conçue 'à la grecque' devient, malgré l'insistance sur la notion de 'corps spirituel', bien ténue et subtile. A lire la littérature récente sur la question on a quelquefois l'impression d'une simple querelle de mots. Cf. le chapitre très nuancé consacré à ce sujet dans *Doctrine in the Church of England*[2] (1950), 202–20, et en particulier les conclusions, d'une sage réserve, formulées p. 211.

Réflexions sur un Congrès

Les *Actes du Xe Congrès international d'Histoire des Religions*, réuni à Marbourg en septembre 1960, viennent d'être récemment publiés[1]. Il ne saurait être question d'analyser, selon la formule habituelle du compte rendu, un volume où voisinent la liste complète des participants et celle des institutions représentées, les discours officiels prononcés à la séance inaugurale, divers rapports et les résumés de quelque cent vingt communications. C'est bien plutôt sur le Congrès lui-même, qui revit sous nos yeux à travers ces pages, que je voudrais proposer ici quelques réflexions. Il a suscité déjà de divers côtés, et dès Marbourg même, de vive voix ou par écrit, des commentaires inquiets ou irrités. Peut-être un recul de plus de deux ans permettra-t-il, en voyant les choses avec une suffisante sérénité, de les placer dans leur perspective exacte. Je tiens à souligner tout de suite que mes observations ne visent en aucun cas les organisateurs du Congrès, qui ont tout mis en œuvre pour en assurer le plein succès. Si un certain nombre de points me paraissent appeler réserves et critiques, cela tient à un ensemble de circonstances extérieures ou inhérentes à notre discipline et en particulier au fait que l'histoire des religions semble traverser ce qu'on pourrait appeler une crise de croissance.

Une première remarque concerne la structure même du Congrès. Comme d'habitude un thème central avait été proposé aux participants. Il s'agissait cette fois de la relation

1) *X. Internationaler Kongress für Religionsgeschichte, 11-17 Septembre 1960 in Marburg/Lahn*, N. G. Elwert Verlag, Marbourg, 1961, 1 vol., 242 p. Prix : 12 DM.

Urzeit-Endzeit dans l'histoire des religions. Comme d'habitude aussi une assez large proportion des communications s'y sont effectivement tenues. Mais aucune exclusive n'ayant, cette fois encore, été prononcée, un bon nombre d'orateurs ont parlé de sujets totalement différents. Il y a là, semble-t-il, une anomalie. Non pas que l'uniformité absolue soit possible ni même souhaitable. Du moins pourrait-on poser en principe que le nombre des communications étrangères au thème du Congrès ne devrait pas dépasser un certain pourcentage — un quart par exemple — et peut-être aussi refuser celles dont le sujet serait trop nettement aberrant par rapport à ce thème. Plus frappante encore, et sans doute plus anormale, est la répartition très inégale des communications entre les sept sections qui travaillaient parallèlement. Seul le christianisme (section VI) réussit à nourrir cinq journées pleines, mais au prix d'une extrême bigarrure dans le choix des sujets. Quatre jours furent consacrés à la section I (religions des primitifs). Tout le Proche-Orient antique, y compris le judaïsme post-biblique, la gnose, le manichéisme et le mandéisme, se retrouva dans la section II, avec vingt communications seulement au total. L'Antiquité classique fut « liquidée » en deux jours, laissant ensuite la place, dans la section IV, à l'Iran. De même, dans la section V, l'Islam s'effaça au bout de trois jours devant l'Inde. Le bouddhisme et les religions du Japon se partagèrent de façon assez naturelle la section III. Enfin, la section VII (phénoménologie) dut s'accommoder, le cinquième jour, d'un appendice consacré à la Chine.

L'impression dominante est, de ce fait, celle d'un réel déséquilibre. Il apparaît que les religions encore vivantes — c'est un point sur lequel je reviendrai — sont relativement privilégiées pour ce qui est du nombre des communications et que les religions disparues, en revanche, n'ont guère retenu l'attention : trois exposés seulement sur l'Égypte, un seul sur Ras-Schamra, aucun sur la Mésopotamie. Il faut tenir compte, pour expliquer ces déficiences et ces lacunes, d'une circonstance particulière : le Congrès de Marbourg s'est réuni quelques semaines seulement après le Congrès des Orientalistes à Moscou. Comme il n'y a point de cloisons étanches entre les disciplines intéressées, on peut penser que, l'attrait d'un voyage en U.R.S.S. aidant, certaines communications ont été faites à Moscou qui auraient trouvé leur place normale à Marbourg. On ne saurait s'élever trop vigoureusement contre de telles coïncidences. Les associations internationales et les institutions scientifiques qui assument l'organisation des Congrès feraient bien d'établir leurs calendriers de telle sorte qu'elles ne se fassent pas une concurrence involontaire à coup sûr, mais néanmoins extrêmement regrettable. Les chaires d'histoire des religions sont peu nombreuses à travers le monde. Si les Congrès de notre discipline ne devaient compter que sur ceux qui l'enseignent, officiellement, ils seraient en faillite immédiate. Il leur faut, de toute nécessité, faire appel aussi à des spécialistes travaillant sous une autre étiquette : ethnologues, philologues classiques, historiens de l'Antiquité, orientalistes leur fournissent la majeure partie de leurs effectifs. Il importe donc d'éviter à tout prix que les chercheurs aient à choisir entre deux réunions presque simultanées. Il me paraît à cet égard aussi significatif que fâcheux que les rangs de la délégation française à Marbourg aient été fort clairsemés. La 5e Section de l'École des Hautes Études, bastion principal des sciences religieuses dans notre pays, n'y était pas représentée. Trois professeurs de Faculté seulement ont pris la parole, dont un honoraire, M. Charles Picard, et deux en activité, strasbourgeois par surcroît l'un et l'autre. C'est dire que, même compte tenu de l'apport suisse et surtout belge, notre langue s'est trouvée réduite à la portion congrue. Je ne dénombre dans les *Actes* que 18 communications en français, dont celle d'un chercheur iranien. 6 furent prononcées en italien. Le reste, soit une centaine environ, se répartit entre l'allemand et l'anglais. On peut, sans aucun chauvinisme, déplorer cette disparité. On le fera d'autant plus volontiers que dans son discours inaugural, le Pr Heiler, président du Comité d'Organisation, eut la courtoisie de rappeler, en saluant avec beaucoup de chaleur ses collègues français, que « la France est le pays d'origine de la libre investigation des religions ».

Autre impression : celle d'un émiettement extrême. L'intérêt essentiel de grandes assises internationales comme celles de Marbourg pourrait être d'offrir aux participants l'occasion de franchir pour un moment les limites de leur secteur propre. Elles pourraient, en leur proposant des synthèses, tenter de corriger le rigoureux impératif de la spécialisation extrême. Mais l'abondance des exposés et leur simultanéité dans des sections parallèles plaçaient à tout instant les congressistes devant la nécessité de choix cornéliens. Et par ailleurs aucun exposé de synthèse, aucun « état de la question », n'a été présenté. Faut-il donc penser que personne ne se risquerait plus à tenter une performance réputée trop périlleuse ? De fait, il est de plus en plus difficile aujourd'hui d'être historien *des* religions, de toutes les religions. Le Congrès de Marbourg a clairement reflété cette difficulté, plus clairement peut-être que ses prédécesseurs. Il a, par la force des choses, juxtaposé bien plutôt que confronté, comparé et à plus forte raison synthétisé. L'unité du thème, même si elle était parfaitement respectée, ne suffirait pas à créer entre les Sections un lien véritable. La phénoménologie, à qui il reviendrait peut-être de jouer, au moins pour une part, ce rôle de trait d'union, n'est apparue elle-même que comme une Section entre plusieurs. En présence d'une telle marqueterie de communications, l'on est en droit de se demander si la formule traditionnelle du Congrès « fourre-tout » répond encore aux exigences du moment et à l'état présent de la recherche. La question se pose certainement pour nombre de disciplines. Peut-être revêt-elle pour l'histoire des religions une acuité particulière. Car notre discipline représente, sans doute plus que d'autres, une tentation permanente pour les amateurs, les fantaisistes et les illuminés. Elle risque d'attirer en outre des esprits peu préparés à traiter comme objet d'investigation sereine ce qui nourrit leur vie spirituelle. Il paraît indispensable qu'à l'avenir un tri soit opéré parmi les sujets proposés aux organisateurs des prochains Congrès, de façon à éviter à la fois le déferlement d'un raz de marée de communications et l'inclusion dans le programme d'exposés qui n'y ont vraiment pas leur place. Je ne puis que m'associer à cet égard aux suggestions formulées par le Pr Werblowsky (Jérusalem) et tendant à instituer en l'espèce une manière de *numerus clausus* (Marburg and after ?, *Numen*, vol. VII, déc. 1960, pp. 215-220).

Nous touchons ici au nœud du problème. Un autre de nos collègues, le Pr Brelich (Rome), l'a mis en pleine lumière, dans un article récent (Ai margini del 10° Congresso Internazionale di Storia delle Religioni, *Studi e Materiali*, vol. 31, 1960, pp. 121-128). L'Association internationale pour l'histoire des religions, estime-t-il, se trouve maintenant à un carrefour, où il lui faut choisir entre deux voies : celle de la recherche historique objective, qu'elle a suivie jusqu'à présent, et une autre où, ayant amputé son sigle d'une lettre, elle ne serait plus que I.A.R., une Association Internationale des Religions, destinée à promouvoir, par des rencontres entre représentants des religions vivantes, une nouvelle orientation spirituelle de l'humanité. L'auteur a pris soin lui-même, au début de son article, d'en souligner « la note polémique », « la vivacité », voire « la violence ». Il a choisi de dire, sur un mode volontairement excessif ce que beaucoup de congressistes n'ont pas manqué de penser ou d'exprimer en termes plus modérés. Les perspectives ne sont sans doute pas tout à fait aussi sombres que ne les voit M. Brelich. Son cri d'alarme mérite néanmoins d'être entendu et médité.

Je signalais plus haut la part considérable faite à Marbourg aux religions vivantes. Celles de l'Inde et de l'Extrême-Orient en particulier, y ont tenu une large place, non seulement comme objet d'études, mais aussi — et l'on se souviendra que Marbourg faisait suite, dans la série des Congrès, à Tokyo — par le nombre de leurs représentants, les deux aspects étant d'ailleurs étroitement liés : souvent ce sont des

Hindouistes, des Bouddhistes ou des Shintoïstes qui ont parlé de leurs religions respectives. Ils ne l'ont pas toujours fait dans le langage rigoureusement scientifique auquel nous sommes habitués. Que des tracts de propagande en faveur de tel ou tel culte oriental aient circulé dans les couloirs est déjà assez insolite. Il est beaucoup plus inquiétant encore que certains orateurs se soient montrés incapables, dans leurs exposés mêmes, de faire le partage entre l'analyse objective et le discours apologétique. Plus d'un participant aura, comme M. Brelich, été parfois agacé par l'atmosphère ainsi créée, et qui est celle d'un *World Congress of Faiths* en quête d'un commun dénominateur religieux, plutôt que d'un Congrès scientifique. Rechercher, par-delà les oppositions doctrinales et rituelles, ce qui peut rapprocher les religions et par conséquent les peuples, est un idéal fort noble. Mais il est très loin de se confondre avec l'investigation historique sereinement menée, qui reste la tâche propre et unique de nos réunions.

Le malaise ainsi manifesté s'est comme cristallisé, lors de la séance finale du Congrès, autour du rapport présenté par le secrétaire général de la I.A.H.R., le Pr Bleeker, sous le titre *The future Task of the History of Religions* (reproduit *in extenso* dans les *Actes*). M. Bleeker se défend de proposer à ses collègues autre chose que des suggestions — souvent fort intéressantes et stimulantes — et une base de discussion. Visiblement impressionné par les expériences faites à Tokyo, et donnant par ailleurs à sa pensée une expression volontairement *challenging*, il se demande d'une part si, face aux convulsions et aux angoisses de notre temps, l'historien des religions a le droit de s'enfermer dans sa tour d'ivoire, ou n'a pas plutôt le devoir de contribuer par son savoir au bien de l'humanité. Il estime d'autre part que les chercheurs occidentaux ont quelque chose à apprendre de leurs confrères orientaux : la méthode analytique, excluant par surcroît tout jugement de valeur, avec laquelle ils travaillent sur les religions considérées une à une, gagnerait, pense-t-il, à se combiner avec la vue plus synthétique et intuitive qui est celle de l'Asie, et qui cherche à atteindre, par-delà la multiplicité des religions, l'essence de la religion.

Ces idées, que je résume très sommairement, ont suscité, comme il fallait s'y attendre, des réactions assez vives. Elles pouvaient paraître, à tort ou à raison, apporter une justification théorique, non seulement à certains exposés faits à Marbourg et assez déconcertants pour l'auditeur « occidental », mais à un éventuel changement d'orientation de la I.A.H.R. Je n'ai pas le loisir de les discuter ici en détail. Je dois dire du moins que l'opposition, appelée à se résoudre en une synthèse, entre méthodes « occidentale » et « orientale » me paraît artificielle et dangereuse. Plusieurs orateurs, répondant à M. Bleeker, ont souligné que la méthode dite occidentale n'était telle que parce que, du fait des circonstances historiques, elle était née et s'était développée d'abord en Occident, mais que l'Orient l'adopterait immanquablement à son tour, et en fait commençait à l'adopter partout où il se trouvait des chercheurs ayant la maturité scientifique requise. Rien à coup sûr ne nous autorise, c'est encore M. Brelich qui le rappelle dans son article, à considérer que notre civilisation occidentale l'emporte dans tous les domaines sur celles de l'Orient. Nous avons peut-être beaucoup à apprendre de l'Orient. Mais il y a au moins une chose qu'il ne peut absolument pas nous enseigner, car à cet égard il est en retard sur nous et ne peut que se mettre à notre école, c'est la manière scientifique d'étudier l'histoire des religions.

Faut-il en outre, comme M. Brelich le fait très catégoriquement, incriminer la phénoménologie, et voir en elle le principal responsable de la crise que semble traverser notre discipline ? Pour ma part je n'en suis pas convaincu. J'incline au contraire à penser que la phénoménologie, à condition qu'elle reconnaisse et admette — ce que, dans l'ardeur de la jeunesse, elle n'a pas toujours fait — ses propres limites, et consente à être pour l'histoire un auxiliaire et non pas un rival, peut rendre à nos études de précieux services. Il existe sur ce point des divergences d'école, parfaitement normales et qui ne sont pas négligeables : M. Bleeker lui-même rappelait dans son rapport la controverse courtoise qui l'avait opposé au regretté Pettazzoni. Je ne pense pas, en tout état de cause, qu'elles suffisent à expliquer le malaise actuel.

*
* *

Les réserves et critiques suscitées par le rapport de M. Bleeker se sont concrétisées dans une motion, rédigée en anglais par M. Werblowsky et qui a recueilli les signatures d'un certain nombre de chercheurs, dont l'auteur de ces pages, représentant des positions religieuses ou idéologiques, des tendances, des tempéraments, des secteurs scientifiques très différents. Il est particulièrement réconfortant de voir figurer parmi eux un « Oriental » authentique et éminent, le Pr Kishimoto de Tokyo. Je ne puis faire mieux, pour conclure ce bref article, que de donner ici la traduction de ce document, puisque aussi bien il exprime, aux yeux de ceux qui l'ont approuvé, comme le souligne le préambule, le minimum de postulats fondamentaux requis pour nos études.

1) Bien que la *religionswissenschaftliche Methode* soit indubitablement une création occidentale, il est pour le moins fallacieux de désigner respectivement comme occidentale et orientale des méthodes diamétralement opposées d'étude des religions. Il y a des *Religionswissenschaftler* en Orient tout comme il y a des « intuitionnistes » en Occident. La compréhension *(Verstehen)* des structures, la *Ganzheitsschau* et même la *Wesensschau* constituent depuis longtemps un élément essentiel ou tout au moins un problème essentiel des sciences humaines. Il est par conséquent excessif de dire que l'Orient veut saisir l'ensemble, tandis que l'érudition occidentale ne s'occupe que du détail, philologique, archéologique ou autre, et de tranches d'histoire. L'étude comparée des religions est une discipline scientifique reconnue, dont la méthodologie a peut-être encore grand besoin d'être mise au point, mais dont l'objet est, de toute évidence, une meilleure compréhension de la nature, de la variété et de l'individualité historique des

religions, et qui, en même temps, reste constamment ouverte
à la possibilité de généralisations *scientifiquement légitimes*
touchant la nature et la fonction de la religion.

2) La *Religionswissenschaft* se considère elle-même comme
une branche des Sciences humaines. C'est une discipline
anthropologique, qui étudie le phénomène religieux en tant
que création et aspect de la culture humaine. Ce qui unit et
rassemble les historiens des religions en tant que tels, c'est la
conviction que la conscience du « numineux » ou l'expérience
du transcendant — lorsqu'elles existent dans les religions —
sont, quoi qu'elles puissent être encore par surcroît, indubitablement des faits empiriques, appartenant à l'existence et à
l'histoire humaines, et qui doivent être étudiés comme tous
les faits humains, par des méthodes appropriées. A cet
égard, même les systèmes de valeurs des différentes religions,
en tant qu'ils forment une part essentielle du phénomène
empirique, sont pour nous objet légitime d'étude. D'autre
part, toute discussion touchant la valeur absolue de la religion
est exclue de nos études par définition, bien qu'elle puisse
trouver sa place légitime dans d'autres disciplines, totalement
indépendantes de la nôtre, telles que la théologie et la philosophie de la religion.

3) L'affirmation que « la valeur des phénomènes religieux
peut être comprise uniquement si nous nous souvenons que la
religion est en dernière analyse la projection d'une vérité
transcendante », ne saurait être retenue comme faisant partie
des fondations de la *Religionswissenschaft*. Les faits et ana-
lyses fournis par celle-ci peuvent éventuellement constituer
la matière première d'une *theologia naturalis* ou de tout autre
système philosophique ou religieux. Mais ceci nous place déjà
au-delà des termes de référence de la *Religionswissenschaft* et
n'est par conséquent pas du domaine de l'historien des
religions.

4) L'étude des religions n'a pas besoin de chercher de
justification en dehors d'elle-même aussi longtemps qu'elle
reste enracinée dans un type de culture qui admet que toute

recherche de la vérité historique trouve en elle-même sa propre
raison d'être. Quel que soit l'usage fait ultérieurement par le
chercheur individuel de ses connaissances, et quelle que soit
la fonction sociologique de l'activité scientifique dans un
contexte culturel ou une situation historique donnés, l'*ethos*
de nos études réside en elles-mêmes.

5) Il peut y avoir ou ne pas y avoir de place pour des or-
ganisations où les historiens des religions rencontrent d'autres
catégories de personnes en vue d'apporter leur contribution
propre à un idéal national, international, politique, social,
spirituel ou autre. Mais c'est là affaire d'idéologie et d'enga-
gement individuels, qui ne doit à aucun prix exercer la
moindre influence sur la I.A.H.R., ni lui imprimer sa marque.

Je ne pense pas que ce manifeste nécessite de longs
commentaires. Il était bon qu'il fût publié, compte tenu des
quelques symptômes inquiétants qui, à côté d'aspects positifs
et d'apports valables, sont apparus à Marbourg. Si je n'ai
insisté ici que sur les premiers, ce n'est pas que je méconnaisse
les seconds. M. Werblowsky les a soulignés dans l'article
cité plus haut, et je m'associe à ses éloges comme à ses réserves.
Mais il m'a semblé plus utile de mettre en garde à mon tour
contre les risques de l'avenir que d'insister sur les réalisations
du passé, si proche fût-il. Et je souhaite que la motion présentée à Marbourg ne soit pas perdue de vue par ceux qui
auront la responsabilité soit d'organiser de nouveaux Congrès,
soit de diriger les destinées de l'Association internationale
pour l'Histoire des Religions.

Remarques sur la Catacombe de la Via Latina

La catacombe de la Via Latina, découverte il y a quelques années, n'est pas pour l'instant ouverte au public. Du moins les spécialistes ont-ils désormais la possibilité d'étudier, sur la publication qu'en a faite le R. P. Ferrua, l'un des monuments les plus remarquables que nous ait transmis l'antiquité chrétienne[1]. Son intérêt essentiel réside dans une décoration particulièrement riche et abondante et d'une qualité exceptionnelle. Nous sommes en présence d'une véritable »pinacothèque du IVème siècle«, selon l'heureuse expression de Ferrua, qui la date des années 320–350. Le Prof. E. Josi, dont l'amicale obligeance m'a valu le privilège de visiter la catacombe lors d'un récent voyage à Rome, inclinerait pour sa part à proposer une date un peu plus tardive: 350–370 environ. Nous ne disposons à cet égard d'aucun critère tout à fait sûr. La chronologie de Ferrua repose essentiellement sur les caractères formels et le libellé de quelques inscriptions trouvées sur place, et dont aucune d'ailleurs n'est datée; celle de Josi se fonde sur l'influence, certaine à ses yeux et qui excluerait une date trop voisine de la paix constantinienne, des peintures ou mosaïques basilicales sur l'iconographie de la catacombe.

Quelque cent-quinze scènes au total sont ici figurées, certaines en deux ou plusieurs exemplaires. L'Ancien Testament l'emporte très nettement. Mais le Nouveau Testament est bien représenté lui aussi. De part et d'autre apparaissent un certain nombre d'épisodes inconnus jusqu'alors soit dans l'ensemble de l'art funéraire paléochrétien, fresques catacombales et sculptures des sarcophages, soit dans la peinture seulement. Il est clair, comme l'admet Ferrua, que les sarcophages représentent l'une des sources dont se sont inspirés les décorateurs de la catacombe. Mais il faut faire entrer aussi en ligne de compte peut-être des Bibles enluminées, dont toutefois rien ne permet d'affirmer l'existence à cette date, et en tous cas la décoration des églises. Il paraît assuré que, parmi les thèmes représentés, un certain nombre ont été empruntés à des ensembles iconographiques de caractère non-funéraire, sans qu'on puisse établir de façon précise quel principe a présidé à leur choix et à

---

[1] A. Ferrua, *Le Pitture della nuova Catacomba di Via Latina* (Monumenti di Antichità Cristiana, II Serie, VIII), Città del Vaticano, 1960.

leur répartition dans les diverses chambres funéraires de la catacombe. Il sera bon sans doute de faire une large place à la fantaisie et aux goûts personnels des artistes.

Il y a bien, çà et là, des éléments de cycles cohérents: ainsi dans le cubiculum B sont représentés côte-à-côte des épisodes de la Genèse – songe de Jacob, vision de Mambré, bénédiction d'Ephraïm et de Manassé, songe de Joseph sur l'arcosolium de droite, Adam et Eve chassés du Paradis, sacrifices de Caïn et d'Abel, recontre de Joseph et de ses frères, arrivée de Jacob et de ses fils en Egypte sur l'arcosolium de gauche – qui pourraient bien reproduire tels quels des éléments d'un cycle des Patriarches. En revanche tels autres épisodes, ceux par exemple de l'histoire de Balaam ou encore ceux de l'histoire de Samson – sur lesquels je reviendrai et qui sont parmi les nouveautés absolues de cette décoration – qu'on peut penser avoir été eux aussi, dans leur con|texte primitif, juxtaposés en un cycle cohérent, se trouvent ici séparés les uns des autres et répartis entre plusieurs chambres différentes.

Il est également difficile de dire si en passant des murs d'une église sur les parois d'une catacombe ces divers motifs ont changé de signification. On pourrait être tenté de le penser a priori. Mais comment expliquer, à la lumière du symbolisme funéraire traditionnel, des scènes comme l'ivresse de Noé (cubiculum A), autre élément d'un cycle possible des Patriarches ou des origines, ou les soldats tirant au sort la tunique du Christ (cubiculum M), seul témoin d'un cycle de la Passion?[2]. Sans doute faut-il renoncer à trouver à travers cet ensemble très composite un fil conducteur unique et infaillible. Bien des éléments de cette décoration paraissent répondre à une préoccupation purement narrative. L'artiste raconte souvent, semble-t-il, pour le simple plaisir de raconter, sans grand souci de cohérence, d'ordre et de logique, une »Histoire Sainte« en images. Il est sage de ne pas vouloir chercher à tout prix dans chacune de ces images une signification symbolique. La prudence du R. P. FERRUA apparaît à cet égard parfaitement justifiée.

Elle l'est tout au moins en ce qui concerne les éléments nouveaux de la décoration. Il n'en va pas de même, à mon sens, pour les éléments du répertoire traditionnel, abondamment représenté ici. Qu'il s'agisse de Daniel dans la

---

[2] Peut-être est-ce dans la ligne de l'exégèse philonienne que doit s'interpréter, au départ, la scène de l'ivresse de Noé. Quant à la scène des soldats, Ferrua rappelle qu'elle est fréquemment représentée, par la suite, sur des ivoires. Les commentaires que Prudence donne, dans le *Dittochaeon*, d'un certain nombre de scènes bibliques, dont il y a tout lieu de penser qu'il les a vues représentées sur les murs d'une église traduisent sans doute son interprétation personnelle. Il paraît exclu par exemple que la scène de Samson et des renards ait été intégrée à l'iconographie ecclésiastique pour représenter »l'hérésie qui, renard rusé, répand aujourd'hui dans nos champs les flammes des vices«. – Je ne puis songer à aborder ici le délicat problème de l'influence possible d'une iconographie juive sur l'art paléochrétien. Cf. sur ce point A. GRABAR, *Recherches sur les sources juives de l'art paléochrétien,* dans *Cahiers Archeologiques*, XI, 1960, pp. 41 ss et XII, 1962, pp. 115 ss.; H. STERN, *Quelques problèmes d'iconographie paléochrétienne et juive, ibid.* pp. 99 ss.

fosse, des trois jeunes Hébreux dans la fournaise, de l'histoire de Jonas ou de tel miracle évangélique, la signification de pareilles scènes, consacrées par l'usage funéraire, est suffisamment claire. C'est dans un contexte funéraire, selon toute apparence, qu'elles ont été représentées d'abord. Rien n'oblige, je dirai même que rien n'autorise, sous prétexte qu'elles voisinent ici avec d'autres scénes, difficilement réductibles aux catégories du symbolisme habituel, expression de l'espérance chrétienne, à penser qu'elles se sont dépouillées de leur sens premier et n'ont plus, elles aussi, d'autre valeur que narrative. La signification symbolique, dans un lieu de sépulture, d'un épisode comme la rencontre du Christ et de la Samaritaine au puits de Jacob est en quelque sorte suggérée d'avance par le texte évangélique lui-même: »L'eau que je lui donnerai deviendra en lui une source d'eau jaillissante pour la vie éternelle« (Jean, 4,14). Aucune hésitation n'est possible, ici et dans un certain nombre d'autres cas: on peut, en matière de symbolisme, être beaucoup plus catégorique que Ferrua pour une part importante de cette iconographie.

Je voudrais, à la lumière de ces quelques remarques, aborder le plus attachant et le plus difficile des problèmes soulevés par notre catacombe: celui que pose la présence, dans un ensemble décoratif incontestablement chrétien, de scènes dont le caractère païen ne fait aucun doute. Je laisse de côté les motifs – Génies, Amours, figures de Cérès – dont la valeur symbolique n'est pas certaine, qui peuvent n'être plus que | décoratifs, ne représentent pas une nouveauté dans la peinture catacombale et sont peut-être profanes plutôt que positivement païens, au sens religieux du terme. Je laisse de côté également la mystérieuse »leçon d'anatomie«[3]. Je ne parle même pas de la scène où Ferrua reconnaît, à tort me semble-t-il, la mort de Cléopâtre et qui représente plutôt, à mon sens, soit un rite d'initiation, soit la conception de Sabazios ou d'Alexandre[4]. Je pense essentiellement à la décoration de la chambre N, où se développe tout un cycle héracléen: sur l'arcosolium de gauche sont figurés Admète mourant, une rencontre d'Hercule et d'Athéna, Hercule tuant Géryon; sur celui de droite, Hercule ramenant des Enfers Cerbère enchaîné et Alceste, Hercule tuant l'hydre et Hercule cueillant les pommes des Hespérides: ensemble fort cohérent, dont les éléments, empruntés aux douze travaux et au mythe d'Alceste, s'apparentent aux grands sarcophages héracléens et qui, surgissant ici au milieu de scènes de l'Ancien et du Nouveau Testament, laisse le visiteur muet de surprise.

Le R. P. Ferrua avait d'abord accepté[5] et évoque encore dans son volume, mais pour l'écarter aussitôt, la possibilité, au IVème siècle, d'une interprétation

---

[3] Sur les interprétations diverses, contradictoires et dans une assez large mesure fantaisistes que cette scène a suscitées, cf. Ferrua, *op. cit.* p. 70.

[4] Références dans Ferrua, *op. cit.* p. 61 et H. I. Marrou, *Une catacombe paganochrétienne récemment découverte a Rome,* dans *Bulletin de la Société Nationale des Antiquaires de France,* 1956, pp. 77–78.

[5] Dans des articles publiés dans diverses revues, notamment *Una nuova Catacomba Cristiana sulla Via Latina,* dans *Civiltà Cattolica,* 1956, pp. 118ss.

chrétienne des mythes d'Alceste et d'Hercule, qui verrait dans le premier l'allégorie de l'amour conjugal, dans le second celle de la vertu qui triomphe du vice. Il estime en définitive qu'une telle imagerie ne peut être le fait que de païens. La présence, au sein d'une même famille ou d'un groupe de familles, de païens et de chrétiens expliquerait la juxtaposition, dans une sépulture visiblement privée et familiale, de motifs empruntés au répertoire des deux religions. L'auteur n'en affirme pas moins que l'élément essentiel de toute cette décoration réside dans la légende d'Alceste: elle symbolise »l'amour et la fidélité d'une épouse modèle« et les autres travaux d'Hercule n'ont que la valeur d'une décoration secondaire, »servono solo da contorno«[6].

Pareille interprétation me paraît fort peu satisfaisante. »Elle ne rend pas compte«, écrivait H. I. MARROU, »de ce décor complexe, ni de l'insistance mise sur le caractère divin d'Hercule«[7]. Et il estimait trouver »toute la documentation nécessaire à une exacte exégèse« dans le livre que j'ai publié quelques mois à peine avant la découverte de la catacombe[8]. Ce livre, FERRUA le mentionne en note, mais simplement pour dire qu'il ne fournit rien à son propos, »nulla si trova al nostro scopo«. Je ne peux me défendre de penser que le savant archéologue ou bien ne m'a pas lu, ou bien m'a lu fort superficiellement. Et je peux bien avouer que la découverte de la catacombe m'a procuré une satisfaction scientifique d'une rare qualité: celle de voir confirmées de façon remarquable les vues que je venais de développer, puisqu'aussi bien, pour reprendre à nouveau les termes de MARROU, »cet ensemble si homogène (de la décoration héracléenne) évoque l'extrême faveur dont jouit la figure héroïque d'Hercule, devenu un véritable »rival du Christ« dans les milieux réfractaires au christianisme du IVème siècle« (les mots mis par MARROU entre guillemets sont le titre d'un chapitre de mon livre). Le lecteur me permettra de ne pas reprendre ici la démonstration que j'ai fournie ailleurs. |

La décoration de cette chambre funéraire s'explique comme un chaînon dans une tradition iconographique très ferme, illustrée, à partir de la fin du IIème siècle, par la série des grands sarcophages héracléens, dont elle est visiblement tributaire, et qui s'est enrichie au cours des dernières années de deux spécimens fort remarquables, celui de Velletri, publié par BARTOCCINI, et celui qui vient d'être découvert sur la Via Cassia[9]. L'élément original de nos fresques cata-

---

[6] *Le Pitture della nuova Catacomba,* p. 80.

[7] *Op. cit.* p. 78.

[8] M. SIMON, *Hercule et le Christianisme,* Paris 1955.

[9] R. BARTOCCINI, *Il Sarcofago di Velletri,* dans *Rivista dell'Istituto Nazionale d'Archeologia e Storia del'Arte,* 1958. La découverte du second sarcophage date de Mars 1963. J'en ai eu connaissance par un bref article du *Illustrated London News* du 6 Avril 1963. L'auteur anonyme de l'article attribue ce sarcophage au règne de Commode, fidèle dévot d'Hercule. Le critère me paraît un peu mince, et l'affirmation que le culte d'Hercule aurait fléchi après la mort de cet empereur est des plus contestables, comme j'ai essayé de le montrer dans le livre cité plus haut et comme le prouvent, entre autres, les fresques de la Via Latina. Sur la place d'Hercule dnas le paganisme finissant cf. aussi H. BLOCH, *A New Document of the last Pagan Revial in the West,* dans *Harvard Theological Review,*

combales, c'est de combiner en un ensemble deux thèmes généralement séparés, savoir les douze travaux, ou certains d'entre eux, et le mythe d'Alceste. Mais la signification proprement funéraire qu'ils revêtent l'un et l'autre sur les sarcophages, bien loin de s'évanouir dans ce rapprochement, n'a pu au contraire que s'affirmer avec plus de force. Il est parfaitement invraisemblable que la valeur de ces scènes, dans une catacombe, se réduise à une simple allégorie moralisante. L'épisode d'Alceste, certes, est en effet capital pour la compréhension de l'ensemble, mais non point au sens où l'entend Ferrua. Ce qu'il illustre, ce n'est pas l'amour conjugal, mais bien une résurrection. C'est comme dieu sauveur, triomphant des forces mauvaises et vainqueur de la mort elle-même, qu'Hercule est représenté ici et dans bien d'autres cas, et qu'il était vénéré, dans l'antiquité finissante, par de nombreux fidèles[10]. Nous sommes fondés à lui restituer son rang, et un rang fort honorable, à côté des dieux des mystères, dans la série des divinités de salut. La figuration de ses autres travaux est bien, si l'on veut, secondaire dans notre catacombe par rapport au motif fondamental du retour d'Alceste à la vie, mais point non plus au sens où l'entend Ferrua. Car ils illustrent tous, au même titre que cet épisode, une exceptionnelle puissance salvatrice qui culmine dans la descente aux Enfers, l'enchaînement de Cerbère et la libération d'Alceste. Ils sont à cet épisode capital ce que les miracles où le Christ affirme sa souveraineté sur les éléments, la maladie, les lois de la nature – multiplication des pains, noces de Cana, guérisons – sont au miracle suprême, la résurrection de Lazare, si souvent représentée dans l'art catacombal et sur les sarcophages.

Or précisément, la résurrection de Lazare figure deux fois en bonne place dans la catacombe de la Via Latina, dont une fois à proximité immédiate de la salle. N. Il est difficile de ne pas voir là un parallélisme significatif, et peut-être intentionnel. Dans les deux cas, la résurrection de Lazare apparaît juxtaposée à la scène de la *traditio legis* à Moïse sur le Sinaï. Ce rapprochement s'explique, me semble-t-il, par le fait que, pour la pensée chrétienne, la Loi jouait, dans l'économie de l'Ancienne Alliance, le rôle dévolu dans la Nouvelle au Christ: elle est, comme lui, source de vie[11]. Plusieurs textes | néotestamentaires la qualifient comme telle: λόγια ζῶντα (*Actes,* 7, 38), ζῶν γὰρ ὁ λόγος τοῦ Θεοῦ (*Hebr.* 4, 12); de la même façon, dans l'episode de Lazare, le Christ se définit comme la Résurrection et la Vie (*Jean,* 11, 25). Une colonne est représentée ici à côté de l'épisode du Sinaï. Elle figure la colonne de fumée qui accompagnait les Hébreux dans leur marche et dans laquelle l'exégèse chré-

---

1945, pp. 237 ss. Pour la série des sarcophages héracléens, C. Robert, *Die antiken Sarkophag-Reliefs,* III, I, Berlin 1897, pp. 114–166 et pl. XXVIII–XXXVIII.

[10] Il est curieux que Ferrua, tout en signalant l'intérêt de l'article de J. Bayet sur *Hercule Funéraire,* dans *Mélanges d'Archéologie et d'Histoire,* 1921–1922, pp. 219–266 et 1923, pp. 79–102, n'en tienne absolument aucun compte dans l'interprétation qu'il propose des scènes héracléennes de la catacombe.

[11] Le même rapprochement des deux scènes apparaît sur le sarcophage dit des deux frères, Latran 183 A, Wilpert, *I Sarcofagi Cristiani Antichi,* I, pl. LXXXXI, texte p. 108.

tienne antique a communément reconnu le Christ préexistant, artisan providentiel de l'histoire humaine, et en particulier de l'histoire biblique, à toutes les étapes de son développement[12]. Trait d'union entre les deux scènes du Sinaï et de la résurrection de Lazare, la colonne signifie l'unité fondamentale de la révélation et le caractère déjà chrétien de l'Ancienne Alliance. Le parallélisme des deux épisodes est souligné par le fait que de part de d'autre le peuple saint, ancien Israël d'un côté, nouvel Israël de l'autre, est témoin du fait miraculeux. Si dans nombre de cas le sens symbolique des scènes figurées dans la catacombe résiste à tout effort d'interprétation, ici du moins il ne peut guère y avoir de doute sur la signification de cet ensemble, que complètent des images de Daniel dans la fosse, Balaam montrant l'étoile – thème messianique, soulignant lui aussi la continuité du plan divin d'une alliance à l'autre – et, sur les autres parois, le passage de la Mer Rouge, Noé dans l'arche, les trois jeunes gens dans la fournaise et la multiplication des pains: autant d'illustrations de la puissance thaumaturgique et salvatrice de Dieu et de son Christ. Il n'est peut-être pas indifférent que cet ensemble très cohérent décore la dernière chambre de la catacombe (cubiculum O), celle où l'on accède, comme au sanctuaire d'une église, au terme de la progression et où l'on pourrait normalement s'attendre à trouver les éléments les plus significatifs de toute la décoration.

Les scènes héracléennes décorent l'avant-dernière. Il ne fait guère de doute que leur signification est analogue à celle de l'ensemble voisin et plus généralement de l'iconographie funéraire chrétienne considérée dans ses éléments spécifiques et fondamentaux. Elles offrent simplement un caractère de plus grande unité, parce qu'elles se rapportent toutes au mythe d'un seul et même héros, tandis que la décoration chrétienne, ici comme ailleurs, regroupe des éléments empruntés à des étapes et à des épisodes différents, bibliques ou évangéliques, de l'histoire du salut. La filiation par rapport aux sarcophages héracléens est plus directe, plus évidente que ne l'est celle de l'iconographie chrétienne de la catacombe, narrative pour une part en même temps que symbolique et visiblement tributaire de plusieurs sources, par rapport aux seuls sarcophages chrétiens.

Si l'on admet que la décoration a progressé du même pas que le creusement des galeries, les scènes héracléennes, qui décorent l'une des chambres les plus éloignées de l'entrée, doivent être rangées parmi les plus récentes. Une influence directe de ces scènes sur les parties chrétiennes plus proches de l'entrée ne serait possible que dans l'hypothèse, beaucoup moins vraisemblable sans doute, d'une décoration faite en une fois, après achèvement des galeries. Il ne me paraît pas exclu, en revanche, qu'elle ait pu s'exercer, compte tenu de cette tradition stable et bien établie d'iconographie héracléenne que je rappelais à l'instant, du dehors, à partir des sarcophages plus spécialement, et qu'elle contribue à expliquer certaines des nouveautés chrétiennes de la Via Latina. Je pense en particulier à ce qu'on pourrait appeler les scènes de violence. |

---

[12] M. Simon, *Verus Israel*, Paris 1948, p. 104.

La mort d'Absalon (cubiculum B) n'illustre peut-être rien de plus que le châtiment du pécheur. Dans la même chambre est représenté Pinhas mettant à mort le couple pécheur[13]. Pinhas, il est vrai, est magnifié par la tradition juive comme un héros de la foi d'Israël[14]. Et par ailleurs, cette tradition met au compte d'un conseil perfide donné par Balaam la scène d'idolâtrie et de débauche dans laquelle s'insère l'épisode de Zamri et Cozbi[16]. Or, notre catacombe comporte plusieurs figurations de Balaam. Il est possible par conséquent que les unes et les autres, de même que la scène de Pinhas, représentent, comme je le notais déjà, des éléments empruntés à un même cycle iconographique. Mais lorsqu'on voit Pinhas portant, apparemment sans effort, le couple pécheur Zamri et Cozbi embroché sur sa lance, on ne peut se défendre de l'impression qu'il s'agit là d'une performance athlétique assez analogue à celles d'Hercule. La parenté paraît plus nette encore en ce qui concerne les épisodes samsoniens: Samson lançant les renards dans les champs des Philistins, Samson exterminant les Philistins avec une mâchoire d'âne, Samson tuant le lion. Il est à noter que cette dernière scène est figurée deux fois dans la catacombe, dont une fois dans cette même chambre B où est peinte la mort d'Absalon[16]. C'est là aussi qu'est représenté l'épisode de Samson et des renards, ainsi que celui de Pinhas. Ils y voisinent avec la figuration de déluge, autre scène de violence qui, au même titre que les précédentes, représente dans l'art funéraire paléochrétien tel que nous le connaissons une nouveauté absolue. La décoration de cette chambre est intégralement empruntée à l'Ancien Testament et, pour l'essentiel, à l'histoire des Patriarches, qui fournit un ensemble de scènes illustrant la sollicitude de Dieu pour son peuple. Peut-être est-il possible, dans se cas au moins, sans trop s'aventurer, de déceler le principe d'un choix et d'un regroupement de ces divers épisodes. Pris dans des cycles différents, déjà constitués, cycle des Patriarches, cycle de Balaam – ce dernier, en plus de Pinhas, est figuré ici dans sa rencontre avec l'ange –, cycle de Samson, ils paraissent réunis en une sorte de composition antithétique, opposant d'un côte la bonté et la miséricorde, de l'autre la colère divines. J'hésiterais pour ma part à penser que le rapprochement, sur quelques mètres carrés, de l'épisode de Pinhas et de celui d'Absalon, de la scène du déluge – très différente, il faut le noter, de la scène classique de Noé sauvé des eaux – et surtout de deux scènes relatives à Samson ne correspond à aucune intention et est purement fortuit. Si l'on en cherche la raison d'être, on ne peut se détendre de constater que le cycle de Samson en particulier, et à un moindre degré les autres scènes, pouvait fort bien s'interpréter dans la même ligne que les travaux d'Hercule. GOODENOUGH a, me semble-t-il, parfaitement raison d'appliquer à Samson

---

[13] *Nombres*, 25, 6–9.

[14] *Psaume* 106, 30; *Sir.* 46, 28–30; *I Macc.* 2,26; *IV Macc.* 18, 12; *b. Sanh.* 82 a–b.

[15] *B. Sanh.* 106a.

[16] Les autres figurations sont localisées de la façon suivante: Samson tuant les Philistins, cubiculum F; seconde figuration de Samson tuant le lion, couloir L.

comme à Pinhas cette épithète d'*alexikakos* qui est, dans l'usage païen, l'épithète consacrée d'Hercule et de souligner, ce faisant, les affinités symboliques profondes entre le héros et la figure biblique[17]. La destruction violente des méchants et des forces du mal manifeste, au même titre que les épisodes paisibles de l'Ancien Testament ou les miracles du Christ, le pouvoir de Dieu. Si l'iconographie chrétienne en est venue à lui faire une place – et, dans la catacombe de la Via Latina, une place importance – c'est | peut-être parce que déjà la tradition juive avait souligné cet aspect de la puissance divine. Mais c'est peut-être aussi, dans le cas présent, parce que la tradition de pensée et d'iconographie héracléennes l'y invitait. La parenté des figures de Samson et d'Hercule a pu frapper dès le IVème siècle des chrétiens restés en contact étroit avec les milieux païens – et il est évident que les usagers de notre catacombe étaient du nombre. Elle s'imposera plus tard, jusqu'à créer entre elles comme une solidarité organique, à la pensée et à l'art du moyen âge et de la Renaissance. Je ne puis, ici encore, que renvoyer à ce que j'ai dit ailleurs à ce propos[18]. Ne serait-ce pas là comme la première ébauche de cette exégèse »triangulaire«, chère au moyen âge finissant, qui, reliant l'une à l'autre mythologie païenne et Bible juive, les relie aussi, l'une et l'autre, à l'Evangile et qui, en particulier, fait d'Hercule un Samson païen, de Samson un Hercule biblique, et de tous deux des figures du Christ?

Ainsi se trouve posée la question de l'origine religieuse précise des scènes héracléennes dans notre catacombe. Sont-elles, comme on l'admet assez souvent avec Ferrua, le fait de païens qui, au sein d'une famille divisée et en majorité chrétienne, ont bénéficié de l'accueillante tolérance de leurs proches parents, et témoignent-elles de la coexistence pacifique des deux cultes, rapprochés devant la mort? Ou bien faut-il, avec Goodenough, admettre que la catacombe est exclusivement chrétienne et que par conséquent ses usagers ont employé Hercule, comme ils ont employé les figures bibliques et évangéliques, »pour symboliser leurs propres espoirs de salut dans le Christ«?[19]. Sommes-nous en présence du premier exemple d'Hercule chrétien?

A l'appui de la première hypothèse on a invoqué le fait que toutes les scènes héracléennes sont groupées dans une seule chambre, qui par surcroît ne comporte aucun symbole chrétien. L'argument ne manque pas de poids. Il en aurait plus encore si ladite chambre se trouvait ailleurs que sur l'axe principal de la catacombe, dans une position moins voyante, latérale et relativement isolée, comme l'est par exemple la scène énigmatique dite de la mort de Cléopâtre. Or elle s'insère au contraire, au point d'aboutissement de la galerie centrale, entre deux chambres dont la décoration est pour l'essentiel chré-

---

[17] E. R. Goodenough, *Catacomb Art,* dans *Journal of Biblical Literature,* LXXXI, II, 1962, p 132.

[18] *Hercule et le Christianisme*, pp. 171 ss.

[19] *Op. cit.* p. 133. Godenough, fidele à sa tendance habituelle, essaie, parfois de façon peu vraisemblable, de trouver un sens symbolique à toutes ou presque toutes les scènes de la catacombe.

tienne, mais comporte aussi des motifs neutres ou ambivalents, oiseaux et cerfs d'une part, paon et figure de Cérès de l'autre. C'est peut-être pour des raisons purement formelles que les scènes héracléennes ont été groupées dans une seule et même chambre. Il n'existe en définitive aucune raison déterminante de les croire païennes plutôt que chrétiennes, ou vice versa.

L'hypothèse d'une famille ou d'un groupe de familles religieusement divisés et par conséquent d'une origine païenne des scènes héracléennes, si elle ne s'impose pas de façon décisive, reste néanmoins, à mon sens, la plus vraisemblable. On pourrait à la rigueur imaginer que dès le IVème siècle des chrétiens laxistes ou d'esprit particulièrement ouvert aient, comme leurs frères des siècles suivants, intégré Hercule, d'une façon ou d'une autre, à leur idéologie. L'evhémérisme leur en fournissait la possibilité au moins théorique, en présentant Hercule et telle autre figure mythologique comme un homme exceptionnel, divinisé à cause de ses vertus et de ses mérites. L'on sait que certains auteurs ecclésiastiques de l'antiquité ont adopté cette position[20]. Dans le cas présent toutefois certains détails formels rendent difficilement acceptable, à mon sens, | cette hypothèse. Le nimbe dont il est doté souligne apparemment le caractère proprement divin d'Hercule. D'autre part, la présence, sur l'une des scènes, de Minerve, qui l'accueille parmi les immortels au terme de sa carrière terrestre et dont la figure se prêtait mal à une interprétation evhémériste, fait elle aussi difficulté. Elle me paraît traduire l'inspiration encore polythéiste des fresques et apporter un argument de plus à l'hypothèse d'une origine païenne[21].

Il n'en existe pas moins entre cet ensemble et son contexte chrétien des affinités incontestables. Elles sont parfois de pure forme et semblent alors dénoter une identité de facture: l'arbre des Hespérides et l'arbre de la tentation d'Adam et d'Eve (cubiculum A) sont traités, FERRUA le notait[22], de façon rigoureusement identique, avec le même feuillage verdoyant, les mêmes pommes, le même serpent enroulé autour du tronc. Elles traduisent en outre, si l'on envisage certaines des scènes bibliques, et en particulier celles de Samson, une même signification fondamentale. Enfin, à confronter, au moins dans ses éléments funéraires traditionnnels, l'ensemble de la decoration biblique et évangélique de la catacombe et les scènes héracléennes, c'est un même symbolisme de salut que l'on voit exprimé de part et d'autre.

Il nous est certes difficile d'imaginer l'état d'esprit des usagers de la catacombe. Mais il l'est également d'admettre que, passant d'une chambre à l'autre, ils n'aient vu aucune connexion d'aucune sorte entre l'imagerie païenne et l'imagerie chrétienne qui s'y développaient. La première n'a pas pu

---

[20] Cf. *Hercule et le Christianisme,* pp. 24 ss.

[21] Il n'est pas exclu que le rapprochement d'Hercule et de Minerve ait un sens plus profond et reflète une théologie du genre de celle que développe Julien l'Apostat, qui parle d'une génération d'Hercule διὰ τῆς Προνοίας Ἀθηνᾶς: *Hercule et le Christianisme,* p. 145.

[22] *Le Pitture,* p. 79.

s'y installer à l'insu et sans l'accord des membres chrétiens du groupe. Il me paraît même peu vraisemblable que les deux aspects de cette décoration ne soient pas, en quelque façon, liés l'un à l'autre. La présence d'un cycle héracléen s'explique par la faveur considérable qu'a connue Hercule, en particulier comme divinité salvatrice, dans le paganisme finissant. Il est intéressant de noter avec MARROU que les scènes représentées ici sont celles-là même que l'on retrouve sur les Contorniates, dans un contexte de lutte contre le christianisme[23]. Il ne s'agit pas, apparemment, à la Via Latina, de lutte, mais d'émulation paisible et de coexistence pacifique. Peut-être est-il permis d'imaginer, au point de départ de cette iconographie, des discussions familiales entre des païens qui avaient fait d'Hercule leur divinité favorite et des chrétiens, partis peut-être d'une dévotion identique au même dieu, sur la valeur respective des deux religions, et la constatation de certaines convergences. »Suus enim cuique mos, suus ritus est . . . Uno itinere non potest perveniri ad tam grande secretum« proclamait Symmaque à la fin du IVème siècle[24]. L'état d'esprit relativiste et conciliant que traduisent ces propos se conçoit mieux à coup sûr chez un païen, surtout lorsque par surcroît il livre un combat en retraite et s'efforce de sauver quelques positions, que chez un fidèle de l'Eglise victorieuse. Mais il n'est pas exclu que dans certains milieux, à l'insu des autorités ecclésiastiques, à la faveur peut-être des convenances mondaines, dont il ne faut pas méconnaître la poids dans les cercles de l'aristocratie, à la faveur en tous cas des liens familiaux et de l'affectueuse estime que l'on conservait pour des frères ou des cousins restés païens, des chrétiens en soient parfois venus à penser eux aussi que chacun pouvait faire son salut à sa manière et à| admettre, par delà les divergences et les oppositions immédiatement apparentes, certaines affinités entre les deux religions. Ils devaient les trouver en particulier dans une même aspiration à la vie éternelle.

Il est tentant de faire un pas de plus. Je signalais plus haut que le cycle héracléen décore l'avant dernière chambre de la catacombe et que la dernière comporte entre autres la scène du Sinaï et celle de la résurrection de Lazare. Les deux chambres sont séparées des précédentes par un petit couloir étroit, tandis que rien ne les isole l'une de l'autre. Elles pourraient être considérées comme constituant un tout et dans ce cas leur dispositon réciproque pourrait signifier que le paganisme, symbolisé par Hercule, est pour un Romain cultivé de l'époque l'antichambre de la vérité, la voie d'accès à la révélation biblique et chrétienne, une sorte de *Praeparatio Evangelica*. Mais ce serait revenir à cette interprétation proprement chrétienne du cycle héracléen que j'ai cru devoir écarter. Et peut-être ne faut-il pas attacher trop d'importance à un détail de topographie, même dans un monument dont le plan est lui-même insolite et surprenant.

[23] H. I. MARROU, *op. cit.* p. 80; cf. A. ALFÖLDI, *Die Kontorniaten,* Budapest 1942–1943, pp. 104–105, pl. V, 9–10; IX, I; XII, 12; LXII, 5.

[24] Symmaque, *Relatio,* 8 et 10.

Bellérophon chrétien

Une intéressante mosaïque romaine a été récemment découverte en Angleterre au village de Hinton St. Mary, comté de Dorset[1]. Elle ornait l'une des salles d'une grande villa que les spécialistes datent du second quart du IVe siècle. Sa décoration est agencée en deux éléments de surface inégale. Au centre du plus important figure un buste d'homme : un grand monogramme constantinien représenté derrière sa tête invite à y reconnaître le Christ. Des motifs de chasse, inclus dans des demi-cercles, décorent le milieu de trois des côtés. Un arbre aux branches largement déployées occupe la même position sur le quatrième côté. Aux quatre angles sont figurés des bustes masculins. Deux d'entre eux, de même que l'image centrale du Christ, sont flanqués de grenades, les deux autres de grandes fleurs en forme de rosette. Le plus petit des deux éléments, rectangulaire, comporte lui aussi des scènes de chasse, qui occupent toute la longueur des petits côtés, tandis que dans sa partie centrale est représenté Bellérophon tuant la Chimère. Une légère avancée du mur, des deux côtés, introduit entre les deux éléments une amorce de séparation, et semble inviter à reconnaître dans la plus petite partie de la pièce une sorte de vestibule. Mais les motifs de chasse qui se retrouvent de part et d'autre et surtout la bordure continue de guillochis qui entoure le tout soulignent l'unité de la composition : cet ensemble décoratif forme visiblement un tout.

1. J. M. C. TOYNBEE, *The Christian Roman Mosaic Hinton St. Mary Dorset* (Dorset Monographs n° 3), Dorchester, 1964. Je tiens à remercier ici Miss Toynbee qui m'a très aimablement signalé l'existence de cette mosaïque et envoyé la publication qu'elle en a faite. Elle y a consacré un second article, plus développé (*Journal of Roman Studies*, 54, 1964, pp. 7-14).

Il paraît exclu, bien qu'il s'agisse d'une maison d'habitation, que les motifs ainsi rapprochés aient une valeur purement décorative. La figure centrale du Christ à monogramme confère, semble-t-il, à l'ensemble une signification symbolique et proprement religieuse. La grenade est un très vieil emblème de fécondité et, par la suite, d'immortalité[1]. Le thème de la chasse a servi lui aussi à traduire l'espoir d'une vie future[2]. Et l'arbre ici représenté pourrait bien, comme le suppose Miss Toynbee[3], figurer l'arbre de vie. Aussi bien, il n'y a pas à l'époque de cloisons étanches entre l'art domestique et l'art religieux et plus précisément funéraire. Il n'est pas exceptionnel qu'une villa offre le même type de décoration, susceptible de la même exégèse, qu'un sarcophage ou une fresque cimetérale[4]. Ce qui surprend, c'est bien plutôt la juxtaposition, dans le cas présent, du Christ et de Bellérophon, qui vient ainsi s'ajouter à la série des figures mythologiques, Orphée ou autres, christianisées par les fidèles de l'Église ancienne.

Bellérophon occupe une place importante dans toutes les branches de l'art figuré antique, grec et romain, à toutes les étapes de son développement. Le dossier, en ce qui concerne plus précisément l'épisode de la Chimère dans la mosaïque, a été établi par Pierre Amandry en 1956[5]. Il comprenait alors dix figurations, dont une seulement d'époque grecque classique (Olynthe, fin du Ve ou début du IVe siècle). Les neuf autres, d'époque romaine, « ont été découvertes dans des provinces de l'Empire fort éloignées les unes des autres. Leurs dates s'échelonnent au moins sur trois siècles. Cependant, à quelques détails près, elles reproduisent toutes le même schéma de la scène. Ce schéma était déjà connu du mosaïste qui, avant la prise

---

1. Cf. en particulier, parmi les publications récentes, E. GOODENOUGH, *Jewish Symbols in the Greco-Roman Period*, VII, pp. 87 *sqq.*, 151 *sqq.*, et VIII, pp. 221 *sqq.*
2. « La chasse, où cette *Virtus* s'affirme, est un exercice « vertueux » et même sacré, qui assure à celui qui l'accomplit avec ferveur une immortalité céleste » : F. CUMONT, *Recherches sur le symbolisme funéraire des Romains*, Paris, 1942, p. 449.
3. *Op. cit.*, p. 9.
4. Cf. sur ce point les judicieuses remarques de Miss TOYNBEE, *op. cit.*, p. 7.
5. *Bellérophon et la Chimère dans la mosaïque antique*, *Revue Archéologique*, 1956, II, pp. 155-161 ; cf., du même auteur, Πύρπνοος Χίμαιρα, *Mélanges Ch. Picard*, 1949, I, pp. I-II. Je remercie mon collègue et ami Amandry des précieuses indications bibliographiques qu'il a bien voulu me fournir sur la question. Sur le mythe de Bellérophon dans l'art antique en général, cf. la brève étude de F. BROMMER, *Marburger Winckelmann-Programm*, 1952-1954, Marburg, 1954, 16 p., 4 pl.

d'Olynthe par Philippe de Macédoine, a composé son tableau en deux registres superposés : Bellérophon pointant sa lance vers la Chimère qui bondit au-dessous des sabots de Pégase, dans la même direction que le cheval[1] ». C'est celui-là même que l'on retrouve sur les deux exemplaires publiés après 1956 et qui datent l'un et l'autre du IVe siècle : l'un vient de près de Gérone en Espagne[2], l'autre est celui qui nous occupe présentement. En plus de cette remarquable fixité dans la figuration du thème, on doit noter la faveur toute particulière que semblent lui avoir témoignée le IIIe et le IVe siècle de notre ère : P. Amandry parle avec raison d'une renaissance du mythe au temps de l'Empire[3]. Il semble que l'on puisse la mettre en rapport avec le développement d'une certaine religiosité et des préoccupations relatives à la vie future. Ainsi s'explique sa présence dans l'iconographie des sarcophages à partir des Antonins[4]. C'est au service d'une mystique de salut qu'est mis le héros Bellérophon.

Les détails de son mythe le préparaient à assumer ce rôle. « L'irréprochable Bellérophon », c'est ainsi que depuis Homère le désigne la tradition antique[5]. On loue sa vertu et sa force d'âme, qui ont su résister aux séductions d'Anteia[6]. Ses « travaux », au même titre que ceux d'Hercule, pouvaient être facilement interprétés comme une allégorie de la lutte du bien contre le mal[7]. A cet égard, plutôt que l'épisode des Solymes ou celui des Amazones, celui de la Chimère devait retenir l'attention. Plus facile à représenter qu'un combat contre un groupe d'ennemis, ce duel avec un monstre affreux, image saisissante des puissances infernales et du vice, possédait une

---

1. P. Amandry, *Bellérophon et la Chimère*, p. 156.

2. A. Balil, *Mosaico de Bellerofonte y la Quimera, de Torre de Bell-Lloch (Gerona)*, *Archivo Español de Arqueologia*, XXXIII, 1960, pp. 98-112.

3. *Op. cit.*, p. 159.

4. Cf. C. Robert, *Die antiken Sarcophag-Reliefs*, III, I, Berlin, pp. 44-46 et pl. VIII-IX, et plus spécialement J. Aymard, *La légende de Bellérophon sur un sarcophage du Musée d'Alger*, *Mélanges de l'École Française de Rome*, 52, 1935, pp. 142-184.

5. *Iliade*, VI, 160 *sqq.*

6. Cf. F. Buffière, *Les mythes d'Homère et la pensée grecque*, Paris, 1956, pp. 331 *sqq.*

7. Certaines affinités, et en particulier peut-être l'épisode des Amazones, qui se retrouve, sous des formes un peu différentes, dans l'un comme dans l'autre, ont entraîné parfois une certaine interpénétration des deux mythes dans la pensée et dans l'art antiques : sur un vase attique du VIe siècle, c'est Héraclès qui combat la Chimère, Bronner, *op. cit.*, p. 5.

valeur symbolique parlante et concrète, immédiatement perceptible même pour l'observateur le plus inculte. On paraît avoir oublié volontiers, en le représentant, que Bellérophon, victime de l'hybris, a tristement terminé son existence terrestre ; on oublie que sa tentative d'ascension a fort mal fini et que la monture seule, sans son cavalier, s'est élevée jusqu'à la demeure des Immortels. Pégase en vient de ce fait à assumer lui aussi un rôle dans cette mystique de salut que traduit l'art antique de l'époque impériale : « Il emportait sur sa croupe robuste les mortels qui avaient obtenu l'apothéose et il a, par suite, été figuré seul comme un emblème d'immortalité[1] ». La théologie et le culte impériaux paraissent avoir contribué, pour une large part, à la fortune de Pégase, mais aussi de son maître, dont on se résigne mal à le séparer.

Ils ne sont pas cependant seuls en cause. Il convient de faire une place aussi à la théologie solaire. Renchérissant en précision dans l'exégèse du mythe, les Anciens en sont venus parfois, à la faveur d'une de ces étymologies dont ils étaient friands et dont le Moyen Age a recueilli la tradition, à faire de la Chimère une personnification de l'hiver. Bellérophon et sa monture se sont alors trouvés identifiés tout naturellement au soleil, qui dissipe et détruit brumes et froid, et rend la vie à la nature : « la Chimère, c'est la saison d'hiver » (τὴν Χίμαιραν, ἤτοι τὸν χειμερινὸν καιρόν), écrit un glossateur d'Hésiode, « que mettent en déroute Pégase, c'est-à-dire le soleil, et Bellérophon, qui est de toute évidence la puissance solaire[2] ».

Il est normal, dans ces conditions, que Bellérophon soit parfois figuré, au même titre que Sol-Hélios, auquel on l'identifie de façon plus ou moins explicite, au milieu des figures des saisons. Il lui arrive de prêter ses traits à l'empereur lui-même, représentant de Sol sur terre et comme lui agent de la *felicitas temporum*[3]. La figure de l'empereur Bellérophon a survécu à la victoire de l'Église. C'est même de l'époque chré-

---

1. F. Cumont, *Recherches sur le symbolisme funéraire des Romains*, p. 466, n. 5 ; cf., du même auteur, *Études syriennes*, Paris, 1917, pp. 92 *sqq.*, et *Pégase et l'apothéose*, *Bulletin de la Société Archéologique d'Alexandrie*, 1924, n° 20, pp. 193 *sqq.* et pl. XXIV.

2. *Glossen und Scholien zur hesiodischen Theogonie*, éd. H. Flach, Leipzig, 1876, p. 394.

3. Cf. G. Hanfmann, *The Season Sarcophagus in Dumbarton Oaks*, Cambridge (Mass.), 1951, I, pp. 163 *sqq.*

tienne que datent les exemplaires les plus caractéristiques de ce motif[1]. Mais il est évident que ses origines sont à chercher plus haut. L'époque de la Tétrarchie qui, avec Dioclétien, marque une étape décisive dans le développement de la théologie impériale et, avec Constance Chlore, un moment capital dans celui de la religion solaire, pourrait bien avoir contribué grandement à le mettre en relief.

L'éloquence officielle de l'époque s'est plu à chercher entre la tétrarchie impériale et l'ordre du Cosmos des affinités multiples : « Cette majesté qui apparente à Jupiter et à Hercule les princes Jovien et Herculien réclamait pour eux quelque chose de semblable à ce qui existe dans l'univers entier et dans le monde céleste. En effet, ce nombre quatre, symbole de votre puissance, fait la force et la joie de tout ce qu'il y a de plus grand : il y a les quatre éléments, les quatre saisons, les quatre parties du monde séparées par un double océan, les lustres qui reviennent après une quadruple révolution du ciel, les quatre chevaux du soleil, et Vesper et Lucifer qui s'ajoutent aux deux flambeaux du ciel[2] ». Entre ces diverses tétrades on s'efforce de trouver des équivalences : l'écrivain byzantin Corippus déclare très explicitement que les quatre chevaux du soleil signifiaient les saisons, reprenant ainsi une idée qui remonte jusqu'à la Grèce classique[3].

Il ne faut pas, à coup sûr, attacher trop d'importance aux subtilités des panégyristes : il est parfois difficile de discerner ce qui n'est qu'exercice de rhétorique et ce qui exprime une pensée vraiment élaborée. Rien d'autre part n'autorise à affirmer que le Bellérophon de notre mosaïque soit une figure allégorique de l'empereur : la chose n'est ni tout à fait impossible, ni, à mon sens, très vraisemblable. En revanche, le motif du Bellérophon aux saisons invite, me semble-t-il, à interpréter dans la même ligne les quatre figures représentées sur notre mosaïque autour du Christ. Nous sommes d'autant plus fondés à le faire

---

1. Palais de Théodoric à Ravenne et palais de Constantinople, v[e] et ixe siècles : G. Hanfmann, *op. cit.*, I, pp. 168 et 261, et II, pp. 79, n. 176, et 112, n. 319 ; cf. A. Grabar, *L'Empereur dans l'art byzantin*, Paris, 1936, pp. 57 *sqq.* et 94 *sqq.*
2. Panégyrique de Constance (297), 4, trad. E. Galletier, *Panégyriques latins* coll. Budé, I, p. 85.
3. G. Hanfmann, *op. cit.*, I, p. 160, et II, p. 76, n. 116 ; Euripide, frag. 937, Nauck, cité par Hanfmann, II, p. 76, n. 122.

que sur une autre mosaïque d'Angleterre, et de même époque, celle de Lullingstone, comté de Kent, les images des saisons entourent effectivement l'image de Bellérophon tuant la Chimère[1].

La comparaison des deux mosaïques est d'ailleurs instructive à bien des égards. De part et d'autre, des motifs chrétiens voisinent avec des thèmes mythologiques. Mais il est clair qu'à Lullingstone c'est la mythologie qui est primordiale. Elle occupe seule tout le pavement de la pièce centrale, un triclinium, où l'enlèvement d'Europe est représenté à côté de Bellérophon, sensiblement dans la même position par rapport à ce dernier que le héros lui-même par rapport au Christ dans la mosaïque de Hinton St. Mary. Les motifs chrétiens, orante, monogramme, etc., n'apparaissent ici que dans une pièce adjacente, et sous forme de fresques[2]. On peut, me semble-t-il, admettre que le propriétaire de la villa, encore païen au moment où il fit exécuter la mosaïque, y fit ajouter les peintures quelques années après, à la suite de sa conversion au christianisme. A Hinton St. Mary au contraire, c'est le Christ qui, d'emblée, occupe le centre de la décoration. Il a très exactement remplacé Bellérophon au milieu des saisons, dans une composition qui, sous sa forme consacrée, était agencée autour du héros païen. Celui-ci n'est pas banni pour autant. Il est simplement dépossédé de la place d'honneur et relégué en position subalterne. On ne se trompera sans doute pas en supposant que le propriétaire de Hinton St. Mary, à la différence de celui de Lullingstone, était déjà chrétien lorsqu'il fit décorer sa villa.

Un Christ aux saisons n'a rien qui doive surprendre, puisque la pensée chrétienne a, de très bonne heure, conféré au Sauveur des fonctions cosmiques[3]. Il est l'artisan ou l'organe de la création, le maître de l'univers, jusqu'au moment de la consommation finale, lorsqu'il remettra toutes choses entre les mains du Père[4]. Il est donc normal qu'il commande aux éléments, aux

---

1. *Journal of Roman Studies*, 40, 1950, p. 112 et pl. XI ; cf. G. W. Meates, *Lullingstone Roman Villa*, Londres, 1955. Les saisons sont figurées sur les mosaïques de Bellérophon de Nîmes et de Ravenne.

2. G. W. Meates, *op. cit.*, et J. M. C. Toynbee, *op. cit.*, p. 9.

3. Jean, I, 3 ; Col. I, 16.

4. I Cor. 15, 28.

astres, aux saisons. Mais un symbolisme plus précis encore s'attache à l'image qui nous occupe ici. L'Antiquité chrétienne, suivant en cela une tradition de pensée religieuse païenne, a vu dans le cycle annuel des saisons comme un gage d'immortalité, voire une preuve de la résurrection. Témoin ce texte très éloquent de Tertullien : « *Revolvuntur hiemes et aestates, verna et autumna, cum suis viribus, moribus, fructibus... Totus igitur hic ordo revolubilis rerum testatio est resurrectionis mortuorum*[1] ». Souverain de l'ordre cosmique, le Christ est aussi le premier-né d'entre les morts[2], garant et agent de la résurrection des fidèles. Il est le soleil du salut et comme tel on le représente à l'occasion sous les traits d'Hélios, debout sur un quadrige : « Le Christ nimbé de rayons personnifiait le soleil de justice, la lumière de vérité et, par son ascension céleste, annonçait à ses élus la récompense d'immortalité qu'il leur avait promise : *Sol salutis*, le Christ, soleil de Salut[3] ». Il y avait donc mainte raison de le figurer au milieu des *Horai*, avec une décoration de grenades qui souligne encore la signification de l'ensemble : c'est par une démarche fort naturelle, à la faveur d'un symbolisme très riche et complexe, qu'il s'est, dans ce cadre, substitué à Bellérophon.

Reste alors à essayer d'expliquer par quel biais et dans quelle mesure la figure même et le mythe de Bellérophon ont pu être christianisés. Quelle en est, dans ce contexte nouveau, la signification ? On songe assez naturellement aux saints cavaliers, saint Georges ou autres, pourfendeurs de monstres infernaux. Mais il s'agit là de dévotions et par conséquent de figurations sensiblement plus tardives que notre mosaïque. Personne ne conteste que l'épisode de la Chimère ait contribué à fixer l'iconographie de ces héros chrétiens[4]. Il est exclu, en revanche, que dans le cas présent Bellérophon ait d'ores et déjà prêté ses traits à quelque successeur chrétien et qu'on doive mettre sur son image traditionnelle un autre nom que le sien. D'autre part, la légende du

---

1. *De resurr.*, 12, 1, cité par F. CUMONT, *Recherches sur le symbolisme funéraire* p. 490.

2. Col. I, 18 ; cf. I Cor. 15, 20.

3. J. CARCOPINO, *Études d'Histoire chrétienne*, 2e éd., Paris, 1963, p. 161 : il s'agit de la mosaïque décorant la voûte du mausolée M des grottes vaticanes ; sur le Christ-Soleil, cf. F. DÖLGER, *Sol Salutis*, Munster, 1935, en particulier pp. 371 *sqq.*

4. Sur cette filiation, cf. K. LEHMANN-HARTLEBEN, *Bellerophon und der Reiterheilige*, *Römische Mitteilungen*, 38-39, 1923-1924, pp. 264-280.

héros grec, victime de la passion coupable d'Anteia qui, furieuse
de se voir dédaignée par celui qu'elle aime, l'accuse auprès de
son mari d'avoir voulu la séduire et exige vengeance, présente
une similitude frappante avec l'épisode biblique du chaste
Joseph, en butte aux séductions impuissantes et à la haine
amoureuse de la femme de Putiphar[1]. Il n'est pas exclu, certes,
que cette analogie ait frappé déjà quelque fidèle de l'Église
ancienne, nourri à la fois de Bible et de culture classique, donc
de mythologie, et qu'en conséquence on ait pu rapprocher les
deux personnages, faire de Bellérophon une sorte de réplique
païenne de Joseph et voir ainsi en lui, au même titre que dans
son pendant biblique, une figure du Christ. De la même façon
Hercule a été, relativement tôt, rapproché de Samson et l'on a
reconnu dans l'un et dans l'autre des « types » du Messie[2]. Sans
doute, cette exégèse « triangulaire », qui interprète, en les éclairant l'un par l'autre, mythologie, Ancien Testament et Évangile,
fleurit au Moyen Age. Mais peut-être les origines en remontent-
elles, pour ce qui est d'Hercule et Samson, jusqu'à la fin de
l'Antiquité : les fresques de la Via Latina, où ils figurent l'un et
l'autre, invitent du moins — et j'y reviendrai — à poser la
question.

En ce qui concerne Bellérophon, l'hypothèse serait beaucoup
plus hasardeuse. Rien en fait n'autorise à supposer qu'en faisant
représenter le combat avec la Chimère le propriétaire ait eu
présent à l'esprit un autre épisode du mythe. Ce n'est certainement pas comme un Joseph païen que Bellérophon a été adopté
par les chrétiens de l'Antiquité, ni non plus, à la faveur d'une
ascension d'ailleurs manquée, comme une réplique d'Élie.

L'apologétique chrétienne connaît, à coup sûr, cette ascension. Mais lorsqu'elle l'évoque — sans d'ailleurs en railler
l'échec — ce n'est pas à propos d'une figure biblique, mais bien à
propos du Christ lui-même. La christianisation du héros pourrait bien avoir pour point de départ un passage où Justin Martyr,
essayant de faire comprendre et admettre par ses lecteurs païens
les articles de son credo, invoque des parallèles mythologiques :
« Quand nous disons que le Verbe, le premier-né de Dieu, Jésus-

1. *Genèse*, 39, 7-20 ; cf. *Iliade*, 6, 160 *sqq.*
2. Cf. M. Simon. *Hercule et le Christianisme*, Paris, 1955, pp. 171 *sqq.*

Christ notre maître, a été engendré sans opération charnelle, qu'il
a été crucifié, qu'il est mort et qu'après être ressuscité il est
monté au ciel, nous n'admettons rien de plus étrange que
l'histoire de ces êtres que vous appelez fils de Zeus ». Ayant
mentionné tour à tour Hermès, Asclépios, Dionysos, Héraclès,
il rappelle que « les Dioscures et Persée montèrent au ciel et
aussi, sur le cheval Pégase, Bellérophon, fils de mortels[1] ».

Bellérophon est nommé une seconde fois par Justin à propos
des contresens faits par les païens sur les prophéties bibliques,
appliquées par eux, sous l'inspiration des démons, à des figures
de la mythologie : « Ne sachant donc pas si celui qui était annoncé
devait manifester sa présence monté sur un âne ou sur un cheval,
s'il serait fils de Dieu, comme nous l'avons dit plus haut, ou fils
d'un homme, les démons racontèrent que Bellérophon, homme
et fils des hommes, monta au ciel sur le cheval Pégase[2] ». L'argument de Justin n'a d'autre mobile que pédagogique : il s'agit
d'expliquer la foi chrétienne à l'aide de termes de comparaison
familiers aux païens. Mais entre les faits de la vie du Christ et
leur contrefaçon diabolique dans les mythes païens il y a, aux
yeux de l'apologiste, un abîme : on ne saurait mettre sur le même
pied la vérité et une erreur d'origine démoniaque.

Cependant, ce point de vue ne s'est pas imposé de façon
exclusive dans l'Église ancienne. Il ne faut pas oublier le mouvement de réhabilitation partielle de la mythologie qui s'y
dessine à partir du ive siècle en particulier, tantôt par les voies
de l'allégorie, tantôt et plus souvent peut-être avec le secours
de l'evhémérisme[3]. Un certain nombre de dieux et de héros sont
alors présentés soit comme l'expression symbolique de vérités
morales, soit comme des hommes vertueux et éminents, qui ont
vécu aux périodes les plus reculées de l'histoire et que la gratitude
de leurs contemporains a élevés au ciel, en reconnaissance de
leurs bienfaits[4]. Le détail des mythes est à coup sûr répudié,
surtout lorsqu'il relate des épisodes peu édifiants, les aventures

---

1. *I Apol.*, 21, 1-2.
2. *I Apol.*, 54, 7.
3. Cf. M. SIMON, *op. cit.*, pp. 23 *sqq.*
4. Cf. par exemple ce que FIRMICUS MATERNUS dit d'Osiris : « *Fuerunt sane hi
apud Aegyptum reges pariter ac tyranni, sed Osyris justus praeter quod cum sorore
commisit, Tyfon furiosus, impotens ac superbus. Ideo ille colitur, iste vitatur* » (*De
errore profanarum religionum*, 3).

galantes de Zeus par exemple. Mais les figures sont sauvées. A une époque qui accepte le merveilleux comme faisant partie de l'ordre normal des choses, qui croit aux monstres et aux prodiges, il n'est certes pas impossible que l'on ait tenu pour historiques, même dans certains milieux chrétiens, non seulement la figure de Bellérophon — « homme fils des hommes », disait déjà, en bon evhémériste, Justin Martyr — mais aussi l'épisode du combat contre la Chimère, qui était communément interprété par ailleurs en symbole de la lutte victorieuse du bien contre le mal.

Qu'on ait recours, pour l'expliquer, soit à l'allégorie, soit à l'evhémérisme, il n'y a aucune raison de penser, par conséquent, que la décoration de notre mosaïque reflète deux idéologies différentes, païenne d'un côté, chrétienne de l'autre, accordées ou simplement juxtaposées tant bien que mal. Nous en avons moins encore de penser qu'elle est le fait d'une famille religieusement divisée. Car, je le notais plus haut, c'est d'une seule et même pièce qu'il s'agit. L'amorce de cloisonnement marquée par l'avancée des murs semble répondre à des motifs de pure technique architecturale et ne saurait être tenue pour une barrière idéologique. Tout au plus pourra-t-on, si l'on veut chercher un symbolisme jusque dans le détail, et considérant que Bellérophon est relégué ici dans la petite partie de la pièce tandis que le Christ est installé en position centrale dans la grande, lire dans cet agencement l'idée que pour un chrétien cultivé de l'époque le paganisme, dans ce qu'il a de valable, est comme le vestibule de la vérité, une sorte de *praeparatio evangelica*. Une chose en tout cas paraît assurée : le caractère homogène de cette décoration, qui forme un tout et intègre Bellérophon dans une symbolique chrétienne.

Il est intéressant de noter que sur les quelque douze mosaïques de Bellérophon actuellement connues, deux ont été retrouvées en Angleterre. Peut-être faut-il en ajouter une troisième, si l'on suit Miss Toynbee dans son interprétation d'une mosaïque, aujourd'hui inaccessible, de Frampton, Dorset, où S. Lysons, qui la publia, n'avait reconnu qu'une scène de chasse[1]. Trois, ou même deux seulement sur un total d'une douzaine, c'est beau-

---

1. S. Lysons, *Reliquiae Britannico-Romanae*, I, 1813 ; cf. J. M. C. Toynbee, *Art in Roman Britain*, 2ᵉ éd., Londres, 1963, pl. 234.

coup, pour une province aussi excentrique que la Bretagne.
Sans doute, il convient de faire la part du hasard dans les découvertes archéologiques. Mais par ailleurs, si les mosaïques de
Hinton St. Mary et de Frampton paraissent provenir du même
atelier[1], il n'en va pas de même, semble-t-il, de celle de Lullingstone, où la scène de Bellérophon offre des caractères stylistiques
assez différents de celui de Hinton St. Mary.

Peut-être cette prédilection pour la figure du héros n'est-elle
pas entièrement fortuite. On pourrait être tenté de la mettre en
rapport avec des circonstances locales, d'y voir par exemple
l'*interpretatio Romana* d'une figure du panthéon indigène. J'ai
songé un instant à l'image celtique bien connue du cavalier à
l'anguipède. Mais si ses figurations abondent en Gaule, surtout
dans le Nord-Est, on ne saurait en dire autant de la Grande-
Bretagne. Et d'autre part il est douteux qu'il s'agisse bien là
d'une scène de combat : peut-être le géant anguipède soutient-il
sur ses épaules le cheval et son cavalier plutôt qu'il ne lutte avec
eux[2]. En définitive, je ne pense pas que l'idée soit à retenir.
Compte tenu de ce que je disais plus haut de l'interprétation
solaire de l'épisode, je mettrais plus volontiers la popularité
britannique de Bellérophon en rapport avec la religion professée
dans la famille de Constance Chlore, qui séjourna assez longtemps
dans le pays et y mourut à Eboracum-York en 306. On pourrait
même être tenté de placer au départ de cette popularité un
événement précis : la victoire remportée par Constance Chlore
sur l'insurrection de Carausius et Allectus. Un médaillon, frappé
par l'atelier monétaire de Trèves pour la commémorer, porte à
côté de l'effigie du César cette inscription : « *Redditor lucis
aeternae*[3] ». Et le Panégyrique cité plus haut félicite les Bretons
libérés des usurpateurs d'avoir été « *tandem vera imperii luce*

---

1. J. M. C. TOYNBEE, *The Christian Roman Mosaic Hinton St. Mary*, p. 6. Il
s'agit, on doit le noter, de deux localités du comté de Dorset, assez peu éloignées l'une
de l'autre. Lullingstone au contraire se trouve à une certaine distance, dans le Kent.
2. Cf. en particulier, parmi l'ample littérature relative à la question, P. LAM-
BRECHTS, *Contributions à l'étude des divinités celtiques*, 1942, pp. 81-99 et carte VII
(répartition géographique du groupe) ; J.-J. HATT, « *Rota flammis circumsepta* »,
Revue archéologique de l'Est, II, 1951, 2, pp. 82-87 : « Le Jupiter cavalier représenterait
la divinité solaire et sidérale lançant la foudre et le monstre anguipède l'eau ou la
terre qui la reçoit » (p. 85) : si l'idée d'un combat est exclue, on notera du moins l'interprétation solaire proposée pour le cavalier.
3. Cf. M. BESNIER, *L'Empire romain de l'avènement des Sévères au Concile de
Nicée (Histoire générale* G. GLOTZ, *Histoire romaine*, IV, I), Paris, 1937, p. 293.

recreati[1] ». De telles formules, où l'on touche du doigt la convergence de la théologie solaire et de l'idéologie impériale, pourraient fort bien servir de légende au Bellérophon-Sol de notre mosaïque.

Celle-ci, tout comme celle de Lullingstone, est sans doute postérieure d'une bonne vingtaine d'années, au moins, à la mort de Constance Chlore. Mais les traditions d'atelier mises en honneur par le père de la seconde dynastie flavienne, prince très populaire, même auprès des chrétiens, n'ont certainement pas disparu avec lui, pas plus que n'a disparu ce culte solaire dont il s'était fait le champion. Et les symboles qui traduisaient ses croyances ou ses hauts faits ont dû persister d'autant mieux qu'ils se prêtaient à des interprétations diverses et pouvaient servir à plus d'une fin.

Lorsqu'un motif païen se trouve intégré à une imagerie chrétienne — ou juive — on peut généralement hésiter entre deux explications opposées : ou bien le thème s'est en quelque sorte laïcisé, a cessé d'être spécifiquement païen pour n'être plus que profane ; ou bien il a gardé sa signification religieuse et, en s'insérant dans un contexte nouveau, il en heurte l'inspiration fondamentalement monothéiste. La question se pose en toute netteté par exemple à propos des synagogues palestiniennes de Beth Alpha et de Aïn Douq, dont les mosaïques comportent entre autres images celle d'Hélios sur son char, entouré des signes du zodiaque[2]. Ou bien les Juifs qui l'y ont accueillie ne sont plus de vrais Juifs, mais les tenants de quelque syncrétisme judéo-païen, ou bien — hypothèse infiniment plus vraisemblable — Hélios s'est dépouillé de sa qualité de dieu païen pour n'être plus qu'un symbole inoffensif, l'image de l'astre solaire, chargée tout au plus d'une signification astrologique : et nous savons que l'astrologie était fort en honneur dans certains milieux juifs de l'époque[3].

Le cas de Bellérophon est à la fois plus simple et plus complexe. Il ne s'agit pas ici d'une figure divine à proprement

---

1. *Panégyrique de Constance*, 19, éd. GALLETIER, p. 98. Sur la position tolérante de Constance Chlore vis-à-vis des chrétiens, cf. en dernier lieu J. VOGT, *Pagans and Christians in the Family of Constantine the Great*, dans *The Conflict between Paganism and Christianity in the Fourth Century*, Essays edited by A. MOMIGLIANO, Oxford, 1963, pp. 43-44.

2. E. L. SUKENIK, *Ancient Synagogues in Palestine and Greece*, Londres, 1934 ; cf. E. GOODENOUGH, *Jewish Symbols*, I, pp. 248 *sqq.* ; VIII, pp. 167 *sqq.*

3. Cf. M. SIMON, *Verus Israël*, 2e éd., Paris, 1964, p. 45 et pp. 394 *sqq.*

parler, ni même d'un véritable demi-dieu : nous avons vu
Justin insister sur son incontestable et exclusive humanité.
Ce n'est que très exceptionnellement, et dans un ou deux
coins isolés de l'Empire, ceux avec lesquels sa légende offre
des attaches, qu'on lui rend un culte véritable. Il pouvait ainsi
être annexé par le christianisme avec une particulière facilité,
comme une sorte de saint préchrétien, qui mène le bon combat
contre les forces du mal, personnifiées par la Chimère. A une
époque où l'hagiographie chrétienne n'avait pas encore créé
de ces chevaliers sans peur et sans reproche, il était normal
que l'on empruntât à la mythologie, familière à tout esprit
cultivé, et aux figurations que l'art en avait tirées depuis des
siècles, des symboles de la lutte victorieuse du bien contre le
mal, de la lumière contre les ténèbres, de la vie contre la mort.
Est-il même tout à fait exclu que la victoire de Bellérophon
ait été parfois interprétée comme celle de la vérité chrétienne
sur l'erreur ?

Il est en effet certain que dans l'atmosphère d'exaltation née
de la paix de l'Église et de la politique constantinienne, les
chrétiens ont ressenti le besoin de concrétiser leur triomphe
dans l'art. L'apparition, parmi les fresques de la Via Latina,
de ce que j'ai appelé ailleurs les scènes bibliques de violence,
en particulier les scènes relatives à Samson, pourrait bien pour
une part traduire cet état d'esprit, qui a trouvé son expression
littéraire dans la fin du *De mortibus persecutorum* de Lactance,
entre autres. Il se manifeste avec plus de clarté encore dans
l'image, fréquente sur les lampes, du Christ foulant aux pieds
le serpent infernal, voire, sur une lampe de Carthage, le chandelier
à sept branches[1]. Il n'est pas inconcevable que la figure du
Bellérophon christianisé, voisinant avec le monogramme constantinien aussi bien à Hinton St. Mary qu'à Lullingstone et aussi
à Frampton, où je suis disposé à le reconnaître, comme le fait
Miss Toynbee, puisse se situer dans la même ligne.

Restent cependant ses liens avec la théologie solaire du
paganisme finissant. Peut-être faut-il, compte tenu de cet

---

1. M. SIMON, *Le chandelier à sept branches, symbole chrétien ? Recherches d'histoire
judéo-chrétienne*, Paris-La Haye, 1962, pp. 181-187 ; cf. CABROL-LECLERCQ, *Dictionnaire d'Archéologie chrétienne*, article *Lampes*, col. 1169-1171 et fig. 6672-6692. Ces
lampes sont pour la plupart plus tardives (ve siècle) que les fresques et mosaïques
signalées dans le présent article.

élément, voir dans la juxtaposition de Bellérophon et du Christ
la marque de cette religiosité sans exclusivisme, plus soucieuse
de susciter des rapprochements, fût-ce dans un certain vague,
et de déceler des filiations et des affinités que de souligner des
incompatibilités et des oppositions, qui semble s'être développée
parfois dans l'entourage de Constantin. L'empereur lui-même
agrège son père au christianisme et fait de lui un vrai croyant[1].
Même s'il a attribué sa propre victoire sur Maxence au Dieu
des chrétiens, il l'explique officiellement de façon moins précise :
« *instinctu divinitatis* » ; chacun pouvait trouver son compte
dans cette formule. C'est aussi « *instinctu divinitatis* » que
Bellérophon terrasse la Chimère. Même pour un christianisme
intransigeant et de stricte orthodoxie, il n'est pas gênant. Il
l'est moins encore lorsqu'un certain laxisme harmonisant vient
tempérer la rigueur des positions ecclésiastiques.

Je mentionnais plus haut les fresques de la catacombe de la
Via Latina. On sait qu'elles offrent, au milieu d'une très riche
iconographie biblique et évangélique, des thèmes païens caractérisés, et en particulier une série d'images relatives au mythe
d'Hercule. Il s'agit d'une catacombe privée et, selon l'opinion
la plus commune, de la catacombe d'une famille religieusement
divisée, chrétienne en majorité, mais dont certains membres
étaient restés païens[2]. Cette interprétation s'appuie, entre
autres arguments, sur le fait que les fresques héracléennes sont
toutes groupées dans une seule et même chambre, qui par
surcroît ne comporte aucun symbole chrétien. Je m'y suis moi-
même rallié dans une étude récemment publiée[3]. Peut-être
la découverte d'un Bellérophon chrétien invite-t-elle à reconsi-
dérer la question.

Malgré les affinités qu'offrent entre eux les « travaux » des
deux héros, il y a de l'un à l'autre des différences considérables.
Bellérophon est une figure plus anodine, plus neutre qu'Hercule.
Son paganisme est plus édulcoré, moins voyant et moins agressif. Il n'a pas, comme le fils d'Alcmène, grandi jusqu'aux
dimensions d'un dieu sauveur. Il n'est pas devenu, de façon

---

1. Cf. J. Vogt, *op. cit.*, p. 45.
2. A. Ferrua, *Le Pitture della nuova Catacomba di Via Latina* (*Monumenti di Antichità Cristiana*, II, Serie, VIII), Città del Vaticano, 1960.
3. *Remarques sur la Catacombe de la Via Latina*, dans *Mullus*, Festschrift Theodor Klauser, Münster, 1964, pp. 327-335.

aussi précise, le point d'appui, dans l'Empire finissant, d'une théologie et d'une mystique de salut, exprimées, dans les fresques de la Via Latina, par l'épisode d'Alceste ramenée des Enfers par Hercule. Il pouvait bien apparaître aux chrétiens de l'époque comme une image païenne du Christ parce qu'il n'était pas pour lui, dans la réalité concrète du moment, à la différence d'Hercule, un rival très réel et très sérieux. D'autre part, l'utilisation par des chrétiens de figures mythologiques surprend moins dans une villa que dans une catacombe, même familiale. Ce sont là, me semble-t-il, des arguments de poids à l'appui d'une origine païenne de l'Hercule de la Via Latina, dont par surcroît le nimbe paraît souligner le caractère proprement divin et que la présence de Minerve situe dans un cadre polythéiste. Il eût fallu, pour l'intégrer à une symbolique spécifiquement chrétienne, un oubli, difficile à imaginer, des affirmations et des exigences fondamentales de la foi chrétienne. Mais peut-être l'optique des usagers de la catacombe n'était-elle pas exactement la nôtre. Et nous ne disposons, pour mesurer leur degré d'orthodoxie, d'aucun critère en plus de celui, très difficile à manier, qu'offrent précisément les images en question. L'hypothèse d'une famille divisée et par conséquent d'une origine païenne des fresques héracléennes continue à m'apparaître comme la plus plausible. J'hésiterais cependant plus que je ne l'ai fait d'abord, après la découverte d'un Bellérophon chrétien, à exclure totalement la possibilité qu'Hercule ait été lui aussi christianisé, dès le IVe siècle, par certains milieux, plus sensibles à l'héritage spirituel de leurs aïeux qu'aux directives de la hiérarchie ecclésiastique.

Le Christianisme:
naissance d'une catégorie historique*

Comment et dans quelles circonstances le christianisme s'est-il présenté comme une religion distincte? Quels étaient les critères de sa spécificité? C'est en ces termes que le professeur Perelman posait le problème dont traitent les pages qui suivent.

A première vue, et pour un observateur superficiel, aux yeux de qui les choses n'existent que pour autant qu'elles ont un nom, la solution est aisée : on pourra parler de christianisme à partir du moment où le terme lui-même sera en usage. Mais une petite enquête d'ordre lexicologique aura vite fait de nous montrer que ce critère est d'un maniement fort difficile en l'occurrence et qu'il s'avère tout à fait insuffisant. En effet, le plus ancien emploi attesté, dans l'état présent de notre documentation, du terme *christianismos* se trouve dans les épîtres d'Ignace d'Antioche, dont on admet communément l'authenticité aujourd'hui, et qui furent écrites à l'époque de Trajan, vers 110-115 (¹). L'adjectif correspondant, *Christianos*, est un peu plus ancien. Absent des Evangiles et des Epîtres de saint Paul, il figure dans deux seulement des livres canoniques du Nouveau Testament : une fois dans la *Première Epître* de Pierre, dont l'authenticité est loin d'être assurée (²), et deux fois dans les *Actes des Apôtres* (³). Nous pouvons négliger le

---

(*) Communication présentée au Centre national de Recherches de Logique, le 30 janvier 1965, dans une série d'exposés sur la naissance des catégories historiques.
(¹) *Magn.*, 10, 1; *Rom.*, 3, 3; *Philad.*, 6, 1; *Mart. Polyc.*, 10, 1.
(²) I Pierre, 4, 16.
(³) *Actes*, 11, 26 et 26, 28.

témoignage de l'Epître de Pierre, surtout si on admet, avec un certain nombre d'exégètes, qu'elle date du début du IIe siècle et peut-être, comme les écrits d'Ignace d'Antioche, du règne de Trajan. Celui des *Actes*, en revanche, mérite qu'on s'y arrête. Car il faut ici distinguer, puisqu'il s'agit d'un écrit de caractère historique, narratif, entre la date de sa composition et celle des événements qu'il relate. Pour ce qui est de sa composition, l'accord n'est pas unanime. Je ne pense pas, pour ma part, que l'écrit puisse être, dans sa forme actuelle, postérieur à la fin du premier siècle. Je le placerais volontiers aux environs des années 80-90. Mais même si l'on croit devoir descendre plus bas, et l'attribuer au début du IIe siècle, cela ne modifie pas fondamentalement, dans le cas présent, la valeur des renseignements qu'il apporte.

Le second des deux passages des *Actes* où figure le terme de Chrétiens est de peu d'intérêt pour nous. Il est en effet mis dans la bouche du roi Agrippa II, au cours d'un dialogue que celui-ci engage avec saint Paul, et dont on est en droit de penser que l'auteur des *Actes* ne nous en a pas conservé les termes avec une exactitude parfaite. Le premier passage en revanche est beaucoup plus intéressant et important, car il se présente comme le simple énoncé d'un fait : « C'est à Antioche que, pour la première fois, les disciples reçurent le nom de Chrétiens. » Les circonstances dans lesquelles le terme fait son apparition sont indiquées avec une clarté suffisante par le contexte. Le message chrétien a été porté à Antioche par ceux des disciples jérusalémites, les Hellénistes, qu'avait dispersés la persécution consécutive au martyre d'Etienne (⁴). De façon plus précise, il semble que l'apparition de ce qualificatif nouveau soit directement liée à la venue dans la ville de Barnabé et de Paul. Nous sommes, vraisemblablement, aux environs de l'année 40.

Faut-il donc considérer que c'est là que se situe, en chronologie et topographiquement, l'acte de naissance du christianisme comme religion distincte? Je ne le pense pas. On doit noter en effet que, de toute évidence, il ne s'agit pas ici d'une auto-désignation. C'est bien plutôt, le texte l'indique avec assez de clarté, une appellation venue du dehors, une sorte de sobriquet donné aux Chrétiens soit par des païens, soit par des Juifs.

(⁴) *Actes*, 11, 19.

Il traduit donc simplement la conscience qu'ont les uns ou les autres de se trouver devant un phénomène religieux original par rapport au judaïsme. Il est né dans un milieu de langue grecque et est formé, sur le modèle de *Herodianoi, Kaisaria-noi* (⁵), sur le terme *Christos*, interprété comme un nom propre, alors que Christos ne signifie rien de plus, étymologi-quement, que l'Oint, et plus précisément l'Oint par excel-lence, le Messie. *Christianoi* signifie donc, si l'on s'en tient à l'étymologie, messianistes, disciples du Messie. Mais si, effec-tivement, l'apparition du terme est liée à la prédication de saint Paul, il est évident que l'étymologie a été perdue de vue dans la formation de ce vocable et que, dans la bouche de ceux qui l'emploient, il signifie disciples de Jésus-Christ. Car préci-sément dans la terminologie paulinienne, *Christos* est devenu une sorte de synonyme ou, si l'on veut, de *cognomen* de Jésus. Il est d'autant plus caractéristique que le terme de *Christianoi* soit totalement absent des épîtres de l'Apôtre. Nul ne songerait à en tirer argument pour affirmer que Paul n'avait pas con-science de l'originalité et de la spécificité de son message par rapport à la religion juive.

L'analyse de la terminologie permet donc de cerner le problème qui nous occupe. Elle ne saurait à elle seule en fournir la solution. Aussi bien, il sera bon de distinguer les divers milieux intéressés, savoir les païens, les Juifs et les Chrétiens eux-mêmes, et de procéder par une méthode qu'on pourrait appeler des cercles concentriques, en commençant par le plus extérieur, c'est-à-dire les païens, pour arriver au plus intérieur, c'est-à-dire l'Eglise primitive elle-même. Il est *a priori* vraisemblable que les païens et même les Juifs ont pris conscience de la spécificité du christianisme avec un certain retard par rapport aux Chrétiens eux-mêmes.

Du côté de l'opinion et de l'autorité romaines, nous dispo-sons de quelques points de repère assez précis. Pline le Jeune, nommé en 111 gouverneur de Bithynie, est amené, à la suite de diverses dénonciations, à s'occuper des Chrétiens et demande à l'empereur des directives sur la conduite à tenir à leur égard (⁶). L'aspect juridique du problème soulevé par sa lettre

---

(⁵) Appien, *Civ.*, 3, 91; Matth. 22, 16; Marc, 3, 6; 12, 13.
(⁶) Pline le Jeune, *Lettres*, 10, 96-97.

et par le rescrit de Trajan ne nous intéresse pas ici. Ce qu'il faut noter, c'est que Pline est renseigné avec assez de précision sur les caractéristiques doctrinales et cultuelles des Chrétiens et les met fort bien en lumière en ce qui concerne les points essentiels, tels que pouvait les saisir du dehors un administrateur consciencieux : ils ont coutume de se réunir à jour fixe — le dimanche, selon toute apparence et non plus le samedi (⁷) — avant l'aurore, et de chanter un hymne au Christ comme à un dieu. Pline sait en outre, bien qu'il n'y ait jamais assisté en personne, qu'il y a déjà eu des instructions judiciaires contre les Chrétiens. Quant à Trajan, la brièveté même de sa réponse prouve qu'il est lui aussi suffisamment informé de ce qu'est le christianisme et que le seul fait de professer cette religion, le seul *nomen Christianum*, est pour lui une raison suffisante pour sévir, indépendamment des forfaits inséparables du nom, *flagitia cohaerentia nomini*, à la réalité desquels l'empereur ne paraît guère disposé à croire.

Quelques années plus tard, en 117, Tacite, relatant dans ses *Annales* l'incendie de Rome sous Néron en 64, rapporte comment cet empereur, pour détourner les soupçons, qui pesaient sur lui, « présenta des accusés, détestés pour leurs abominations — *flagitia*, le même mot que chez Pline — ceux que le vulgaire appelle Chrétiens. » Et il ajoute : « Ce nom leur vient du Christ, qui, sous Tibère, avait été livré au supplice par le procurateur Ponce Pilate. Réprimée un instant, cette exécrable superstition débordait de nouveau, non seulement en Judée, berceau de ce fléau, mais dans Rome même (⁸). » Le texte est fort clair : Tacite sait — et Néron savait — que le christianisme est, au départ, issu du judaïsme, mais qu'il est, au moment de l'incendie, une religion autonome. On a pu supposer avec quelque vraisemblance que si, trente-cinq ans à peine après la mort du Christ, alors que la diffusion du christianisme ne faisait encore que commencer, l'autorité impériale avait de l'originalité du phénomène chrétien une vue aussi claire, les Juifs n'y étaient peut-être pas étrangers. Nous connaissons, par

(⁷) Sur la question du sabbat et du dimanche dans l'Eglise primitive, H. RIESENFELD, *Sabbat et Jour du Seigneur*, dans *New Testament Essays* publiés à la mémoire de T. W. Manson, Manchester, 1959, pp. 210-217; W. ROSDORF, *Der Sonntag*, Zurich, 1962.

(⁸) *Annales*, 15, 44.

l'historien juif Josèphe, les sympathies juives de Poppée, la favorite de Néron (⁹). Il n'est pas impossible qu'elle ait renseigné l'empereur sur la différence qui, de plus en plus, en particulier du fait de saint Paul, mort martyr à Rome peu de temps, semble-t-il, avant la persécution de 64, opposait Chrétiens et Juifs. Elle aurait, ce faisant, rendu service à la fois au prince, accusé par la rumeur populaire d'avoir lui-même provoqué l'incendie, et aux Juifs, victimes en plus d'une occasion de la méfiance, voire de la haine de l'opinion, et qui risquaient d'être eux aussi soupçonnés en cette circonstance.

C'est là à coup sûr une simple hypothèse, mais que vient renforcer la constatation suivante. Suétone, dont les *Vies des Douze Césars* sont de quelques années postérieures aux *Annales* de Tacite, signale, dans sa biographie de Claude, les mesures prises par cet empereur contre les Juifs de Rome : « *Judaeos, impulsore Chresto assidue tumultuantes, Roma expulit* (¹⁰). » « Il chassa de Rome les Juifs, qui se livraient à de continuelles séditions à l'instigation de Chrestus. » Le texte est célèbre. Il trouve un recoupement intéressant dans un passage des *Actes des Apôtres* : à Corinthe, « Paul trouva un Juif nommé Aquila, originaire du Pont, qui venait d'arriver d'Italie avec Priscille, sa femme, à la suite d'un édit de Claude qui ordonnait à tous les Juifs de s'éloigner de Rome » (¹¹). C'est de toute évidence le même fait qui est mentionné de part et d'autre. Les *Actes* ne précisent pas le motif de cette mesure d'expulsion. Elle est certainement en rapport avec les débuts de la mission chrétienne dans la capitale. Il ne peut guère y avoir de doute en effet sur l'identité de ce Chrestus qui est à l'origine des troubles. La police impériale, apparemment, l'a pris pour quelque agitateur juif encore vivant, alors qu'il s'agit en réalité de la prédication faite au nom du Christ. Comme le note de Labriolle, « Suétone transcrit l'indication, sans se mettre en peine d'en vérifier lui-même le sens exact, n'en ayant ni la curiosité, ni les moyens.» (¹²). La mesure d'expulsion prise par Claude peut être datée avec vraisemblance des années 49-50. Elle atteint indistinctement, semble-t-il, les Juifs convertis au christia-

(⁹) *Ant. Jud.*, 20, 8.
(¹⁰) *Claude*, 25.
(¹¹) *Actes*, 18. 2.
(¹²) *La Réaction païenne*, Paris, 1934, p. 43.

nisme et les autres, sans chercher à faire de discrimination entre deux catégories que la police et l'autorité impériales paraissent incapables de distinguer, puisqu'elles n'ont pas vu que Chrestus c'est en réalité la prédication chrétienne.

Or le même Suétone (ou plutôt la source officielle à laquelle, dans un cas comme dans l'autre, il a puisé, à savoir les archives impériales) est aussi formel que Tacite sur le caractère précisément et exclusivement antichrétien de la persécution de Néron — dont il ne signale d'ailleurs pas le lien avec l'incendie de Rome : « On livra au supplice les Chrétiens, sorte de gens adonnés à une superstition nouvelle et malfaisante ([13]). » Il est par conséquent légitime de conclure que c'est entre 50 et 64 que l'autorité impériale a pris conscience, à Rome, de la spécificité du christianisme et de son originalité par rapport au judaïsme. Elle ne l'a pas fait dès les premiers débuts de la mission chrétienne dans la capitale : la mesure d'expulsion de Claude montre qu'il ne voit encore là que remous internes à la communauté juive de Rome. A plus forte raison, notons-le en passant, est-il impossible de reconnaître dans sa fameuse lettre aux Alexandrins, écrite au début du règne, la première allusion au christianisme ([14]). Il y a tout lieu de penser que c'est l'arrivée à Rome de saint Paul, vers 60, et les réactions hostiles suscitées parmi les Juifs de la capitale par son message révolutionnaire qui ont ouvert les yeux de l'autorité. Et il est raisonnable de penser que les Juifs ont tout fait pour l'aider à y voir clair, à la fois parce que le message chrétien sous sa forme paulinienne était totalement incompatible avec l'orthodoxie synagogale et parce que, exposés eux-mêmes à la malveillance populaire, ils ont voulu faire comprendre à l'empereur qu'il n'y avait rien de commun entre eux et ces dangereux novateurs qu'étaient les Chrétiens.

Ici encore, les *Actes des Apôtres* fournissent un intéressant recoupement, ou tout au moins un parallèle, qui éclaire ce qui a dû se passer à Rome. « Alors que Gallion était proconsul d'Achaïe » — une inscription de Delphes permet de situer ce proconsulat en 52 — « les Juifs se soulevèrent d'un commun

---

([13]) *Néron*, 16.
([14]) Cf. M. Simon, *A propos de la lettre de Claude aux Alexandrins*, dans *Recherches d'Histoire judéo-chrétienne*, Paris-La Haye, 1962, pp. 20-29,

accord contre Paul et l'amenèrent devant le tribunal en disant : cet individu cherche à persuader les gens d'adorer Dieu d'une manière contraire à la loi ». Le mot peut désigner la loi romaine aussi bien que la loi juive. C'est dans ce second sens que l'entend le proconsul : « S'il était question de quelque délit ou méfait, j'accueillerais, Juifs, votre plainte, comme de raison. Mais puisqu'il s'agit de contestations sur des mots et des noms et sur votre propre loi, à vous de voir. Etre juge, moi, en ces matières, je m'y refuse ([15]). »

Le passage est fort intéressant. Les Juifs, pleinement conscients de l'originalité du message de Paul, essaient d'en faire prendre conscience aussi au gouverneur, afin sans doute de l'amener à refuser à Paul et à ses disciples le bénéfice du statut juif. Mais Gallion, que ces questions de théologie n'intéressent pas, refuse de se laisser instruire et se déclare incompétent. L'ordre public n'étant pour l'instant pas menacé, il n'a aucune raison de prendre parti dans ce qu'il considère comme une querelle à l'intérieur de la Synagogue, et en conséquence il renvoie dos à dos accusés et accusateurs. C'est l'attitude normale d'un magistrat romain. Si sous Néron l'autorité impériale s'en est départie à Rome, on peut légitimement penser que c'est encore à la suite d'une intervention juive; et si celle-ci s'est avérée cette fois plus efficace que dans le cas de Gallion, sans doute l'influence personnelle de Poppée n'y est-elle pas étrangère.

Il nous faut donc nous tourner maintenant du côté de la Synagogue et nous demander quand, comment, sur quels critères elle a pris elle aussi conscience de la spécificité du phénomène chrétien. Les choses sont ici singulièrement plus complexes que du côté de l'autorité romaine. Elles le sont en particulier du fait que nous ne disposons d'aucun document juif, contemporain des premiers débuts du christianisme, où celui-ci soit mentionné. Silence chez Philon, silence aussi chez Flavius Josèphe, mis à part des passages, dont personne ne défend plus l'authenticité, du Josèphe slave. Nous en sommes réduits aux sources rabbiniques et talmudiques, largement postérieures à la première prédication chrétienne. Elles englobent, à coup sûr, des éléments de tradition plus ancienne, mais dont la chrono-

([15]) *Actes*, 18, 12-15.

logie est, en tout état de cause, difficile à tirer au clair. Cependant, deux ou trois points fixes apparaissent assez nettement. Rapprochés d'autres données, proprement chrétiennes, ils nous aideront à éclairer le problème qui nous occupe.

Le terme même de Chrétiens, ou une quelconque transposition sémitique, hébraïque ou araméenne, est absent des écrits rabbiniques. C'est dire que les Chrétiens ne semblent pas être explicitement mentionnés dans le Talmud, du moins dans l'état présent de cette littérature. Nous avons quelque raison de penser qu'ils l'étaient à l'origine, lorsque ces textes ont été mis en forme, et que des révisions ultérieures, dictées par la prudence, ont fait disparaître cette mention de plus d'un passage. Je ne retiendrai ici qu'un seul texte. Il s'agit d'un document liturgique, les *Schemone Esre*, ou Dix-Huit Bénédictions, élément essentiel de la liturgie synagogale. Dans sa recension classique, elle-même modifiée dans l'usage actuel, la douzième de ces bénédictions est ainsi libellée : « Que les apostats n'aient aucune espérance et que l'empire de l'orgueil soit déraciné promptement, de nos jours. Que les *Minim* périssent en un instant, qu'ils soient effacés du livre de vie et ne soient pas comptés parmi les justes. Béni sois-Tu, Eternel, qui abaisses les orgueilleux ([16]). »

Mais, à côté de cette recension, il en existe une autre, plus ancienne peut-être, et qui insère avant la mention des *Minim* celle des *Nozrim*. Il est facile de reconnaître dans ce terme de *Nozrim* l'équivalent sémitique de Nazaréens qui est, nous le verrons, le premier vocable sous lequel ont été désignés les Chrétiens. Quant à celui, très controversé, de *Minim*, il représente dans le langage rabbinique une désignation très générale, s'appliquant aux hérétiques de toute nuance, à tous ceux qui s'écartent de l'orthopraxie et de l'orthodoxie synagogales. L'étude approfondie d'un certain nombre de passages où il figure permet de conclure qu'il s'applique lui aussi, dans certains cas, aux Chrétiens. Nous sommes donc fondés à interpréter le texte des *Schemone Esre* comme signifiant « les *Nozrim* (Chrétiens) et autres *Minim* (hérétiques) » ([17]).

([16]) Cf. M. Simon, *Verus Israel. Etude sur les relations entre Chrétiens et Juifs dans l'Empire romain*, 2ᵉ éd., Paris, 1964, pp. 235-236.

([17]) Sur la question des Minim, cf., en dernier lieu, K. G. Kuhn, *Giljonim und Sifre Minim*, dans *Judentum, Urchristentum, Kirche, Festschrift für Joachim Jeremias*, Berlin, 1960, pp. 24-61.

Nous savons en outre — et c'est pour notre propos le point le plus important — que la formule relative aux *Nozrim* et *Minim* a été insérée dans la liturgie à l'initiative de Rabbi Gamaliel II, aux environs des années 85-90. C'est donc à ce moment-là que l'autorité rabbinique a ressenti le besoin de rompre toute attache avec les disciples du Christ et en fait d'excommunier ceux d'entre eux qui continuaient à participer au culte synagogal. Car il ne s'agit pas là d'un anathème purement théorique. La portée pratique de la mesure est soulignée par le commentaire rabbinique suivant : « Lorsque quelqu'un fait une faute dans une quelconque bénédiction, on le laisse continuer; mais s'il s'agit de la bénédiction des *Minim*, on le rappelle à sa place, car on le soupçonne d'être lui-même un *Min* ([18]). » Nous sommes en présence d'un véritable test. Comme tous les membres des communautés juives pouvaient être appelés à tour de rôle à officier dans le culte public, le moyen étant sûr : un officiant contaminé par l'hérésie devait nécessairement hésiter à prononcer, en maudissant les *Minim*, sa propre condamnation.

A la fin du 1ᵉʳ siècle par conséquent, la Synagogue orthodoxe, identifiée, depuis la ruine du Temple et la disparition simultanée du parti sadducéen, avec le pharisaïsme, ressent le christianisme comme un corps étranger et fait tout pour s'en dissocier entièrement. L'étude des textes rabbiniques où il est question de *Minim* nous révèle en outre sur quels points, lorsqu'il s'agit de Chrétiens, ceux-ci s'écartent des normes juives : ils contestent l'autorité de la Loi, voire la rejettent, et ils professent un « autre Dieu » — allusion très claire à la christologie ecclésiastique ([19]).

Faut-il donc penser que l'autorité rabbinique n'a pris conscience qu'à ce moment-là, c'est-à-dire sensiblement plus tard que l'autorité civile romaine, de l'originalité et de la spécificité du christianisme? Ce serait un paradoxe que de le soutenir. Cette mesure générale qui, sous forme d'anathème, frappe le christianisme en tant que tel, dans son ensemble, ne fait qu'élargir, généraliser et couronner une série de mesures particulières, prises antérieurement contre telle ou telle person-

---

([18]) *B. Berach.*, 28 b-29 a.
([19]) M. Simon, *Verus Israel*, pp. 229 ss.

nalité, telle ou telle orientation dans l'Eglise naissante. Ces mesures, dont la plus grave est celle qui frappe saint Etienne, lapidé, et ses disciples, dispersés par la persécution ([20]), prouvent d'une part que le judaïsme a d'emblée reconnu ce qu'il pouvait y avoir dans certains éléments du christianisme ou dans certaines interprétations de la doctrine chrétienne d'incompatible avec son propre enseignement. Elles montrent d'autre part que la Synagogue, avant d'en venir à une condamnation en bloc, a cru pouvoir distinguer entre Chrétiens et Chrétiens, pourchasser les uns et tolérer les autres. Il faut, pour comprendre cette attitude, se bien rendre compte de ce qu'était le judaïsme et aussi de ce qu'était le christianisme naissant.

Josèphe, brossant un tableau du judaïsme de son temps, analyse les différentes tendances ou écoles qui se côtoyaient dans son sein. Sadducéens, Pharisiens, Esséniens et Zélotes, voilà les quatre composantes majeures, telles qu'il les décrit ([21]). Conformément à la terminologie philosophique de l'époque, il les appelle *haireseis*. Ce terme, à la différence du mot « hérésie » que nous en avons tiré, n'implique aucune nuance péjorative, aucun jugement de valeur. Etymologiquement, il signifie le choix, l'option. Il est clair qu'aux yeux de Josèphe, encore que ses préférences apparaissent avec une égale clarté, les quatre tendances qu'il analyse peuvent toutes se réclamer légitimement du judaïsme, ce qui implique qu'elles s'accordent sur l'essentiel et que ce qui les sépare est considéré comme d'importance secondaire.

Or l'essentiel c'est d'une part la foi monothéiste, telle qu'elle s'exprime dans le *sch'ma* : « Ecoute, Israël, l'Eternel notre Dieu est le seul Seigneur ([22]). » C'est d'autre part la pratique de la Loi mosaïque. Quiconque satisfait à ces deux critères a droit à la qualification de Juif, aussi longtemps du moins qu'aucune des tendances majeures qui font le judaïsme n'est devenue exclusive, voire même trop largement majoritaire. Les choses changeront après la catastrophe de 70 qui, je le notais plus haut, entraîne automatiquement la disparition des Sad-

---

([20]) *Actes*, 7, 54-8, 3; sur cet épisode, M. Simon, *Saint Stephen and the Hellenists in the Primitive Church*, Londres, 1958.
([21]) *Ant. Jud.*, 13, 5, 9 et 18, 1, 2 ss.; *Bell. Jud.*, 2, 8, 14.
([22]) *Deutér.*, 6, 4.

ducéens et à laquelle n'ont, semble-t-il, survécu non plus ni les Esséniens, ni les Zélotes. Le judaïsme se réduit alors au pharisaïsme, dont les critères se font plus rigoureux et les exigences plus précises dès lors qu'il représente la seule forme de vie religieuse juive encore vivante.

Il est significatif que dans les Actes des Apôtres le christianisme soit désigné, par la bouche d'un de ses adversaires juifs, comme *Hairesis tôn Nazôraiôn* : il est apparemment considéré ici comme une secte juive entre beaucoup (²³). Et il est présenté comme un phénomène spécifiquement juif : c'est « chez les Juifs du monde entier » que Paul, « chef du parti des Nazaréens », est accusé de susciter des désordres; nous ne sommes pas très loin du « Judaeos, impulsore Chresto assidue tumultuantes » de Suétone. Le terme de *hairesis* est d'autant plus caractéristique, appliqué ici au christianisme, que l'auteur des Actes s'en sert aussi, comme Josèphe, pour désigner les Sadducéens et les Pharisiens (²⁴). Il est également intéressant de noter que Paul, répondant devant le gouverneur romain à l'accusation proférée contre lui, rejette cette appellation de *hairesis*, sans doute parce qu'elle lui paraît mettre le christianisme sur le même plan que d'autres sectes juives, alors qu'elle en est le couronnement et les supplante toutes. Paul lui substitue le terme « la voie » (*odos*). Mais ce faisant il n'en accepte pas moins de se placer sur le terrain de son adversaire et dans le cadre du judaïsme. Il s'efforce effectivement de prouver qu'en suivant la voie il se comporte comme un Juif irréprochable : « C'est suivant la voie, qualifiée par eux de parti, que je sers le Dieu de mes pères, gardant ma foi à tout ce qu'il y a dans la Loi et à ce qui est écrit dans les prophètes, ayant en Dieu l'espérance, comme ceux-ci l'ont eux-mêmes, qu'il y aura une résurrection des justes et des pécheurs (²⁵). »

Nous touchons ici du doigt la difficulté majeure du problème qui se pose à nous. Non seulement le christianisme plonge ses racines dans le judaïsme et n'est au départ qu'une secte juive, mais il se donne d'emblée et n'a par la suite jamais cessé de se donner pour le judaïsme véritable. L'autorité romaine a eu d'autant plus de mal, au début, à reconnaître en

(²³) *Actes*, 24, 5.
(²⁴) *Actes*, 5, 17 et 15,5.
(²⁵) *Actes*, 24, 14-15.

lui une religion nouvelle, que les Chrétiens eux-mêmes se réclament de la Bible et la revendiquent comme leur bien et que l'Eglise se proclame le vrai Israël. Si nous retenons, pour fixer les limites au-delà desquelles il n'est plus légitime de prétendre au titre de Juif, les deux critères que je mentionnais tout à l'heure, monothéisme et observance, alors la communauté chrétienne de Jérusalem est incontestablement juive. Les premiers disciples n'ont ni le sentiment, ni la volonté de sortir des cadres de la religion ancestrale. Les Actes des Apôtres soulignent leur assiduité au Temple et l'estime dans laquelle les tenait tout le peuple ([26]). Mais déjà, il convient de le souligner, ils se distinguent de la masse des Juifs par certaines particularités de rite et de croyance. Ils pratiquent, dès le début, semble-t-il, un baptême, qui est un rite d'agrégation, et du même coup de ségrégation par rapport aux autres Juifs; ils pratiquent la fraction du pain, rite du culte domestique juif, mais auquel ils attachent, d'emblée aussi, une signification très particulière. Et ils attendent le retour glorieux d'un homme qui a subi le supplice ignominieux de la croix et dans lequel ils voient le Messie attendu par Israël. Tout cela fait d'eux une secte caractérisée, une nouvelle secte; mais rien de tout cela, semble-t-il, ne suffit à les placer nettement en dehors de la communauté juive, qui s'accommodait, l'essentiel étant sauf, de plus d'une nuance.

A cet égard, la découverte des Manuscrits de la Mer Morte, en nous renseignant sur un groupement sectaire, qu'il faut sans doute identifier aux Esséniens, a éclairé d'un jour nouveau la situation du christianisme naissant. Les Esséniens sont, à certains égards, plus éloignés du judaïsme moyen, et des normes synagogales qui tendent à s'imposer partout, que les premiers Chrétiens, ne serait-ce que par l'attitude réservée, sinon franchement hostile, qu'ils adoptent vis-à-vis du Temple. Eux aussi ont leurs rites propres et ils constituent — ce que le christianisme naissant n'est pas — une communauté de caractère assez fermé, et ésotérique. Ils sont en marge du judaïsme officiel. Ils ont, à certain moments, suscité l'hostilité des milieux dirigeants, de l'aristocratie sacerdotale en particulier, et il semble bien que la secte ait dû, un certain temps, se réfugier « au pays

---

([26]) *Actes*, 2, 46.

de Damas ». Il n'est pas exclu qu'ils aient éprouvé à l'égard du mystérieux Maître de Justice une vénération proche d'un véritable culte, et qu'ils l'aient plus ou moins explicitement identifié au Messie — ou à l'un des deux Messies — qu'ils attendaient. Il est possible — voire probable, sinon certain — que ce Maître de Justice soit mort martyr, du fait des dirigeants jérusalémites (²⁷). Malgré ces traits, assez voisins à bien des égards de ceux qu'offre le christianisme naissant, et passées les difficultés initiales, que nous ne faisons qu'entrevoir, la secte de Qumran mène au début de l'ère chrétienne une existence paisible. Nul, apparemment, ne lui conteste plus le droit à l'existence, ni l'appartenance au judaïsme. Et il ne faudrait pas pousser beaucoup Josèphe dans ses retranchements pour lui faire dire que les Esséniens sont les plus parfaits d'entre les Juifs.

L'attitude des autorités et de l'opinion juives vis-à-vis du christianisme naissant n'a pas été, au début, fondamentalement différente de ce qu'elle est vis-à-vis de l'essénisme. Les mesures prises à l'encontre de certains chefs de la communauté jérusalémite peuvent être imputées à des animosités personnelles : Josèphe le dit explicitement à propos du martyre de Jacques, frère du Seigneur (²⁸). Elles peuvent être le fait de certaines fractions du judaïsme plutôt que du judaïsme dans son ensemble, et traduire à cet égard des oppositions de sectes à l'intérieur de la Synagogue plutôt que la conscience d'une totale et irréductible hétérogénéité du christianisme. La position moyenne du judaïsme paraît assez bien exprimée par le discours que les Actes prêtent à Gamaliel lors de la comparution des apôtres devant le Sanhédrin. Ayant rappelé que plusieurs agitateurs, faux Messies, ont paru sur la scène au cours des années récentes et en ont été très vite balayés, Gamaliel estime qu'il y a lieu d'adopter à l'égard du mouvement chrétien une attitude d'expectative, et que la tournure prise par les événements montrera ce qu'il y a lieu d'en penser : « Ne vous occupez pas de ces gens-là, laissez-les. Car, si leur entreprise ou leur œuvre vient des hommes, elle se détruira d'elle-même; mais si vraiment elle vient de Dieu, vous n'arriverez pas à la

---

(²⁷) Sur les problèmes relatifs au Maître de Justice, cf. A. Dupont-Sommer, *Les Ecrits esséniens découverts près de la Mer Morte*, Paris, 1959, pp. 369-371.

(²⁸) Josèphe, *Ant. Jud.*, 20, 9, 1.

détruire. Ne risquez donc pas de vous trouver en guerre contre
Dieu ([29]). » On peut penser à coup sûr que les termes sont un
peu plus laudatifs dans cette version chrétienne du discours
qu'ils ne l'ont été en fait. Mais, sur le fond même de la question, l'attitude prêtée à Gamaliel correspond bien à la réalité :
« wait and see », telle paraît avoir été tout d'abord la ligne de
conduite de la Synagogue vis-à-vis des Chrétiens. Elle eût certainement été différente si les responsables juifs avaient eu dès
ce moment-là une conscience très claire de l'originalité réelle
du fait chrétien.

Proclamer comme le Messie désigné quelqu'un dont la carrière, jugée d'après les normes habituelles, s'était soldée par un
échec n'était pas un motif suffisant pour être exclu de la communion juive. Sans compter les faux Messies évoqués par
Gamaliel, et qui réussirent à faire des disciples, il est bon de
rappeler le cas de Bar Cochba, instigateur de la révolte de 132,
qui se proclama ouvertement Messie et entraîna l'adhésion d'un
docteur aussi illustre que Rabbi Akiba. Son échec final, preuve
éclatante qu'Akiba s'était trompé sur son compte, n'empêcha
pas ce dernier de rester un des maîtres les plus vénérés des
générations juives ultérieures, et jusqu'à ce jour ([30]).

Il convient donc, me semble-t-il, de modifier ou plus exactement de préciser les données du problème et la façon dont
nous posons la question. Envisagé comme secte juive, le christianisme apparaît comme un phénomène différencié et spécifique dès ses tout premiers pas et du vivant même de Jésus. Il a
suffi pour cela que les disciples reconnaissent en Jésus le
Messie attendu et qu'ils persistent à le reconnaître comme tel
après la fin de sa carrière terrestre. Cette croyance les distingue
d'emblée du judaïsme normal ou officiel. Mais elle ne les place
pas en dehors des cadres du judaïsme considéré dans son
ensemble. Envisagé comme religion distincte, le christianisme
n'est pas, alors, né encore. Mieux nous connaissons les formes
multiples que le judaïsme revêtait à l'époque, plus nous
sommes amenés à constater qu'il y avait place dans son sein
même pour le mouvement qui se réclamait du Christ Jésus.
Nous sommes, à coup sûr, très mal renseignés sur la christo-

([29]) *Actes*, 5, 38-39.
([30]) Sur l'attitude de R. Akiba vis-à-vis de Bar Cochba, *J. Taan.*,
4, 8.

logie professée par la première communauté jérusalémite. Seuls les discours prêtés à Pierre par les Actes ([31]) nous fournissent quelques données. Mais nous en savons assez pour pouvoir admettre que cette christologie ne faisait pas éclater les cadres de la pensée juive traditionnelle. On en trouve aisément les racines, en particulier du côté des écrits apocryphes ou pseudépigraphes, cycle d'Hénoch par exemple. L'idée d'un Messie exalté, préexistant, n'était pas étrangère à la pensée théologique juive. Il n'est pas impossible même qu'elle ait connu celle d'un Messie souffrant ([32]). De façon plus précise, les spéculations relatives au Fils de l'Homme d'une part, au Serviteur souffrant de l'autre, ont largement préparé la voie à la christologie de l'Eglise primitive. Il a fallu, pour que cette Eglise apparaisse comme autre chose qu'une secte juive entre beaucoup, que la christologie évolue et se précise dans une direction et sous une forme jugées par les Juifs, à tort ou à raison, incompatibles avec le monothéisme traditionnel. Il a fallu aussi que sur la question des observances le christianisme naissant en vienne à professer des vues franchement révolutionnaires et intolérables du point de vue de l'orthopraxie synagogale. Cette constatation nous amène à souligner un autre élément, fondamental pour notre élucidation du problème : savoir, la diversité des tendances qui constituent l'Eglise primitive, et en particulier le rôle joué par saint Paul dans le processus de différenciation du christianisme par rapport à son substrat juif.

Il n'est pas dans mon intention de refaire, après tant d'autres, l'analyse de la pensée religieuse de saint Paul. Ce serait, dans l'espace de ces quelques pages, impossible et par surcroît, du point de vue qui nous occupe, superflu ([33]). Je me contenterai de rappeler deux ou trois points, suffisamment connus pour me dispenser de longs développements. Il s'agit en particulier, d'une part de la position adoptée par l'Apôtre en regard de l'observance et de la Loi, d'autre part de la christo-

---

([31]) *Actes*, 2, 14-36 et 3, 12-26.

([32]) Cf. J. J. Brierre Narbonne, *Le Messie souffrant dans la littérature rabbinique*, Paris, 1940. Le problème se pose avec une précision nouvelle depuis la découverte des manuscrits de la Mer Morte, en rapport avec la figure du Maître de Justice.

([33]) Cf. parmi la littérature récente, H. J. Schoeps, *Paulus. Die Theologie des Apostels im Lichte der jüdischen Religionsgeschichte*, Tübingen, 1959.

logie paulinienne. Quoi qu'il en ait dit et pensé lui-même, elles représentent sans conteste une rupture non seulement avec la tradition pharisienne, mais avec tout le judaïsme. On ne pouvait pas, en restant Juif, hausser le Christ jusqu'à la condition divine. On ne pouvait pas davantage déclarer la Loi caduque et son observance indifférente. Avec l'intervention de Paul, et en dépit de ses propres déclarations, la rupture avec le judaïsme est consommée. Ce n'est certainement pas par hasard, comme je le notais plus haut, que le terme de Chrétiens fait son apparition et que les premières difficultés sérieuses avec les pouvoirs publics se produisent en relation avec l'entrée en scène de l'Apôtre. C'est de son fait aussi que s'opère un changement dans la stratégie missionnaire de l'Eglise naissante : au lieu de s'adresser, comme l'avaient fait les premiers disciples, et comme lui-même commence par le faire, d'abord aux Juifs, et aux païens seulement dans la mesure où ils fréquentaient déjà les synagogues de la Diaspora, Paul, après les déboires rencontrés de ce côté, prend l'habitude d'aller, de plus en plus, directement aux païens. Il porte son message même en dehors des synagogues, sur la place publique, désespérant pour l'instant de la conversion de ses frères de race. Avec lui, l'Eglise des Gentils est née ([34]).

Mais il convient d'éviter ici deux graves contresens. Ce qui est nouveau dans cette attitude, ce n'est pas le fait même de la mission auprès des païens : le judaïsme l'avait largement pratiquée déjà et peut-être, assez timidement, certains au moins parmi les premiers disciples. Il ne faut pas perdre de vue l'importance considérable du prosélytisme juif dans le monde gréco-romain. Paul agit dans le sillage de ce prosélytisme qui a, sans le vouloir, préparé la voie à la mission chrétienne ([35]). Ce qui est nouveau, ce sont les conditions de la mission. Paul trouve normal que les païens deviennent Chrétien sans devenir Juifs du même coup. Il ne met à leur admission dans l'Eglise aucune condition de caractère rituel : si la Loi est caduque, depuis la venue du Christ, même pour Israël, à plus forte raison l'est-elle pour les recrues venues de la Gentilité. On ne saurait

---

([34]) Sur la vocation de Paul comme apôtre des Gentils et sa ratification par les Douze, *Galates*, 1, 15-16 et 2, 7-10.

([35]) Sur ce point, en dernier lieu, E. LERLE, *Proselytenwerbung und Urchristentum*, Berlin, 1961.

trop souligner l'importance de ce fait dans le processus d'éman-
cipation de l'Eglise par rapport au judaïsme. En se ralliant sur
ce point aux vues de saint Paul, l'Eglise accepte de renoncer au
bénéfice du statut officiel qui faisait du judaïsme une *religio
licita* et lui assurait la protection du pouvoir civil. C'est en se
détachant de la Loi que la jeune chrétienté acquiert vraiment
son autonomie et s'affirme aux yeux de l'univers comme une
religion originale, universaliste à un point que le judaïsme,
ancré dans la tradition israélite, nationale en même temps et
autant que religieuse, n'avait jamais atteint et n'aurait jamais
pu atteindre.

Mais — et c'est le second contresens qu'il convient de prévenir — Paul n'est pas pour autant le véritable fondateur du
christianisme, contrairement à ce qu'on a parfois affirmé et à
ce qu'affirment en particulier les tenants de la thèse dite mythologique, qui nient l'historicité de la figure de Jésus ([36]). Avec
Paul, ce qui dans le christianisme naissant n'était encore le plus
souvent que virtuel s'actualise. On ne peut pas dire qu'il y ait
création véritable.

Si nouvelles qu'apparaissent à bien des égards, par rapports à ce que nous savons des premiers disciples, les vues de
Paul, elles ne représentent pas une rupture radicale. Des travaux récents ont bien mis ce fait en lumière, en soulignant les
racines juives de la pensée paulinienne ([37]). Paul lui-même, si
jaloux soit-il de son autonomie et de son égalité par rapport
aux « colonnes » de la communauté jérusalémite, si préoccupé
de rappeler que sa vocation et son message lui viennent du
Seigneur lui-même, par révélation directe, n'en est pas moins
soucieux de souligner la continuité qui unit son enseignement
à celui des premiers disciples. Il est très caractéristique que
lorsqu'il expose les points fondamentaux de sa prédication, il
se réclame de la tradition, conçue comme la concevaient les
docteurs pharisiens, c'est-à-dire d'une transmission humaine
qui, en l'occurrence, passe par les Douze : « Je vous ai transmis
en premier lieu ce que j'ai moi-même reçu : que le Christ est
mort pour nos péchés, conformément aux Ecritures ; qu'il a été
enseveli et qu'il est ressuscité le troisième jour, conformément

---

([36]) P. ex. P.-L. Couchoud, *Le Dieu Jésus*, Paris, 1951.
([37]) Cf. en plus de l'ouvrage de Schoeps cité plus haut,
W. D. Davies, *Paul and Rabbinic Judaism*, Londres, 1948.

aux Ecritures, et qu'il est apparu à Céphas, puis aux Douze ([38]). » Cette continuité, cette identité authentiquent son Evangile : « Ainsi donc, soit moi, soit eux, voilà ce que nous prêchons, voilà ce que vous avez cru ([39]). »

Compte tenu de ce fait, nous serons fondés à dire qu'avec Paul le christianisme est pleinement conscient de son originalité par rapport au judaïsme de l'époque. Il serait imprudent de dire que c'est alors seulement que le christianisme naît comme religion nouvelle. Et sans doute sera-t-il bon, pour essayer de clarifier les choses un peu plus encore, de distinguer entre le point de vue de l'historien du xxᵉ siècle et celui des Chrétiens de la première génération. Les traits spécifiques du christianisme par rapport au judaïsme nous apparaissent sans doute plus clairement aujourd'hui, et à une date plus précoce, qu'ils ne sont apparus aux intéressés eux-mêmes, imbriqués qu'ils étaient dans des structures de pensée juive et pris par un atavisme intellectuel et religieux dont l'influence se fait sentir même chez saint Paul, et pèse d'un poids infiniment plus lourd encore chez les tenants du rameau judéo-chrétien de l'Eglise ancienne. Ce n'est que progressivement sans doute, et à un rythme très inégal selon les milieux, que les fidèles des premières générations ont pris conscience de ce qui les différenciait de leur milieu d'origine. Ils en ont pris conscience, semble-t-il, moins du fait de leurs propres affirmations — car, encore une fois, ils prétendaient représenter le judaïsme authentique, le véritable Israël — que du fait du refus que les Juifs opposaient à leur message. Le judaïsme ne se reconnaissant pas en eux, ils ont été amenés, bon gré mal gré, à reconnaître et à affirmer qu'ils étaient en définitive autre chose.

Cet « autre chose », il nous semble à nous, historiens modernes, qu'il est donné déjà dans les formes les plus archaïques de la doctrine et de la pratique rituelle du christianisme primitif, même si les Chrétiens de ce temps ne l'ont pas d'emblée reconnu. Il est en particulier, cet autre chose, dans les affirmations fondamentales de la foi : Jésus crucifié, ressuscité, glorifié. Ce n'est pas sans raison que Maurice Goguel, peu suspect de tendances proprement ecclésiales, et peu enclin

([38]) *I Cor.*, 15, 3-5.
([39]) *I Cor.*, 15, 11.

à antidater l'institution, a reconnu dans la foi de Pâques, la foi
en la résurrection, l'acte de naissance du christianisme, avec ce
qu'il appelle « la création d'un objet religieux nouveau » ([40]).
De fait, il y a là quelque chose qui, à la réflexion, fait éclater
les cadres du judaïsme. Se rallier à un faux Messie — l'exemple
déjà mentionné de rabbi Akiba par rapport à Bar Cochba le
montre — était péché véniel. Il était beaucoup plus insolite et
plus grave de persister à reconnaître et à proclamer comme le
Messie quelqu'un qui, rejeté par les Pharisiens, condamné à
une mort ignominieuse par une coalition du sacerdoce sadducéen et de l'autorité romaine, avait pris soin, de son vivant, de
prendre ses distances par rapport au messianisme nationaliste
des Zélotes et s'était arrogé vis-à-vis des prescriptions de la Loi
une liberté sans précédent et une autorité égale ou supérieure à
celle de Moïse lui-même. Si précises et si éclairantes que soient
à bien des égards les analogies entre l'essénisme de Qumran et
le message de Jésus et de ses premiers disciples, le parallélisme
tourne court sur un point capital : les Esséniens sont des hyper-
légalistes et, du point de vue de l'observance rituelle, des Pharisiens au superlatif. Chez Jésus, le commandement rituel,
observance du sabbat, interdits alimentaires, est relativisé et
subordonné à l'autorité souveraine du Fils de l'Homme ([41]).
Le Christ se place ainsi en marge de toutes les formes du
judaïsme de son temps et Paul est, à cet égard, son disciple très
authentique. Ce qu'on appelle la conscience messianique de
Jésus, dont les exégètes ont beaucoup discuté et qu'il paraît
bien difficile de mettre en doute ([42]) recelait déjà le principe
d'une rupture avec le judaïsme, même si, comme il est évident,
elle s'alimente à des sources, canoniques ou non, authentique-
ment juives. Car elle aboutit précisément à mettre Jésus en
conflit avec la Loi et à conférer à sa propre personne, devenue
assez vite le centre de tout le système cultuel et doctrinal du
christianisme naissant, cette autorité qui peut prendre le contre-
pied de ce qu'ont enseigné, à partir de la Torah, des générations de sages en Israël et, à l'occasion, de la Torah elle-même,

---

([40]) *La Naissance du Christianisme*, Paris, 1946, pp. 41 ss.
([41]) Sur l'attitude de Jésus envers la Loi, cf. le résumé récent de
H. E. W. TURNER dans *A Companion to the Bible*, nouvelle édition sous
la direction de H. H. Rowley, Edinburgh, 1963, pp. 485-489.
([42]) H. E. W. TURNER, *op. cit.*, pp. 459 ss.

fût-ce lorsqu'il affirme qu'il est venu non pas pour l'abolir, mais pour l'accomplir, la parachever ([43]).

Cette même conscience que le Christ a de ses éminentes prérogatives apparaît dans l'institution du rite eucharistique, lors de la dernière Cène. A moins de révoquer en doute, de façon très arbitaire, la réalité même du geste, force est d'y reconnaître un des points d'appui d'une forme religieuse nouvelle. De quelque façon qu'on l'interprète théologiquement — et ce n'est pas ici le lieu de rappeler les controverses eucharistiques dans l'histoire de l'Eglise — on ne saurait en minimiser la portée. Il transforme fondamentalement, en le mettant dans un rapport en quelque sorte organique avec sa personne et sa mort imminente, le sens de rites familiers à tout Juif pieux. Etablir un lien mystérieux, même s'il ne s'agit que de traduire un symbole, entre les éléments habituels du repas, pain et vin, et les éléments de sa propre personne physique, corps et sang, c'est, me semble-t-il, placer cette personne en dehors des cadres de l'humanité vulgaire, souligner ce qu'elle a d'exceptionnel, de supra-humain. Et c'est du même coup se placer, pour ce qui est de l'accomplissement du rite, en dehors des cadres du judaïsme normal, ou du judaïsme tout court, sans épithète. Si large que nous fassions la part de l'élaboration rédactionnelle et communautaire dans les récits évangéliques de la dernière Cène, même si nous attribuons à Paul — puisque c'est dans la Première Epître aux Corinthiens que nous a été conservé le récit le plus ancien ([44]) — la mise en forme du sacrement, il reste toujours, au point de départ, un geste du Christ. Ce geste paraît à la majorité, me semble-t-il, des critiques actuels, quelle que soit leur position confessionnelle ou idéologique, suffisant à fonder ou tout au moins à souligner la spécificité du mouvement chrétien ([45]). Il suppose une conception du Messie sans précédent ni parallèle connus dans la spéculation juive de l'époque. Il contient en germe tous les développements ultérieurs de la pensée ecclésiologique et sacramentaire, telle que la

---

([43]) Matth., 5, 17.

([44]) *I Cor.*, 11, 23-25.

([45]) Cf. en particulier la position, très caractéristique, de l'historien juif H. J. Schoeps, *Das Judenchristentum*, Berne, 1964, p. 13, à propos de la dernière Cène : « Man kann dies : die verkündete « neue Ordnung in meinem Blut » als den Stiftungsakt der christlichen Kirche bezeichnen ».

formuleront en particulier Paul, avec la notion du corps mystique et sa mystique christocentrique, qui fait du Messie le principe et la source de toute vie spirituelle, individuelle ou collective ([46]) et, sous d'autres formes, le Quatrième Evangile.

Peu importe en définitive comment les participants eux-mêmes de la dernière Cène, les Douze et les premiers disciples, ont interprété le geste. Sur ce point il est impossible d'affirmer quoi que ce soit. Peu importe aussi que les Juifs de l'époque n'aient vu d'abord dans la « fraction du pain », telle que la pratiquait d'emblée le christianisme naissant, que la répétition d'un rite familier. Pour l'historien le moins soucieux d'apologétique, la spécificité du fait chrétien est donnée dans ce type particulier de conscience messianique qui paraît avoir animé le ministère de Jésus, dans les gestes de la dernière Cène, dans la foi de Pâques, la foi des premiers disciples en un Christ ressuscité et exalté à la droite de Dieu.

Quant à préciser à quel moment et sur quels critères précis cette spécificité est, pour les intéressés eux-mêmes, devenue consciente et s'est explicitée, c'est une entreprise hasardeuse. Peut-être vaut-il mieux y renoncer, faute de textes suffisamment clairs, et aussi parce que cela ne s'est sans doute pas fait d'un seul coup. Le rôle de Paul paraît à coup sûr déterminant, avec les réserves que j'exprimais tout à l'heure. Il convient cependant de ne pas le considérer comme exclusif. On a cherché parfois du côté d'Etienne et des Hellénistes le point de départ d'un christianisme émancipé du judaïsme. Je ne pense pas que ce soit exact. Car il n'y a pas, dans le discours d'Etienne, tel que le rapportent les *Actes* et qui le conduit à sa perte ([47]), d'indices positifs d'un véritable affranchissement. Le message du proto-martyr se ramène, pour l'essentiel, si je l'interprète correctement, à une condamnation radicale du Temple et de son culte. C'est le message d'un judaïsme réformé, spiritualisé, plutôt que d'une religion vraiment nouvelle. Rien ne permet de supposer que l'anathème prononcé par Etienne contre le Temple se soit étendu à d'autres aspects des institutions rituelles et cultuelles du judaïsme. Ce n'est sans doute pas sans de bonnes raisons que, d'après le témoignage des *Actes*, les

---

([46]) *Rom.*, 6, 2 ss.; *I Cor.*, 10, 16-17; *Gal.*, 2, 20; 3, 27; *Col.*, 1, 18, 24; 2, 12.

([47]) *Actes*, 7, 2-53.

disciples d'Etienne, dispersés par la persécution, n'adressèrent leur message, à quelques exceptions près, qu'aux seuls Juifs ([48]). La position d'Etienne reste dans l'Eglise ancienne celle d'un isolé. Il ne crée pas de précédent.

De plus de portée me paraît être, comme témoignant d'une prise de conscience de la spécificité du christianisme, le « décret apostolique », élaboré lors de ce qu'on appelle parfois le concile de Jérusalem ([49]). Des judéo-chrétiens rigoristes ayant prétendu imposer aux Chrétiens nés dans la Gentilité la totalité de l'observance, les chefs responsables de la communauté jérusalémite estimèrent cette exigence inadmissible et ramenèrent les obligations rituelles requises des recrues païennes à un minimum, savoir : s'abstenir des idolothytes, du sang, des viandes étouffées et de la *porneia*, c'est-à-dire, selon toute vraisemblance, non pas de la débauche, mais de façon plus précise, des mariages ou des relations sexuelles à des degrés de parenté ou de consanguinité prohibés par la Loi mosaïque ([50]). On admet communément que ces prescriptions ne font que reprendre, en les précisant, les prescriptions rituelles des commandements dits noachiques, qui constituaient aux yeux des rabbins la charte religieuse de l'humanité tout entière et qu'en conséquence ils imposaient aux demi-prosélytes, c'est-à-dire à ceux des païens qui, sans aller jusqu'à la conversion intégrale, sanctionnée en particulier par la circoncision, renonçaient à l'idolâtrie et gravitaient dans l'orbite de la Synagogue ([51]).

Si les Douze reprennent pour l'essentiel ces commandements et les imposent aux convertis venus de la Gentilité, on peut être tenté, à première vue, de reconnaître dans leur décision une réaction atavique, qui aboutirait à créer dans l'Eglise deux catégories de fidèles, les uns à part entière, nés dans le judaïsme et respectueux de la totalité de l'observance, les autres de seconde zone, astreints seulement à ce minimum indispensable. Il n'est certes pas exclu que tel ait été, effectivement, le point de vue de Jacques et des Jérusalémites. On doit

---

([48]) *Actes*, 11, 19.
([49]) *Actes*, 15, 23-29.
([50]) *Lévitique*, 18.
([51]) Sur les commandements noachiques, E. L. Dietrich, *Die « Religion Noahs », ihre Herkunft und ihre Bedeutung*, dans *Zeitschrift für Religions- und Geistesgeschichte*, 1948, pp. 301-314.

noter cependant, entre les demi-prosélytes astreints aux commandements noachiques et les Chrétiens venus de la Gentilité, une différence fondamentale. Les premiers restent étrangers à la communauté sainte. Ils se tiennent sur le seuil et ne sont pas intégrés à la Synagogue. Les seconds au contraire — le décret apostolique est parfaitement clair sur ce point — sont membres de l'Eglise, sans contestation possible. Ils se considèrent sans aucun doute comme membres de plein droit, à égalité avec leurs frères venus du judaïsme, même si ces derniers hésitent à reconnaître cette égalité. Et ils peuvent se réclamer à cet égard d'une décision apostolique, même si les auteurs de cette décision n'ont pas vu avec une entière clarté ce qu'elle impliquait et où elle mènerait, tôt ou tard, la totalité des fidèles, quelle que soit leur origine.

Si nous en croyons les *Actes*, Paul était présent lors de l'élaboration du décret et y aurait, au moins tacitement, souscrit. Je n'en suis pas convaincu. Car il affirme ailleurs, avec beaucoup de force, qu'aucune condition — rituelle — si anodine soit-elle ne fut mise par Jacques et les Douze à son apostolat auprès des païens ([52]). Quoi qu'il en soit de ce point précis, il est évident que dans son esprit, sinon dans sa lettre, le décret apostolique va dans le sens de la prédication paulinienne. En dissociant la qualité de Chrétien et celle de Juif, en proclamant qu'on peut être Chrétien sans devenir Juif du même coup, il sépare *ipso facto* le christianisme de l'observance totale. Jugé d'après les normes synagogales, il équivaut sans doute à faire des Chrétiens des demi-prosélytes. Mais, vu sous un autre angle, il proclame, fût-ce sans le vouloir, ou sans que ses auteurs s'en soient rendu pleinement compte, l'autonomie de l'Eglise naissante en regard de la Loi rituelle et par conséquent du judaïsme.

Je serais assez disposé à suivre Goguel lorsqu'il voit dans la mise à mort de l'apôtre Jacques, frère de Jean, et dans l'emprisonnement — interrompu par une libération miraculeuse — de saint Pierre une relation organique avec le décret : en relatant ce martyre et cet emprisonnement avant le concile de Jérusalem, l'auteur des *Actes* aurait interverti l'ordre réel des événements. Ce seraient les concessions consenties par

---

([52]) *Gal.*, 2, 6-10.

l'assemblée apostolique aux recrues païennes et, si partielles qu'elles aient été, à Paul qui auraient provoqué un mouvement de l'opinion juive contre les Chrétiens et les mesures de violence d'Hérode Agrippa Ier contre certains de leurs chefs ([53]). En définitive, si l'on essaie de se placer du point de vue des gens de l'époque, Juifs ou Chrétiens, c'est peut-être dans ce décret apostolique, où l'autonomie de l'Eglise vis-à-vis de la Synagogue est affirmée pour la première fois, même timidement, que l'on aura le plus de raisons de reconnaître une prise de conscience, par les Chrétiens et par les Juifs, de la spécificité du christianisme.

([53]) *La Naissance du Christianisme*, pp. 126-127 et 503-505.

Éléments gnostiques chez Philon

Pour qui s'interroge sur les relations possibles entre la pensée de Philon et la pensée gnostique, un coup d'oeil sur la littérature philonienne récente s'avère des plus instructifs. Tandis que Bréhier, notant que „Philon n'a pas pris comme point de départ la philosophie grecque, mais cette théologie alexandrine qui devait produire les systèmes gnostiques et la littérature hermétique" [1]), semble admettre tacitement une certaine parenté entre le penseur judéo-alexandrin et la gnose, Goodenough, tout en rappelant „les nombreuses analogies entre Philon et les formulations gnostiques et néoplatoniciennes" [2]), n'en souligne pas moins que Philon „ne pouvait nourrir aucune sympathie pour cette parodie de philosophie, ce type de présentation mythologique auquel nous donnons le nom collectif de gnosticisme" [3]). Et par ailleurs on cherche en vain dans l'index de l'ouvrage classique de Wolfson sur Philon les mots de gnose et de gnosticisme, tandis que pour Hans Jonas la pensée philonienne représente la première forme de la gnose [4]). Gnosticisant? Pré-gnostique? Ou sans rapport aucun avec la gnose? La réponse dépend largement de la définition que l'on retiendra de la gnose et du gnosticisme, et de ce qu'on pensera de leurs origines historiques. Sans aborder de front des problèmes si passionnément débattus et sur lesquels le présent colloque apportera sans doute quelque lumière, je prendrai comme terme de

---

[1]) E. Bréhier, *Les Idées philosophiques et religieuses de Philon d'Alexandrie*, 2ème éd., Paris, 1925, p. 317. Les éléments gnostiques de la pensée de Philon, tels que Bréhier les voit, sont brièvement résumés par S. Pétrement, *Le Dualisme chez Platon, les Gnostiques et les Manichéens*, Paris, 1947, pp. 217-219.

[2]) E. R. Goodenough, *An Introduction to Philo Judaeus*, 2ème éd., Oxford, 1962, p. 17.

[3]) *By Light, Light, The Mystic Gospel of Hellenistic Judaism*, New Haven 1935, p. 119.

[4]) H. Jonas, *Gnosis und spätantiker Geist*, II, I, Göttingen, 1954, pp. 70-121. C'est, à ma connaissance, l'un des seuls ouvrages récents sur la gnose qui fasse une place relativement importante à Philon, en se limitant d'ailleurs au problème de la connaissance de Dieu, théorique et mystique: cf. *Quod Deus immut.*, 142: ἡ τελεία ὁδός . . . τὸ δὲ τέρμα τῆς ὁδοῦ γνῶσίς ἐστι καὶ ἐπιστήμη θεοῦ. Cf. aussi R. McL. Wilson, *The Gnostic Problem*, London, 1958, pp. 30-63.

référence implicite le gnosticisme sous sa forme classique, telle qu'elle nous apparaît dans les grands systèmes du IIème siècle et dont la typologie a été récemment analysée par divers auteurs [1]).

A y regarder de plus près, la question qui nous occupe peut se subdiviser en deux. Y a-t-il dans l'oeuvre de Philon des indications relatives à tel courant de pensée judéo-alexandrin, mais non philonien, que l'on pourrait déjà qualifier de gnostique? Et d'autre part, et surtout, la pensée de Philon lui-même offre-t-elle des aspects gnostiques ou gnosticisants? Il est à peine besoin de préciser que je ne peux faire plus, d'un côté comme de l'autre, qu'essayer de dégager quelques traits. En ce qui concerne la seconde question en particulier, je me bornerai à quelques remarques sur le seul problème des relations entre Dieu d'une part, le monde et l'homme d'autre part.

A la première, une réponse résolument affirmative a été donnée par M. Friedländer, *Der vorchristliche jüdische Gnosticismus*, Göttingen, 1898 [2]). L'auteur s'appuie essentiellement sur le passage fameux où Philon critique et réfute les extrémistes de l'allégorisme, qui rejettent le sens littéral de la Loi et s'estiment libres de ne pas la pratiquer [3]). Wolfson n'a pas eu de peine à démontrer qu'il s'agissait là d'une tendance au sein de la communauté juive d'Alexandrie et non pas d'un groupement séparé, d'une secte à proprement parler [4]). Rien par ailleurs, dans le texte, n'autorise ou même n'invite à considérer ces allégoristes comme des gnostiques ou des pré-gnostiques. La Loi rituelle est seule, selon toute apparence, en question: nos allégoristes ne sont pas des libertins. Par ailleurs, les grands docteurs gnostiques n'allégorisent guère l'Ancien Testament et ses prescriptions. C'est parce qu'ils les entendent à la lettre que souvent ils y reconnaissent l'oeuvre d'un Dieu subalterne. L'exemple de Marcion, qui répudie toute allégorie, est à cet égard particulièrement clair. La lettre de Ptolémée à Flora, il est vrai, attache aux préceptes rituels une signification symbolique. Mais la discrimination qu'elle opère à l'intérieur

---

[1]) Références bibliographiques dans U. Bianchi, *Le problème des origines du gnosticisme et l'histoire des religions*, in *Numen*, XII, 3 (1965), p. 175, n. 31. Bilan de la recherche philonienne moderne (jusqu'en 1954) dans H. Thyen, *Die Probleme der neueren Philo-Forschung*, in *Theologische Rundschau, Neue Folge*, 23 (1955), pp. 230-246.

[2]) Cf., du même auteur, *Geschichte der jüdischen Apologetik als Vorgeschichte des Christentums*, Göttingen, 1903, et *Die religiösen Bewegungen innerhalb des Judentums im Zeitalter Jesu*, Berlin, 1905.

[3]) *De migr. Abrah.*, 89-90.

[4]) H. A. Wolfson, *Philo*, I, Cambridge (Mass.), 1948, pp. 66-71.

de la Loi entre les commandements d'origine divine, bien que pro-
mulgués par un dieu subalterne, ceux dont Moïse est l'auteur et ceux
qu'ont imaginés les Anciens du peuple n'en repose pas moins, pour
l'essentiel, sur une exégèse littérale [1]). Les hyperallégoristes de Philon
annoncent l'Epître de Barnabé plutôt que la lettre de Ptolémée qui
peut être tenue, *cum grano salis*, pour le premier spécimen d'une
exégèse critique, expliquant par des sources ou des strates rédaction-
nelles différentes les divergences ou contradictions qu'elle pense
pouvoir noter dans un texte biblique. Lorsque les gnostiques „allégorisent", c'est généralement en un sens tout-à-fait différent, que
Hans Jonas a bien mis en lumière sur les exemples d'Eve et du serpent,
et de Caïn [2]). L'allégorie, ici, consiste à renverser le système de
valeurs qui s'exprime dans le texte biblique. Le sens profond auquel
on arrive ainsi trouve le bien là où le texte voyait et présentait le mal.
Il contredit non seulement le sens littéral — ce que l'allégorie juive ne
fait pas — mais aussi l'interprétation allégorique qu'une exégèse, juive
ou chrétienne, attachée aux valeurs morales traditionnelles peut y
ajouter.

Il n'y a rien de tel, apparemment, chez les allégoristes que critique
Philon. Rien non plus, dans ce qu'il dit de Caïn ou du serpent, qui
autorise à y voir, avec Friedländer, une allusion à des sectes, Caïnites
ou Ophites, pré-chrétiennes. Il se tient, à propos de Caïn, dans les
limites d'une allégorie très générale [3]). Caïn est l'ancêtre de ceux qui,
comme Protagoras, disent que l'esprit humain est la mesure de toutes
choses [4]). Pareille attitude entraîne immanquablement, aux yeux de
Philon, le mépris et la violation des normes les plus sacrées de la
morale. C'est un fait que les Caïnites, tels que les décrivent les hérésiologues chrétiens [5]), se caractérisaient par une vie licencieuse. Mais
les développements que Philon consacre à Caïn, prototype des
révoltés, ne le présentent jamais comme l'objet d'un culte, ce qu'il
était effectivement pour la secte qui se réclamait de lui et qui reconnaissait en lui une Dynamis divine. Et lorsqu'il signale que, non contents d'élever pour eux-mêmes les cités du mal, ceux qui suivent

---

[1]) Sur les caractères particuliers de l'allégorie appliquée à la Loi par Ptolémée
et l'école valentinienne, cf. l'introduction de G. Quispel à son édition de la *Lettre
à Flora (Sources Chrétiennes)*, Paris, 1949, pp. 33 ss.

[2]) H. Jonas, *op. cit.*, I, Göttingen, 1934, pp. 216 ss; *The Gnostic Religion*, Boston,
1958, pp. 91 ss.

[3]) *De Sacr.*, 1, 2; *de Poster. Caini*, 15, 52; 16, 54; *quod det. pot.*, 12, 38-40.

[4]) *De Poster. Caini*, 11, 35.

[5]) Irénée, I, 31, 2; Epiphane, 37.

Caïn obligent les pieux Israélites à en faire autant, le passage, appuyé sur *Exode*, I, 11, signifie simplement que les Juifs eux aussi sont exposés à la contagion de la *hybris* païenne et d'une idéologie que l'on dirait aujourd'hui humaniste, génératrice pour Philon de tous les vices. Quant aux groupements ophites, il n'est certes pas impossible que leur origine soit antérieure au christianisme. Mais ici encore Philon n'est d'aucun secours. Il n'y a pas, dans les passages qu'il consacre à la tentation d'Eve, le moindre indice permettant de supposer qu'il pense à une situation concrète précise et attaque une ou plusieurs sectes d'adorateurs du serpent [1]).

On serait tenté, à première vue, d'être moins catégorique en ce qui concerne une autre secte mentionnée par les Pères, et que Friedländer pense être elle aussi pré-chrétienne, celle des Melchisédéciens [2]). Philon consacre un long passage à Melchisédech [3]). Il reconnaît en lui „le Logos Prêtre, ayant l'Etre comme héritage"; et il explique comme suit l'appellation de Prêtre du Très Haut conférée par la Bible (*Gen.* 14, 18) à ce personnage: „Non pas qu'il y ait un autre dieu qui ne soit pas le Très Haut — Dieu, étant unique, „est en haut dans le ciel et en bas sur la terre, et il n'y en a pas d'autre en dehors de lui" (*Deut.* 4, 39) — mais le fait qu'il a sur Dieu non des pensées basses et terre à terre, mais très grandes, très en dessus de la matière et très élevées est le motif de cette expression: le Très Haut" (*Leg. Alleg.*, 3, 82). Si Philon prend soin de donner cette précision, c'est peut-être qu'autour de lui des exégètes trop minutieux faisaient effectivement le contresens qu'il veut prévenir. La remarque, à coup sûr, s'appliquerait à un système dualiste de type gnostique, distinguant entre le Dieu suprême et quelque Démiurge, mieux qu'au polythéisme vulgaire: car dans ce cas on attendrait „d'autres" plutôt que „un autre". Il reste qu'elle est faite en passant, et sans beaucoup d'insistance. Il reste aussi que Philon n'hésite pas à intégrer Melchisédech — et à quel rang! — dans sa propre théologie. L'aurait-il fait avec cette aisance, et sans plus d'explications, si déjà autour de lui il s'était trouvé des Juifs dissidents pour exalter le prêtre-roi aux dépens même du monothéisme traditionnel? Il n'y a pas, dans le passage qu'il lui consacre, l'ombre d'une polémique contre des sectateurs de Melchisé-dech, pas plus qu'il n'y en a dans les développements fameux de

---

[1]) *Leg. alleg.*, 2, 71-78; *de opif.*, 156-163.
[2]) *Op. cit.* et aussi *La secte juive des Melchisédéciens et l'Epître aux Hébreux*, in *Revue des Etudes Juives*, 1882, V. pp. I ss., 188 ss., VI, pp. 187 ss.
[3]) *Leg. alleg.*, 3, 79-82.

l'Epître aux Hébreux sur le même personnage. Il est très vraisemblable que la secte ultérieure des Melchisédéciens a utilisé l'Epître comme son principal point d'appui. Elle ne semble pas, du reste, être proprement dualiste et distinguer deux dieux. Elle se contente de hausser Melchisédech au dessus du Christ. Si on veut lui chercher des antécédents pré-chrétiens, on les trouvera plus facilement chez Philon lui-même, dans son identification de Melchisédech au Logos, que dans un groupement juif dissident dont rien, chez Philon ou ailleurs, ne permet d'affirmer l'existence. Nous sommes ainsi amenés à notre seconde question: y a-t-il dans la pensée de Philon lui-même des éléments qu'on puisse qualifier de gnostiques?

Il faut noter d'emblée les limites du „gnosticisme" philonien. Elles sont données très clairement dans le récit biblique de la création et dans cette affirmation qui le ponctue comme un refrain: „et Dieu vit que cela était bon". La théodicée, la cosmologie et l'anthropologie de Philon s'agencent autour de cette vérité fondamentale qui, transposée en langage philosophique, s'exprime mainte fois dans son oeuvre. „Si l'on veut scruter la cause par laquelle cet univers a été fait, il me semble que l'on ne manquerait pas le but en disant ce qu'a dit un ancien (Platon, *Timée*, 29e) que le Père et le Créateur est bon. C'est grâce à cette bonté qu'il ne refuse pas l'excellence de sa propre nature à une substance qui n'avait rien de beau par elle-même, mais qui pouvait tout devenir" (*De opif.*, 21). Et encore: „A ceux qui cherchent le principe de la création, on pourrait très justement répondre que c'est la bonté et la grâce de Dieu qu'il a répandues gracieusement sur la race qui vient après lui; car tout ce qui est dans le monde et le monde lui-même est un don, un bienfait, une faveur de Dieu" (*Leg. alleg.*, 3, 78). Le monde, étant au même titre que le Logos, fils de Dieu, accomplit avec lui le service divin (συλλειτούργῃ) [1]. Un Dieu unique, qui est tout à la fois créateur et bon, dont la bonté se manifeste dans la création et qui communique à l'univers sensible comme un reflet de sa propre perfection, voilà qui semble exclure tout dualisme pessimiste.

Philon est cependant amené constamment, du simple fait qu'il combine et amalgame les doctrines bibliques avec des données philosophiques qui leur sont étrangères, à retoucher la belle rigueur de ce schéma. Il y arrive par des voies diverses, dont les spéculations hypostatiques représentent la plus connue. Déjà dans le premier

---

[1] *De mon.*, 2, 6, 227, cf. Bréhier, *op. cit.*, p. 170.

passage que je viens de citer, il affirme que „c'est une puissance
également qui crée le monde, une puissance qui a comme source le
bien réel" (*De opif.*, 21). Il faut, à coup sûr, ne pas oublier que pour
Philon les Puissances ne sont pas des réalités indépendantes, mais
qu'au contraire elles sont fondamentalement unes dans le Logos,
„lieu" (τόπος) des Idées, pensée de Dieu, principe et instrument de la
création [1]). De même, à propos des éléments qui régissent l'univers
matériel, il rappelle que le soleil, la lune et les autres astres ne sont pas
des dieux indépendants et souverains (αὐτοκράτορες) mais des
archontes. Ils gouvernent bien, comme leurs sujets, les êtres du monde
sublunaire, mais sans disposer du pouvoir souverain: ils ne sont que
les lieutenants du Père unique de toutes choses [2]). Il réfute ainsi tout
à la fois le polythéisme vulgaire, en remettant à leur vraie place, celle
de subalternes, les puissances astrales divinisées, et des theories du
type gnostique qui mettraient la volonté de ces puissances en opposition avec celle du Maître souverain de l'univers.

L'intervention de Puissances hypostasiées n'en amène pas moins
Philon à compromettre parfois l'unité de la création et l'unicité de
Dieu. Déjà l'analyse qu'il donne des noms divins est à cet égard
révélatrice. Le terme de *Kyrios*, qui dans la Septante traduit Jahveh,
se rapporte à l'activité de Dieu comme créateur et juge, tandis que
celui de *Theos*, équivalent de Elohim, se rapporte à sa bonté et à sa
miséricorde [3]). De ce qui n'est encore ici que deux aspects d'un seul
et même Dieu, Cerdon et Marcion, s'appuyant en particulier sur ces
différences de terminologie, feront deux dieux, le juste Démiurge de
l'Ancien Testament et le Père de bonté révélé par le Christ. La distinction philonienne entre Dieu et le Logos — désigné parfois, lui aussi,
comme Dieu (θεός, sans article) [4]) va dans le même sens, en particulier
lorsqu'on nous dit que le Logos est „notre Dieu, à nous êtres imparfaits, tandis que pour les sages et les parfaits, c'est le premier Etre" [5]).
Sans doute, Philon, se place ici sur le plan de la connaissance et de la
piété: selon qu'ils sont plus ou moins avancés en perfection, les hom-

---

[1]) J. Daniélou, *Philon d'Alexandrie*, Paris, 1958, pp. 153 ss.; cf. Goodenough
An Introduction . . ., p. 110.

[2]) *De spec. leg.*, 1, 3, 13. Sur les „archontes" gnostiques, puissances célestes
hostiles à Dieu, R. M. Grant, *Gnosticism and Early Christianity*, New York, 1959,
pp. 62 ss.

[3]) R. M. Grant, *op. cit.*, p. 125 et *Notes on Gnosis*, in *Vigiliae Christianae* XI
(1957), pp. 145-147.

[4]) *De somn.*, I, 39, 229, cf. Daniélou, *op. cit.*, p. 156.

[5]) *Leg. alleg.*, 3, 207.

mes réussiront à appréhender soit le seul Logos, soit l'Etre premier. Il ne songe pas à transposer cette distinction sur le plan de la cosmologie, en répartissant la création de l'univers entre ces deux Dieux. Il ne saurait le faire sans contradiction, puisqu'aussi bien le Logos est „le principe de la création entière, intelligible et sensible. . ., l'instrument par lequel Dieu accomplit la création" [1]).

Mais, sans parler même des résonances gnostiques de cette classification des hommes en parfaits et imparfaits en fonction de leur inégale connaissance de Dieu, on doit noter que Philon a néanmoins opéré, dans un autre contexte, cette dichotomie, ou plus exactement une trichotomie à l'intérieur de la création et de l'Etre créateur: „C'est l'Etre suprême qui a créé le monde intelligible; la puissance poétique a créé le ciel composé de la quintessence; enfin la puissance royale se réserve le monde sublunaire caractérisé par les changements". En résumant ainsi un passage des *Quaest. in Gen.*, 4, 8, Bréhier note fort justement qu'il y a dans ce curieux texte „une ébauche du démiurge des systèmes gnostiques postérieurs" [2]).

On entrevoit, derrière ces distinctions, le problème fondamental de la matière et du mal. C'est à lui donner une réponse que tend la diversité des systèmes gnostiques, avec leurs doctrines des émanations. La vue philonienne d'un univers étagé et d'une pyramide des puissances leur apparaît à bien des égards apparentée. La différence essentielle entre Philon et les gnoses concernerait peut-être, à ce propos, le point où s'insère la chute et avec elle l'intervention du mal. Pour les gnostiques, elle est généralement donnée dans la création même du monde matériel et dans „l'incarnation" de l'homme. Pour Philon, elle ne devrait être que consécutive à l'une et à l'autre qui sont en soi, étant, directement ou par puissance interposée, l'oeuvre de Dieu, des actes bons. Entre l'Etre premier et le Kosmos, même dans son aspect matériel, il y a des intermédiaires et une évidente dégradation, mais non pas solution de continuité ou rupture. Dieu n'est pas étranger au Kosmos. Le monde intelligible des archétypes est le modèle du

---

[1]) Daniélou, *cp. cit.*, p. 156.

[2]) *Op. cit.*, pp. 150-151. Sur la relation précise des Puissances entre elles, avec le Logos et avec Dieu, cf. Wolfson, *op. cit.*, II, index des sujets s.v. „Powers"; Z. Werblowsky, *Philo and the Zohar* (Part II), in *Journal of Jewish Studies*, X (1959), p. 133: la Puissance créatrice et la Puissance royale sont si proches de „Celui qui Est" que le Père de l'univers se manifeste souvent comme une triade. Mais Abraham qui, à Mambré, l'avait vu tout d'abord ainsi, fut capable ensuite de l'appréhender directement dans son unicité, indépendamment des Puissances: *Quaest. in Gen.*, 4 2, et 4.

monde sensible, le monde sensible est le reflet du monde intelligible, et non pas son contraire. L'un et l'autre sont, comme le Logos, fils de Dieu [1]).

La pensée philonienne connaît cependant, à cet égard, bien des hésitations, voire des inconséquences et des contradictions. Elles se manifestent surtout à propos de l'anthropologie. C'est là, plus encore que dans la cosmologie, qu'apparaissent les affinités gnostiques de Philon. La distinction qu'il fait entre l'homme céleste et l'homme terrestre est bien connue [2]). Elle repose sur les deux récits que la Bible (*Gen.* 1, 26 ss. et *Gen.* 2, 7) donne de la création de l'homme: le premier se rapporte à l'homme céleste, le second à l'homme terrestre. „L'homme céleste en tant que né à l'image de Dieu, n'a pas de part à une substance corruptible et en un mot pareille à la terre; l'homme terrestre est issu d'une matière éparse, qu'il a appelée une motte: aussi dit-il que l'homme céleste a été non pas façonné, mais frappé à l'image de Dieu et que l'homme terrestre est un être façonné, mais non pas engendré par l'artisan" (*Leg. alleg.*, I, 31). „L'homme né à l'image de Dieu, c'est une idée, un genre, ou un sceau; il est intelligible, incorporel, ni mâle ni femelle, incorruptible de nature. Quant à l'homme sensible et individuel, Moïse dit qu'il est, dans sa constitution, une combinaison de substance terrestre et de souffle divin. . . mortel selon le corps, mais selon la pensée immortel" (*De opif.*, 134-135). Si nette que soit cette distinction elle n'équivaut pas cependant à une opposition. L'homme terrestre participe en quelque mesure de la perfection de l'homme céleste. En fait, c'est à lui surtout, „chef de file de toute notre race", que Philon s'intéresse [3]). Le portrait qu'il en trace en souligne toutes les éminentes qualités, intellectuelles, physiques et morales, et l'apparente par bien des traits à l'Adam-*Urmensch* de certaines apocalypses juives et de la littérature rabbinique [4]). Aussi bien „il est nécessaire que, d'un modèle de toute beauté, la copie soit de toute beauté". De fait, les données bibliques relatives à Adam sont réparties par Philon entre les deux hommes, sans qu'on saisisse toujours très bien le principe de cette répartition. C'est en particulier à l'homme terrestre qu'il rapporte parfois le „faisons l'homme à notre

---

[1]) Bréhier, *op. cit.*, p. 170.

[2]) Sur ce point, et sur la relation possible entre la pensée philonienne et les speculations pauliniennes (*I Cor.*, 15, 45-49) touchant le premier et le second Adam, cf. entre autres, W. D. Davies, *Paul and Rabbinic Judaism*, Londres, 1948, pp. 42 ss.

[3]) Cf. W. Bousset, *Hauptprobleme der Gnosis*, Göttingen, 1907, pp. 194 ss.

[4]) Davies, *op. cit.*, pp. 45 ss.; sur les rapports, chez Philon, entre l'homme céleste et l'homme terrestre, Bréhier, *op. cit.*, pp. 121-126.

image" de *Gen*, 1. 26, qui figure pourtant dans le récit de la première création, celle de l'homme céleste [1]).

„Pourquoi Moïse a-t-il attribué la création du seul homme, non à un artisan unique, comme celle des autres choses, mais apparemment à plusieurs?" (*De opif.*, 72). C'est, explique Philon, que certains êtres, végétaux par exemple, et bêtes brutes, ne participent ni à la vertu, ni au vice. D'autres n'ont aucune part au vice et ne participent qu'à la vertu: c'est le cas des astres — et aussi, précise-t-il ailleurs, des anges. D'autres encore „sont de nature mixte, comme par exemple l'homme, lieu des contraires ... biens et maux, belles actions et actions honteuses, vertu et vice. Or il était tout à fait convenable à Dieu, Père de toutes choses, de faire à lui tout seul les êtres vertueux, à cause de leur affinité avec lui; pour les êtres indifférents, ce n'était pas incompatible puisqu'ils n'ont pas non plus part au vice qu'il hait. Mais pour les mixtes, c'était en partie convenable, en partie déplacé, convenable à l'égard de l'idée meilleure qui s'y mêle, déplacé à l'égard de l'idée opposée et plus mauvaise. Aussi est-ce à propos de la seule création de l'homme que, selon Moïse, Dieu prononça cette parole: „Faisons", ce qui indique qu'il s'adjoignit d'autres artisans pour l'aider, afin que les volontés et les actions irréprochables de l'homme de bien soient imputées à Dieu, guide de l'univers, et leurs contraires à d'autres de ses subordonnés. Car il fallait que le Père ne fût pas responsable du mal envers ses enfants" (*De opif.*, 73-75) [2]).

Un autre texte précise la pensée de Philon sur ce point. „Dieu a autorisé ses puissances à façonner la partie mortelle de notre âme en imitant le talent qu'il déploya lui-même en formant l'élément rationnel qui est en nous. Car il estima juste que le souverain créât la faculté souveraine de l'âme, et que l'élément subalterne fût créé par des subalternes. Ce n'est pas, d'ailleurs, pour cette raison seulement qu'il a fait appel aux puissances qui lui sont associées, mais aussi parce que seule l'âme humaine peut concevoir le bien et le mal et faire l'un ou l'autre. Aussi Dieu a-t-il jugé nécessaire d'assigner la création des choses mauvaises à d'autres artisans, et de se réserver pour lui seul celle des choses bonnes" (*De fuga*, 69-70) [3]).

Ainsi l'intervention des Puissances permet d'expliquer l'existence

---

[1]) *De plant.*, 19; sur les difficultés de l'anthropologie philonienne, GOODENOUGH, *By Light, Light*, pp. 383-385 et W. VÖLKER, *Fortschritt und Vollendung bei Philo*, Leipzig, 1938, pp. 158 ss.

[2]) Cf. aussi *de conf. ling.*, 168-179, WOLFSON, *op. cit.*, I, pp. 269 ss.

[3]) Cf. WOLFSON, *op. cit.*, I, pp. 272 ss.

du mal dans l'homme et plus généralement dans le monde et de dégager toute responsabilité divine dans sa genèse. Elle rend compte de l'écart qu'il y a entre la perfection de Dieu et un univers imparfait. A l'inverse, il est vrai, lorsqu'elle s'applique à la mise en forme de la matière confuse, l'action des Puissances se traduit par un progrès, ,,mettant l'ordre là où est le désordre, limites et formes là où il n'y en a pas et, de façon générale, transformant ce qui est moins bon en quelque chose de meilleur, τὸ χεῖρον εἰς τὸ ἄμεινον" (*De spec. leg.*, I, 48). Il reste cependant que si Dieu n'intervient pas directement dans ce processus, c'est qu'il ne saurait se souiller à un contact impur: ,,Sa nature bienheureuse et sainte lui interdisait de toucher la matière illimitée et chaotique" (*De spec. leg.*, I, 329). La création du monde sensible apparaît ainsi comme une lutte que Dieu mène, par l'inter-médiaire de ses Puissances, avec cette matière préexistante sur laquelle s'exerce son action de Démiurge. Philon précise bien que lorsque Dieu, au terme de la création, juge très bon tout ce qu'il a fait, cela ne s'applique pas à la matière qu'il a informée (τὴν δημιουργηθεῖσαν ὕλην), et qui est ,,sans âme, sans ordre, dissoluble, par nature péris-sable, irrégulière, inégale, mais seulement à ses propres travaux" (*Quis rer. div. her.*, 32, 160) [1]).

L'issue de la lutte n'est pas une victoire sans mélange, puisque la matière est toujours là. Et l'homme terrestre, dont le corps est une combinaison des mêmes éléments, terre, eau, air et feu, que le monde [2]), subit de façon toute particulière l'emprise de cette matière. Aux passages qui le magnifient s'opposent ceux qui parlent de lui en tant qu'être de chair. Il y a deux sortes de mort: ,,celle de l'homme est la séparation de l'âme et du corps, celle de l'âme la perte de la vertu et l'acquisition du vice ... Actuellement, lorsque nous vivons, l'âme est morte et ensevelie dans le corps comme dans un tombeau; mais par notre mort, l'âme vit de la vie qui lui est propre, et elle est délivrée du mal et du cadavre qui lui était lié, le corps" (*Leg. alleg.*, I, 105). La mort de l'âme est une conséquence, toujours menaçante, voire inéluc-table, de son emprisonnement dans un corps; et la mort corporelle n'est pas un châtiment, mais une délivrance, qui la ramène à sa con-

---

[1]) Sur la matière incréée, BRÉHIER, *op. cit.*, pp. 80-82, qui conclut: ,,Ainsi la création se fait sur une matière, mais cette matière n'est pas l'objet d'une création: l'action divine reste toujours celle d'un démiurge"; dans le même sens Z. WERB-LOWSKY, *op. cit.*, II, p. 115; en sens inverse (matière créée par Dieu), WOLFSON, *op. cit.*, pp. 300-309, dont l'argumentation ne me paraît pas convaincante.

[2]) *De opif.*, 146.

dition première: „Ce n'est pas le Seigneur (ὁ κύριος) qui fait mourir Eir (*Gen.*, 38, 7), mais Dieu (ὁ θεός). Ce n'est pas en tant qu'il commande, en tant qu'il est un chef usant du pouvoir arbitraire de sa force, qu'il détruit le corps, mais en tant qu'il use d'une bonté bienfaisante". Car „le corps est mauvais, insidieux envers l'âme, un cadavre, une chose toujours morte" (*Leg. alleg.*, 3, 73 et 71). Mais cette vérité n'est pas évidente pour tous: „C'est seulement lorsque l'intelligence s'élève et est initiée aux mystères du Seigneur, qu'elle juge le corps mauvais et hostile; au contraire, lorsqu'elle abandonne la recherche des choses divines, elle le considère comme son ami, son parent et son frère et, de fait, elle se réfugie dans les choses qu'il aime" (*Leg. alleg.*, 3, 71) [1]).

Pareille position devrait, semble-t-il, amener Philon à nier toute participation, même indirecte, d'un Dieu essentiellement bon dans la création de l'homme charnel. Mais la Bible l'en empêche, car le second récit de la Genèse met, au même titre que le premier, l'acte créateur au compte du Dieu unique. Il est trop évident que le recours à des collaborateurs, spécialement chargés de cet aspect de la création, ne résout pas le problème. Leur accorder une certaine initiative, c'est entamer la toute puissance de Dieu; en faire des instruments dociles c'est mettre en question sa bonté même. De fait, la pensée de Philon apparaît sur ce point particulièrement mal assurée. Il semble parfois vouloir restreindre l'action directe de Dieu à la seule inspiration du souffle de vie — le πνεῦμα qui est l'élément supérieur dans le νοῦς — dans un corps fait par un artisan différent [2]). Et il précise d'autre part que „l'homme de terre, c'est l'intelligence (νοῦς) au moment où Dieu l'introduit dans le corps, mais avant qu'elle y demeure introduite. Cette sorte d'intelligence serait en vérité semblable à la terre et corruptible si Dieu ne lui insufflait pas une puissance de vie véritable" (*Leg. alleg.*, I, 32). C'est avec raison que les interprètes ont reconnu que Philon professait deux νοῦς, l'un d'origine divine, „empreinte, fragment, reflet de la nature bienheureuse" (*de opif.*, 146) l'autre purement humain, aspect ou élément, limité, faillible et presque matériel, de la ψυχή, principe de vie physique [3]). Le premier seul,

---

[1]) Cf. *de gig.*, 28-32. Les sources platoniciennes de ces conceptions ont été mainte fois notées; en particulier *Timée*, 41-42; *Phédon*, 64 ss.; *Gorgias*, 493 A; *Cratyle*, 400 B.

[2]) *De plant.*, 18-19.

[3]) Sur la lutte, dans l'homme, entre l'âme rationnelle et l'âme irrationnelle, WOLFSON, *cp. cit.*, I, pp. 423-432.

participant de la nature du Logos, peut être vraiment rapporté à Dieu. Mais Philon ne va pas pour autant jusqu'à attribuer explicitement la création du second à quelque puissance. Il déclare, bien au contraire, que „dès le début *Dieu* a fait du corps un cadavre", qu'il détruit ensuite „en tant qu'il use d'une bonté bienfaisante" (*Leg. alleg.* 3, 70 et 73).

Les âmes ainsi emprisonnées dans le corps ont d'abord vécu dans l'air d'une existence incorporelle. Elles se sont incarnées, pour leur malheur, parce qu'elles subissaient l'attrait de la terre et du corps (προσγειότατοι καὶ φιλοσώματοι) [1]). Pour qu'elles puissent se libérer de cette prison et de ce tombeau et remonter au lieu d'où elles sont venues, il faudra que le pneuma qui est en elles les arrache à la terre: „Car l'intelligence humaine n'aurait pas eu l'audace de monter assez haut pour s'attacher à la nature de Dieu si Dieu lui-même ne l'avait attirée vers lui" (*Leg. alleg.*, I, 38).

Deux exemples encore. Bréhier a signalé, sans d'ailleurs s'y arrêter, un texte fort curieux où Philon entreprend d'expliquer le verset de *Gen.* 6, 7: „Je vais effacer de la surface du sol les hommes . . . car je me repens de les avoir créés" [2]). La Septante, s'écartant du texte hébreu, traduit non pas „je me repens", mais „je suis irrité" (ἐθυμώθην ὅτι ἐποίησα αὐτούς). Peut-être, suggère Philon, l'auteur veut-il montrer que „les méchants sont nés par la colère de Dieu, les bons par sa grâce". Il donne donc au ὅτι de la Septante non pas le sens de „parce que", qui correspondrait ici au *ki* hébraïque, mais celui, également possible, de „en ce que" et il attribue à l'aoriste ἐθυμώθην une valeur passée très précise, comme exprimant une colère non pas consécutive à la création, mais qui se manifeste au moment même de l'acte créateur, mieux encore, qui en est la source. Le texte biblique pose dans toute son acuité le problème de l'impassibilité, de l'immutabilité et de la prescience divines. C'est à ce problème que s'attache Philon dans l'ensemble du traité et plus particulièrement lorsque, dans le passage qui nous intéresse, il repousse de propos délibéré l'interprétation courante du verset 7: „Remarquez bien le soin que Moïse apporte à l'expression de sa pensée. Il dit „j'ai été irrité en ce que je les ai faits", ἐθυμώθην ὅτι ἐποίησα αὐτούς et non pas, dans l'ordre inverse (οὐ κατ' 'ἀναστροφήν) „parce que je les ai faits, j'ai

---

[1]) *De somn.*, I, 138.
[2]) *Quod Deus immut.*, 70; Bréhier, *op. cit.*, p. 151, n. 4.

été irrité" διότι ἐποίησα αὐτούς, ἐθυμώθην [1]). Ceci impliquerait
changement ou regret, chose qui ne saurait s'accorder avec l'universelle
préscience de Dieu". Mais comme Philon, apparemment, ne se résigne
pas non plus, placé devant un redoutable dilemme, à sacrifier la
bonté souveraine de Dieu, il se hâte d'édulcorer, et en fait de détruire,
par une interprétation allégorique, le sens qu'il vient de suggérer: le
verset en question exprime en définitive „cette doctrine fort importante que la colère est la source des fautes, la raison celle des actions
bonnes". Et il ajoute que Dieu, „se souvenant de sa parfaite et universelle bonté continue, malgré l'accumulation des péchés qui précipite
à sa ruine la masse de l'humanité pécheresse, à tendre aux hommes la
main du salut" (*Quod Deus immut.*, 72-73).

On est en droit de ne pas se tenir pour satisfait par cette explication,
qui peut apparaître comme une dérobade. Et l'on songe immanquablement au parallèle qu'offre à ce passage l'Instruction sur les deux Esprits
dans le Manuel de Discipline de Qumran [2]). Dieu a créé les deux
Esprits de vérité et de perversion, de lumière et de ténèbres, et il a
fondé sur eux toute son oeuvre. Sans doute, il ne s'agit pas chez
Philon de créatures, ni même d'hypostases, mais seulement de deux
sentiments opposés dans l'Etre divin lui-même et qui, s'empresse
d'affirmer Philon, ne peuvent s'entendre que métaphoriquement.
D'autre part, le texte qumranien ne dit pas explicitement que les deux
Esprits antagonistes correspondent, comme leurs créateurs respectifs,
aux deux catégories des bons et des mauvais. Il semblerait plutôt
qu'ils se disputent l'humanité créée par Dieu et dotée par lui de la
liberté de choix: les hommes ne sont pas au départ bons ou mauvais,
ils le deviennent selon qu'ils suivent l'un ou l'autre voie. La phrase
de Philon en revanche paraît affirmer, dans sa laconique brièveté, un
déterminisme plus rigoureux, et une prédestination au bien ou au mal
de chaque individu, selon qu'il est né de la colère ou de la grâce. Mais
par delà ces différences, l'inspiration des deux textes est la même. L'un

---

[1]) La traduction française que A. Mosès a donnée du traité dans la collection
bilingue *Les Oeuvres de Philon d'Alexandrie*, 7-8, Paris, 1963, me paraît sur ce point
pour le moins ambiguë: „ma colère, c'est de les avoir créés (= ma colère consiste
à les avoir créés)". Et je ne vois pas que l'on en soit réduit, pour expliquer la
phrase, à recourir, comme l'auteur le dit en note, à „un à peu près ὅτι/ὅτε"
(p. 99, n. 3), alors que le Dictionnaire grec de Bailly donne comme premier sens
de ὅτι précisément „en ce que".

[2]) *Manuel de Discipline* (dit aussi *Rouleau de la Regle*), 3, 13-14, 26; cf. A. DUPONT-
SOMMER, *Nouveaux Aperçus sur les Manuscrits de la Mer Morte* Paris, 1953, pp.
157-172 et *Les Ecrits Esséniens découverts près de la Mer Morte*, Paris, 1959, pp. 93-98.

et l'autre, plutôt que d'attribuer quoi que ce soit à une autre cause qu'à Dieu seul, et de diminuer ainsi son absolue souveraineté, lui imputent jusqu'à la paternité du mal, que cependant il abomine.

De ce texte on doit en rapprocher un autre, négligé par la plupart des études modernes sur Philon, et dont l'importance a été signalée par le P. Daniélou: „Dans toutes les âmes, au moment même de la naissance, pénètrent en même temps deux Puissances, l'une salutaire et l'autre malfaisante. Si la première obtient l'avantage, l'autre est rendue impuissante pour réaliser ses fins. Si, au contraire, c'est la seconde qui l'emporte, la salutaire n'obtient rien, ou seulement un gain tout à fait minime" (*Quaest. in Exod.*, I, 23) [1]). Les analogies avec l'instruction qumranienne sur les deux Esprits ont été soulignées par M. Dupont-Sommer [2]). Elles sont en effet frappantes. Mais la suite du texte est plus curieuse encore: „C'est par ces Puissances aussi que le monde entier a été fait"; et Philon explique que les diverses parties du Kosmos, y compris celles que dans d'autres passages il déclare n'être pas entachées de mal, portent la marque de cette double influence. Ainsi „un dualisme psychologique qui insiste sur les deux influences, bonne et mauvaise, qui se partagent l'âme humaine, a son fondement dans un dualisme cosmologique selon lequel l'univers est lui-même le produit de deux puissances opposées" [3]).

Nous ne possédons les *Quaestiones in Exodum* qu'en traduction arménienne. On aimerait connaître la formulation grecque précise de ce texte, et en particulier de la dernière phrase citée, relative au rôle des deux Puissances dans la création: sont elles simplement instrumentales entre les mains de Dieu (διά?), ou au contraire ont-elles par rapport à lui une certaine autonomie de volonté et d'action (ὑπό?)? C'est, sur un cas limite, tout le problème des Puissances philoniennes. Car il ne fait guère de doute que ce sont ici deux des *dynameis* habituelles, mais affectées cette fois, si l'on peut dire, — et c'est en cela surtout que le passage est exceptionnel — de signes contraires. En tout état de cause, nous sommes loin de la conception

---

[1]) *Philon d'Alexandrie*, pp. 53-57. L'intérêt du texte a été d'abord signalé par P. BOYANCÉ, *Les deux démons personnels dans l'antiquité grecque et latine*, in *Revue de Philologie*, 1935, pp. 189 ss., qui en cherche les sources non pas du côté iranien, mais plutôt du côté grec et plus précisément pythagoricien, mais est prêt, après la découverte des textes de Qumran, à interposer l'essénisme entre elles et Philon.

[2]) *Le problème des influences étrangères sur la secte juive de Qoumrân* in *Revue d'Histoire et de Philosophie Religieuses*, 1955, pp. 85-86.

[3]) P. BOYANCÉ, *Philon d'Alexandrie selon le P. Daniélou*, in *Revue des Etudes Grecques*, 1959, p. 378.

biblique d'une création sortie intégralement bonne des mains d'un Créateur bon et où l'intervention du mal résulte d'une sorte d'accident. Alors que dans le texte précédent les principes générateurs du bien et du mal, non hypostasiés, agissent pour ainsi dire en alternance, et dans la seule création de l'homme, leur action est ici présentée comme simultanée, dans un antagonisme dont le théatre est l'univers entier.

Il est temps de conclure. Mon propos n'est pas de résoudre les contradictions philoniennes, réelles parfois, et parfois peut-être simplement apparentes et liées à l'imprécision d'un vocabulaire où le même mot revêt, selon les cas, des sens très différents. Il n'est pas non plus de faire le partage entre ce que Philon doit à ses sources, platoniciennes, stoïciennes, orphiques ou autres, et ce qui est son apport personnel. Et je n'ai le loisir ni de développer, ni même d'esquisser un parallèle précis avec tel ou tel aspect de l'un ou l'autre des grands systèmes gnostiques. Je n'ai voulu que souligner quelques unes des affinités ou résonances gnostiques qu'offre la pensée de Philon.

Elles se ramènent essentiellement, me semble-t-il, dans les textes que j'ai étudiés, à un dualisme mitigé, ou embryonnaire. Hans Jonas, esquissant une typologie du gnosticisme, distingue un dualisme de type iranien, qui oppose dès le départ deux principes préexistants, le monde des ténèbres ou de la matière et l'Etre bon, et les spéculations de type syro-égyptien, qui font dériver le dualisme de la réalité existante d'un processus inhérent à la divinité unique elle-même et expliquent par une théorie des émanations la dégradation progressive de la lumière divine dans l'univers [1]). Plus récemment E. R. Dodds estime que les différents systèmes gnostiques mettent l'opposition à Dieu du Kosmos visible au compte de l'un des trois principes suivants: soit la matière ou les ténèbres, conçus comme une substance non créée par Dieu et qui résiste à sa volonté; soit le Destin, dont les agents sont les démons planétaires, qui coupent le monde de Dieu; soit enfin un principe personnel mauvais, seigneur de ce monde et, selon certains systèmes, son créateur [2]).

Qu'on adopte l'une ou l'autre de ces classifications, il est certain qu'aucun des types de gnosticisme qu'elles distinguent n'apparaît à

---

[1]) *The Gnostic Religion*, pp. 105 et 130-131.
[2]) E. R. Dodds, *Pagan and Christian in an Age of Anxiety*, Cambridge, 1965, p. 13.

l'état pur chez Philon, pour qui les catégories bibliques, si gauchies soient-elles, restent déterminantes. Il ne saurait admettre en particulier l'existence d'un principe mauvais, capable de contrebalancer l'action de Dieu dans le Kosmos, voire d'assumer la fonction créatrice. D'autre part, lorsqu'il parle des archontes, il prend bien soin, nous l'avons vu, de souligner qu'ils sont au service de Dieu, et non pas dressés contre lui, de même que les Puissances ne sont que les agents d'exécution de Dieu. En revanche, quand il admet l'existence d'une matière préexistante, que Dieu se contente d'informer et qui continue d'opposer un poids très lourd à l'action divine, il s'apparente au premier type de dualisme distingué par Dodds. Il ne manque pas de passages dans son oeuvre où il semble incliner soit au dualisme qu'on pourrait appeler secondaire — le type syro-égyptien de Jonas — qui, laissant intactes dans l'acte créateur la bonté et l'unicité de Dieu, explique l'apparition du mal par une dégradation ultérieure, soit même à un dualisme primaire — le type iranien de Jonas — où le mal est présent dès le départ. Il l'est alors du fait de la matière sur laquelle travaille Dieu, ou parce que la création d'une partie du kosmos et d'un élément dans l'homme est délibérément abandonnée par Dieu à des collaborateurs qu'il faut bien, vu le résultat, supposer imparfaits, ou enfin parce qu'une sorte de dichotomie est introduite — et c'est le cas du dernier des textes analysés — dans l'Etre divin lui-même, fût-ce très fugitivement. Seule, semble-t-il, sa conviction fondamentale que la Bible apporte l'authentique révélation du Dieu unique l'a retenu de s'engager plus avant sur une voie qui m'apparaît comme un acheminement vers le gnosticisme.

DISCUSSION

Jonas: M. Simon has chosen to approach the question of gnostic elements in Philo from the point of view of speculative doctrine, or objective metaphysics. There is no question that this does yield certain gnostic aspects or gnostic affiliations in Philo, as Prof. Simon has successfully demonstrated. But, as he has also been aware, in these directly theological topics Philo is naturally under the restraint imposed on him by his determination to be an orthodox Jew; and, consequently, whatever gnostic tendencies there were could not be given free rein by him in this province of his thought. There are, however, two other areas in Philo where this restraint does not operate, or does not operate to the same extent, and these are Philo's concept of virtue, and his concept of the knowledge of God, of *gnosis theou*. This whole Colloquium so far, including my own contribution, has somehow bypassed those two topics: our attention has been riveted to the aspect of objective, metaphysical, theological doctrine, to gnostic speculation in a word, and has ignored such subjects as, on the one hand, gnostic morality—things like asceticism, libertinism, and the whole complex of what one may call the disintegration of the classical concept of virtue under the impact of the gnostic attitude; and, on the other hand, the modalities of *gnosis* as a human act or human experience. This is something which belongs to the complete picture.

DANIÉLOU: Je me demande si avec Philon nous ne nous trouvons pas en face d'un problème surtout intérieur à l'histoire de la philosophie grecque, celui qui se pose depuis Platon, du dualisme de la matière et du monde intelligible. Le P. Orbe pense que c'est le seul dualisme radical connu dans toute l'histoire de la pensée. Mais ce problème apparaît d'une essence tout à fait différente de celui que nous nous posons à propos du gnosticisme. Les Juifs et ensuite les chrétiens ont rencontré ce problème: Origène hésitait à savoir si la matière était éternelle ou non, ce qui est un problème alors d'ordre strictement philosophique. Y a-t-il une interférence entre ces deux dualismes? Dans quelle mesure devons-nous intégrer le dualisme platonicien dans nos recherches sur le gnosticisme?

A propos de ce qu'a dit M. Jonas; je crois que dans la question de la gnosis chez Philon il est très important de noter l'importance de la ,,Charis'', qui est une notion capitale chez lui. Il n'y a certainement pas chez lui une identification fonda-mentale à la manière platonicienne de l'âme individuelle et de la Divinité.

SIMON: Je serais tenté de penser, comme le Père Daniélou, que, pour l'essentiel, les problèmes que pose la pensée philonienne sous les aspects qu'il envisageait sont des problèmes intérieurs à l'histoire de la philosophie grecque. Je me demande cependant si les deux derniers textes que j'ai signalés peuvent s'expliquer uniquement à partir de cette philosophie et par ce développement interne sur lequel vous avez très justement attiré notre attention. Personnellement je serais tenté de penser que non et que sur ce point-là, au moins, il faut tenir compte d'autre chose qui nous autorise peut-être à ranger Philon parmi les pères, à certains égards les précurseurs, du gnosticisme à proprement parler. [Si le temps l'avait permis, on aurait pu aborder aussi la question des Thérapeutes].

DANIÉLOU: Je suis tout à fait d'accord. Par ailleurs, il est certain qu'il y a des contacts entre Philon et le milieu de Qumran quant à la doctrine des deux esprits.

BIANCHI: Je voudrais proposer de distinguer à ce propos: a) La *materia prima* en tant que question seulement philosophique et spéculative, qui ne concerne pas le gnosticisme, et qui ne concerne Philon qu'à moitié. b) La question de l'orienta-tion du (néo-)platonisme par rapport à la matière: celle-ci est pour 50% la *materia prima* de la philosophie, pour le reste la matière infime et donc 'opposée', avec un accent un peu dualiste, pessimiste, anticosmique (surtout par rapport à l'homme). c) Le gnosticisme, où la matière [mais non pas toujours les éléments] est con-sidérée d'un point de vue absolument anticosmique.[1]

SIMON: Je souscris volontiers à ces nuances. Il est certain qu'il n'y a pas de 100% chez Philon.

RENGSTORF: Ich erlaube mir, die Gelegenheit zu benutzen, um zwei Mitteilun-gen zu machen:

1. Aus dem Nachlass von Ludwig Früchtel ist an mich eine Sammlung der Philo-Fragmente gekommen, natürlich ohne die armenischen Fragmente. Wir hoffen, diese Sammlung im nächsten Jahre von Münster aus veröffent-lichen zu können.

---

[1] [Pour une conception de la matière en tant que limite-nécessité qui relie ces trois positions, tout en ne les confondant pas, vr. pp. XXIII suiv. et 21 n. 3].

2. Ausser dieser Sammlung hat Ludwig Früchtel einen für seine persönlichen Arbeiten angelegten weitgehend vollständigen Index zu Philo hinterlassen, der sich ebenfalls im Institutum Judaicum Delitzschianum in Münster befindet und ʃeeignet ist, zu einem kompletten Index oder einer kompletten Konkordanz ausgebaut zu werden.

Meine Mitarbeiter und ich sind gern bereit, auf Grund dieses Materials Auskünfte zu geben. Als Supplement zu diesen Mitteilungen darf ich gewiss erwähnen, dass die unter meiner Leitung seit fünfzehn Jahren vorbereitete Konkordanz zu Flavius Josephus so gut wie fertig ist. Ein spezielles Namen-Wörterbuch, das die Konkordanz entlasten soll und das von Professor Abraham Schalit von der Hebräischen Universität in Jerusalem bearbeitet ist, ist bereits gesetzt. Bis das Werk fertig vorliegt, stehen wir auch mit Auskünften aus unserem Manuskript, das auf Vollständigkeit angelegt ist, gern zur Verfügung.

Situation du Judaïsme Alexandrin dans la Diaspora

Les spécialistes de Philon se sont demandé souvent dans quelle mesure sa pensée était représentative du judaïsme alexandrin considéré d'ensemble. Les réponses données à cette question sont fort divergentes. Je n'essayerai pas de les réconcilier entre elles[1]. Quoi que l'on pense de l'originalité de la pensée philonienne, il paraît difficile de nier qu'elle ait au moins quelques points de contact avec d'autres documents judéo-alexandrins, qu'elle ait été influencée par certains d'entre eux et qu'elle représente un chaînon, l'un des derniers sans doute, et le plus brillant, d'une tradition qui, prenant appui sur la Septante, s'exprime, entre autres, dans la Lettre d'Aristée, les Oracles Sibyllins, la Sagesse de Salomon[2]. Même si Philon fait, par la pénétration de sa pensée et l'ampleur de son œuvre, figure d'exception parmi ses coreligionnaires alexandrins, incapables sans doute, dans leur immense majorité, de le comprendre, il reste néanmoins qu'il ne leur est apparu ni comme un outsider, ni comme un hérétique : témoin la mission officielle dont ils le chargèrent auprès de Caligula. Il reste aussi que sa pensée est nourrie d'éléments qu'il a trouvés sur place et qui avaient déjà contribué à modeler le visage du judaïsme alexandrin. Les principes et les méthodes de l'allégorie philonienne sont dans la Lettre d'Aristée, la spéculation hypostatique est au moins amorcée dans la Sagesse,

---

1. Cf. l'analyse qu'en a donnée R. ARNALDEZ, dans son introduction générale aux œuvres de Philon, *De opificio mundi*, Paris 1961, p. 44-69.
2. Sur cette tradition, cf. en particulier P. DALBERT, *Die Theologie der hellenistisch-jüdischen Missionsliteratur unter Ausschluss von Philo und Josephus*, Berlin 1954.

l'idéal universaliste anime les Oracles Sibyllins. C'est à coup sûr schématiser que de poser l'équation Philon = judaïsme alexandrin. Ce n'est pas du moins faire violence à la réalité que de voir dans le premier, même s'il constitue un cas limite, un produit et l'authentique représentant du second.

Mais le problème des relations entre pensée philonienne et judaïsme alexandrin, sommairement résolu dans la ligne que je viens d'indiquer, en évoque nécessairement un autre : celui des relations entre ce judaïsme alexandrin et la Diaspora juive dans son ensemble, ou plutôt, de façon plus précise, la Diaspora méditerranéenne, celle du monde gréco-romain. Car la Diaspora restée sémitique de culture, de Mésopotamie et d'au-delà des frontières impériales, nous apparaît comme un monde très différent. Quelle était exactement la place du judaïsme alexandrin dans la Diaspora ? En quelle estime y tenait-on ses orientations spirituelles et intellectuelles ? Y a-t-elle exercé une influence appréciable ? Ou du moins des formes de pensée analogues, sinon nécessairement identiques, à celles d'Alexandrie ont-elles pu se développer, de façon spontanée et indépendante, dans d'autres centres de la Diaspora ? Ou bien au contraire faut-il voir dans ce judaïsme alexandrin un phénomène d'exception, parler de splendide isolement ? C'est le double problème du rayonnement d'Alexandrie et de la perméabilité de la Diaspora dans son ensemble à la culture grecque ou gréco-romaine.

Je suis pleinement conscient de l'extrême difficulté de la question. Et je ne me flatte certes pas d'y apporter une réponse nette et définitive. La documentation dont nous disposons est pauvre. Elle est précisément, en ce qui concerne les sources littéraires et dans la mesure où nous pouvons les localiser, alexandrine, c'est-à-dire que nous manquons d'éléments de comparaison vraiment satisfaisants. Même en faisant appel aussi largement que possible à tous les autres matériaux, on ne saurait nourrir d'ambitions trop précises. L'épigraphie juive est laconique, pauvre et de peu de secours[1], l'interprétation des monuments figurés souvent malaisée. Tout au plus peut-on espérer réunir certains indices, d'où se dégagera, à défaut de certitude, une impression et, au mieux, une vraisemblance.

Il n'y a pas de doute sur l'importance quantitative d'Alexandrie dans le judaïsme vers les débuts de l'ère chrétienne. Aucune communauté de la Diaspora n'est en mesure de rivaliser avec elle. Au dire de Philon, un million de Juifs vivaient de son temps en Égypte, et

---

1. Elle est rassemblée dans le recueil, d'ailleurs très imparfait, de J. B. FREY, *Corpus Inscriptionum Judaicarum*, 2 vol., Cité du Vatican 1936 et 1952 (le second volume est posthume).

cent mille à Alexandrie[1]. Que l'on estime la population juive de l'Empire au Ier siècle à six ou sept millions avec Juster[2], ou à quatre millions environ avec Lietzmann, qui en attribue cinq cent mille à la Palestine[3], la place de l'Égypte et d'Alexandrie saute aux yeux. Il est probable que seule la Syrie comportait une population juive comparable en importance à celle de l'Égypte[4]. Mais il est douteux qu'Antioche ait rivalisé à cet égard avec Alexandrie[5]. Numériquement, c'est sans doute Alexandrie et non pas Jérusalem qui est la métropole du judaïsme, tout comme New York, et non pas Jérusalem, l'est aujourd'hui.

Les chiffres à coup sûr ne sont pas tout. L'on ne saurait, sans fausser gravement les perspectives, oublier la situation privilégiée dont jouissait dans le judaïsme la Palestine, terre d'Israël, et sa capitale. Indépendamment même du poids de la tradition, et d'une histoire qui est histoire sainte, la présence du sanctuaire unique, au culte duquel ses habitants étaient seuls en mesure de participer de façon régulière, conférait à Jérusalem un prestige exceptionnel. Il n'est pas sûr cependant que tous les Dispersés sans exception aient été humiliés par cette inégalité de condition et se soient résignés à n'être que des Juifs de seconde zone. Quelques indices, que j'ai analysés ailleurs[6], permettent de penser que dans certains secteurs du judaïsme hellénistique le Temple était considéré comme une entrave à l'instauration d'un culte tout spirituel, et que l'on s'y accommodait assez bien de vivre à l'écart de ses liturgies sanglantes. En Palestine même d'ailleurs, le centre de gravité de la vie cultuelle était déjà en train de se déplacer du Temple vers les synagogues, en même temps que s'étendait l'influence des Pharisiens et que fléchissait celle des Sadducéens[7]. Mais cette évolution, tout en contribuant à affaiblir le prestige du Temple, renforçait d'autre façon l'autorité de Jérusalem sur l'ensemble du monde juif. Il ne fait guère de doute que le judaïsme de la Diaspora, du simple fait que la Torah appliquée à la vie individuelle et collective a pour lui remplacé le Temple, est plus accessible à l'emprise pharisienne qu'à celle de la caste, étroite et,

1. *In Flaccum* § 43.
2. *Les Juifs dans l'Empire Romain*, Paris 1914, I, p. 209.
3. *Geschichte der alten Kirche*, I, Berlin 1935, p. 70.
4. H. Lietzmann, *op. cit.*, p. 70.
5. Sur le judaïsme à Antioche, C. H. Kraeling, *The Jewish Community at Antioch up to A. D. 600, Journal of Biblical Literature*, 1932.
6. *Saint Stephen and the Hellenists in the Primitive Church*, Londres 1958.
7. Sur cette évolution, cf. en particulier les pages classiques de W. Bousset, *Die Religion des Judentums im späthellenistischen Zeitalter*, 3e éd. remaniée par H. Gressmann, Tübingen 1926.

par le biais du sacerdoce, strictement liée au sanctuaire, des Sadducéens. Les voyages, attestés par le Talmud, d'illustres rabbins
palestiniᵉns à travers les centres importants de la Diaspora en sont
la preuve. Ce sont, selon toute vraisemblance, les critères pharisiens
qui, déjà avant 70, régissent pour l'essentiel la vie religieuse des
Juifs du dehors. Les quelques affinités que d'aucuns ont cru
déceler entre la position sadducéenne et la pensée de Philon sont
essentiellement négatives : elles concernent ce que Philon nie
plutôt que ce qu'il croit[1]. Elles sont, à mon sens, de peu de portée
en regard d'affinités positives et d'une profonde parenté d'esprit
avec les Pharisiens. Ceux-ci, comme Philon, bien que de façon
beaucoup moins systématique, ont vivifié le patrimoine spirituel
israélite d'éléments étrangers : qu'on songe simplement, par
exemple, à leur angélologie, si fortement marquée par l'Iran[2].
Face au conservatisme et au littéralisme étroit des Sadducéens,
ils représentent, comme Philon, une ouverture sur le dehors en
même temps qu'un facteur de progrès. Je reste convaincu, tout
bien pesé, que le judaïsme alexandrin, comme celui de la Diaspora
en général, avec les adaptations qu'exigeaient ses conditions
particulières de vie, s'apparente étroitement à celui des Pharisiens
de Palestine[3]. Nous savons aujourd'hui que le judaïsme palestinien,
essentiellement pharisien — et je ne parle pas ici des groupements
marginaux, Esséniens en particulier — était, encore à l'époque
talmudique, plus ouvert qu'on ne l'a cru souvent à la culture
hellénique. Je n'en veux pour preuves, entre autres, que les synagogues à images, postérieures de deux ou trois siècles à celle de
Doura, et la grande diffusion du grec, utilisé jusque dans certaines
écoles rabbiniques[4]. Il y a toutes raisons de penser que cet état de
choses remonte, pour ce qui est au moins de la situation linguistique,
plus haut que 70 et en particulier qu'à l'époque de Philon, c'est un
mouvement d'échange entre la Palestine et une Diaspora dont
Alexandrie représentait le foyer le plus actif, qui caractérise la vie
religieuse juive.

1. Cf. R. Arnaldez, *op. cit.*, p. 58, résumant des observations de I. Heinemann et
E. R. Goodenough.
2. Sur ce point, cf. entre autres W. Bousset, *op. cit.* et Ch. Guignebert, *Le monde
juif vers le temps de Jésus*, Paris 1935.
3. I. Lévy, *La légende de Pythagore de Grèce en Palestine*, Paris 1927, cherche dans
la Diaspora l'origine de la secte pharisienne. Si elle n'est guère défendable sous cette
forme, sa thèse a eu du moins le mérite d'attirer l'attention sur les affinités entre pharisaïsme et judaïsme de la Dispersion.
4. Sur le premier point, cf. E. L. Sukenik, *Ancient Synagogues in Palestine and
Greece*, Londres 1934, et la monumentale enquête de E. R. Goodenough, *Jewish
Symbols in the Greco-Roman Period*, New York 1953-1965 ; sur le second, S. Liebermann, *Greek in Jewish Palestine*, New York 1942.

Il reste que la primauté de la Palestine est incontestable, moins du fait du Temple que du fait du Sanhédrin, des docteurs, des écoles rabbiniques. C'est d'elle que partent, déjà avant la création du Patriarcat, les directives touchant le calendrier, qui régissent toute la vie communautaire juive. Si des écoles rabbiniques existent au dehors, c'est — mis à part la Mésopotamie — le plus souvent en Palestine qu'elles cherchent leur inspiration. Alexandrie même, si originale que nous apparaisse sa pensée et si accentuée son autonomie spirituelle, n'a sans doute pas échappé entièrement à ce rayonnement de la Terre Sainte, qui ne pouvait qu'assurer à son propre rayonnement dans le reste de la Diaspora des limites assez précises. Mais comment les grandes communautés juives dispersées ont-elles, indépendamment même de l'influence alexandrine, réagi vis-à-vis du milieu culturel dans lequel elles vivaient ?

On serait tenté d'admettre a priori que la même cause, savoir un contact direct et permanent entre le judaïsme et la culture gréco-romaine, a produit partout les mêmes effets, savoir une interpénétration de leurs valeurs intellectuelles et spirituelles respectives, sinon des essais systématiques de synthèse à la Philon. Mais il faut se garder de schématiser. Les conditions locales ont dû introduire en la matière une diversité appréciable. Et sans doute n'ont-elles jamais été rigoureusement identiques d'une ville à l'autre. Il semble qu'à tous égards la situation d'Alexandrie ait été particulièrement favorable à une symbiose harmonieuse. Elle est faite de la réunion de plusieurs facteurs, dont aucun ne semble avoir été présent ailleurs de façon aussi marquée.

Tout d'abord, il s'agit là d'un des centres intellectuels les plus vivants — le plus vivant sans doute et le plus considérable — de l'hellénisme. Il y a fort longtemps qu'Alexandrie a détrôné Athènes. Sa bibliothèque et ses écoles sont, à l'époque, sans rivales dans l'Empire. Pour qui veut s'assimiler la culture grecque, c'est ici que sont réalisées les conditions les plus favorables. Du côté juif, elles sont exceptionnellement bonnes aussi. La communauté juive est à Alexandrie, aussi bien en valeur absolue que proportionnellement à la population païenne, plus importante que partout ailleurs et par conséquent plus consciente de sa force et de ses droits, plus exempte de tout complexe d'infériorité, plus éloignée d'une mentalité de ghetto et plus disposée à s'ouvrir aux influences du milieu païen. Elle l'est d'autant plus qu'elle est d'implantation très ancienne et que ses origines, pense-t-elle, se confondent avec celles de la cité. L'antisémitisme chronique des masses et des intellectuels alexandrins n'y change rien. Forts par surcroît, le plus souvent, de l'appui impérial et d'une tradition de bienveillance officielle qu'ils font remonter jusqu'à Alexandre, les Juifs d'Alexandrie ont le sentiment d'être ici des citoyens à part entière[1]. Ils exhibent avec fierté leurs titres de noblesse et réfutent énergiquement toutes les accusations portées contre eux d'être soit des intrus, soit le rebut, jadis expulsé par les Pharaons et revenu par la suite en force, de la population égyptienne. Il n'est, pour se convaincre de cet état d'esprit très sûr de soi, que de parcourir le *Contre Apion* de Josèphe.

Surtout, il faut tenir compte de la structure économique du judaïsme alexandrin, et du rôle qu'elle lui permet de jouer dans la vie de la cité. Il existe à Alexandrie, à un degré inégalé ailleurs, de grosses fortunes juives. Il y a des armateurs, des banquiers, des fonctionnaires de l'administration romaine juifs, toute une grosse bourgeoisie d'affaires, opulente, cultivée ou qui, tout au moins, possède les moyens d'acquérir la culture et s'applique volontiers, semble-t-il, à l'acquérir. La famille de Philon, sur laquelle nous sommes renseignés avec une suffisante précision, est le type même de cette bourgeoisie, dont certains membres au moins aspirent à être une aristocratie de l'esprit[2]. Il a pu y avoir et sans doute y a-t-il eu dans d'autres villes de la Méditerranée antique des Juifs fortunés. Il ne semble pas qu'ils aient formé ailleurs un noyau aussi compact, aussi important par le nombre et à tous égards aussi influent. La proportion des Juifs riches par rapport aux petites gens qui, dans l'ensemble de la Diaspora, constituent l'immense majorité, semble avoir été à Alexandrie exceptionnellement forte. Sans exagérer l'importance du milieu dans la formation d'une personnalité, on est en droit de supposer que Philon n'aurait peut-être pas réussi dans une autre ville à donner toute sa mesure. Il se trouvait à Alexandrie, du fait de son milieu familial et de la situation du judaïsme d'une part, de la place de la culture dans la vie de la cité d'autre part, dans des conditions privilégiées pour repenser sa foi en termes de philosophie grecque. Même mis à part le cas personnel de Philon, une tradition comme celle du judaïsme alexandrin est difficilement concevable ailleurs avec la même ampleur. Les maigres éléments de comparaison dont nous disposons ne peuvent que confirmer cette impression.

L'exemple de Rome, l'un des mieux connus en dehors d'Alexandrie, est à cet égard fort suggestif. Le judaïsme romain ne nous a transmis aucun texte littéraire. Ce que nous savons de positif à

---

1. Sur le statut juif à Alexandrie, cf. en particulier V. Tcherikover, *Corpus Papyrorum Judaicarum*, I, Cambridge (Mass.) 1957, p. 56 s.

2. Cf. J. Schwartz, « Note sur la famille de Philon d'Alexandrie », *Mélanges Isidore Lévy*, Bruxelles 1955, p. 595-596 et J. Daniélou, *Philon d'Alexandrie*, Paris 1958, p. 12 s.

son sujet ne porte pas à croire qu'il ait constitué un foyer de pensée très original et très important. C'est du moins ce que semble indiquer d'une part sa composition sociale, d'autre part sa situation linguistique.

Les quartiers de Rome où les Juifs résidaient surtout — Transtévère, Suburre, Porte Capène, Champ de Mars — sont des quartiers populeux[1]. Le portrait que des auteurs latins, Martial ou Juvénal, écrivant à Rome même ont tracé des Juifs n'évoque nullement une opulente bourgeoisie d'affaires. C'est bien au contraire celui du mendiant juif, « dressé par sa mère à mendier » et dont « un panier et du foin composent tout le mobilier »[2]. Le Juif est une silhouette caractéristique des bas quartiers de la capitale, où il se mêle à la masse des « Syriens » et se fait comme eux, à l'occasion, colporteur et marchand ambulant, assez analogue sans doute aux marchands de tapis nord-africains qui parcourent aujourd'hui nos villes. A coup sûr, le témoignage d'un poète satirique exige d'être interprété avec beaucoup de prudence : le portrait qu'il nous propose a des chances d'être dans une large mesure caricatural. L'épigraphie et l'archéologie permettent d'y apporter quelques correctifs. Les inscriptions ne nous fournissent, touchant les professions des Juifs de Rome, que de très rares renseignements. Elles signalent un peintre, un boucher, un professeur (διδάσκαλος) versé dans la Torah (νομομαθής). Ajoutons-y le témoignage des Actes des Apôtres (18, 2) sur Aquilas, expulsé de Rome sous Claude, et qui était fabricant de tentes, celui de Josèphe, qui mentionne un acteur juif, nommé Alyturus, favori de Néron[3], celui de Martial encore, qui ridiculise un autre acteur et un poète juifs[4]. Tout cela mis bout à bout est encore très peu. Pour aller au delà, nous en sommes réduits à des inférences plus ou moins hasardeuses, à partir de la décoration de telle ou telle chambre funéraire, de quelques sarcophages ou fragments de sarcophage d'assez belle facture, de plaques tombales en marbre, de l'orthographe correcte et de la graphie élégante de telle ou telle inscription : il y avait à coup sûr parmi les Juifs de Rome des individus suffisamment riches et de goût assez sûr — sinon nécessairement très cultivés — pour pouvoir faire orner ainsi leurs sépultures familiales. Mais il ne semble pas qu'ils aient représenté une proportion très considérable, si l'on met en regard de ces quelques indices les milliers de tombes

---

1. Cf. S. Collon, « Remarques sur les quartiers juifs de la Rome antique », *Mélanges d'Archéologie et d'Histoire*, 1940, p. 72-94.

2. Martial 12, 57, 13 ; Juvénal 3, 12 s. ; cf. M. Simon, *Verus Israel*, 2e éd., Paris 1964, p. 241.

3. *Autobiographie* 3, 16.

4. 7, 82 et 11, 94.

qui se présentent comme de simples loculi, les uns sans la moindre épitaphe, les autres revêtus d'une laconique inscription, maladroitement gravée et parfois vulgaire graffitto, d'une syntaxe et d'une orthographe également hésitantes.

La situation linguistique, telle que l'a étudiée en particulier Harry J. Leon, le plus récent historien des Juifs dans l'ancienne Rome, fournit quelques indications intéressantes[1]. Le grec l'emporte nettement sur le latin dans les trois principales catacombes juives, mais dans une proportion qui varie beaucoup de l'une à l'autre : 63 % à la Via Appia, 78 % à Monteverde, 92 % sur la Via Nomentana. En fait, près de 60 % de toutes les inscriptions latines — 75 sur 123 — proviennent de la Via Appia, qui pourtant n'a fourni que 35 % du chiffre total des inscriptions juives de Rome. L'hébreu n'est représenté, très maigrement, qu'à Monteverde. Une étude des noms donne, avec des pourcentages un peu différents, un résultat analogue. On est fondé par conséquent à conclure avec Leon que la Via Appia groupait les communautés les plus romanisées, la catacombe de Monteverde, correspondant au Transtévère, les plus conservatrices, la Via Nomentana les plus hellenisées et les moins romanisées. Sans doute, ces critères sont d'un maniement délicat : une épitaphe latine fameuse, trouvée précisément à Monteverde, nous rappellera utilement qu'il ne faut pas donner à ce schéma de classement une valeur trop absolue.

Il reste que le judaïsme romain, à la différence de celui d'Alexandrie, était linguistiquement divisé. Cette dualité linguistique grécolatine, sur laquelle se greffe un élément sémitique, peu important, jointe à un niveau culturel qui semble avoir été dans l'ensemble assez peu élevé, a dû gêner à la fois le développement d'une tradition de pensée originale et celui d'une influence alexandrine vraiment importante. En revanche, les liens entre la communauté juive de Rome et la Palestine paraissent avoir été assez solides. Des visites à Rome de docteurs palestiniens illustres sont attestées à plusieurs reprises : le patriarche Rabban Gamaliel y vient, accompagné de trois autres rabbins, dont Akiba, sous Domitien ; deux autres rabbins s'y rendent sous Antonin[2]. Les uns et les autres prêchent dans les synagogues de la capitale, en grec selon toute apparence. Si la seconde délégation peut avoir eu comme objectif de persuader l'empereur d'adopter vis-à-vis des Juifs une politique plus bienveillante que son prédécesseur, il semble que la visite de la première ait été surtout pour la communauté juive elle-même.

---

1. H. J. Leon, *The Jews of ancient Rome*, Philadelphie 1960, p. 75-92 et 240 s. L'ouvrage donne en appendice le corpus complet des inscriptions juives de Rome.
2. Leon, *op. cit.*, p. 36 et 38.

Il est probable que la guerre de 66-70, tout comme la conquête de la Palestine par Pompée, amena à Rome, comme prisonniers et esclaves, un nombre considérable de Juifs palestiniens, dont beaucoup sans doute furent affranchis par la suite. Sur sept épitaphes indiquant l'origine géographique du défunt, six se rapportent à des Juifs de Palestine et de Syrie[1]. On serait tenté d'interpréter dans la même ligne la présence dans les catacombes romaines d'inscriptions sémitiques. Mais on se trouve ici en terrain peu sûr. Il ne faut pas oublier en effet que même en Palestine le grec l'emporte nettement sur l'hébreu ou l'araméen dans les inscriptions funéraires de l'époque[2]. Et nous savons que certains rabbins, et non des moindres, en favorisaient l'étude et le cultivaient eux-mêmes[3]. Il reste que leur enseignement a été codifié, dans la Mischna et le Talmud, en hébreu et en araméen, qui paraissent avoir été les langues le plus communément utilisées dans les écoles rabbiniques. Dans ces conditions, la prépondérance des inscriptions grecques en Palestine pose un problème. Faut-il penser que les épitaphes sont nécessairement rédigées dans la langue parlée par ceux qui les faisaient graver ? Ou bien, l'hébreu étant de plus en plus ignoré du peuple, peut-on supposer que le grec était réputé plus distingué que l'araméen, et une certaine mode aurait-elle contribué à le faire employer sur les pierres tombales même par ceux qui n'en avaient qu'une connaissance très superficielle ? On ne peut que poser la question, sans espérer lui donner réponse. Du moins est-on fondé à admettre que les quelques inscriptions sémitiques de Rome sont le fait de Juifs récemment immigrés soit de Palestine, soit — nous verrons que la possibilité existe — d'Afrique du Nord, et moins ouverts que leurs coreligionnaires aux influences gréco-romaines.

Pour essayer d'apprécier celles-ci de façon plus précise, nous en sommes réduits au témoignage d'une épitaphe, celle de Regina, et de quelques documents archéologiques. L'épitaphe de Regina, rédigée par son mari en hexamètres latins d'assez bonne facture, exprime l'espoir que la défunte aura mérité, par la pureté de sa vie, son attachement à son époux et à son peuple, sa pratique de la Loi, d'accéder à la vie éternelle[4]. On aimerait ici pouvoir serrer des expressions assez vagues et en particulier préciser s'il s'agit de l'immortalité désincarnée, telle que Philon, à la suite de la philosophie spiritualiste grecque, la concevait, ou de la résurrection corporelle qu'enseignaient les Pharisiens. Encore que certaines

---

1. Leon, *op. cit.*, p. 239.
2. Leon, *op. cit.*, p. 75.
3. Cf. S. Liebermann, *op. cit.* et M. Simon, *Verus Israel*, p. 342 s.
4. J. B. Frey, *Corpus Inscr. Jud.*, I, n° 476 ; Leon, *op. cit.*, p. 133 s., 248 s. et 334.

tournures puissent faire penser à la première — « sedem venerandi ruris » évoque les prairies élyséennes — c'est néanmoins par rapport à la seconde que se comprend le mieux l'ensemble du texte, en particulier l'emploi des participes futurs — « rursum victura, reditura ad lumina rursum » — qui paraissent bien impliquer un état intermédiaire d'attente entre la mort corporelle et une résurrection à venir, clairement désignée, de surcroît, par le verbe « surgat ». C'est donc une conception assez traditionnellement juive, et peu hellénisée, qui s'exprime dans cette inscription. Si l'on en cherche les sources, on les trouvera en Palestine plutôt qu'à Alexandrie.

Il en va peut-être différemment d'un fragment de plaque tombale en marbre, venu lui aussi de la catacombe de Monteverde, sur laquelle un candélabre à sept branches, flanqué de deux oiseaux, dont l'un semble picorer des raisins, d'un arbuste et d'un flacon, est surmonté du mot ΑΣΤΗΡ[1]. Il s'agit évidemment du nom de la défunte, Esther. Mais le contexte iconographique, évocateur des joies paradisiaques, incite à penser, avec Franz Cumont, que le nom a été rapproché à dessein de l'image rituelle, pour souligner l'interprétation qu'elle doit recevoir à la faveur d'un jeu de mots symbolique[2]. Le candélabre pourrait bien figurer ici l'immortalité à laquelle la défunte est appelée dans les constellations célestes. Peut-être n'est-il pas interdit de chercher un commentaire à cette figuration dans un passage du Quatrième Livre des Macchabées, où cette croyance s'exprime en toute netteté : « Versant la lumière sur tes sept fils, brillants comme des astres, tu reçois de Dieu les honneurs dus à la piété, tu es changée en constellation (ἠστέρισαι) avec eux dans le ciel » (4 *Macch.* 17, 5). Si l'on se souvient que, pour Philon, le chandelier symbolise le feu éternel des astres et les sept planètes[3], on sera tenté de penser que c'est une idéologie assez alexandrine qui inspire cette figuration.

J'hésiterais davantage à suivre Cumont dans son interprétation d'un fragment de sarcophage, qualifié par lui de judéo-païen, de la Via Appia, actuellement au musée des Thermes[4]. On y voit en position centrale, sur un médaillon que soutiennent des Victoires ailées, le chandelier à sept branches. Au-dessous sont représentés trois petits personnages foulant du raisin dans une cuve et de part et d'autre les figures des saisons (celles de gauche ont disparu),

---

1. J. B. Frey, *Corpus*, I, n° 306 ; Leon, *op. cit.*, p. 309.

2. *Recherches sur le symbolisme funéraire des Romains*, Paris 1942, p. 495.

3. *Vita Mosis*, II, § 102-103.

4. « Un fragment de sarcophage judéo-païen », *Revue Archéologique*, 1916, II, p. 1-6, reproduit dans *Recherches sur le Symbolisme funéraire*, p. 484 s. ; cf. Leon, *op. cit.*, p. 211.

selon une disposition très commune dans l'art funéraire romain[1]. Cumont a vu dans cet ensemble une illustration de l'idée de la vie future : le vin est liqueur d'immortalité, le cycle des saisons offre l'image de la destinée humaine, et le chandelier symboliserait l'immortalité astrale ; représenté à la place où figure normalement le portrait du défunt, il signifie que celui-ci est appelé à vivre éternellement dans les cieux. L'interprétation est à coup sûr séduisante. Elle paraît assurée, compte tenu de très nombreux termes de comparaison, pour les éléments païens de la décoration. En ce qui concerne le chandelier, elle a l'avantage de l'insérer dans un ensemble cohérent. On doit toutefois se demander si le client qui acquit ce sarcophage ne se contenta pas de choisir un modèle très courant, dont la signification profonde lui échappait peut-être, et d'y faire sculpter, à la place habituellement occupée par un portrait, un chandelier qui serait alors le symbole du judaïsme, plutôt que celui d'une forme particulière d'espérance.

C'est, sur un cas précis, tout le problème du symbolisme dans l'art figuré juif des premiers siècles de notre ère. Il est difficile de donner une adhésion sans réserve aux théories de Goodenough. Il l'est tout autant de faire le partage entre les cas où tel motif ou telle composition ont effectivement, dans l'usage qu'en ont fait les Juifs, un sens symbolique et ceux où ils n'ont d'autre valeur que décorative. En ce qui concerne notre fragment de sarcophage, les deux interprétations sont également plausibles. On doit noter à tout le moins que le propriétaire du sarcophage ne s'est laissé arrêter ni par l'interdit biblique des images taillées, ni par le caractère à l'origine très précisément païen de la décoration, ce qui témoigne et d'un certain laxisme, et d'une certaine ouverture sur le monde gréco-romain. Le sarcophage des Thermes et, de façon générale, les monuments figurés, peintures ou sculptures, des catacombes juives supposent en outre, de la part des autorités rabbiniques locales, si l'on admet qu'elles exerçaient un droit de regard sur les nécropoles communautaires, un certain libéralisme. Il se manifeste plus tôt, mais il n'est pas plus accentué que celui des rabbins palestiniens qui, aux IIIe et IVe siècles, autorisèrent successivement les peintures murales et les mosaïques à figures humaines[2].

Notons une fois de plus, à ce propos, qu'il ne faut pas forcer l'opposition entre la Diaspora et la Palestine. L'une est plus accueillante aux influences du dehors et plus prompte à prendre certaines

---

1. Sur ce point, G. M. A. HANFMANN, *The Season Sarcophagus in Dumbarton Oaks*, Cambridge (Mass.) 1951.

2. Les textes rabbiniques relatifs à cette question sont cités dans M. SIMON, *Verus Israel*, p. 43-44.

initiatives. L'autre suit avec quelque retard. Mais il n'y a pas entre elles, pour ce qui est de l'attitude à l'égard des formes d'art païennes, de divergence fondamentale. Et puisque c'est d'Alexandrie que nous nous occupons, notons aussi que rien dans l'œuvre de Philon n'incite à penser qu'il ait existé déjà de son temps, dans le judaïsme alexandrin, un art figuré véritable. L'hypothèse de Kraeling relative à des Bibles enluminées, qui seraient apparues à Alexandrie avant même le début de l'ère chrétienne et qui seraient le point de départ lointain de la décoration de Doura, est sans aucun point d'appui[1]. Et d'autre part, même si l'on suit Goodenough, il ne saurait s'agir entre la spéculation philonienne et l'art figuré juif que d'une parenté d'inspiration assez générale et assez lâche, et non point d'une influence directe et profonde de la première sur le second.

Deux autres secteurs de la Diaspora méditerranéenne méritent de retenir un instant notre attention : l'Afrique du Nord et la Syrie. Celles-ci ont en commun d'être une zone de contact entre la civilisation gréco-romaine — grecque en Syrie, latine en Afrique du Nord — et le monde sémitique. J'ai essayé de montrer, dans un travail antérieur, comment la persistance tenace de la langue punique avait servi l'implantation et la diffusion d'un judaïsme resté de son côté fidèle ou revenu à l'usage de l'hébreu[2]. Il pourrait bien avoir joué à certains moments un rôle, à côté de phénomènes spécifiquement indigènes et largement sémitiques eux aussi comme le donatisme et le mouvement circoncellion, dans la résistance à Rome et à sa culture, en même temps qu'à un catholicisme, le premier à s'exprimer en langue latine, qu'on peut bien qualifier déjà de romain. Nous ne savons pas jusqu'où remontent les racines de ce judaïsme sémitique d'Afrique du Nord. Certains indices feraient penser qu'il y était implanté déjà au moment de la première mission chrétienne[3]. Toujours est-il qu'ici encore les liens avec la Palestine semblent avoir été particulièrement étroits. L'Afrique tient dans les écrits rabbiniques une place plus grande que n'importe quelle autre région de l'Empire. Rabbi Akiba y est venu. D'autres rabbins cités

1. *The Excavations at Dura Europos. Final Report VIII, Part I, The Synagogue*, New Haven 1956, p. 395 s. Contre l'antériorité, admise par un certain nombre de chercheurs sans preuves véritables, d'un art figuré juif par rapport à l'art paléochrétien dont il serait la source, des objections sérieuses ont été formulées récemment par H. Strauss, *Jüdische Quellen frühchristlicher Kunst, optische oder literarische Anregung? Zeitschrift für die Neutestamentliche Wissenschaft*, 1966, 1-2, p. 114 s.

2. « Le judaïsme berbère dans l'Afrique ancienne », *Revue d'Histoire et de Philosophie Religieuses*, 1946, p. 1-31 et 105-145, reproduit dans *Recherches d'Histoire judéo-chrétienne*, Paris - La Haye 1962, p. 30-87.

3. Cf. M. Simon, « Punique ou Berbère ? Note sur la situation linguistique dans l'Afrique romaine », *Recherches d'Histoire judéo-chrétienne*, p. 98 s.

dans le Talmud y sont désignés comme « de Carthage »[1]. A ces relations rabbiniques paraît correspondre une similitude assez étroite dans les pratiques religieuses. Nous savons par Tertullien que, les jours de jeûne, les Juifs africains avaient coutume de sortir des synagogues et de célébrer le culte en plein air[2]. C'est, selon toute apparence, l'application d'une règle codifiée dans la Mischna : « Les jours de jeûne, on sort l'arche sainte sur la place de la ville et on prie là » (*Taan.* II, 1). Tous ces faits sont évidemment postérieurs à la grande époque alexandrine. Mais le fait que le judaïsme nord-africain, dans la mesure où il n'était pas de langue sémitique, paraît avoir été, comme le christianisme, assez largement latinisé, rend très peu vraisemblables des contacts de quelque portée, même au temps de Philon, avec Alexandrie et des influences venues de cette direction.

Il reste à dire un mot de la Syrie. Des études récentes en ont souligné l'apport original dans la constitution du christianisme[3]. Zone de contact entre l'hellénisme et une culture sémitique très vivace, elle semble avoir été caractérisée, du côté juif comme du côté chrétien, par une très grande complexité, née de la rencontre d'influences très diverses, venues les unes du monde grec, les autres du monde sémitique, Mésopotamie et Palestine en particulier. Nous disposons malheureusement de très peu de documents. L'épigraphie ne fournit à peu près rien. L'archéologie, de son côté, est de moins de secours qu'il ne paraît à première vue. Nous savons aujourd'hui — et Goodenough lui-même le reconnaît dans ses derniers travaux[4] — que la pensée philonienne ne fournit pas la clé de la décoration synagogale de Doura. D'un point de vue purement formel, la Grèce et l'Iran y ont également imprimé leur marque. Et pour qui veut en faire l'exégèse, le midrasch et les traditions rabbiniques sont souvent aussi éclairantes que les œuvres de Philon. Il est vain, semble-t-il, d'essayer de trouver une rigoureuse unité d'inspiration dans un ensemble composite où confluent diverses influences. Et il est aventureux de chercher un symbolisme très élaboré et surtout très cohérent dans une imagerie où la préoccupation simplement narrative tient apparemment une place considérable. En fait, la synagogue de Doura continue à poser plus de problèmes qu'elle n'en résoud. Il s'agit en particulier de savoir

1. B. *Rosch Hash.* 26 a ; *Ber.* 29 a ; *Ketoub.* 27 b ; *Bab. Qamm.* 114 b.
2. *De jejunio* 16.
3. Cf. en particulier le recueil collectif *Aspects du Judéo-Christianisme*, Paris 1965, publié par le Centre de Recherches d'Histoire des Religions de l'Université de Strasbourg.
4. En particulier dans *Jewish Symbols in the Greco-Roman Period*, vol. IX à XI, qui traitent précisément de la synagogue de Doura.

si tel détail, emprunté à l'art païen, a gardé en se transposant dans un contexte iconographique juif la signification symbolique qu'il revêtait incontestablement au départ. Il faudrait ici le secours de textes qui nous font cruellement défaut. Si Philon paraît jeter une lumière satisfaisante sur tel ou tel détail de la décoration, on doit encore se demander s'il y a eu influence directe, ou s'il n'est pas lui aussi, au même titre que les fresques de Doura, tributaire de quelque aggada commune. La seconde hypothèse semble, compte tenu de la distance qui, dans le temps et dans l'espace, sépare la communauté sur l'Euphrate du penseur alexandrin, compte tenu en outre de l'oubli dans lequel Philon paraît être tombé auprès de ses coreligionnaires peu après l'intervention du christianisme, plus plausible.

Nous sommes en terrain plus sûr avec les quelques textes, incontestablement juifs, que l'on peut avec une suffisante vraisemblance attribuer à la Syrie occidentale. Je pense en particulier à la collection de cinq prières liturgiques conservée dans le VIIe livre des Constitutions Apostoliques, dont le caractère juif a été démontré par Bousset[1], et au IVe livre des Macchabées. Sur la patrie des premières, nous ne pouvons certes rien affirmer. Mais si, comme on l'admet généralement, les Constitutions Apostoliques sont d'origine syrienne, nous serons fondés, semble-t-il, à chercher du même côté la patrie de ces textes. Quant au IVe livre des Macchabées, M. Dupont Sommer a apporté à l'appui d'une origine antiochéenne des arguments qui me paraissent décisifs[2]. L'inspiration des deux documents est sensiblement la même. Le IVe livre des Macchabées se présente comme un exposé philosophique et traite de la souveraineté de la raison sur les passions : « Philosophie et religion » dit-il « ne font qu'un », et la sagesse authentique se confond avec le judaïsme : elle est l'éducation de la Loi. Il y a entre Dieu et les hommes une communauté de nature, car les hommes portent en eux une étincelle divine, qui est leur âme, incorruptible et immortelle. La doctrine de la résurrection des corps est ici non seulement absente mais, semble-t-il, délibérément rejetée. De même, dans les prières synagogales des Constitutions Apostoliques, Dieu est donné comme le seigneur de la gnose et le père de la Sagesse, et l'exercice des facultés intellectuelles représente, avec la pratique de la vertu, un aspect essentiel de la piété. Les résonances philoniennes de ces

---

1. *Eine jüdische Gebetssammlung im 7. Buch der apostolischen Konstitutionen*, *Nachrichten der Wissenschaftl. Akademie zu Göttingen*, *Phil. Hist. Klasse*, 1915, p. 435-489.

2. *Le Quatrième Livre des Macchabées*, Paris 1939, p. 67 s. Pour une analyse plus détaillée des deux textes, cf. M. Simon, *Verus Israel*, p. 66 s. et 74 s.

textes sont évidentes. Je n'ai pas loisir de les développer, me contentant de renvoyer à ce qu'en ont dit leurs commentateurs respectifs, en particulier M. Dupont-Sommer d'un côté, Bousset de l'autre. Il est difficile de préciser si ces affinités sont à mettre au compte d'une influence directe du penseur alexandrin, ou si, au contraire, nous sommes en présence de manifestations parallèles, nées d'un même contact avec la culture et les systèmes de pensée grecs. Du moins ces textes font-ils apparaître que la pensée judéo-alexandrine ne représente pas dans la Diaspora des débuts de l'ère chrétienne un phénomène absolument isolé.

Il faudrait, pour essayer d'en mesurer plus exactement l'importance et la place, faire entrer en ligne de compte d'autres éléments encore, susceptibles de fournir des renseignements au moins indirects. Je pense en particulier à ces textes chrétiens, Pères Apostoliques ou autres, à travers lesquels transparaît avec netteté un substrat ou un modèle juif. Le R. P. Daniélou en a montré l'importance dans la genèse de ce qu'il appelle le judéo-christianisme, au sens large[1]. Ils nous mettent en présence, d'une part, d'un judaïsme de type apocalyptique, fort peu touché par la pensée grecque, d'autre part, d'un judéo-hellénisme moyen, beaucoup plus influencé par la diatribe cynico-stoïcienne que par la spéculation proprement métaphysique. Ce pourrait bien avoir été là le type de religiosité le plus commun dans la Diaspora, à mi-chemin en quelque sorte entre le courant alexandrin et le judaïsme rabbinique[2].

Compte tenu de tous ces indices, on sera tenté en définitive de tenir pour assez modeste le rayonnement d'Alexandrie dans la Diaspora et ceci avant même que l'intervention du christianisme et l'usage fait par l'Église des catégories de pensée et des méthodes judéo-alexandrines aient jeté sur ces dernières la suspicion des rabbins et le discrédit. En tout état de cause, le prestige d'Alexandrie comme foyer de culture juive n'a pas survécu à Philon, sauf peut-être dans certains secteurs très particuliers : je ne peux faire plus ici qu'évoquer le problème des relations possibles entre la pensée philonienne et la mystique de la Kabbale. L'importance du judaïsme alexandrin en tous cas est du côté chrétien plus que dans l'histoire juive, où il ne représente sans doute qu'une très brillante parenthèse.

---

1. *Théologie du Judéo-Christianisme*, Paris-Tournai 1958.
2. Cf. sur ce point H. THYEN, *Der Stil der Jüdisch-Hellenistischen Homilie*, Göttingen 1955.

DISCUSSION DE LA COMMUNICATION DE M. SIMON

Le Père Daniélou est d'accord avec M. Simon sur le caractère limité de l'influence du judaïsme alexandrin au Ier et au IIe siècles. Cette influence ne se fait sentir d'une façon indiscutable qu'à partir de l'œuvre de Clément d'Alexandrie.

Pour Monsieur Pouilloux, cette étude du judaïsme de la Diaspora dans l'Empire romain pourrait être élargie, en particulier à l'Asie Mineure, où l'influence du judaïsme est certaine, ainsi que l'ont montré les études d'onomastique de Louis Robert. On y découvrirait une plus grande influence d'une philosophie judéo-hellénistique moralisante que de la doctrine juive d'esprit philonien.

Monsieur Nikiprowetzky émet des réserves sur la valeur du témoignage d'un satirique comme Juvénal, en ce qui concerne la situation des Juifs dans l'échelle sociale à Rome. Certains textes attestent le nombre et la puissance des Juifs à Rome (cf. Cicéron, *Pro Flacco*, 67) et parfois leur influence religieuse sur la société romaine (Horace, *Satires*, I, IX, 69-72 et Juvénal lui-même, *Satire* XIV, 96 s.). Il est vrai que la communauté juive de Rome apparaît comme plus récente que dans d'autres centres de la Diaspora.

Monsieur Simon reconnaît cette présence juive à tous les échelons de la société romaine, mais on ne trouve pas à Rome la trace d'une tradition intellectuelle.

Monsieur Boyancé fait deux observations sur les monuments et les inscriptions funéraires de Rome :

a) on peut se demander si le grec n'est pas recherché comme plus distingué : ce serait la preuve d'une certaine culture, à Rome comme en Palestine ;

b) le chandelier ne peut-il pas comporter à la fois un symbolisme cosmique et une allusion à la nationalité juive, tout comme la louve et les deux jumeaux sont susceptibles d'une interprétation héroïque ou simplement la marque des origines romaines ?

Monsieur Guillaumont rappelle l'existence des communautés juives en Mésopotamie et signale que les influences grecques s'y sont certainement exercées avant le Ve siècle, date à partir de laquelle on traduit le grec en syriaque, parce que le grec commence à être moins connu.

Monsieur Schwartz présente plusieurs objections de détail :

1) les chiffres communément admis pour estimer la population juive de l'Empire et en particulier le nombre des Juifs en Égypte (1 million sur 6 ou 7 ; ce chiffre semble démesuré) méritent-ils créance ?

2) il faut distinguer antisémitisme des milieux intellectuels (Musée) — qui serait permanent — et un antisémitisme populaire, qui n'éclate que dans les temps de calamité ;

3) peut-on attribuer à tous les Juifs d'Alexandrie la situation financière avantageuse qui était celle de la famille de Philon ?

4) le grec n'était-il pas plus employé que l'araméen, même en Palestine, comme semblent le suggérer certains textes du Désert de Juda ?

MONSIEUR SIMON estime que, si les chiffres peuvent en effet être contestés en valeur absolue, ils donnent au moins une idée de la proportion que représentait Alexandrie par rapport à l'ensemble du judaïsme. Il est disposé à suivre M. Schwartz sur le second point. Il pense comme lui — et l'a dit — que la bourgeoisie juive riche représentait, même à Alexandrie, une minorité, plus importante cependant qu'ailleurs. Il rappelle enfin que, de fait, il y a des textes rabbiniques qui souhaitent la disparition du « jargon » araméen, au profit de l'hébreu, langue sacrée, et du grec.